思想的・睿智的・獨見的

經典名著文庫

策劃　楊榮川

五南圖書出版公司 印行

經典名著文庫

學術評議者簡介（依姓氏筆畫排序）

經典名著文庫012

自殺論

Le suicide: etude de sociologie

涂爾幹 著
(Émile Durkheim)
馮韻文 譯

經典永恆・名著常在

五十週年的獻禮・「經典名著文庫」出版緣起

五南，五十年了。半個世紀，人生旅程的一大半，我們走過來了。不敢說有多大成就，至少沒有凋零。

五南忝爲學術出版的一員，在大專教材、學術專著、知識讀本已出版逾七千種之後，面對著當今圖書界媚俗的追逐、淺碟化的內容以及碎片化的資訊圖景當中，我們思索著：邁向百年的未來歷程裡，我們能爲知識界、文化學術界作些什麼？在速食文化的生態下，有什麼值得讓人雋永品味的？

歷代經典．當今名著，經過時間的洗禮，千錘百鍊，流傳至今，光芒耀人；不僅使我們能領悟前人的智慧，同時也增深我們思考的深度與視野。十九世紀唯意志論開創者叔本華，在其「論閱讀和書籍」文中指出：「對任何時代所謂的暢銷書要持謹慎的態度。」他覺得讀書應該精挑細選，把時間用來閱讀那些「古今中外的偉大人物的著作」，閱讀那些「站在人類之巔的著作及享受不朽聲譽的人們的作品」。閱讀就要「讀原著」，是他的體悟。他甚至認爲，閱讀經典原著，勝過於親炙教誨。他說：

「一個人的著作是這個人的思想菁華。所以，儘管一個人具有偉大的思想能力，但閱讀這個人的著作總會比與這個人的交往獲得更多的內容。就最重要的方面而言，閱讀這些著作的確可以取代，甚至遠遠超過與這個人的近身交往。」

爲什麼？原因正在於這些著作正是他思想的完整呈現，是他所有的思考、研究和學習的結果；而與這個人的交往卻是片斷的、支離的、隨機的。何況，想與之交談，如今時空，只能徒呼負負，空留神往而已。

三十歲就當芝加哥大學校長、四十六歲榮任名譽校長的赫欽斯（Robert M. Hutchins, 1899-1977），是力倡人文教育的大師。「教育要教眞理」，是其名言，強調「經典就是人文教育最佳的方式」。他認爲：

「西方學術思想傳遞下來的永恆學識，即那些不因時代變遷而有所減損其價值的古代經典及現代名著，乃是眞正的文化菁華所在。」

這些經典在一定程度上代表西方文明發展的軌跡，故而他爲大學擬訂了從柏拉圖的「理想國」，以至愛因斯坦的「相對論」，構成著名的「大學百本經典名著課程」。成爲大學通識教育課程的典範。

歷代經典．當今名著，超越了時空，價值永恆。五南跟業界一樣，過去已偶有引進，但都未系統化的完整舖陳。我們決心投入巨資，有計畫的系統梳選，成立「經典名著文庫」，希望收入古今中外思想性的、充滿睿智與獨見的經典、名著，包括：

- 歷經千百年的時間洗禮，依然耀明的著作。遠溯二千三百年前，亞里斯多德的《尼克瑪克倫理學》、柏拉圖的《理想國》，還有奧古斯丁的《懺悔錄》。
- 聲震寰宇、澤流遐裔的著作。西方哲學不用說，東方哲學中，我國的孔孟、老莊哲學，古印度毗耶娑（Vyāsa）的《薄伽梵歌》、日本鈴木大拙的《禪與心理分析》，都不缺漏。
- 成就一家之言，獨領風騷之名著。諸如伽森狄（Pierre Gassendi）與笛卡兒論戰的《對笛卡兒『沉思』的詰難》、達爾文（Darwin）的《物種起源》、米塞斯（Mises）的《人的行爲》，以至當今印度獲得諾貝爾經濟學獎阿馬蒂亞・森（Amartya Sen）的《貧困與饑荒》，及法國當代的哲學家及漢學家余蓮（François Jullien）的《功效論》。

梳選的書目已超過七百種，初期計劃首爲三百種。先從思想性的經典開始，漸次及於專業性的論著。「江山代有才人出，各領風騷數百年」，這是一項理想性的、永續性的巨大出版工程。不在意讀者的眾寡，只考慮它的學術價值，力求完整展現先哲思想的軌跡。雖然不符合商業經營模式的考量，但只要能爲知識界開啓一片智慧之窗，營造一座百花綻放的世界文明公園，任君遨遊、取菁吸蜜、嘉惠學子，於願足矣！

最後，要感謝學界的支持與熱心參與。擔任「學術評議」的專家，義務的提供建言；各書「導讀」的撰寫者，不計代價地導引讀者進入堂奧；而著譯者日以繼夜，伏案疾書，更是辛苦，感謝你們。也期待熱心文化傳承的智者參與耕耘，共同經營這座「世界文明公園」。如能得到廣大讀者的共鳴與滋潤，那麼經典永恆，名著常在。就不是夢想了！

總策劃 楊榮川

二〇一七年八月一日

涂爾幹《自殺論》導讀

林端（臺灣大學社會學系教授兼社會科學院副院長）

二〇〇八年十一月二十三日

一、由《社會分工論》到《自殺論》

對涂爾幹（Emile Durkheim, 1858-1917）而言，「社會秩序如何可能？」，始終是他一生最關注的課題。他參與創立社會學這門學科，並不是要為了學問而學問，而是要為了具體重建歐洲社會新秩序、新道德，甚至新宗教而創立的新的學科。

在他所謂的四大著作裡面，分別是《社會分工論》（一八九三年初版，一九〇二年再版）以及《社會學方法論》（一八九四／九五年初版，一九〇一年再版）、《自殺論》（一八九七年初版）以及《宗教生活的基本形式》（一九一二年初版），這四大著作其實客觀反映了他這一生關注的社會秩序的命題，他的研究方法也是首尾一貫的。

對原本學哲學的涂爾幹來說，之所以要創立（經驗科學意義的）社會學，某個意義上來說，是把哲學家原來處理的問題，加以經驗科學化與社會學化，尤其他受到法國新康德主義的影響，他在菁英學府——巴黎高等師範學院兩位重要的老師，勒奴維埃（Charles Renouvier, 1815-1903）與布特路（Emile Boutroux, 1845-1921）都是法國新康德主義的代表人物。我們也可以說，他一生致力於將康德哲學加以社會學化的努力：**康德的知識論變成他的知識社會學，康德的法律哲學變成他的法律社會學，康德的道德哲學（倫理學）變成了他的道德社會學，康德的宗教哲學變成了他的宗教社會學，康德的教育哲學也變成了他的教育社會學**。因此，他是在舊有新康德主義哲學背景之下，對應於新興的自然科學的挑戰，想要借用自然科學裡的生物學、物理學、化學甚至數學等學科的協助，來將原來哲學的議題，加以經驗科學化與社會學化[1]。

在此前提之下，社會學從研究對象上，以及研究方法上，還有研究目的上，都會與原來的哲學、神學以及心理學等先於社會學而存在的學科有明顯的不同。首先在研究對象上，他認為社會學要有別於哲學、神學與心理學，在研究對象上，就要與這些學科的研究對象上有所差別。哲學研究的是很多先驗存在的東西，無法被經驗事實所證明，神學的研究對象，尤其在基督教的傳統裡，常常建立在超驗的上帝的基礎之上，而心理學的研究對象，往往偏重於個人內在的情緒動機與態度，不能清楚呈現外在的社會事實。因此，社會學做為一門經驗科學，必須是要研究那種可以被檢證，存在於人的社會裡面的經驗事實，在此前提下，他主張社會學應該研究「社會事實」（social facts）：「社會事實」具有獨立自存的特性（*sui generis*），社會事實具有這種獨特的特質，進一步細分來說，可以說它具有四大特性，亦即：外在性、獨立性、強制性與普遍性。

社會學就應該研究這種外於人而存在的、獨立的、普遍的社會事實，而且它會對於我們產生強制的力量。所以，我們應該把社會事實當成是一個像桌椅一般的外在事物來看待，它沒有辦法從內在的心智活動推演出來。這種比較接近自然科學所研究的自然事物的社會事實，涂爾幹認為可以克服來自哲學與心理學的雙重挑戰，因為它既不是心智活動，也不是內省的思維活動，而且，它具有一定的強制力量。涂爾幹特別重視強制性這點，而且強制性是和普遍性連結在一起思考的，這種強制不會只對一二個人有效而已，它是對一群體內的每一個人都普遍有效，在這樣的前提下，他進一步將社會事實劃分為「物質性的社會事實」（material social facts）和「非物質性的社會事實」（nonmaterial social facts）[2]。

相對於具體的人口密度、建築住宅等「物質性的社會事實」，涂爾幹一生所要分析的，是「非物質性的社會事實」，如社會集體的規範、價值、集體意識或集體情感等，在《社會分工論》中，他稱之為「社會的心理生活」（psychological life of society）。這種內在於社會的心理層面（但卻又外在於每個社會中人）的事實，到底是怎麼樣的一種社會事實呢？涂爾幹強調說，社會學家關注的這種社會的心理生活，它同時是外於每一個人的個體而存在，因此我們要把它看成是一個外在的、獨立的、強制的與普遍的社會心理事實，因此，不能用（研究個人心理的）心理學來研究它，而只能用（研究社會心理的）社會學來研究它，所以社會規範與社會價值、集體意識與集體情感這種社會的心理生活現象，我們還是可以把它當成外在的事物來加以研究，然後由其外在的特徵推測其內在的特性，這就是涂爾幹社會事實的重點所在。

「社會的現象只能用社會的因素」來加以解釋，亦即一個社會事實只能用另外一個社會事實，或先於它而發生的另一個社會事實來加以解釋，我們不能用心理因素或哲學因素來解釋社會事實。在《社會分工論》裡，他主張社會分工是一種社會事實，而只能用另外一種社會事實來加以解釋。在本書裡，他更以「自殺」為研究對象，力排眾議，強調將個別自殺的行為統計起來，計算出一定時空下的「自殺率」，這也是一種社會事實，而只能用另外一種社會事實來加以解釋。

涂爾幹觀察到現代社會共同道德衰落之後，產生一種「脫序」（anomie）的狀況，什麼是脫序狀態呢？當社會的集體意識不明，社會共同的道德逐漸消失的時候，社會中的個人，當他在社會裡行動的時候，並沒有一套明確的社會道德標準，來告訴他應該怎麼樣做才是正確，來告訴他孰是孰非，因此，沒有社會提供的軌道的指引，個人莫知所往，完全亂了方寸，我們說他就是面臨所謂脫序的狀態，涂爾幹是在《社會分工論》裡提到脫序的問題，相對於正常的分工，涂爾幹提到所謂病態的分工，而病態的分工裡面，脫序的分工是最明顯。在現代社會裡面，涂爾幹認為商業危機、破產以及勞資糾紛，通通都是脫序的分工的具體現象。

在這種脫序的分工的狀況下，也可能導致自殺的現象，涂爾幹在《自殺論》裡特別討論脫序的自殺，譬如說經濟大恐慌，或者經濟過度繁榮，都會導致社會原來的行為準則的突然消失，而產生比較集體性的「自殺潮」的現象，例如台灣過去這幾年自殺現象不斷地出現一樣，社會原有的規範秩序，脫軌脫序，個人無所適從，導致自殺率的不斷增加，這也是用一個社會事實（脫序的分工）來解釋另外一個社會事實（自殺率上升）。本文最後一節，也會提到當代學者把脫序的分工與脫序的自殺對應起來的情形。

社會道德跟集體意識息息相關，自殺率則跟所謂社會潮流息息相關，社會潮流是比較動態的集體行為，如自殺潮，它是超越個體的集體行為，是動態的現象。人們可以在自殺潮的現象、集體投入宗教狂熱，以及球迷為觀賞中華棒球隊的表現而蜂擁到球場，或者在選舉時擠到大型的造勢晚會裡的群眾運動等看到。社會集體意識產生變遷，它也會導致社會潮流的變化，人們可能會為集體的價值做某種程度的獻身，在涂爾幹討論「利他性的自殺」時裡，我們看到殉教、殉國等現象。

因此，我們可以看得出來，對涂爾幹來說，社會的心理生活、社會的內在道德與集體意識、集體良心等等，的確是他關注的焦點。他對於道德、自殺、宗教、教育等等的分析，無不將重點擺在「非物質性的社會事實」之上，亦即社會的內在基礎之上，在此意義下，我們才會說他所建構的其實是某種類型的「社會心理學」。

其論證的基礎其實也是在否定過度心理學式的解釋，認為個別的自殺統計起來的「自殺率」，是一個新的社會事實，受到其它的社會事實的影響，例如社會的集體意識的變遷會影響到社會潮流的變遷，到最後也會影響到自殺率的變遷，因此社會突然蕭條或景氣，暴起暴落，就會比較容易導致混亂或脫序的現象產生。

在這裡我們便牽涉到涂爾幹很重要的「人性論」的看法，他認為人性裡面有一種二元性的存在，是一種 homo duplex，受到笛卡兒心物二元論的影響，人有精神與肉體、理性與慾望這二部份，肉體是七情六慾的、是重視感官的、是自私自利的，精神則是神聖的、是普遍的、具有概念與道德能力的，這兩種層面都存在於我們心中，彼此相互對立，是一種二律背反的情況，到最後精神是神聖的、理性的，肉體則是世俗的、感性的，前者是我們道德能力的高度尊嚴，後者則是我們一般能力的低度行事，人必須對自己施加壓力，「存天理去人慾」、「克己復禮」，才能使自己向上提升，而不是向下沈淪，在這種情形下，一個人如何提升自己的精神而壓抑自己的肉體呢？光靠自己的力量是不行的，必須要仰賴社會。因為相對於個人來說，道德來自於社會，社會超越每個人，個人面對社會必須犧牲某種固有的本性，而且因為社會是神聖的、好的、善的，它構成了一種道德的權威性，透過明顯的命令，對個人產生義務性的要求：換句話說，社會會透過社會團結產生一種社會權威，最後轉變成一種共同的道德規範（甚或是宗教）。

二、涂爾幹為何要寫《自殺論》？——本書內容大要

為什麼涂爾幹要研究自殺？他本身或家族裡並沒有自殺問題，巴黎高師的好朋友霍梅（Victor Hommay）在一八八六年的自殺，跟他一八九七年完成《自殺論》，有著一定的關聯。但更重要的是，涂爾幹要藉著對自殺的案例式的經驗研究，來驗證社會學獨特的分析能力。

《自殺論》一書除序、導論與附錄之外，共分三編，其目次如下：

由這樣的目錄來看，涂爾幹展現首尾一貫的論證策略，先對所要分析的社會現象下定義，然後反駁前人的非社會學的解釋，最後再針對此一現象，提出他主張的社會學看法。而所謂非社會學的解釋，往往是個人主義式與心理學式的主張，藉著對這樣的主張的反駁，來彰顯社會學式的分析的適切性與正當性。

因此，「自殺」這種常常被看成最個人心理成因的社會現象，就變成他挑選出來驗證社會學分析能力的案例，如果他能證明連這個相當個人化的社會現象，都是受到社會因素的制約與影響，那麼社會學觀點的正當性的驗證自然就水到渠成了：就算是極端孤獨而自殺，自殺者的意識與動機，其實還是受到社會因素所影響的。

在本書序言中，他明顯地把本書的研究課題——自殺，當成是社會學方法研究的對象，亦即「社會事實」，他強調這種社會現象應被當作事物，即外在於個人的現實（reality）來研究：支配個人去自殺的是超越個人的道德的現實，即集體的現實。接著在導論裡，他立刻對自殺這種社會事實下一個社會學的定義：**人們把任何由死者自己完成並知道會產生這種結果的某種積極或消極的行動直接或間接地引起的死亡叫做自殺**。這樣的定義先排除動物自殺的情況，接下來他要超越個別自殺用個人的與心理學因素的解釋的方式，強調作為個人現象的「自殺」與作為集體現象的「自殺率」之間的區別：「……把一個特定社會在一段特定的時間裡所發生的自殺當作一個整體來考慮，我們就會看到這個整體……是一個新的和特殊的（*sui generis*）事實，這個事實有它的統一性和特性，因而有它特有的性質，而且這種性質主要是社會性質。」如果觀察比較長的時間，我們就會看到每個社會在它歷史上的每一個時刻都有某種明確的自殺傾向：這是被考察的社會所特有的自殺死亡率。涂爾幹強調，自殺死亡率不僅在一個長時期內保持不變，而且這種不變甚至比主要的人口學現象的不變性還要大。

1. 排除非社會因素

然後在第一編中，他希望排除兩種非社會原因會影響自殺率：機體—心理的素質（organic- psychic disposition）和自然環境的性質（the nature of the physical environment）。所以這四章就分別討論自殺（其實是「自殺率」）與心理變態、正常的心理狀態——種族、遺傳、自然因素與模仿之間的相關性。

他先在第一章裡否認自殺是一種偏執狂的說法，認為這一假說的臨床和心理原因及理由站不住腳：「……既然不存在偏執狂，也就不可能有自殺偏執狂，所以自殺不是一種性質截然不同的精神錯亂。」他將所有精神病人的自殺，歸結為四種：躁狂症自殺、憂鬱性自殺、強迫式自殺、衝動不由自主的自殺等，發現精神錯亂者的自殺並非所有類型的自殺，而只是其中較不重要的一種。進一步他問：如果自殺不是精神失常的產物，它與神經衰弱、酗酒緊密相連嗎？這兩者同樣也不能成立。

接下來他進一步討論自殺與正常的心理狀態——種族、遺傳的相關性問題。他認為種族的概念，只有作為遺傳類型方可下定義，但該詞也因此含有不確定的意義，需要加以保留。而三種歐洲種族，斯拉夫人、克爾特—羅馬人以及日耳曼人在自殺傾向上具有巨大差別，總括來說，只有日耳曼人有強烈的自殺傾向，但它在德意志之外立即消失。至於所謂自殺與身高的關係，純屬偶然的結果。此外，他認為只有當種族在本質上有遺傳性質時，才可能是自殺的一個誘因，但這裡遺傳性的證據又顯不足。

排除了自殺與身心狀態的關係後，他進一步討論自殺與自然因素的相關性：「個人素質儘管不是決定自殺的唯一原因，但如果和某些自然因素結合在一起，卻可以起更大的作用……在這類因素中，人們只把自殺基因的影響歸因於其中的兩個因素，即氣候和季節性氣溫。」他分析歐洲地區氣候和自殺分佈，發現氣候沒有影響。至於氣溫，自殺升降與月氣溫、季度氣溫的變化無關。但是身為社會學家的涂爾幹發現，自殺的月變化與白晝長度的變化之間存在著完全平行關係，這也合乎自殺容易在白晝發生的事實，這不是自然因素所致，而是社會因素，這種平行對應關係的原因是：社會生活總是在白天全面進行。自殺主要發生在白天是顯而易見的。這影響從何而來？因為白天有利於自殺，這是各種事物最繁忙，人際交往錯綜複雜，社會生活最緊張的時刻。

再來討論到自殺與模仿（imitation）的相關性。涂爾幹認為模仿純粹是個人心理現象，他對它的定義為有別人先例、而在無意識地下的重複性的行為。在這裡涂爾幹又發揮了區分心理現象與社會現象的切割作法，將道德流行（moral epidemics）和道德傳染（moral contagions）區別開來，前者是一種社會現象，是社會原因的產物，後者是心理與個人的現象，只是不同程度地重複個人行為的反應。他認為，自殺的念頭不是傳染的，集體自殺的根源，不是一兩個人的作法傳染他人，而是來自一種集體的決心。因此，只要能承認自殺是通過這種或那種途徑傳播流行，那麼自殺就是取決於社會原因，而不是個人的條件。相反的，模仿之所以對社會自殺率沒有大的影響的原因：因為它不是根本因素，而僅僅是加強了其他因素的影響。

藉著當時萌芽的社會學研究方法——道德統計學的協助，社會學要確立其研究對象與方法，建立其研究場域，與心理學、精神病學、自然科學區分開來，社會學必須當仁不讓，從自殺這種看似個人現象當中，找出其社會成因，賦予它一個不同的解釋。涂爾幹的苦心孤詣，汲汲於區分心理現象與社會現象，建構了傳染／流行、模仿／自殺這一連串的二元對立，其用心可以理解，但今天來看，或多或少有些牽強。以今天社會流行病學來看，要在傳染與流行之間、模仿與自殺之間嚴格區分，其實是相當困難的，因為心理因素、自然因素與社會因素這三者，常常是會交互影響的。

2. 社會原因和社會類型

涂爾幹排除了非社會因素之後，在第二編裡，開展了社會原因與社會類型（自殺類型）相關性的研究。這一編包括六章，分別對不同的自殺類型追溯其不同的社會原因，運用統計上的「共變法」，他認為不同類型的社會原因（如宗教類型、家庭類型等），應該會有不同的自殺類型的社會結果。他關心的是社會自殺率，每一個社會群體對自殺都有一種特殊的傾向，這種傾向必然取決於其社會原因，而且本身即構成一種集體現象。根據產生自殺的各種社會類型之原因來加以分類，知道了各種原因的性質，我們就可以設法推斷出各種結果的性質。想知道哪些不同情況的匯集會導致被看作集體現象的自殺，一開始就應該從它的集體形式（統計資料）來考慮。統計資料會說話，它彰顯了一個社會事實（宗教別、家庭別）解釋另一個社會事實（社會自殺率）的可能性。

在利己主義的自殺上，他討論的首先是宗教類型（作為社會原因），觀察不同宗教信仰對自殺（率）產生的影響。這裡其實有一個西方中心主義的思考預設：一個人不會沒有宗教，沒有宗教幾乎就沒有社會歸屬[3]。在瞭解涂爾幹運用的宗教統計資料前，我們要先瞭解宗教對西方人生活的重要性及其一神論的觀念。

看了統計資料後，涂爾幹強調宗教信仰的影響如此強大，以致支配著所有其他因素。他發現歐洲各地基督新教徒中的自殺人數都比其他宗教（天主教與猶太教）的信徒中多，毫無例外。雖然這些宗教都禁止自殺，但是天主教和新教之間唯一的基本區別是，後者比前者在更大的程度上允許自由思考。新教徒是他自己的信仰的創造者，這種改革過的宗教信仰的結構，使這種宗教個人主義狀態不可忽視[4]。新教的自殺傾向，必定與推動這種宗教的自由思考有所聯繫。帶有宗教特點的行動和思考方式越多，就越是使個人的意志趨向同一個目標。新教徒的自殺比較多，是因為新教不像天主教會是一個非常整體化的教會。同樣的，新教徒對教育的愛好應該比天主教徒更強烈，這種愛好表明共同信仰的動搖，所以這種愛好應該像自殺那樣變化。有人認為自殺隨著科學的進步而發展，實際上決定這種發展的不是科學，而是因為其所從屬的宗教社會失去內聚力。所謂宗教對自殺有一種預防的作用，其實並非來自宗教概念的特殊性質，而是因為宗教是一個社會，集體的狀態越牢固，宗教社會的整體化越牢固，社會自殺率也會保持較低的狀態。

涂爾幹對宗教社會（宗教共同體）的重視，突顯了宗教在西方社會中的重要性。宗教是西方社會集體性的一個根基，提供了世界觀、社會團結的基礎。在晚年的《宗教生活的基本形式》中，他提出了一個重要的宗教社會學家的研究預設：所有宗教就其自身而言都是真的，社會學家要平等對待之。社會學家做客觀的分析時，要平等對待各宗教，比較各種宗教的共通性和不同之處，比較他們如何發揮社會功能，不能偏重在某個特定的宗教。涂爾幹在本書中平等對待其所找到的宗教證據，根據這些資料來探討天主教、新教、猶太教等對社會自殺率的影響。

但是對涂爾幹這種法國第三共和的社會改革者來說，多少他會認為天主教有些反智色彩，相對而言，新教較具開放性，信仰是個人反省後自我證成的。在這一點上，涂爾幹與韋伯類似，他們都注意到教徒所帶來社會進步精神。

接著他用從同樣的角度來觀察家庭和政治社會。家庭由兩種不同的社會整合結構所構成：夫妻群體（有無婚姻）、血親關係（有無子女）。他認為家庭越大，即包括的成員越多，對自殺的免疫力就越大。集體的感情之所以有一種特殊的力量，是因為使每個人的意識體驗到這種感情的力量在所有的人當中，互相引起反應。群體越大，群體中爆發出來的集體感情就可能越強烈。一個社會共同體的完整反映此共同體中集體生活的強度，成員之間的交往越是活躍和不間斷，這個共同體就越是統一和牢固。家庭共同體的構成越牢固，就越能避免自殺。

在家庭共同體裡，婚姻的影響是：從二十歲起，已婚男女與獨身者相比有一個免疫力係數。已婚者與獨身者相比的免疫力係數，隨著性別的不同而變化，涂爾幹注意到婚姻對男性的意義和對女性的意義不同，婚姻對成年男性的利益是比較多的，相反的，離婚反而減少了女性的自殺率。喪偶降低已婚者的免疫力係數，但往往不會使免疫力係數完全沒有。

涂爾幹其實是個研究「共同體」的社會學家，涂爾幹重視的是家庭共同體的集體意識，是家庭的凝聚力與社會整合程度。對他來說，家庭生活和宗教生活完全一樣，是一個防止自殺的強大因素。於是他對無子女的已婚者與獨身者之間自殺率、有子女的已婚者與獨身者之間自殺率、有子女的鰥夫與無子女的已婚男子之間自殺率、無子女鰥夫與無子女的已婚男子之間自殺率等問題加以比較，發現已婚而又有子女者的社會整合程度較高，也較不易傾向自殺。

研究了宗教與家庭這兩個共同體之後，他進一步研究政治社會（政治共同體）對社會自殺率的影響。政治上的不安，整個國家民族遭遇到一定危機時，也會影響到自殺率。人們發現在戰爭時期，自殺率是減低的。震動法國的大革命危機也震動了歐洲，各地的自殺人數都減少了，而且危機越嚴重，時間越長，自殺人數的減少就越明顯。這些事實只有一個解釋：巨大的社會動盪和全民戰爭都會加強集體感情。戰爭是一種激情，涂爾幹的社會學其實也是一種社會心理學，他是研究集體強烈情感的專家，這種情感在戰爭時是十分高昂的，對內凝聚集體意識，槍口一致對外。

因此，他的結論是，在利己主義的自殺裡：

自殺人數的多少與宗教社會一體化的程度成反比。
自殺人數的多少與家庭社會一體化的程度成反比。
自殺人數的多少與政治社會一體化的程度成反比。
自殺人數的多少與個人所屬群體一體化的程度成反比。

前面涂爾幹藉著個人在宗教、家庭與政治等共同體的不同整合程度，來說明過度個人主義的利己主義的自殺的高低。接著在談到利他主義的自殺時，發現一個人脫離社會共同體時很容易自殺，但過分地與社會共同體融為一體時，也很容易自殺，這種共同體他主要以較原始的「初民社會」，以及當代社會的「軍事社會」為其代表。

在初民社會中，自殺也十分頻繁，但是這些自殺表現出十分特殊的性質，多數是開始衰老或得了病的男子的自殺、妻子在她們的丈夫去世時的自殺、被保護者或僕人在他們的主子去世時的自殺。在這三種情況下，人之所以自殺，不是因為他自以為有自殺的權利，而是因為他有自殺的義務。如果他不履行這種義務，就要受侮辱，而且往往要受到宗教的懲罰。社會迫使他承擔自殺的義務，使這種義務具有強制性的條件和環境就是由社會造成的。社會強制性地規定這種犧牲是為了社會的目的。

在所有的歐洲國家中，軍人的自殺傾向要比同齡平民大得多，這是一種普遍現象。傳統主義超過了一定的強烈程度，它本身會變成自殺的一個根源。涂爾幹認為軍隊生涯較具傳統主義，也較接近初民社會的氛圍，置身其中，會培養起一種有效地促使人去放棄生命的心理氣質。

於是，在利他主義的自殺裡，我們歸納出他的結論，應該是如下的結果：

自殺人數的多少與初民社會一體化的程度成正比。

自殺人數的多少與軍事社會一體化的程度成正比。

接著他討論第三種類型的脫序性自殺（anomic suicide），發現自殺隨著經濟危機或經濟繁榮而成長。「工業或金融危機之所以使自殺人數增加，並非是由於這些危機使人貧困，因為經濟繁榮也產生同樣的結果；而是由於這些危機打亂了集體秩序」。

涂爾幹認為人欲無窮，必須對這種無限的欲望進行限制，而只有社會才能達到這種節制作用，因為它是唯一勝過個人的精神力量。約制人欲需要精確的規章制度，而這種規章制度要由超越個人的權威

（集體的權威），強加於個人才有可能存在。在社會動盪時，社會暫時沒有能力採取這種行動，導致自殺人數突然增加。

涂爾幹討論到的工商界混亂引起的自殺，讓人想起當今次貸危機所引起的世界經濟風暴。工商業所引起的種種欲望，可能擺脫限制他們的任何權威，工商業人員在各種職業中自殺的人數最多。現代社會中，社會混亂是經常和特別引起自殺的因素，這種類型的自殺之所以不同，是因為它取決社會管理個人的方式，而非個人與社會相聯繫的方式。脫序性自殺和利己主義自殺有同源關係，兩者都起因於社會沒有充分起作用，但不起作用的領域不同：「對利己主義的自殺來說，社會缺乏真正的集體活動，使活動沒有目的與意義。對脫序性自殺來說，社會不能影響真正的個人情慾，使情慾得不到調節與控制。」

其次，他討論到家庭混亂引起的自殺。喪偶與離婚都會造成家庭混亂，這說明了婚姻結構的持續影響力，自殺的根源在於婚姻或家庭的結構特殊性，而非個人的特質。婚姻的功能在於制約肉欲而將愛情理智化，離婚削弱婚姻的約束力，不能有效地抑制情欲，因此婚姻制度對男子有利，在婚姻受到離婚影響的國家，已婚男子的自殺免疫力不可避免地就較弱。相反的，婦女可以在肉體的要求中找到較有效的制約，所以婚姻的社會約束，對她們來說並不是必要的，反而因為不允許她們改變命運而不利。涂爾幹認為使婚姻不能給雙方帶來同樣好處的兩性對立的原因是：他們的利益有矛盾，一方需要限制，而另一方需要自由。在這一點上，涂爾幹的理論應該會得到當代女性主義者的肯定。

最後涂爾幹在脫序的自殺的一個註釋裡討論到第四種自殺，產生於過分的限制，社會運用壓制性的法律，斷送自殺者的前途，如奴隸被迫殉主，或要求過於年輕的丈夫和沒有孩子的妻子的自殺，稱為宿命式的自殺（fatalistic suicide）。我們在後面還會補充討論這種類型的自殺。

3. 實際的結論

研究到最後，在第三編最後一章裡，涂爾幹強調：現實社會應該如何看待自殺呢？

他認為自殺在各社會都普遍存在，一定程度的社會自殺率是正常的。自殺被認為是不道德的，人們習慣把一切不道德的事，都看成是不正常的，但不道德行為不一定是病態的。由於其普遍性，故犯罪是正常的，自殺亦然，自殺也是各時代正常結構的組成部分。一定的道德素質和一定類型的自殺是互相對應和互相關聯的，兩者不可或缺，因為自殺只是每一種道德素質在某些特殊條件下必然要採取的形式，而這些特殊條件不可能不產生。

他認為有效的防治自殺的辦法如下（當代利他主義的自殺較少，所以被他略過）：

對於利己主義的自殺來說，要使社會群體具有足夠的穩定性，以便這些群體更加牢靠地留住個人，個人更加依戀群體，政治、宗教、家庭等共同體皆是如此。進一步像在《社會分工論》一樣，他特別強調**職業團體**的重要性：它在任何時空都存在，且其影響涉及到大部分人，國家太笨重，無法靈活並適應無數不同的特殊情況，解決方法是建立國家之外的集體力量，職業團體或行會能滿足這個條件，涂爾幹認為一個特殊的群體一旦與公共生活的指導中心有了經常的關係，它就不那麼傾向於只顧著追求自身的利益。同樣的，脫序性自殺也產生於缺乏集體的力量，職業團體的發達，也有助於這種自殺的抑制。職業團體有兩重性，一方面因為它是一個團體，所以它相當公開地控制著個人；另一方面，它過於靠他們的生存來維持自己的生存，以致於會同情他們的需要。

至於夫妻間的不正常生活引起的自殺，其藥方是要使婚姻關係牢不可破。但如何做到使婚姻關係不會只對男性有利？他認為這是高難度的問題，因為夫妻的對立的原因，是由於雙方並不同樣程度地參加社會生活，未來妻子應該可以在社會上起一種完全屬於她的、比今天更積極重要的作用。他期待男女雙方都能積極地參與社會，屆時婚姻制度才能平等地保護具備同樣社會性質的男女。這種主張，似乎也會得到當代女性主義者的認可。

三、延伸閱讀：後來的學者對涂爾幹《自殺論》的評價

涂爾幹這本名著，晚近仍被廣泛討論。學者們對本書的討論成果，最主要有三本，分別是：Steve Taylor, *Durkheim and the Study of Suicide*, New York: St. Martin's Press, 1982; David Lester edited, *Emile Durkheim: Le Suicide One Hundred Years Later*, Philadelphia: Charles Press, 1994; W.S.F. Pickering and Geoffrey Walford edited, *Durkheim's Suicide: A Century of Research and Debate*, London : Routledge, 2000.

我們針對其中兩本，作一簡單的評述，首先是第一本 Steve Taylor 的書。作者開宗明義指出，與其說自殺者非致自己於死不可，不如說自殺是人們採取的一種賭博的行為，因為自殺固然會致死，但是自殺的結果往往卻是不一定的。自殺成了一種儀式，個人讓命運決定自己的生死，死了就可以逃避，而生存的話則可借此轉換心情以度過難關。本書在第一部份之中探討傳統社會學是如何處理自殺這個議題的，在其中特別關注自殺率的比較研究。然而作者指出傳統途徑的兩個重大缺失，其一是對於官方自殺

率的過度相信，其二是對於自殺者微觀層次的因素缺乏重視。

第二部份藉由 Douglas 和 Atkinson 的研究，指出在學術研究中採用官方統計數字各種可能的風險。在最後的第三部份當中，作者則以更為個體傾向的途徑解釋自殺行為的風險承擔本質，最後以一個社會—心理學的模型分析自殺行為。他將自殺分為 Submissive, Thanatation, Appeal, Sacrifice 四種。Submissive 與 Thanatation 都是基於個體與他者的心靈距離之上的，只是在前者中，個體已經知道自己沒有其他可能性了，這意味著他者無法改變個體的想法；至於在 Thanatation 中，個體認為自己得不到所需要的答案，因而在未知與疑慮的狀態中求死。Appeal 型自殺則是有目的性的登高一呼，讓自己的惡劣狀況為他者所知，具有強烈傳達訊息的意味。Sacrifice 型的自殺則是有目的性的報復讓自己痛苦的人，告訴世人「那（些）人是殺死自己的兇手」。涂爾幹排斥心理學的解釋方法，但是作者證明兩者是無法輕易區分的，因而採用一個既非詮釋又非統計分析的社會－心理學解釋模型，在書中引用的資料來源，也幾乎都是訪談或口述紀錄。

其次是第三本 W.S.F. Pickering 與 Geoffrey Walford 所編的書。這本書第一章簡介了整本書的架構。涂爾幹的自殺論是奠定社會學基礎的經典之一。他活用統計學的社會學分析，寫出實證與理論兼顧的名著，至今仍然在社會學界廣受重視。不過隨著統計方法的進步，許多社會學者對於涂爾幹的方法嗤之以鼻，甚至以自殺論作為「不應如此研究社會學」的典範。然而，自殺論卓越的貢獻在於駁斥心理、地理、性等其他解釋方式，把自殺看成一種只有社會學方法能處理的社會事實，帶來社會學誕生的曙光。第二章強調涂爾幹對於自殺的社會解釋的貢獻，詳述了涂爾幹是如何把自殺塑造成一種社會事實的。第三章寫到涂爾幹是如何在自殺論中轉換了他在方法論中所提出的方法，與其帶來的社會知識論後果為何。

第四章討論了較少被社會學家注重的利他主義的自殺與宿命的自殺，其中特別注重戰時自殺率的新研究對自殺論的影響。第五章的作者評估了 Douglas 對自殺論提出的批判，與涂爾幹對自殺率的解釋問題。第六章探討了自殺論更廣義上的意義，著重於自殺論的道德與宗教層面，並且檢視了涂爾幹的宗教觀念。第七章講到自殺與現代生活的社會道德理論，作者認為自殺是個體展現完全主權的行為，足以衝擊社會的道德整體性，藉此探討現代生活的各個層面。第八章論及自殺論在學術界中的定位，從自殺論出版的迴響與評論開始下手，從初版時的不被重視到五〇年代的備受矚目為止。

第九章分析了自殺論被三〇年代的俄國接受的程度，這是因為俄國是法國之外最早翻譯並探討自殺論的國家，也是因為自殺在當時的俄國是很大的社會問題。第十章研究了當代的自殺數據，焦點置於婚姻與自殺率的相關之上，且分析自殺率，再次證明了涂爾幹提出過的：婚姻制度對男性的保障大於女性。第十一章分析了三萬多個自殺個案，涉及廣泛的種族，然而本章與前一章略有齟齬，本章數據並不支持涂爾幹的婚姻與自殺率分析。最後一章則涵蓋六名學者教授自殺論的經驗之種種，討論了為何、如何教導自殺論，還有學生能從自殺論上學習到什麼。本書大多採用英國涂爾幹研究中心的文章，經過精挑細選，挑出整合性高的文章編成一書，特別重視文章內容的相關與一致。

另外，兩篇強調涂爾幹較忽略的第四種「宿命式的自殺」的討論文章也值得進一步介紹：一篇是 Philippe Besnard 的 Durkheim's Squares: Types of Social Pathology And Types of Suicide，收在 Jeffrey C.

Alexander and Philip Smith 合編 *The Cambridge Companion to Durkheim*, Cambridge: Cambridge University Press, 2005 一書當中。作者將病態的分工的類型與自殺的類型相對應起來。

在《社會分工論》中認為分工會造成三種社會病態。一、脫序分工（anomic division of labor），即在社會角色之間缺乏共同合作的規範。二、強制分工（forced division of labor），即規制（regulation）已經存在但不平等，因此獲得職業的機會不平等，而契約也被限制提供不合理的酬勞。三、官僚化分工（bureaucratic division of labor），即伴隨著極端專業化產生的生產性衰弱（weak productivity）和功能失調（poor coordination of function）。但除此之外，其實還應該加上第四種病態的分工：異化（alienation），即人在繁重的工作中毫無重要性，有如機器的螺絲釘。在《分工論》對於這種分工的討論僅佔兩頁，附在討論脫序分工的章節之後。脫序和強制分工是剛好相對的（規制太少與太多），但官僚化而異化則可以同時出現。與此類似的，在《自殺論》中也有四種型態的自殺。除了利己主義的、利他主義的和脫序的之外，還有一種宿命式的自殺。宿命式的自殺涂爾幹討論的最少（附屬在討論脫序的自殺那一章最後一頁的註釋中），即由於規範的限制性太強、或太無正當性，以至於個體無法將其內化，如奴隸的自殺。

本文作者 Besnard 認為，在《分工論》討論有機團結時，提出有機團結的功能要建立在四個基礎之上：⑴在社會角色、「器官」（organs）或功能之間存在一種社會關係，我們可以稱之為客觀整合（objective integration）。⑵將團結或互相依賴的價值內化為社會行動者的良心，可稱之為主觀整合（subjective integration）。⑶具有規定社會功能的規制或規範。⑷該規制或規範是具有正當性的、是可接受的。據此，脫序分工源於缺乏規範，強制分工源於規範不具正當性（因為規範內容是不平等的），異化分工源於缺乏主觀整合，官僚化分工源於缺乏客觀整合。對應自殺類型而言，利他主義的自殺在低度分工社會中較多，不應屬於有機團結。利己主義的自殺應與官僚化分工和異化分工相對應，脫序的自殺與脫序分工對應，宿命式的自殺與強制分工（不平等是兩者痛苦的共同來源）相對應。至於缺乏某一條件是否同時將缺乏另一條件（如缺乏主觀整合與缺乏規制），則是不確定的。

另一篇則是 Gabriel A Acevedo 發表在 *Sociological Theory*，二十三卷一期（March 2005）的文章 Turning Anomie on its Head: Fatalism as Durkheim's Concealed and Multidimensional Alienation Theory，他把涂爾幹與馬克思的理論整合起來。本文作者認為，涂爾幹的脫序觀念如果與宿命觀念結合，成為脫序—宿命的對立（anomic-fatalistic distinction），將可以包含馬克思異化理論的基本要素，成為一個更有說服力的社會病態理論。馬克思的異化與涂爾幹的脫序是兩種重要的、關於社會規制的社會心理學概念。涂爾幹花了很大的力氣討論脫序，但很少討論宿命論與宿命論的自殺，因此 Lockwood 稱之為涂爾幹「隱藏」的社會秩序理論。之所以有這種現象，可能與涂爾幹長期與無政府主義和各種形式的社會革命主張不合有關。他總覺得現代社會的最重要問題是規範太弱，而不是規範太強。在《自殺論》唯一討論宿命式的自殺的註釋中，他舉的例子有兩個：一個是沒有自由的奴隸，一個是被迫單身的男女或沒有子女的夫妻（不管是什麼原因使他們被迫單身或沒有子女）。其實，勞工與農民在現代社會所受的壓迫也是宿命型的——而這是馬克思主義最常提及的。

但也正因為如此，涂爾幹的宿命觀念，其實比馬克思的異化觀念更為寬廣。因為馬克思的異化主要還是由經濟因素所造成，而造成宿命觀的社會原因則可以更多。只要將脫序掉過頭來（turning anomie on its head），就能了解宿命是什麼。除此之外，馬克思的異化觀念，是建立在他對人性的樂觀信念，以及他的烏托邦思想之上。他認為人類在本性上就能對自己的行為有充分控制，而這使得人類可以不經由資本主義社會提供的秩序，就能充分完成自身。因此在馬克思看來，社會規制的主要影響是對人的否定；反之，經由脫序的觀念，涂爾幹則肯定社會規制的作用，認為社會秩序的存在有助於自我的實現。

就像異化一樣，涂爾幹的脫序觀念與他的人性論是密切相關的。人類的本性不是如盧梭所說「高貴的野蠻人」，他對於外界的環境與社會規範是開放的，因此他需要社會規範來引導他的行為。因此社會規範的強弱會影響自殺的形式，而涂爾幹對於利己主義的自殺乃特別注重，因為他認為這是由現代社會的基本特性所造成的。但涂爾幹並不認為人性的本質是利己的，他只有在社會環境的引導下，才會顯現出強烈的利己行為。涂爾幹認為人性的本質是二元的：他不但具有利己的傾向，但同時也有注重他人的道德傾向。人類的基本困境在於，這兩種傾向天生就是衝突的，如何調和兩者成為社會的基本問題。

除了上述文獻之外，因為涂爾幹對社會學與人類學的影響等量齊觀，所以世界上研究涂爾幹最重要的雜誌《涂爾幹研究》（*Durkheimian Studies/Etudes durkheimiennes*），是由設在英國牛津大學社會與文化人類學研究所裡的「英國涂爾幹研究中心」（British Centre for Durkheimian Studies）所發行的，這是份英文與法文的雜誌，一年出刊一次，是世界各地的涂爾幹專家的機關報，為涂爾幹研究者凝聚集體意識的重要場所，有意多瞭解涂爾幹的讀者可多加閱覽。

◆註釋◆

【1】韋伯（Max Weber, 1864-1920）與涂爾幹這兩位參與創立社會學的大師，生於同一個時代，但很有趣的，一生王不見王，從不提到對方（甚至在涂爾幹曾為韋伯夫人的一本書寫過書評的情形下）。即使在他們同樣受到「新康德主義」的影響，他們卻也開展出不同的社會學風貌，韋伯全集的主編，海德堡大學社會學研究所講座教授施路赫特（Wolfgang Schluchter）很生動地比較這兩位大師的社會學，儘管都深受康德傳統的影響，但是涂爾幹一生致力於將康德哲學「社會學化」，所以他的社會學是一種「社會學的康德主義」（soziologischer Kantianismus），韋伯則是致力將康德的哲學範疇灌注在他的社會學之中，所以是一種「康德式的社會學」（kantianisierende Soziologie），參見 Wolfgang Schluchter, 1988: *Religion und Lebensführung*, Bd. 1, Frankfurt/M.: Suhrkamp, S. 81；有關這兩位社會學大師與康德哲學的關係與異同，筆者他日將另撰一文探討之。

【2】Steven Lukes, *Emile Durkheim: His Life and Work*, London: Allen Lane,1972, pp.9-10.

【3】二十多年前筆者在歐洲留學時，第一年就在課堂上跟老師與同學共讀此書，當時筆者向老師與同學提出質疑，為何涂爾幹這些統計資料裡，都沒有「無宗教信仰」這一類型呢？他們都對我的問題深感興趣，因為他們並未察覺這個問題，主要是他們跟涂爾幹一樣都是西方人，總認為人應該都是有宗教信仰的。相反的，而我們華人未必如此，才會察覺此一問題。

【4】請比較韋伯在《基督新教倫理與資本主義精神》的類似看法。

作者序

埃米爾・涂爾幹

近來，社會學風行一時。十幾年前這個還鮮為人知，甚至被人貶低的詞，今天已成為一個常用詞。人們對這門新學科的興趣越來越大，不但對它有一種偏愛，且寄予厚望。可是我們應該承認，在這個領域所取得的成果與已出版著作的數量和人們對這些著作的興趣完全不相稱。一門學科的進步，其指標是它所研究的問題不再原封不動。有人說，如果我們發現了迄今為止尚不清楚的規律，或者有某個新事實改變了提出問題的方法，儘管還沒提出最後的解決辦法，這門學科就算是進步了。然而，不幸的是我們有充分的理由認為，社會學並沒有展現出這種景象，因為它所提出的問題常常不夠明確，它還停留在系統建構與哲學綜合的階段，它往往不專注於特定的社會領域，而是去研究那些引人注目的普遍性問題。這種方法固然可以稍微滿足一點公眾的好奇，向公眾闡明各式各樣的問題，但是根本達不到任何目的。因為人們並不是藉由草率的直覺粗淺地考察便能發現複雜事實的規律。況且，某些廣泛又倉促的概括是不可能得到任何證明的。人們能做的就只是有機會時舉幾個有利於說明已經提出的假設的例子，但是說明並不是證明。此外，一個人在遇到那麼多問題的時候，他什麼問題也解決不了，他所能利用的只是某些偶然的事實，甚至沒有辦法加以考證。因此，對於任何習慣於只研究某些特定問題的人來說，純社會學的著作毫無用處，因為大部分著作都不屬於任何特定的研究領域，而且過分缺少權威性的資料。

對這門學科的前途懷抱信心的人，應該把終結這種狀態放在心上。如果這種狀態繼續下去，社會學很快就會信譽掃地，而且只有理智的敵人才會為此感到高興。如果部分的事實迄今獨受否認或藐視，對於人類的理智來說也是痛苦的挫敗，因此就算只是暫時的，也應該避免。即使社會學目前所取得的成果不明確，我們也不該灰心喪氣，因為這是重新努力的動力，而不是置之不理的藉口。一門誕生不久的學科不該被過分苛責犯錯，只要它在探究時能意識到自己的錯誤並且避免重複犯錯。因此，社會學不應該放棄任何理想。但是另一方面，如果要不辜負人們對它的期望，它就不應該變成一種別具一格的哲學專題著作。社會學家不應該熱衷於對社會現象進行形而上的思考，而應該把各種具有明確界限的現象作為研究的對象。這些現象可以說用手摸得著，可以說出它們的來龍去脈，而且可以抓住不放！社會學家還應該仔細參考各種輔助學科，例如歷史、人種誌和統計學。因為如果沒有這些學科，社會學可能一事無成！如果說有什麼要擔心的，就是社會學家的發現從來不會與他的研究課題真正完全相關，因為不管他多麼細心界定範圍，他的研究問題總是如此豐富、多變，以致於包含著無數的意外。但是這沒什麼關係！如果他這樣進行研究，即使所掌握的材料不完整，方法太有限，他還是做了一件有益的工作，這件工作將大有前途。因為，具有某種客觀基礎的觀念與其提出者的人格並無緊密的關係。這些觀念具有某種非個人性，它讓別人能夠接受和繼承，它是可以傳播的。因此，在科學研究中可以有某種連續性，這種連續性正是進步的基礎。

人們即將讀到的這本書正是在這種意圖下構思的。在教學過程中，我們有機會研究各種問題，我們之所以在其中選擇自殺作為研究的課題，是因為比自殺更容易界定的課題不多，我們覺得自殺是一個特別適當的例子——儘管要明確界定其範圍還需要一番準備工作，但是，只要集中力量就可以找到名副其實的規律，這些規律比任何辯證的論據更能證明社會學是切實可行的。人們將會看到我們所期望證明的規律。當然，我們可能不只一次犯錯，我們可能超出自己所觀察歸納的事實。但是，至少每一種假設都附有證據，而且我們力求讓證據盡可能多一點。尤其重要的是，我們努力將論證、詮釋與被詮釋的事實明確區分開來。因此，讀者可以判斷出在我們的各種解釋中何者是相關的，而不會感到困惑。

此外，雖然我們限制研究的範圍，但決不表示人們就被剝奪了寬廣的視野與全面的洞察力。相反的，我們認為我們已經建立了有關婚姻、喪偶、家庭生活和宗教社會等的許多命題；如果我們沒有弄錯，這些命題比倫理學家關於這些條件或制度的一般論述讓我們懂得更多的東西。從我們的研究中，甚至可以看出歐洲當前普遍不安的原因的某些徵象，以及可以緩和這些情況的補救辦法。因為我們不該認為，一種普遍的狀態只能用普遍性來解釋。這種狀態可能有某些明確的原因，如果不仔細研究各種明確的表現形式，可能無法知道確實的原因。自殺在今天的情況下正是我們所遭受的集體病態的表現形式之一，因此它將幫助我們理解這些病態現象。

最後，讀者將在本書中重新看到我們曾在其他著作中提出和考察過的主要的方法論問題，但更加具體且明確。[1]在這些問題中，有一個問題對本書來說太重要了，所以我們不能不立刻提醒讀者注意。

我們所採用的社會學方法完全基於這樣的基本原則：各種社會現象應被當作事物，即外在於個人的事實來研究。對我們來說，沒有需要更多爭論的原則，但也沒有比這個更基本的原則。因為，歸根究柢，社會學為了存在，首先應該有一個完全屬於它自己的研究對象。它應該研究一種不屬於其他學科範疇的事實。如果除了那些特殊的意識以外，再也沒有具體實在的東西，那麼社會學就會因為沒有自己的題材而消失，因為今後可觀察的唯一對象是個人的心理狀態，沒有別的了。然而，這是屬於心理學研究的範疇。從這個觀點來看，婚姻、家庭或宗教中一切具有實質內容的東西，其實都可以被看作是由以下這些行動來滿足的個人需求：父母對子女的愛、子女對父母的愛、性欲以及人們稱之為宗教本能的東西等等。這些行動本身及其複雜多變的歷史形式卻變得無足輕重了。作為個性一般屬性的表面和偶然的表現形式，這些行動不過是個性的一個方面，不需要專門進行研究。有時候研究一下人類永恆的感情在不同歷史時期是如何表現的，也許是出於好奇，但是這些表現是不完整的，所以人們不可能給予重視。從某些方面來看，最好把這些表現撇在一邊，以便能深入觸及讓這些表現具有意義和讓這些表現改變性質的根源。因此，藉口要把社會學建立在更加堅實的基礎上，因而把這門學科納入個人心理學的範疇，實際上反而讓它離開了唯一屬於它的研究對象。**人們沒有意識到，如果沒有社會就不可能有社會學，如果只有個人就不可能有社會**。此外，這種觀念根本不是在社會學中保持模糊的普遍性的理由。如果人們只承認一種虛假的存在，那麼他們怎麼能說明社會生活的各種具體形式呢？

然而，我們很難認為，本書的每一頁不會給人這樣的印象：支配個人的是超越個人的道德現實，即集體的現實。如果人們認為，每個民族都有自己的自殺率，這種自殺率比一般死亡率更穩定，即使有變化，那也是按每個社會特有的加速係數來變化的，每日、每月、每年不同時刻的變化不過是社會生活節奏的反映。如果人們認為，結婚、離婚、家庭、宗教團體和軍隊等等，按照某些明確的規律影響著社會生活的節奏，其中有些規律甚至可以用數字形式來表示，那麼他們就不會認為，這些情況和這些行為是不道德的，和無效益的意識形態安排。但是人們會感覺到，這是一些實在的、有生命的和活躍的力量，這些力量以它們支配個人的方式證明它們並不從屬於個人——即使個人作為組成部分進入產生這些力量的組合，這些力量也隨著自己的形成而對個人產生影響。在這種情況下，人們就更懂得社會學可能而且必須是客觀的，因為社會學所面對的事實和心理學家或生物學家所研究的事實一樣明確和具體。[2]

在這裡，我們還要感謝我們從前的兩位學生：波爾多高等小學教師費朗先生和哲學教師馬塞爾·莫斯先生，感謝他們對我們的熱誠支援和幫助。前者繪製了本書的全部地圖；後者幫助我們收集了表二十一和表二十二的必要資料，讀者將會看到這些資料的重要性。因為我們必須分析兩萬六千名名自殺者的檔案，以便按年齡、性別、身份和有無子女進行分類。這項繁重的工作是莫斯先生單獨完成的。

這些表格是根據司法部的文件所編製，但這些文件並沒有包括在年度報告中，而是司法統計局局長塔爾德先生好意提供的，在此我們向他獻上最誠摯的感謝！

◆註釋◆

【1】《社會學方法的規則》，巴黎，F．阿爾康書店，一八九五年。

【2】不過我們將要指出（第三九三頁註20），這種看法決不排除一切自由，而是讓自由與統計資料所揭露的決定論調和起來的唯一方法。

目次

導論

一

由於「自殺」一詞在交談的過程中不斷被提到，所以人們可能以為，這個詞的意義已是人人皆知，家喻戶曉，給它下定義是多此一舉。但是，實際上，日常語言中的詞，就像這些詞所表達的概念一樣，始終是模稜兩可的。學者們如果按照他們所接受的慣用法來使用這些詞，而不給這些詞另作詳細說明，就可能陷於嚴重的混亂。不僅詞的涵義不受什麼限制，隨著談話的需要而變化，而且由於詞的分類不是產生於某種有系統的分析，只是說明民眾的各種含糊不清的印象，所以不斷發生以下的類似情況：某些不同範疇的事實被不加區別地歸入同一個類別，或者性質相同的事實被冠以不同的名稱。因此，如果我們任由自己被固有的詞義所支配，我們就可能把應該合在一起的事物區別開來，或者把應該區別開來的事物混在一起，以致於看不出這些事物之間的真實關係，從而誤解它們的性質。事實上，只有經過比較才能消除誤解。因此，科學調查只有針對可以比較的事實才能達到目的，而且越是有把握彙集那些能夠有效地進行比較的事實，就越有成功的機會。但是，那種產生通俗術語的膚淺考察是不可能弄清事物的正常關係的。因此，學者不能把那些符合日常用語的既成事實作為他的研究對象。他應該由自己來確定所要研究的那些事實，以便使這些事實具有能被科學探討所必須的同質性和特異性。因此，當植物學家談到花卉或水果的時候，當動物學家談到魚類或昆蟲的時候，他們都是按照自己預先規定的涵義來理解這些不同術語的。

所以，我們的第一個任務應該是，確定我們打算在「自殺」的名稱下所進行的研究範疇。為此，我們要想一想，在不同類別的死亡中，是不是有某些死亡既具有任何誠心的觀察者都能看得出來的共同客觀特點，又具有在其他死亡中看不到的特異性，而且同時相當接近人們一般會歸為自殺的死亡，使我們能夠保留這個詞而不至於曲解這個詞的慣常用法。如果遇到這類情況，我們將毫無例外地把所有表現出這些特性的事實彙集在這個名稱之下；即使這樣形成的分類並不包括所有人們通常稱之為自殺的死亡，或者包括那些人們經常冠以另一種名稱的死亡，我們也不會為此感到不安。因為重要的不在於要比較確切地表達普通人在談到自殺時所使用的概念，而在於要確定一種事物的範疇，這種範疇既可以毫無困難地列入這種類別，又是客觀明確的，也就是說符合事物的特定性質。

不過，在各種不同類別的死亡中，有一類死亡表現出這樣的特點：這類死亡是死者自己的有意識行為，也可以說是某種行動的結果，因為受害者就是採取行動的人。而我們也可以肯定，這種特點也是人們通常在談論自殺時的基本想法。此外，產生這種後果的行動的內在性質並不重要。一般來說，儘管人們把自殺設想成一種積極的和使用暴力的行為，這種行為意味著顯示某種肌肉的力量，但是一種完全消極的態度或者一種簡單的克制也可以產生同樣的後果。絕食自殺和用鐵器或火器自殺是一樣的。受害者所採取的行動甚至不必是死亡的直接前提，以便死亡被看成是這種行動的結果；這兩者的因果關係可以是間接的，現象並不因此而改變其性質。反對偶像崇拜的人為了贏得殉難者的桂冠，犯下了他也知道要被處以極刑的罪，死於死刑執行人之手，他就像自己給了自己致命的一擊一樣導致了自己的死亡；至少沒有必要把這兩種自願的死亡列入不同的類別，因為這兩種死亡只是在具體的細節上有某些區別。這樣，我們就得出了第一個公式：任何由死者自己所採取的積極或消極的行動，直接或間接地引起的死亡都叫做自殺。

但是這個定義並不完全，它沒有區別兩種十分不同的死亡。我們實在不能把幻覺症患者的死亡和神志清醒的人的死亡列為一類，以同樣的方式來對待。前者從樓上的窗口跳下來，因為他以為窗口和平地在同一個水平上；而後者自盡時知道自己在幹什麼。從某種意義上說，不以死者的某種行為為遠因或近因的死亡是很少的。死亡的各種原因屬於我們身外的，遠遠多於我們自身的，除非我們闖入它們的行動範圍，它們是不會找到我們頭上來的。

我們能不能說，從死亡結果的觀點看，只有受害者作出了引起死亡的行動才算自殺呢？我們能不能說，只有想要自殺的人才算真正的自殺，因而自殺是故意殺害自己呢？事實上，首先應該要根據性質來確定自殺，這種性質儘管值得注意，而且很重要，但無論如何這種過失不易辨認，因為它不易被觀察到。我們怎麼知道是什麼動機使死者下定決心？當他下定決心時，他是想要死還是有什麼其他目的？意圖是非常隱蔽的東西，除了大概揣摩，別人是無法猜到的，甚至連他本人也覺察不出來。我們有多少次誤解了促使我們採取行動的真實理由啊！我們經常用豐富的激情或者崇高的理由來解釋我們受庸俗感情或盲目守舊所產生的影響。

況且，一般來說，一種行動不能用採取這種行動的人所追求的目的來說明，因為許多同樣的行動不必改變性質就可以達到完全不同的目的。實際上，如果只是在有自殺的意圖時才有自殺，那就不應該給某些事件加上自殺的名稱——這些事件儘管從表面上看來和自殺有許多不同之處，但實際上和人們所說的自殺沒有兩樣，而且如果不用自殺這個詞就不可能有別的名稱了。為了挽救自己的團隊而迎著死亡向前衝去的士兵並不想死，然而，他的死亡難道不是他自己造成的？就像工業家或者商人為了逃避破產的屈辱而自殺一樣，我們也可以說，為信仰而死的殉道者，為孩子而犧牲自己的母親等等也是自殺。不管死亡僅僅是被當作一種令人遺憾的（但從想要達到的目的來說又是不可避免的）狀態來接受，還是明確地希望和追求的，自殺者都是不想再活下去，不同方式的自殺只能是同一類死亡中的幾個變形。這些死亡的相似之處太多了，所以不能不把它們歸在同一個類別裡，除非在這個類別裡再把它們分為若干次類。當然，通俗地講，自殺首先是一個再也活不下去的人在絕望時所採取的行動。但是，實際上，一個人在離開人間的時候依然眷戀著人生，所以他是不會輕易棄世的；一個人就這樣放棄他最寶貴的財富時所採取的各種行動之間，有著某些顯然是固有的共同特點。相反的，能夠下定這種決心的不同動機卻只會產生某些次要的區別。因此，一旦這種決心到了肯定要犧牲性命的程度時，從科學上來講，這就是自殺；至於是什麼種類的自殺，我們將在下面看到。

這種最大犧牲的所有可能共同點是，作出這種犧牲的行動是在深知原因的情況下完成的。犧牲者在採取行動時知道他的行動可能產生什麼結果，而不管是什麼理由促使他採取這種行動。所有表現出這種特點的死亡明顯的不同於其他死亡，在其他死亡中，死者或者不是造成他自己死亡的因素，或者只是不自覺的因素。這種死亡以一種很容易辨認出來的性質不同於其他的死亡，因為，要知道一個人是否事先就考慮到他的行動的必然結果，並不是一個難解的問題。而這種死亡構成了一種特定的、性質相同的、可以區別於其他死亡的類型，所以應該用一個特殊的詞來表示。自殺這個詞適用於這種死亡，沒有必要創造另一個詞，因為人們平常所說的自殺絕大多數屬於這種類型。因此我們明確地說：**人們把任何由死**

者自己完成，並知道會產生這種結果的某種積極或消極的行動，直接或間接地引起的死亡叫做自殺。自殺未遂也是這種意義上的行動，但在引起死亡之前就被制止了。

這個定義足以使我們不去考慮任何有關動物自殺的情況。其實，我們對動物智力的瞭解並不容許我們把動物死亡的預先表現，尤其是能夠引起死亡的手段歸於動物。誠然，有人看到某些動物拒絕進入它們的同類曾經遭到殺害的地點，他們就說這些動物能預感到它們的命運。但是，實際上，血腥味就足以引起這種本能的退縮。他人所提到並希望從中看到嚴格意義上的自殺的所有例子，都可以有完全不同的解釋。如果被激怒的蠍子把自己的毒鉤刺進自己的身體（況且這並不確實），這可能是出於某種無意識的、沒有經過考慮的反應。由它的發怒所產生的動能是漫無目的和隨意發洩的，這種發洩的犧牲品碰巧是動物，我們不能說這種發洩的後果事先就已經表現出來了。相反的，如果有幾隻狗在牠們失去主人之後拒絕吃東西，這是因為牠們深深的悲哀無意識地使它們失去食欲。死亡是喪失食欲的結果，並不是事先就預料到的。這種情況下的絕食和另一種情況下的受傷，都沒有被用來作為達到已知結果的手段。所以它們沒有我們上述所謂自殺的特點。因此，我們在下面將只考慮人類的自殺。[1]

上述定義不僅預先告訴我們那些迷惑人的類似自殺的情況或者任意排除在自殺之外的情況，而且使我們從現在起就對自殺在整個道德生活中所占的地位有了某種概念。實際上，這個定義告訴我們，自殺並不像人們認為的那樣是一種完全不同的類型，是一種孤立的駭人聽聞的現象，與其他行為方式毫無關係。相反的，自殺是透過一系列中間狀態與其他行為方式聯繫在一起的。自殺只是習慣做法的誇大形式。我們說自殺確實是存在的，因為死者在採取必然會致死的行動時，肯定知道這種行動在正常情況下可能產生什麼後果。不過這種肯定可能比較強烈，也可能不那麼強烈。只要對這種肯定稍加懷疑，你就會看到一種新的情況，這種情況不再是自殺，但和自殺十分相似，因為兩者之間只有程度上的差別。毫無疑問的，如果一個人因為某個緣故有意地讓自己暴露在危險的情境中，不確定是否會有致命的結果，就算有可能會送命，也不能算是自殺，充其量只是個蠻幹的人，故意拿自己的生命開玩笑卻又想辦法避免死亡。或者某個對什麼都不感興趣、麻木不仁的人，不關心自己的健康，並由於疏忽而讓生命受到危害。這些不同的行動方式和嚴格意義上的自殺並沒有根本的區別，它們都是由類似的精神狀態所引起的，因為它們都導致生命的危險，而採取這種行動的人並不是不知道這種危險，但這種危險的後果並沒有阻止他採取這種行動。唯一的區別是死的可能性比較小。因此人們常說，由於熬夜而弄得精疲力盡的學者是在自殺，這不是毫無道理的。所有這些情況都是萌芽狀態的自殺，而且，儘管把它們和完全的、成熟的自殺混為一談並不是一個好辦法，但也不應該看不到它們與後者之間的同源關係。因為，一旦人們意識到自殺一方面與表現勇氣和獻身精神的行為有密切的關係，另一方面又與表現冒失和單純粗心大意的行為有密切的關係，自殺就會表現為完全不同的樣子。我們在下面將會看到這些關係多麼有啟發性。

但是，社會學家是不是對這種情況感到興趣呢？既然自殺是一種個人的行為，這種行為只影響個人，那麼自殺似乎應該完全取決於個人的因素，因而只屬於心理學的範疇。事實上，人們通常不是根據自殺者的脾氣、性格、經歷和個人歷史上的大事件來解釋他的決心嗎？

我們暫時不去探討在何種程度上和在什麼條件下研究自殺才是合情合理的。但可以肯定的是，自殺完全可以從另一個方面來考慮。事實上，如果不把自殺僅僅看成是孤立的、需要一件件分開來考察的特殊事件，而是把一個特定社會在一段特定的時間裡所發生的自殺當作一個整體來考慮，我們就會看到，這個整體不是各個獨立事件的簡單總和，也不是一個聚合性的整體，而是一個新的和**特殊的**事實，這個事實有它的統一性和特性，因而有它特有的性質，而且這種性質主要是社會性質。事實上，對於同一個社會來說，只要觀察所涉及的時間不是太長，自殺的統計數字就幾乎沒有什麼變化，就像表一所證明的那樣。因為，人們生活在其中的環境並不是每年都有明顯的變化。有時候然有一些重大的變化，但這些變化完全是例外。我們還可以看到，這些變化總是和某種暫時影響社會狀態的危機同時發生。[2]我們發現，在一八四八年，所有歐洲國家的自殺都突然減少了。

如果觀察一段比較長的時間，我們就會看到更加重大的變化。這時這種變化變成了長期的，它表明了社會的結構在這段時間裡也發生了深刻的變化。值得注意的是，這種變化並不像相當多的觀察家所認為的那樣是非常緩慢地發生的；這種變化既是突然發生的，又是逐漸發生的。統計數字連續幾年在十分接近的上下限之間起伏之後，突然呈現出某種上升的趨勢，這種趨勢在幾度搖擺之後便穩定下來，逐漸增強，最後固定下來。因為，社會平衡狀態的中斷儘管是突然發生的，但總是需要有時間來表現出它的全部後果。因此，自殺的變化呈現出明顯和連續的波浪狀，這種起伏是一陣陣地發生的，一次高潮過後是一陣間歇，然後又是一次高潮。我們從表一可以看到，這樣的一次高潮是緊接著一八四八年事件以後發生的，換句話說，根據各國不同的情況分別發生在一八五〇年到一八五三年之間；另一次高潮在德國是在一八六六年戰爭以後開始的，在法國則更早一些，是在一八六〇年帝國政府鼎盛時期開始的，在英

表一　歐洲主要國家自殺的穩定性
（絕對數字）

年代	法國	普魯士	英國	薩克森	巴伐利亞	丹麥
1841	2814	1630		290		337
1842	2866	1598		318		317
1843	3020	1720		420		301
1844	2978	1575		335	244	285
1845	3082	1700		338	250	290
1846	3132	1707		373	220	376
1847	(3647)	(1852)		377	217	345
1848	(3301)	(1649)		398	215	(305)
1849	**3583**	(1527)		(328)	(189)	337
1850	**3596**	**1736**		390	**250**	340
1851	**3598**	**1800**		**402**	**260**	**401**
1852	**3676**	**2073**		**530**	**226**	**426**
1853	**3415**	**1942**		**431**	**263**	**419**
1854	**3700**	**2198**		**547**	**318**	**363**
1855	**3810**	**2354**		**568**	**307**	**399**
1856	**4189**	**2377**		**550**	**318**	**426**
1857	**3967**	**2038**	1349	**485**	**286**	**427**
1858	**3903**	**2126**	1275	**491**	**329**	**457**
1859	**3899**	**2146**	1248	**507**	**387**	**451**
1860	**4050**	**2105**	1365	**548**	**339**	**468**
1861	4154	**2185**	1347	(**643**)		
1862	4770	**2112**	1317	**567**		
1863	4613	**2374**	1315	**643**		
1864	4521	**2203**	1340	(**545**)		**411**
1865	**4946**	**2361**	1392	**619**		**451**
1866	**5119**	**2485**	**1329**	704	410	**443**
1867	**5011**	**3625**	1310	752	471	**469**
1868	**5547**	3658	**1508**	800	453	**498**
1869	**5114**	3544	**1588**	710	425	**462**
1870		3270	**1554**			**486**
1871		3135	**1495**			
1872		3467	**1514**			

國是在一八六八年即商業條約所引起的商業革命以後開始的。一八六五年我們在法國看到的又一次高潮也許是出於同樣的原因。最後，一八七〇年戰爭以後又開始了一次新的高潮，這次高潮還在持續著，而且幾乎遍及整個歐洲。[3]

因此，每一個社會在它歷史上的每一個時刻都有某種明確的自殺傾向。我們透過比較自殺的總數和總人口數之間的關係來衡量這種傾向的強度。我們把這個資料稱之為**被考察的社會所特有的自殺死亡率**。我們通常以一百萬人或十萬人為單位來計算自殺死亡率。

自殺死亡率不僅在一個長時期內保持不變，而且這種不變甚至比主要的人口學現象的不變性還要大。尤其是，一般死亡率往往從這一年到下一年都有變化，而且變化很大。為了證實這一點，只消比較一下這兩種現象在幾個時期裡的變化即可知。這正是我們在表二中所做的。為了便於比較，我們根據這個時期的平均死亡率和平均自殺率，用百分比來表示每年的死亡率和自殺率。這樣，一年和一年的不同或者和平均數的關係便可以在這兩欄中比較出來。這種比較的結果是，在每一個時期，一般死亡率的變化幅度要比自殺率的變化幅度大得多，平均大兩倍。在後兩個時期，只有連續兩年之間的**最小**差距才看上去差不多同樣大。不過，在一般死亡欄裡，這種**最小**差距是一個例外，相反，歷年自殺人數的變化卻很少有差距。我們比較各種平均差距就可以看出這一點。[4]

的確，如果我們比較的不再是同一個時期內連續幾年的數字，而是不同時期的平均數，我們所看到的死亡率的變化自然變得幾乎微不足道。當我們把較長一段時間作為計算的基礎時，那種由於一時的和偶然的原因而逐年發生或引起的行動在兩個相反方向上的變化就會互相抵銷；因此，由此而產生的平均

表二　自殺死亡率與一般死亡率變化的比較

1. 絕對數字

1841-1846	自殺（每10萬人中）	一般死亡（每千人中）	1849-1855	自殺（每10萬人中）	一般死亡（每千人中）	1856-1860	自殺（每10萬人中）	一般死亡（每千人中）
1841	8.2	23.2	1849	10.0	27.3	1856	11.6	23.1
1842	8.3	24.0	1850	10.1	21.4	1857	10.9	23.7
1843	8.7	23.1	1851	10.0	22.3	1858	10.7	24.1
1844	8.3	22.1	1852	10.5	22.5	1859	11.1	26.8
1845	8.8	21.2	1853	9.4	22.0	1860	11.9	21.4
1846	8.7	23.2	1854	10.2	27.4			
			1855	10.5	25.9			
平均	8.5	22.8	平均	10.1	24.4	平均	11.2	23.8

2. 用百分比表示每年的比率

1841	96	101.7	1849	98.9	113.2	1856	103.5	97
1842	97	105.2	1850	100	88.7	1857	97.3	99.3
1843	102	101.3	1851	98.9	92.5	1858	95.5	101.2
1844	100	96.9	1852	103.8	93.3	1859	99.1	112.6
1845	103.5	92.9	1853	93	91.2	1860	106.0	89.9
1846	102.3	101.7	1854	100.9	113.6			
			1855	103	107.4			
平均	100	100	平均	100	100	平均	100	100

	連續兩年之間的			平均數以上和平均數以下	
	最大差距	最小差距	平均差距	最大平均數以下	最大平均數以上
	1841-1846				
一般死亡率	8.8	2.5	4.9	7.1	4.0
自殺率	5.0	1	2.5	4	2.8
	1849-1855				
一般死亡率	21.5	0.8	10.6	13.6	11.3
自殺率	10.8	1.1	4.48	3.8	7.0
	1856-1860				
一般死亡率	22.7	1.9	9.57	12.6	10.1
自殺率	6.9	1.8	4.82	6.0	4.5

數也就沒有什麼很大的變化。例如在法國，從一八四一年到一八七〇年，每十年的平均數分別為二十三點一八、二十三點七二、二十二點八七。但是，逐年的自殺率如果不是超過各個時期的一般死亡率，至少也是相等，這已經是首先值得注意的事實。其次，平均死亡率只是在死亡變成普遍的和非個人的情況時才具有這種規律性，只能用來非常不完全的說明某一特定社會的特點。事實上，就所有已經達到幾乎同樣文明程度的民族來說，死亡率看上去差不多；至少差別是很小的。例如在法國，正像我們剛才已經看到的，從一八四一年到一八七〇年，死亡率一直是千分之二十三左右；在同一個時期，比利時的死亡率是二十三點九三、二十二點五和二十四點零四；英國是二十二點三二、二十二點二一和二十二點六八；丹麥是二十二點六五（一八四五—一八四九年）、二十點四四（一八五五—一八五九年）和二十點四（一八六一—一八六八年）。如果把俄國除外，因為它只是在地理上屬於歐洲，那麼歐洲大國中死亡率比較明顯的與上述數字有差距的只有義大利（一八六一—一八六七年達到三十點六）和奧地利（更高達三十二點五二）。[5]相反的，自殺率每年的變化看起來雖然很小，但是不同的社會有不同的自殺率，可以相差一倍、兩倍、三倍、四倍甚至更多（見表三）。因此，比死亡率高得多的自殺率是每個社會群體所特有的，可以被看成一種特有的指標。它甚至和每個民族最深沉的氣質有著密切的關係，以致不同的社會在這方面的排序在不同時期也幾乎完全一樣。這一點透過對表三的考察就可以得到證明。在作比較的三個時期內，自殺到處都在增加；但是，在這種增加中，不同的民族保持著各自的差距，每個民族都有它自身固有的加速係數。

因此，自殺率形成一種事實的順序，一種單一的和確定的順序，這是它的持久性和可變性所同時表

表三　不同的歐洲國家中每百萬居民的自殺率

	1866－1870年	1871－1875年	1874－1878年	順序		
				第一個時期	第二個時期	第三個時期
義大利	30	35	33	1	1	1
比利時	66	69	78	2	3	4
英國	67	66	69	3	2	2
挪威	76	73	71	4	4	3
奧地利	78	94	130	5	7	7
瑞士	85	81	91	6	5	5
巴伐利亞	90	91	100	7	6	6
法國	135	150	160	8	9	9
普魯士	142	134	152	9	8	8
丹麥	277	238	255	10	10	10
薩克森	283	267	334	11	11	11

明的。因為這種持久性是無法解釋的，如果它不具備一系列與眾不同、互相聯繫、儘管周圍環境不同但同時表現出來的特點的話；而這種可變性則表明這些特點的特性和具體性，因為這些特點和社會的特質本身一樣是變化著的。總之，這些統計資料所表明的是使每個社會都集體受到損害的自殺傾向。我們現在不去談這種傾向究竟是什麼性質，如果它是一種集體精神的**特殊**情況，[6]並有它自身的實在性的話，或者如果它只是個別情況的總和的話。儘管上述考慮很難和最後這種假設調和起來，但我們還是要在本書正文中討論這個問題。[7]不管人們如何考慮，這種傾向總是以這種或那種名義存在。每個社會都有一部分人傾向於自願死亡，因此這種傾向可以成為屬於社會學範疇的專門研究對象，這正是我們要進行的研究。

我們並不打算因此而開列一張盡可能包括一切可視為個別自殺起因的條件的完整清單，而只是研究那些我們稱之為社會自殺率的這個確定無疑的事實條件。人們認為這是兩個性質截然不同的問題，不管其中可能有什麼關聯。事實上，在這些個別條件中，肯定有許多條件還沒有普遍到足以影響自願死亡的總數與人口的關係。這些條件也許能促使某一個人去自殺，但不可能促使**整個**社會產生多少有點強烈的自殺傾向。正如這些條件並不取決於某種社會組織狀態一樣，這些條件也沒有社會影響。因此，這些條件是讓心理學家感到興趣，而不是讓社會學家感到興趣。後者所研究的是可能影響群體而不是可能影響個人的原因。因此，在自殺的各種因素中，他所關心的只是那些使整個社會都感覺到它們的影響的因素。自殺率是這些因素的產物，因此我們必須注意這些因素。

這就是本書的研究對象，共分三部分。

現在我們要加以解釋的現象只是屬於具有極大普遍性的非社會因素，或者是屬於嚴格意義上的社會因素。我們首先要考慮前者有什麼影響，我們將會發現這種影響根本不存在，或者十分有限。然後我們將確定這些社會因素的性質，這些社會因素產生影響的方式，以及這些社會因素和個別情況的關係，個別情況與不同類型的自殺有關。

這樣，我們便能更明確地說明自殺的社會因素，即我們剛剛談到的這種集體傾向究竟包括些什麼？這種傾向和其他社會現象有什麼關係？以及用什麼方式才能影響這種傾向？[8]

◆註釋◆

【1】還有極少數例子不能這樣解釋，但是這些例子更加令人懷疑。例如，亞理斯多德說過，有人看到一匹馬，這匹馬發現人們在它沒有意識到的時候讓牠和牠的母親交配。後來牠多次拒絕，並且故意從懸崖上跳下去。（《動物的歷史》，IX，47）關於這個問題，參看韋斯科特的《自殺》，第一七四－一七九頁。

【2】我們把與這些例外年代有關的數字放在括弧裡。

【3】在表一中，我們使用一般字體和粗體字來表示不同高潮時的自殺人數，以便讓每個群體顯現其特點。

【4】華格納已經用這種方法比較過死亡率和結婚率（《人類表面上的隨意行為的規律性》，第八七頁。）

【5】據貝蒂榮的《死亡率》，載於《醫學百科辭典》，第LXI卷，第七三八頁。

【6】當然，我們使用這種說法完全不是要把集體意識具體化。我們不承認社會比個人具有更多實質性的精神。這點我們以後還會談到。

【7】見本書第三編，第一章。

【8】讀者在需要的時候可以在每章的開頭找到有關這一章所討論的特殊問題的參考書目。下面是有關自殺的一般參考書目：

(1)我們主要利用的官方統計出版品：

《奧地利統計資料》（《衛生事業統計資料》）──《比利時統計年鑑》──《巴伐利亞皇家統計局雜誌》──《普魯士統計資料》（《按死亡原因及老年死亡者統計的死亡數》）──《符騰堡統計與地方誌年鑑》──《巴登統計資料》──《美國第十次人口普查》關於美國一八八〇年死亡率和人口統計的報告第十一部分──《義大利統計年鑑》──《義大利王國城鎮死亡原因統計資料》──《關於義大利軍隊衛生情況的醫學統計報告》──《奧爾登堡大公國新聞統計資料》──《法國刑事法庭總結報告》。

《柏林市統計年鑑》──《維也納市統計資料》──《漢堡市統計手冊》──《布來梅官方統計年鑑》

——《巴黎市統計年鑑》。

此外讀者還可以從下述文章中找到有用的資料：

普拉特爾：《論一八一九—一八七二年間奧地利的自殺》，載於《統計月刊》，一八七六年。——布拉塔謝維茲：《一八七三—一八七七年間奧地利的自殺》，載於《統計月刊》，一八七八年，第四二九頁。——奧格爾：《英國和威爾斯的自殺與年齡、性別、季節和職業的關係》，載於《統計學會雜誌》，一八八六年。——羅西：《一八八四年西班牙的自殺》，載於《精神病學文獻》，都靈，一八八六年。

(2)關於自殺的一般研究：

德蓋里：《法國的道德統計學》，巴黎，一八三五年；《法國和英國的比較道德統計學》，巴黎，一八六四年。——蒂索：《論自殺狂和反抗精神：原因及糾正辦法》，巴黎，一八四一年。——埃托克—德馬齊：《關於自殺的統計學研究》，巴黎，一八四四年。——利爾：《論自殺》，巴黎，一八五六年。——瓦普保斯：《普通人口統計學》，萊比錫，一八六一年。——華格納：《人類表面上的隨意行為的規律性》，漢堡，一八六四年，第二部分。——布里埃爾．德布瓦蒙：《論自殺和自殺狂》，巴黎，熱爾梅．巴伊埃爾書店，一八六五年。——杜埃：《自殺還是自願死亡》，巴黎，一八七〇年。——勒魯瓦：《塞納—馬恩省的自殺與精神病研究》，巴黎，一八七〇年。——厄廷根：《道德統計學》，第三版，埃爾蘭根，一八八二年，第七八六—八三二頁和附表一〇三—一二〇。——厄廷根：《論急性自殺和慢性自殺》，多派特，一八八一年。——莫塞利：《自殺》，米蘭，一八七九年。——勒古瓦特：《古代的自殺和現代的自殺》，巴黎，一八八一年。——馬薩伊克：《作為社會普遍現象的自殺》，維也納，一八八一年。——韋斯科特：《自殺：它的歷史和專題著作等》，倫敦，一八八五年。——莫塔：《關於自殺的參考書目》，貝林佐納，一八九〇年。——科爾：《犯罪與自殺》，巴黎，一八九一年。——博諾梅利：《自殺》，米蘭，一八九二年。——邁爾：《自殺統計學》，載於康拉德主編的《社會科學辭典》補遺卷，耶拿，一八九五年。——奧維埃：《自殺》，論文集，一八九八—一八九九年。

第一編　非社會因素

第一章　自殺與心理變態[1]

人們可以先驗地認為，有兩類非社會因素影響自殺率：即個體—心理的傾向和自然環境的因素。我們可以認為，在個人的性格中，或至少很大一部分個人的性格中，有一種直接導致人們去自殺的傾向，其強烈的程度因國家而異。另一方面，氣候、溫度等因素也可能間接的對個體產生相同的影響。對於這種假設無論如何不能置之不理。因此，我們將依次考察這兩類因素，並且弄清楚它們是否確實在我們所研究的現象中起著某種作用，以及起什麼作用。

一

有一些疾病的年發生率在某個社會裡相對來說是穩定的，但是在不同的民族中又有相當大的差別。精神錯亂就是這種疾病。因此，如果有理由認為任何自願死亡都是一種精神錯亂的表現，那麼我們提出的問題就解決了——自殺不過是一種個人的疾病。[2]

這是許多精神病醫生所主張的論點。按照埃斯基羅爾的說法：「自殺表現出精神錯亂的全部特徵。」[3]並且「人只有在發狂的時候才企圖自殺，自殺者就是精神錯亂者。」[4]他從這個原則得出的結論是：因為自殺是不由自主的，所以不應該受到法律的懲罰。法爾雷[5]和莫羅·德·圖爾以幾乎相同的詞句表達自己的看法。後者固然在說明他所贊成的學說的段落裡提出一種足以使這種學說受到懷疑的看法，他說：「自殺是否在任何情況下都應當被看成是精神錯亂的結果？我們在這裡不想解決這個難題，只是，一般來說，對精神錯亂的研究愈深入、經驗越多、看到的精神錯亂者越多，就愈是傾向於作出肯定的回答。」[6]一八四五年，布林丹醫師在一本小冊子中毫無保留地支持了這種意見，這本小冊子一出版就轟動了醫學界。

曾經而且可以有兩種不同的方式為這種理論辯護。有人說，自殺本身是一種**自成一類的**疾病，一種特殊的精神錯亂；有人不把自殺歸為性質截然不同的一類疾病，只是把它看作一種或幾種精神錯亂的一個插曲，它並不出現在精神正常的人身上。前者是布林丹的論點；埃斯基羅爾則是另一種觀點最有權威的代表人物。他說：「根據以上所述，人們已經隱約地看出，自殺對我們來說不過是許多不同原因的一種續發現象，它表現出某些不同的特點；這種現象不能表明某種疾病的特點。正是為了把自殺說成是一種**自成一類的**疾病，人們提出了某些被經驗所否定的一般命題。」[7]

在這兩種證明自殺的精神病性質的方法中，第二種方法不太嚴格，也不太有說服力，因為按照這條原則，不可能有反面的經驗。事實上，不可能把所有的自殺列成一份完整的清單，使人們在每一例自殺中都看到精神錯亂的影響。人們只能舉出幾個特殊的例子，不管這種特殊例子有多少，都不能作為科學概括的依據；即使一時提不出相反的例子，這種例子總是可能存在的。但是，如果能夠提出其他證據，這種證據就將是結論性的。如果能夠確定，自殺就是一種精神病，有它自身的特點和病程，那麼問題就解決了——任何自殺者都是瘋子。

但是，有沒有一種自殺狂呢？

二

由於自殺的傾向具有特殊性和限定性，所以如果這種傾向是一種精神病的變種，那也只能是一種局部的和只限於某種行為的精神病。為了使這種精神錯亂能夠說明某種譫妄的特點，這種行為就應該只達到這個唯一的目的；因為如果這種行為有多種目的的話，那就沒有理由用其中的一種行為而不用其他行為來給這種譫妄下定義。在心理病理學的傳統術語中，人們把這些有限的譫妄稱做偏執狂。偏執狂的病人除了表現出某種局部性的缺陷之外，他的意識是完全健全的。例如，他有時候突然莫名其妙地想喝水或者偷東西，或者想罵人，但是他的其他一切行為和一切思想都是非常正常的。因此，如果說有一種自殺狂的話，那它也只能是一種偏執狂，而且人們往往就是這樣為它定性的。[8]

另一方面，我們可以理解，如果承認這類特殊的疾病叫做偏執狂，那就很容易被說服把自殺歸為偏執狂。其實，根據我們剛剛提到的定義，自殺並不說明這類疾病的特點，這些病也不導致心智的障礙。在偏執狂者和精神健全的人身上，精神生活的基礎是相同的，只是前者在這種共同的基礎上突出地表現出一種特定的精神狀態。實際上，偏執狂只是在某方面過分的熱情，在表達上有些錯誤的觀念，且其程度如此的強烈，以致於使精神受到困擾而無法擺脫。例如，當奢望使大腦所有其他功能都達到幾乎陷於癱瘓的程度時，它就從正常狀態變成病態，而且變成嚴重的偏執狂了。因此，只要感情上稍微有點劇烈的變化就足以擾亂這類人心智上的平衡而出現偏執狂。自殺者通常是因為受到某種不正常激情的影響，這種激情可能是突然爆發或逐步發展起來的；不過我們認為，有一點這種力量來抵銷自保的本能其實是合理的。此外，許多自殺者除了結束自己生命的特殊行為以外，和其他人沒有什麼兩樣，因此沒有理由說他們得了一般的譫妄症。這就是自殺是如何在偏執狂的名義下被列為精神病的。

可是，到底有沒有偏執狂呢？長久以來，人們從不懷疑有偏執狂的存在，精神病醫生也一致承認部份的譫妄理論。人們不僅因臨床觀察所得的結果而相信其存在，而且也認為那是心理學理論的必然結果。於是人們聲稱，人的精神是由各種性質截然不同的官能和力量組成的，這些官能和力量通常相互配合，但也能單獨行動，因此它們會分別受到疾病的侵犯看來也是很自然的。既然人可以出現沒有意志的理智和沒有理智的感知，那麼為什麼他就不可以有理智或意志方面的疾病，沒有感覺方面的毛病，或者有感覺方面的毛病而沒有智力或意志方面的疾病呢？人們在把這條原則應用到這些官能比較特殊的形式上時，就會承認身體所受到的傷害可以只影響某種傾向、某種行為或某種單一的想法。

這種意見今天已被普遍拋棄。人們不可能透過觀察直接證明偏執狂不存在——能確定的只是，人們舉不出一個無可爭辯的例證。沒有一種心理的病態傾向是可以藉由純然孤立的臨床實驗來發現，因為一旦某種官能受到傷害，其他官能也會同時受到傷害。那些相信有偏執狂的人沒有覺察到這些同時發生的傷害，這是因為他們沒有很好地進行觀察的緣故。法爾雷說：「我們以一個被許多宗教信念所迷惑，並被視為宗教偏執狂的人為例。他自稱受到上帝的感召，肩負為世界帶來一種新宗教的神聖使命……你們會說，這純粹是瘋言瘋語！但是事實上，除了這部分之外，他也像其他人一樣通情達理的。不過，如果你更進一步詢問他，你很快就會在他身上發現到其他不正常的地方：例如你會發現，除了宗教偏執之外，他還可有某種自大的傾向。他不僅自以為受命改革宗教，而且還受命改革社會，他也許還自以為有最高的天命在等待著他……此外，就算你在這位病人身上看到自誇的傾向，你也會覺察到某些卑怯或惶恐的想法。被宗教妄想所糾纏的病人會認為自己遭到了失敗、注定要滅亡等等。」[9]當然，所有譫妄的形式通常不會一齊出現在一個人身上，但是這些妄念往往都是有關的；即使這些譫妄並不同時存在於一個疾病，但它們或多或少都是相關的病灶。

最後，除了這些特殊的表現以外，在這些所謂的偏執狂身上，我們可以發現形成這種疾病的某種基本心理狀態，在這種基本狀態底下，那些譫妄只不過是一種表面和暫時的表現形式。所謂的基本狀態就是過度興奮、極端抑鬱，或者全面的反常，尤其是思想上和行動上缺乏平衡和協調。這類病人也會思考，但是他的思想是不連貫的，而且會出現空白；他或許不會出現荒唐的行為，但他的行為是不連續的。因此，說精神錯亂只會對人產生部分影響，而且只是某個限定部分的影響，這是不確切的；一旦它影響到理解力，就是全面性的影響。

此外，人們所提出關於偏執狂的假設原則，和當前的科學論據有矛盾。幾乎不再有人為關於官能的舊理論辯護了。人們不再將不同種類的意識活動視為是分散的、分離的力量，或是某種形而上物質的深層結合，而是一種互相依賴的作用；因此，不可能某種器官的功能受到損害卻絲毫不影響到其他器官的運作功能。這種互相滲透的作用對心智生活比對人體其他器官的影響更大，因為心靈的作用沒有明顯區隔的器官，所以不會有某一器官受到影響而其他器官不受影響的。心智作用分散在大腦的不同區域，沒有明確的界限，如果其中某一個部位不能完成它的任務的話，大腦的其他部位就會互相取代。它們是如此徹底地互相交織在一起，所以精神錯亂不可能只影響某一部位的功能而不影響其他部位的功能。所以我們更有理由認為，對精神錯亂者而言，改變一個想法或情緒是不可能不徹底改變其心智生活的，因為表現與衝動無法分開。它們並非由許多微小物質、心靈原子合併起來建構心靈；它們只是意識核心一般狀態的外在表現，各種外在表現都是溯源於此，因此，只要意識不受損，它們就不具有病態的表徵。

但是，如果精神上的缺陷不能被局限化，那就沒有，也不可能有嚴格意義上的偏執狂。那些明顯局限的、被稱之為偏執狂的精神錯亂，其實是來自於更廣泛的精神混亂，它們不是疾病，而是比較全面性疾病的特殊的和續發現象。因此，既然沒有偏執狂，也就不可能有自殺偏執狂，所以自殺就不是一種不同性質的精神錯亂。

三

自殺只在精神錯亂的狀態下發生還是可能的。如果自殺本身不是一種特殊的精神病，那麼它也不是能夠產生自殺的那種精神病。自殺只是精神病的一種插曲式的綜合症，但經常發生。能不能根據這種發生率得出結論說：自殺決不會在健康的狀態下發生，它是精神錯亂的一個明確標誌呢？

這個結論未免有點草率。因為，在精神錯亂者的各種行為中，如果自殺是精神錯亂者所特有的行為，可以用來說明精神錯亂的特點，那麼其他行為就是精神錯亂者和健康人所共有的，只是在瘋子身上具有某種特殊的形式。沒有理由先驗地把自殺列入第一種範疇。精神病醫生們固然斷言，他們所知道的自殺者大多數都有精神錯亂的症狀，但這種證據不足以解決問題，因為這類觀察過於簡單。況且，根據這種非常特殊的經驗是不可能歸納出任何普遍規律來的。他們所知道的自殺者當然都是精神錯亂者，但是他們不能斷言他們沒有觀察到的自殺者也是精神錯亂者，而後者的數量最多。

從方法論上來說，唯一的辦法是根據自殺的基本性質來劃分瘋子的自殺，從而確定精神錯亂的自殺的主要類型，看是否所有的自願死亡都能納入這些疾病的分類學範圍。換言之，要知道自殺是不是精神錯亂者的一種特殊行為，就應該確定自殺在精神錯亂時所採取的形式，然後看這是不是自殺所採取的唯一形式。

專家們通常很少致力於對精神錯亂者的自殺進行分類，但是可以認為，下述四種類型包括了那些最重要的自殺種類。這種分類的基本輪廓是從儒塞和莫羅·德·圖爾那裡借用來的。[10]

1. **躁狂性自殺**——這種自殺或者是出於幻覺，或者是出於某些譫妄性觀念。病人自殺是為了躲避某種危險或某種想像的恥辱，或者是為了服從他從上面接到的一道神祕的命令等等。[11]但是，這種自殺的動機和發展方式反映了引起自殺的疾病即躁狂症的特點。讓這種疾病與眾不同的是它的多變性。各種各樣的、甚至互相矛盾的思想和感情以極快的速度相繼出現在躁狂症患者的意識中。這是一種持久性的精神錯亂。一種意識狀態剛剛出現就被另一種意識狀態所取代。引起躁狂性自殺的各種動機也是如此：它們以驚人的速度產生、消失或變化。讓患者決定自我毀滅的幻覺或譫妄突然出現，由此引起自殺的企圖；後來，轉瞬之間情況發生變化，如果自殺的企圖失敗，就不會重複，至少暫時不會重複。如果自殺的企圖後來再次出現，那也是出於另一種動機。最微不足道的事情也可能引起這種突然的變化。一位這類想要結束自己生命的病人跳進一條小河，河水不太深。他不得不尋找一個能淹沒自己的地點，當時有一位海巡人員懷疑他的意圖，舉起槍來瞄準他，並威脅說如果他不走上岸就要開槍了，結果我們這位病人立刻順從地走回家去，再也不想自殺了。【12】

2. **憂鬱性自殺**——這種自殺與極度抑鬱和過分憂傷的綜合狀態有關，這種狀態使病人不再正確地評價周圍的人、事、物與他的關係。娛樂對他來說沒有任何吸引力，他把一切都看成是醜惡的，他認為生活讓人煩惱或痛苦。因為這種心情經常存在，所以自殺的念頭同樣經常存在；這種心情和念頭具有極大的固定性，引起這種心情和念頭的一般動機也總是明顯地相同。有一位年輕的姑娘，父母都很健康，她在鄉下度過童年之後，不得不在十四歲的時候遠離家鄉去完成她的學業。從這時候起，她就感到一種說不出的煩惱，她對孤獨明顯偏好，不久又感到一種對死亡的強烈渴望。「她一連幾個小時一動也不動，眼睛注視著地上，感到透不過氣來，好像擔心發生某種可怕的事。她決定投河自盡，所以她尋找了一處最偏僻的地方，以免別人來救她。」【13】不過，她知道她打算採取的行動是一種罪行，所以暫時放棄了這種打算。但是一年以後，這種自殺的傾向更加強烈，自殺的念頭頻繁出現。

這種普遍的絕望往往伴隨著直接導致自殺的幻覺和譫妄性觀念。只是這種幻覺和譫妄性觀念不像我們剛才在躁狂症患者身上看到的幻覺和譫妄性觀念那樣多變。相反的，它們和產生它們的整個狀態一樣是固定不變的。糾纏著患者的憂慮、他的自責和他所感到的悲傷總是相同的。因此，儘管這種自殺像前一種自殺一樣是由想像所引起的，但它的慢性特點讓它與前者有所區別。這種自殺也是難以根除的。這類病人沈著地準備實行自殺的手段——他們為了達到目的堅持不懈，有時甚至顯得異常機靈。這種執著的精神與躁狂症患者無休止的變化並不一樣，後者只有一時的發作，沒有持久的原因；前者則有一種與患者的一般特點有關聯的穩定狀態。

3. **強迫性自殺**——在這種情況下，自殺不是任何實際的或想像的動機引起的，而只是一種固定不變的死亡念頭引起的，這種念頭毫無理由地完全控制了病人的思想。病人被自殺的願望所糾纏，儘管他完全知道他沒有任何合理的動機要這樣做。這是一種本能的需要，思考和推理對它沒有影響，類似人們所說的偏執狂患者有偷盜、殺人、放火的需要。因為患者知道他的需要是荒唐的，所以他首先試圖抗拒。但是在整個抗拒過程中，他感到憂傷、壓抑、心中有一種與日俱增的焦慮感。因此，人們有時把這種自殺稱之為**焦慮性自殺**。下面是一位病人有一天向布里埃爾·德布瓦蒙所作的自白，精確地描述了這種狀態：「作為一家商行的雇員，我幹得相當不錯，但是，我的行動像木頭人，別人對我說話的聲音好像空穀中的回聲。我最大的痛苦是想自殺，片刻也擺脫不掉這個念頭。我有這種衝動已經一年了；起先，這種衝動不太明顯。兩個多月來，這種衝動到處糾纏著我，**可是我沒有任何自殺的動機**……。我的身體很好，家裡也沒有人得過類似的病；我沒有經濟上的困難，我的薪水足夠我開支，而且容許我享受我這種年齡的人所能享受的樂趣。」[14]但是，病人一旦打定主意不再抵制這種焦慮，決心自殺，這種焦慮卻停止了，而且恢復了平靜。儘管自殺的企圖不成功，但有時足以暫時平息這種病態的願望。也可以說患者滿足了他的願望。

4. **衝動性或不由自主的自殺**——這種自殺和前一種自殺一樣沒有任何動機，既不是出於現實的原因，也不是出於病人想像的原因。不過，這種自殺不是由一種在一段或長或短的時間裡折磨著精神的念頭，而只是由逐步控制意志的固定不變的念頭引起的，它是一種突然的、一時無法抗拒的衝動的結果。

這種衝動一瞬間顯示出它的全部力量，引起自殺的行為，或者至少引起自殺行為的開始。這種突然性使我們想到我們在上述躁狂症中所看到的情況——只是躁狂性自殺總還是有某種理由，儘管這種理由並不合理。這種自殺與患者的譫妄性觀念有關。但是在這裡，自殺傾向的出現及其產生的後果的確是不由自主的，沒有任何理智上的先兆。例如：看見一把刀，或者在懸崖邊散步等等，在一瞬間便引起了自殺的念頭，隨之而來的行動如此迅速，病人往往沒有意識到發生了什麼事。「有一個人正在平靜的和朋友們聊天；突然之間他向前衝去，跨過護欄，跳進河裡。幸好，他隨即被人救起。人們問他這種行為的動機，他什麼也不知道，他只是不由自主地順從了某種驅動他的力量。」[15]另一個人說：「奇怪的是，我想不起來我是怎麼爬上窗戶的，當時是什麼思想支配著我，我也不知道；因為我根本沒有要自殺的念頭，或者至少我現在不記得有這種想法。」[16]病人不大可能感覺到這種衝動的產生，而且不大可能立即成功地逃避死亡手段對他的誘惑。

總之，所有精神錯亂的自殺都沒有任何動機，或者是純粹想像的動機所引起的。然而，許多自願死亡既不屬於這一範疇，也不屬於另一範疇，因為他們其中大部分都有動機，而這些動機並非沒有現實的基礎。因此，不能把任何自殺者都看成是瘋子，除非濫用這個名詞。在我們已經說明其特點的各種自殺中，最難和正常人的自殺區別開來的是憂鬱性自殺，因為自殺的正常人也經常處於一種沮喪和抑鬱的狀態，就像精神錯亂者一樣。但是，兩者之間總是有這樣的基本區別：前者所處的狀態和由此而引起的行為並非沒有客觀的原因，而後者所處的狀態和由此而引起的行為則與外界的環境沒有任何關係。總之，精神錯亂的自殺不同於其他自殺，就像錯覺和幻覺不同於正常的感覺；不由自主的衝動不同於有意識的行為一樣。固然，一種狀態可以過渡到另一種狀態而不中斷，但是如果要成為把兩者等同起來的理由，一般來說還必須把健康和疾病混為一談，因為後者不過是前者的一種變化。即使可以肯定，一般人決不會自殺，只有自殺的人才表現出某些反常狀態，人們也沒有權利認為精神錯亂是自殺的一個必要條件——因為精神錯亂者不單只是一個思想和行為與一般人稍有不同的人而已。

因此，我們不能把自殺和精神錯亂這樣緊密地聯繫起來，除非我們故意要縮小這兩個名詞的涵義。埃斯基羅爾寫道：「一個人只服從某種崇高的感情而投身於某種危險之中，讓自己遭到不可避免的死亡，為了法律、為了保衛自己的信仰、為了拯救祖國而自願犧牲自己的生命，他就不是自殺。」[17]他舉出了德西烏斯和阿薩斯等人的例子。法爾雷也不同意把庫爾提烏斯、科德魯斯和阿里斯托德穆斯看成自殺者。[18]布林丹不僅把宗教信仰或政治信仰所引起的自殺除外，而且甚至把崇高的愛情所引起的自殺除外。但是我們都知道，直接引起自殺的動機的性質不能用來給自殺下定義，因此也不能用來區別自殺和非自殺。一切由病人自己採取的明知其可能引起的後果的行動所造成的死亡，不管出於什麼目的，都十分相似而無法區分其類別。不管怎樣，這些自殺只能是同一種類型；為了區分這些自殺，除了死者所要達到或多或少可疑的目的外，還需要有另一種標準。因此，至少有一部分自殺不是精神錯亂。然而，一旦打開了例外的大門，就很難再關上了。因為在這些由特別崇高的感情所引起的自殺和那些由不太高尚的動機所引起的死亡之間，沒有什麼不可逾越的鴻溝，可以不知不覺地從這一種變成另一種。因此，如果前者是自殺，那就沒有任何理由不把後者也稱作自殺。

因此，我們可知，有一些自殺並不是精神錯亂的自殺，而且數量很多。人們從這種雙重標誌看得出，這些自殺是經過慎重考慮的，而這種慎重考慮的各種表現並不完全是出於幻覺。人們看到，這個經常引起爭論的問題是可以解決的，沒有必要參照所謂自由的問題。為了知道是否所有的自殺者都是瘋子，我們並不考慮他們是否自由行動，我們只根據在觀察不同類型的自殺時所看到的經驗特點而定。

四

既然精神錯亂者的自殺並非所有類型的自殺，只是其中的一種，所以構成精神錯亂的心理變態的普遍性並不能說明集體的自殺傾向，但是，在嚴格意義上的精神錯亂和完全的智力平衡之間，有著一系列的中間狀態：這就是人們通常統稱為神經衰弱的各種反常狀態。因此，有必要弄明白，如果沒有精神錯亂，這些反常狀態是否對我們所研究的現象產生不起重要的作用。

正是精神錯亂的自殺的存在，它就提出了這個問題。事實上，如果神經系統的某種嚴重反常足以引起自殺，那麼程度較輕的反常就必然產生程度較輕的影響。神經衰弱是一種初步的精神錯亂，因此它必然在某種程度上產生同樣的影響。然而，它是一種比精神錯亂更普遍的狀態，而且甚至還會越來越普遍。因此我們可以認為，人們所說的一切反常狀態都可能是讓自殺率發生變化的因素之一。

此外，人們也知道，神經衰弱可以導致自殺，因為患神經衰弱的人從氣質上來說好像命中注定是要受痛苦的。事實上人們都知道，這種痛苦通常是神經系統受到過分強烈的震動所引起的；過分強烈的神經波往往是讓人痛苦的。痛苦是從神經波超過**最大**強度時開始的，但這種最大強度因人而異的——在神經比較有抵抗力的人身上，這種強度就比較高，在其他人身上則比較低。因此，在後者身上，痛苦開始得比較早。對於神經病患者來說，任何印象都是苦惱的原因，任何活動都是疲勞的原因，他的神經好像暴露在體外，輕輕一碰就會受傷。生理功能的完成通常是最靜悄悄的，但是對他來說卻總是最難以忍受的感覺的來源。另一方面，愉快的起點比較低，這也是事實；因為脆弱的神經系統的這種過分可滲透性使他容易受到某些不致擾亂正常個體的刺激的影響。因此，對於這樣的患者來說，某些微不足道的小事也可以引起無限的愉快。看來他必須在這一方面重新獲得在另一方面失去的東西；由於有這種補償，他就不會比其他人更無力承受住這種鬥爭。然而，事實並非如此，他不如別人卻是事實，因為各種日常的印象和日常生活的條件一再引起的感覺始終是一種決定性的力量。因此，生活對他來說很可能不那麼愜意。當他能夠擺脫這種生活，為自己創造一個外界的喧鬧聲只能隱約地傳到他耳朵裡的特殊環境時，他也許能夠活下去而不感到過分痛苦，因此我們看到他有時躲避這個使他感到痛苦的世界，去尋找孤獨。但是，如果他不得不投身到混亂的人群中，如果他不能細心地保護他病態的敏感不受外界的衝擊，那麼他很可能感到痛苦多於愉快。因此，這種個體對自殺的念頭來說是一塊有利的土壤。

這不是神經病患者感到生活艱難的唯一理由。由於他的神經系統極端敏感，所以他的思想和感情總是處於不穩定的狀態。因為最輕微的感受也會在他身上引起異常的反應，所以他的心理結構不斷發生劇烈的變化，而且在這種不間斷變化的刺激下不能固定為某種確定的形式，它總是在變化。為了讓心理結構能夠固定下來，過去的各種經歷應該起持久的作用，不過這些作用卻不斷地被突然發生的劇烈變革所破壞和抵銷。然而，在一個固定不變的環境中，只有人的所有功能同樣固定不變才能生活，因為生活就是以適當方式對外界的刺激做出反應，而且這種和諧一致只有借助於時間和習慣才能確立。這種和諧一致有時是好幾代人反覆探索的產物，這種探索的結果有一部分變成了遺傳性的，不能在每次需要行動時推倒重來。相反的，如果在行動的時候一切都要從頭做起，那麼這種行動就不可能是它應該採取的一切。對我們來說，這種穩定性不僅在我們與自然環境的關係中是必要的，而且在我們與社會環境的關係中也是必要的。在一個有確定組織的社會裡，個人只有在具有同樣明確的心理和道德素質的情況下才能自立。然而，這正是神經病患者所缺少的。他所處的震驚狀態使他對環境不斷地感到意外，因為他沒有對這種意外作好準備，所以他不得不想出一些古怪的行為方式——就是眾所周知的他對新奇事物的愛好。但是，要使自己適應傳統的環境，臨時想出來的辦法當然不如由經驗中得出來的辦法，因此往往失敗。所以，社會制度愈是固定不變，多變的患者就愈是無法在社會中生活。

因此，這種心理特徵在自殺者當中很可能是最常見的。只是我們還不清楚的是，這種非常個別的條件對引起自殺究竟起多大作用？這種條件稍微借助於環境的作用，或者只能有其他的使個人更容易受到強制力影響的效果，而這種強制力對自殺者來說是外在的，並且是自殺現象的唯一決定性原因，那麼這種條件是否足以引起自殺呢？

要直接解決這個問題，必須把各種自殺與各種神經衰弱作比較。遺憾的是後者沒有統計資料。但是有一個迂迴的辦法可以幫助我們解決這個困難。既然精神錯亂不過是神經退化的擴大形式，所以我們可以這樣認為而不至於有嚴重的錯誤：神經退化者的數量變化和瘋子的數量變化是一樣的，因此對後者的研究可以代替對前者的研究。此外，這種方法還有一個好處，就是讓我們能夠確定自殺率和各種心理變態的總體的關係。

有個事實往往讓人們把它們所沒有的影響歸咎於它們，這個事實就是：自殺就和精神錯亂一樣，在城市比在農村多。因此，自殺似乎和精神錯亂一樣增加和減少；這就可以使人相信，自殺取決於精神錯亂。但是這種相似並不一定說明某種因果關係，而很可能是一種簡單的巧合。比較講得通的假設是，自殺的社會原因本身就像我們將要看到的，和城市文明有著緊密的關聯，而社會原因在大城市中是最多的。為了估計精神變態對自殺可能產生的影響，就必須排除精神變態像自殺的社會條件那樣變化的情況，因為當這兩種因素在同一個方向上起作用的時候，就不可能在整個結果中區分每一種因素所起的作用。我們應該專門考察這些因素在什麼地方起相反的作用，只有證實這些因素之間的某種矛盾，才能知道哪一種因素占主導地位。如果心理失調起著主要的作用，即使社會條件逐漸使它失去作用，那麼它還是必定以某些特定的影響來顯示它的存在；相反的，如果個人的條件向相反的方向起作用，那麼社會條件就必定無法顯示出來。不過，下列的事實證明情況恰恰相反：

1. 所有的統計資料都證實，在精神病院裡，住院病人中女性略多於男性。她們所占的比例各國不同，但是正如下表所顯示的，每一百名精神病人中，女性為五十四或五十五名，男性為四十六或四十五名：

科克收集了十一個國家對精神病患者的普查結果。在十六萬六千六百七十五名男女精神病患者中，男性為七萬八千五百八十四名，女性為八萬八千零九十一名，亦即精神病患者占男性人口的千分之一點一八，占女性人口的千分之一點三[19]。邁爾也發現了同樣的數字。

人們自然要問，精神病院裡女病人多於男病人，是否只是因為男瘋子的死亡率高於女瘋子的死

	年代	每 100 名精神錯亂者中的			年代	每 100 名精神錯亂者中的	
		男	女			男	女
西利西亞	1858	48	51	紐約	1855	44	56
薩克森	1861	48	52	麻薩諸塞	1851	46	54
符騰堡	1853	45	55	馬里蘭	1850	46	54
丹麥	1847	45	55	法國	1890	47	53
挪威	1855	45*	56*	法國	1891	48	52

* 原文如此——譯者註

亡率。事實上，在法國，每一百名死在精神病院的瘋子中大約有五十五名是男性。因此，在一個特定時刻統計的女病人數量比較多，並不證明女人更容易精神失常，而僅僅證明女人在這種情況下和其他所有情況下一樣比男人活得長。但是無論如何還是應該承認，在現有的精神病患者中女性多於男性；如果斷定瘋子都神經過於敏感是合情合理的，那麼就應該承認，患神經衰弱的女性任何時候都多於男性。因此，如果說自殺率和神經衰弱之間有什麼因果關係的話，那麼婦女自殺的就必然多於男人，至少應該一樣多。因為，即使考慮到女性的死亡率比較低，並且相應地修改各項統計數字，那麼人們能夠由此得出的結論是：她們和男子一樣容易精神錯亂；她們的死亡率比較低，而她們在精神錯亂者的所有統計數字中佔優勢，兩者差不多剛好互相抵銷。然而，她們的自殺傾向並不超過或者等於男人的自殺傾向，自殺碰巧基本上是一種男性的感情表現形式。有一個婦女自殺，就平均有四個男子自殺（見表四）。因此，男女都有某種明確的自殺傾向，這種傾向對於每一種社會環境來說甚至是固定不變的。但是這種傾向的強度絲毫不像心理變態因素那樣變化——無論是根據每年新發生的病例數來估計，還是根據在一個特定時刻統計的病人數來估計。

2. 表五讓我們可以比較不同宗教信仰的人中精神錯亂傾向的強度。我們看到，猶太教徒中的精神錯亂病人要比其他宗教中多得多，因此我們有理由認為其他神經系統疾病在猶太教徒中也同樣多。然而，恰恰相反的是，猶太教徒中的自殺傾向卻很微弱。我們將在後面證明自殺在猶太教徒中最少。[22]**因此，在這種情況下，自殺的變化正好和心理變態成反比**，而決不是心理變態的後果。當然，我們不應該從這個事實得出結論說，神經和大腦的缺陷任何時候都能起著預防自殺的作用，而應該說，這些缺陷對於引起自殺來說很少起作用，因為在這些缺陷發展到最嚴重的程度時，自殺的可能性卻反而會減少。

如果只把天主教徒和基督教徒作比較，這種成反比的情況並不普遍，但很常見，天主教徒精神錯亂的傾向只低於基督教徒三分之一，所以兩者的差距不大。但是我們從表十八[23]可以看到，各地天主教徒自殺的人數毫無例外地要比基督教徒自殺的人數少得多。

3. 下面還將證實，[24]在所有的國家裡，自殺的傾向是從童年到老年逐步增強的。儘管在七十歲或八十歲以後這種傾向有時會減弱，但減弱得不多，在生命的這個時期這種傾向仍然要比在壯年時期強二、三倍。相反的，在壯年時期更經常地突然發生精神錯亂。三十歲左右時發生精神錯亂的可能性最大，這種可能性過了三十歲就縮小，到老年時最小。[25]如果自殺的情況發生變化的原因和引起精神錯亂的原因性質相同，那麼這種差異就無法解釋了。

如果把每個年齡階段的自殺率和精神錯亂者的比例進行比較，而不是和同一時期精神錯亂的新病例

表四[20]　男性和女性在自殺總數中所占的比重

	自殺的絕對數		每 100 名自殺者中的	
	男	女	男	女
奧地利（1873-1877）	11429	2478	82.1	17.9
普魯士（1831-1840）	11435	2534	81.9	18.1
普魯士（1871-1876）	16425	3724	81.5	18.5
義大利（1872-1877）	4770	1195	80	20
薩克森（1851-1860）	4004	1055	79.1	20.9
薩克森（1871-1876）	3625	870	80.7	19.3
法國（1836-1840）	9561	3307	74.3	25.7
法國（1851-1855）	13596	4601	71.8	25.2
法國（1871-1876）	25341	6830	78.7	21.8
丹麥（1845-1856）	3321	1106	75.0	25.0
丹麥（1870-1876）	2485	748	76.9	23.1
英國（1863-1867）	4903	1791	73.3	26.7

表五[21]　不同宗教信仰中的精神錯亂傾向

	每種宗教信仰每千人中的瘋子數		
	基督教徒	天主教徒	猶太教徒
西利西亞（1858）	0.74	0.79	1.55
梅克倫堡（1862）	1.36	2.0	5.33
巴登公國（1863）	1.34	1.41	2.24
巴登公國（1873）	0.95	1.19	1.44
巴伐利亞（1871）	0.92	0.96	2.86
普魯士（1871）	0.80	0.87	1.42
符騰堡（1832）	0.65	0.68	1.77
符騰堡（1853）	1.06	1.06	1.49
符騰堡（1875）	2.18	1.86	3.96
赫斯大公國（1864）	0.63	0.59	1.42
奧倫堡（1871）	2.12	1.76	3.37
伯恩邦（1871）	2.64	1.82	

相對發生次數進行比較，就可以看出沒有任何明顯的對應關係。與整個人口相比，三十五歲左右的瘋子最多，接近六十歲時瘋子所占的比例大體相同，超過六十歲，這個比例就迅速下降。因此，在自殺率**最高**的時候，瘋子所占的比例**最低**，而且在此之前不可能看出兩者的變化有任何規律的關係。[26]

4. 如果比較不同社會的自殺和精神錯亂，就更看不出這兩種現象的變化有什麼關係。誠然，關於精神錯亂的統計不太準確，所以我們不可能非常精確地進行這種國際間的比較。然而，值得注意的是，我們從兩本不同著作中所引用的下述兩個表，卻得出了明顯一致的結論。

由此可見，瘋子最少的國家卻是自殺最多的國家——薩克森的情況特別明顯。勒魯瓦醫師在關於塞納—馬恩省的自殺研究中就已經提出過類似的看法。他說：「在精神病多的地方，自殺往往也多。然而這兩種**多**可能完全不相干。我甚至準備相信，除了有些地區相當幸運，既沒有精神病，也沒有自殺，……還有一些地區只出現了精神病。」在其他地區，情況正好相反。[28]

但是，莫塞利的結論稍有不同，[29]這是因為他在精神錯亂的名稱下混淆了嚴格意義上的瘋子和白癡。[30]然而，這兩種疾病截然不同，尤其從它們可能對自殺所起的作用來看。白癡絕不是自殺的誘因，倒像是一種預防自殺的抗體，因為白癡在農村比在城市裡多得多，而自殺在農村卻少得多。因此，在設法確定不同的神經疾病對自殺率的影響時，必須分清這兩種截然不同的情況。但是，甚至在把它們混為一談的時候，也不能肯定精神錯亂和自殺有某種固定的對應關係。事實上，如果認為莫塞利的數字是無可爭議的，歐洲主要國家便可以按照它們罹患精神錯亂的人數（白癡和瘋子加在一起）分成五組，如果再找到每一組的平均自殺人數，便可以得到下表的數字：

表六[27] 歐洲各國自殺與精神錯亂的關係

A

	瘋子數（每 10 萬個居民中）	自殺數（每 100 萬個居民中）	順序	
			精神錯亂	自殺
挪威	180（1855）	107（1851-1853）	1	4
蘇格蘭	164（1855）	34（1856-1860）	2	3
丹麥	123（1847）	258（1846-1850）	3	1
漢諾威	103（1856）	13（1856-1860）	4	9
法國	99（1856）	100（1851-1856）	5	5
比利時	98（1858）	50（1855-1860）	6	7
符騰堡	92（1853）	108（1846-1856）	7	3
薩克森	67（1861）	245（1856-1860）	8	2
巴伐利亞	57（1858）	73（1846-1856）	9	6

B

<table>
<tr><th></th><th>瘋子數（每 10 萬個居民中）</th><th>自殺數（每 100 萬個居民中）</th><th>自殺的平均數</th></tr>
<tr><td>符騰堡</td><td>215（1875）</td><td>180（1875）</td><td rowspan="2">107</td></tr>
<tr><td>蘇格蘭</td><td>202（1871）</td><td>35</td></tr>
<tr><td>挪威</td><td>185（1865）</td><td>85（1866-1870）</td><td rowspan="4">63</td></tr>
<tr><td>愛爾蘭</td><td>180（1871）</td><td>14</td></tr>
<tr><td>瑞典</td><td>177（1870）</td><td>85（1866-1870）</td></tr>
<tr><td>英格蘭和威爾斯</td><td>175（1871）</td><td>70（1870）</td></tr>
<tr><td>法國</td><td>146（1872）</td><td>150（1871-1875）</td><td rowspan="3">164</td></tr>
<tr><td>丹麥</td><td>137（1870）</td><td>277（1866-1870）</td></tr>
<tr><td>比利時</td><td>134（1868）</td><td>66（1866-1870）</td></tr>
<tr><td>巴伐利亞</td><td>98（1871）</td><td>86（1871）</td><td rowspan="4">153</td></tr>
<tr><td>內奧地利</td><td>96（1873）</td><td>122（1873-1877）</td></tr>
<tr><td>普魯士</td><td>86（1871）</td><td>133（1871-1875）</td></tr>
<tr><td>薩克森</td><td>81（1875）</td><td>272（1875）</td></tr>
</table>

	精神錯亂者（每十萬的居民中）	自殺者（每百萬的居民中）
第一組（三個國家）	三四〇—二八〇	一五七
第二組（三個國家）	二六一—二四五	一九五
第三組（三個國家）	一八五—一六四	六五
第四組（三個國家）	一五〇—一一六	六一
第五組（三個國家）	一一〇—一〇〇	六八

大體上可以說，瘋子和白癡多的國家自殺也多，反之亦然。但是，兩欄數字之間並沒有某種經常的對應關係表明這兩種現象之間存在著某種確定的因果關係。第二組自殺的人數本應少於第一組，實際上卻多於第一組；第五組自殺的人數本應少於其他各組，但實際上反而超過了第四組，甚至超過了第三組。最後，如果用科克完整且看來更加嚴謹的統計來代替莫塞利關於精神錯亂的統計報告來看，兩者之間沒有對應關係這一點就更加突出了。下面就是我們所看到的結果。[31]

	瘋子和白癡（每十萬個居民中）	自殺平均數（每百萬個居民中）
第一組（三個國家）	四二二—三〇五	七六

第二組（三個國家）　三〇五－二九一　一二三
第三組（三個國家）　二六八－二四四　一三〇
第四組（三個國家）　二二三－二一八　二二七
第五組（四個國家）　二一六－一四六　七七

莫塞利所做的另一種義大利各省之間的比較，他自己也承認不太說明問題。[32]

5. 最後，人們由於認為一個世紀以來精神錯亂者不斷增加，[33]自殺也是如此，所以我們忍不住認為這個事實就是兩者相互關聯的證據。但是，讓這個事實成為沒有任何說明問題的價值的是，下層社會中精神錯亂者很少，自殺卻時常發生，這正像我們在下面即將證明的那樣。[34]

因此，社會自殺率和精神錯亂沒有任何明確的關係，從歸納推理上來看，和各種神經衰弱的傾向也沒有任何明確的關係。

事實上，正像我們已經指出的，即使神經衰弱可能是自殺的原因，也不一定有這種結局。當然，有神經衰弱的人幾乎不可避免的會感到痛苦，如果他過分參與活躍的生活的話——但是他也不是不可能退出這種生活，去過一種比較沉思的生活。不過，如果利害和感情的衝突對一個如此脆弱的個體來說太過激烈的話，他倒能夠充分領略比較安靜思考的樂趣。他的肌肉軟弱無力，他的感覺過分靈敏，讓他不適合於行動，反而適合於智力活動——智力活動本身也需適當的器官。同樣的，如果過分靜止不動的社會環境只能挫傷他的本能，那麼在社會本身變幻不定並且只有在進步的條件下才能繼續存在下去的範圍內，他才可以起有益的作用，因為他是進步出色的。正因為他不服從傳統，不受習慣的約束，所以他是新鮮事物的豐富源泉。由於最有教養的社會也是那些有代表性的職能最需要、最發達的社會，同時由於這些社會具有極大的複雜性，不停的變化是這些社會存在的條件，所以神經衰弱患者最有理由存在的時候正是神經衰弱患者最多的時候。因此，他們從本質上來說並非不合群的人，他們自殺是因為他們不是為了在他們所處的環境中生活來到這個世界上的。但是，除了神經衰弱患者特有的器質狀態外，還應該有其他原因使這種器質狀態帶上這種傾向，並且向這個方向發展。神經衰弱本身是一種十分普遍的誘因，這種誘因不一定導致任何確定的行為，但根據不同的情況可以採取多種形式的行動。這是一塊能夠按照社會原因給它施肥的方式產生不同傾向的土壤。在一個古老和迷失方向的民族中，很容易產生對生活的厭倦和習慣性的憂鬱，以及這種情況所引起的有害後果；相反的，在一個年輕的社會裡，優先得到發展的是火熱的理想主義、普遍的改變信仰和積極的獻身精神。儘管身心衰弱者在腐朽沒落的時代越來越多，但國家還是由他們建立起來的，偉大的革新者也出在他們當中。因此，一種如此模稜兩可的力量[35]不足以說明自殺率這樣一個明確的社會事實。

五

但是有一種特殊的精神變態，人們近來習慣於把幾乎所有文明的弊病都歸咎於它，這就是酗酒。不管對與不對，人們已經把精神錯亂、貧困和犯罪行為的增加歸咎於它。那麼它對自殺的增加有沒有影響呢？先驗地說，這種假設看來不大可能，因為自殺最多的還是最有教養和最富裕的階段，而酗酒最多的卻不是這些人。事實勝於雄辯，現在讓我們來看看事實就可知道。

如果比較一下顯示自殺和酗酒情況的法國地圖，[36]人們看不出兩者之間有什麼關係。前者的特點是發生率最高的省集中在兩個地區，一個是法蘭西島及其以東一帶，一個是從馬賽到尼斯的地中海沿岸。在顯示酗酒發生率的地圖上，高發區和低發區的分佈則完全不同。在這裡，我們看到有三個主要的高發區，一個在諾曼第，尤其是在塞納河下游，另一個在菲尼斯特雷省和布列塔尼諸省，第三個在羅納省及其鄰近地區。相反的，從自殺的情況來看，羅納省的自殺率並不在平均數以上，諾曼第的大多數省在平均數以下，而布列塔尼幾乎沒有自殺。因此，兩種現象的地理分佈很不相同，所以不能說一種情況的發生對另一種情況的發生起了重要的作用。

如果比較自殺和酗酒引起的精神或心理疾病，而不是比較自殺和因醉酒而犯罪，結果也是一樣。在按照自殺率的高低把法國所有的省分成八個組以後，我們根據呂尼埃醫師所提供的數字[37]找到了每個組酒精中毒性精神錯亂的平均數，我們得到的結果如下：（見下頁）

這兩欄的數字並不相互對應。自殺人數的增加從一倍到六倍以上，而酒精中毒性精神錯亂者只增加幾個人，而且這種增加沒有規律：第二組比第三組多，第五組比第六組多，第七組比第八組多。但是，即使酒精中毒影響作為精神變態的自殺，也只能透過酒精中毒造成心理失常而引起作用。兩張地圖的比較證實了一般的情況。[38]

	每10萬名居民中的自殺數	每100名被收容人員中酒精中毒性精神錯亂數
	（1872-1876）	（1867-1869和1874-1876）
第1組（5個 省）	50以下	11.45
第2組（18個省）	51-75	12.07
第3組（15個省）	76-100	11.92
第4組（20個省）	101-150	13.42
第5組（10個省）	151-200	14.57
第6組（9個 省）	201-250	13.26
第7組（4個 省）	251-300	16.32
第8組（5個 省）	300以上	13.47

乍看起來，酒的消費量和自殺的傾向之間似乎有著密切的關係，至少從我國的情況來看是如此。事實上，北方幾個省的人喝酒最多，自殺在這一帶也最盛行。但是，首先從這兩張地圖上看，這兩種情況的範圍根本不同。一種情況最嚴重的是諾曼第和北部，並且向著巴黎的方向逐漸減輕——這是酒的消費情況。相反的，另一種情況最嚴重的是塞納省和鄰近幾個省——在諾曼第情況並不太悲觀，而且沒有影響北部。第一種情況向西發展，直到大西洋沿岸；第二種情況則向相反的方向發展。這種情況由於某種不能逾越的界線而在西部方向上很快停止發展；它沒有越過厄爾省和厄爾－盧瓦爾省向東部發展。此外，自殺的地圖上顯示南部最嚴重的地區是瓦爾省和羅納河口省，而在酒精中毒的地圖上則根本不是這樣。[39]

總而言之，即使有巧合的地方，也不能說明任何問題，因為這種巧合是偶然的。事實上，如果離開法國一直向北去，就可以發現酒的消費量幾乎有規律地增加，而自殺並沒有增加。在法國，一八七三年酒的人均消費量為二點八四公升，而在比利時，一八七〇年這個數字達到八點五六公升，英國達到九點零七公升（一八七〇—一八七七年），荷蘭達到四公升（一八七〇年），瑞典達到十點三四公升（一八七〇年），俄國達到十點六九公升（一八六六年），而聖彼德堡甚至達到二十公升（一八五五年）。然而，在相應的時期裡，法國每百萬人口中有一百五十人自殺，比利時只有六十八人，英國是七十人，瑞典八十五人，俄國很少。只有丹麥是自殺多而且酒的消費量大（一八四五年人均十六點五一公升）的北方國家。[40]因此，法國北部諸省的自殺傾向和對酒精飲料的愛好之所以引人注目，不是因為前者從後者產生的，並從後者找到解釋。這種機遇是偶然的。在北方，人們通常多喝白酒，因為那裡葡萄酒少而且貴，[41]也許是因為那裡比別處更需要可以保持較高體溫的特殊飲食；另一方面，在我國的這個地區，引起自殺的原因特別多。

對德意志各邦的比較證實了這個結論。事實上，如果根據自殺的人數和酒的消費量來分類[42]，就可以看到，自殺人數最多的組（第三組）正是酒的消費量最少的組。分開來看就可以發現真正的反比；波茲南省差不多是整個帝國中自殺人數最少的地方（每一百萬居民中有九十六點四人），但酒的消費量最大（人均十三公升）；在薩克森，自殺的人數差不多是波茲南的四倍（每一百萬居民中有三百八十四人），而酒的消費量卻少一半。最後，我們還注意到，酒的消費量最少的第四組幾乎都是南方的一些省和州。另一方面，那裡的自殺人數之所以比德意志帝國其他地方少，是因為那裡的居民都是天主教徒，或者天主教的勢力很大。[43]

由此可見，沒有任何精神變態和自殺保持某種有規律的和不容置疑的關係。一個社會有多少自殺者

德意志帝國的酒精中毒和自殺

	酒的消費量（1884-1886）	自殺的平均數（每100萬人口）	
第1組	人均13-10.8公升	206.1	波茲南，西利西亞，布蘭登堡，波美拉尼亞
第2組	人均9.2-7.2公升	208.	東普魯士和西普魯士，薩克森省，漢諾威圖林根，西伐利亞
第3組	人均6.4-4.5公升	234.1	梅克倫堡，薩克森王國，什列斯威—好斯敦，亞爾薩斯，赫斯大公國
第4組	人均4公升以下	147.9	萊茵諸省，巴登，巴伐利亞，符騰堡

不是取決於這個社會有多少神經病患者和酗酒者。儘管各種不同形式的身心衰退是能夠引起人自殺的一塊心理上的沃土，但身心衰退本身不是這些原因之一。我們可以承認，在相同的情況下，身心衰退者比健康人更容易自殺，但他的自殺不一定是由於他的身心狀態。他身上的這種潛在性只有在我們應該探討的其他因素的作用下才能起作用。

◆註釋◆

【1】參考書目

法爾雷：《論憂鬱和自殺》，巴黎，一八二二年。——埃斯基羅爾：《論精神病》，巴黎，一八三八年（第一卷，第五二六—六七六頁）和《自殺》，載於六十卷本《醫學辭典》。——卡佐維埃爾：《論自殺和精神錯亂》，巴黎，一八四〇年。——埃托克．德馬齊：《論產生自殺的精神錯亂》，載於《醫學心理學年鑑》，一八四四年。——布林丹：《論被視為疾病的自殺》，巴黎，一八四五年。——德尚布林：《論殺人——自殺偏執狂》，載於《醫學報》，一八五二年。——儒塞：《論自殺和自殺偏執狂》，一八五八年。——布里埃爾．德布瓦蒙：《論自殺和自殺狂》，巴黎，熱爾梅．巴伊埃出版社，一八六五年。——勒魯瓦：《塞納—馬恩省的自殺和精神病研究》，巴黎，一八七〇年。——《自殺》，載於《醫學和實用外科學辭典》，第三十四卷，第一一七頁。——斯特拉恩：《自殺和精神錯亂》，倫敦，一八九四年。——呂尼埃：《論法國含酒精飲料的生產和消費》，巴黎，一八七七年。同名文章，載於《醫學心理學年鑑》，一八七二年；《統計學會雜誌》，一八七八年。——普林青格：《酗酒和自殺》，萊比錫，一八九五年。

【2】在精神錯亂本身純粹是個人的事的範圍內。實際上，精神錯亂在一定程度上是一種社會現象。我們在下面還要談到這一點。

【3】《論精神病》，第一卷，第六三九頁。

【4】同上書，第六六五頁。

【5】法爾雷：《論憂鬱和自殺》，第一三七頁。

【6】載於《醫學心理學年鑑》，第七卷，第二八七頁。

【7】《論精神病》，第一卷，第五二八頁。

【8】見布里埃爾．德布瓦蒙：《論自殺和自殺狂》，第一四〇頁。

【9】《論精神病》，第四三七頁。

【10】見《醫學和實踐外科學辭典》《自殺》條。

【11】不應該混淆這些幻覺和那些會讓病人對他所遇到的危險產生誤解的幻覺，例如，使他把窗戶誤認為大門。在這種情況下，不存在前述定義所說的自殺，而是意外的死亡。

【12】布林丹：《論被看作疾病的自殺》，第四三頁。

【13】法爾雷：《論憂鬱和自殺》，第二九九—三〇七頁。

【14】《論自殺和自殺狂》，第三九七頁。

【15】同上書，第五七四頁。

【16】《論自殺和自殺狂》，第三一四頁。

【17】《論精神病》，第一卷，第五二九頁。

【18】《論憂鬱和自殺》，第三頁。

【19】科克：《關於精神錯亂的統計》，斯圖加，一八七八年，第七三頁。

【20】根據莫塞利的著作。

【21】根據科克的著作，第一〇八—一一九頁。

【22】見本書第二編，第二章，第一八四頁。

【23】見本書第一八三頁。

【24】見本書第一〇八頁表九。

【25】科克的著作，第一三九—一四六頁。

【26】科克的著作，第八一頁。

【27】本表第一部分引自德尚布林主編的《詞典》（第三卷第三四頁）《精神錯亂》條；第二部份引自厄廷根的

【28】《道德統計學》附表九七。

【29】勒魯瓦的著作，第二三八頁。

【30】莫塞利的著作，第四〇四頁。

【31】莫塞利並沒有明確地這樣做，而是他所提供的數字表現出來的。為了描述精神錯亂這些單一的病例，這些數字太大了。參見德尚布林的《詞典》裡的那張表，表上是有區別的。我們清楚地看到，莫塞利把瘋子和白癡加在一起了。

【32】在科克向我們提供有關歐洲國家的資料中，我們只略去了荷蘭，因為有關荷蘭自殺傾向強度的資料不太充分。

【33】莫塞利的著作，第四〇三頁。

【34】事實上從來沒有提出過明確的證明。不管怎樣，即使有所增加，我們也不知道加速的係數。

【35】見本書第二編，第四章。

【36】法國文學和俄國文學所表現出來的相似之處和不同之處是這種模稜兩可的一個明顯例子。我們曾經以同情的態度接受俄國文學，這一點說明俄國文學和法國文學不是沒有相似之處。事實上，在兩國作家的身上都有一種神經系統的病態脆弱，精神上和道德上缺少某種平衡。但是這種同樣的生物學和心理學狀態竟然產生不同的社會效果！俄國的文學過分理想主義，它那種強烈地同情人類苦難而產生的傷感情調是一種有益的憂傷，既喚起信念，又激起行動，而我們的文學則自詡只表達絕望的感情，只反映一種令人不安的消沉狀態。這就是為什麼同樣的器質狀態可以導致幾乎相反的社會效果。

【37】根據《刑事裁判總結》，一八八七年。見附錄一。

【38】《論法國含酒精飲料的生產和消費》，第一七四—一七五頁。

【39】見附錄一。

見附錄一。

【40】根據呂尼埃的著作第一八〇頁及以後幾頁。在普林青格的著作第五八頁上可以找到和其他年份有關的類似數據。

【41】葡萄酒消費量的變化和自殺人數的變化正好相反。南方人喝葡萄酒最多，自殺的人卻最少。不過不能由此得出結論說葡萄酒保證使人不自殺。

【42】根據普林青格的著作，第七五頁。

【43】為了證明酒精的影響，人們有時提出挪威的例子。在挪威，含酒精飲料的消費量和自殺的人數自一八三〇年以來已經同時減少。在瑞典，酒精中毒也減少了，而且是以同樣的比例減少，可是自殺卻不斷地增加（一八八六—一八八八年，每一百萬居民中為一百一十五人，而一八二一—一八三〇年只有六十三人）。俄國的情況也是如此。

為了使讀者掌握這個問題的所有材料，我們應該補充一點：法國的統計資料把自殺歸因於飲酒過度或經常酗酒的比例從一八四九年的百分之六點六九增加到一八七六年的百分之十三點四一。但是，首先，這些自殺並非都可以歸因於嚴格意義上的酒精中毒，不應該把酒精中毒和簡單的醉酒或經常上小酒館混為一談。其次，這些數字的確切涵義不管是什麼，都不能證明濫用酒精飲料對自殺率有十分重要的影響。最後，我們將在後面看到人們為什麼不能重視統計資料向我們提供的這些推測出來的自殺原因。

第二章　自殺與正常的心理狀態、種族、遺傳

我們可以認為，自殺傾向的基礎是個人的特質，而不是特別取決於前面談到過的那些不正常狀態。自殺可能是純粹的心理現象，不一定和神經系統的某種反常有關聯。人們為什麼不可能有一種既非偏執狂又非某種形式的精神錯亂或神經衰弱的自殺傾向呢？如果像許多關於自殺的著作所承認的那樣，[1]每個種族都有自己特有的自殺率，那麼這個命題就可以被認為是成立的。因為每一個種族和另一個種族的區別就在於它的身心特點。因此，如果自殺率確實因種族而異，那就應該承認，自殺和某種身體素質有著密切的關係。

但是，這種關係是否存在呢？

一

首先，什麼是種族？因為不僅一般人，而且連那些人類學家自己對種族一詞的理解也不盡相同，所以更有必要給種族下一個定義。然而，在已經提出的那些關於種族的不同公式中，通常有兩種基本的概念：相似概念和血統概念。但是，根據這些學派的不同見解，占主導地位的是其中的一種概念。

有時候，人們認為種族是一種個人的集合體，這些個人可能表現出某些共同的特徵，但是這種特徵的相同還必須是這些個人都出自同一個祖先。如果同一個有性世代中的某一個人或幾個人在某種原因的影響下產生了某種使他們不同於其他人的變化。而這種變化不是在下一代消失，而是透過遺傳的作用在個體中逐漸固定下來，那麼這種變化就產生一個種族。德·卡特勒法熱先生正是根據這個意思才給種族下定義為：「屬於同一人種、透過有性世代傳遞某種原始變化的特點的相似個體的總和。」[2]根據這樣的理解，種族就不同於人種，因為產生同一個人種的不同種族的那些最初的配偶本身又都是來自一對配偶。因此，種族的概念明顯地是有限制的，而且它的定義來自產生種族的特殊血緣關係。

可惜，如果堅持這個公式的話，一個種族的存在和範圍就只能依靠歷史研究和人種誌研究來確定，而這些研究的結果總是不可靠的——因為關於種族的起源問題，人們永遠只能接觸到某些不肯定的可能性。此外，今天是不是有符合這個定義的人類種族還不能肯定，因為由於發生過各種意義上的雜交，人類現有的每一個種族都來自許多不同的祖先。因此，如果我們沒有另一個標準，就很難知道不同的種族和自殺有什麼關係，因為誰也說不清這些種族的來龍去脈。此外，德・卡特勒法熱先生的概念還錯誤地預斷一個科學上還遠未解決的問題的解決辦法。他的概念實際上假定，種族特有的素質是在進化過程中形成的，這些素質只是在遺傳的影響下在個體中固定下來。然而，所有已經使用多源說者這個名稱的人類學家都對這個概念提出了異議。按照他們的看法，人類不是像聖經傳說的那樣是一對配偶的後代，而是同時或相繼出現在地球上的不同地點。因為這些原始的祖先都是獨立形成的，所以從一開始就不一樣，各自成為一個種族。因此，那些主要的種族不是由於後天變化才逐漸固定形成的，而是從一開始就一下子形成的。

既然這場大辯論始終沒有結束，所以把血緣觀念或親屬觀念引進種族概念不是辦法。最好根據種族的直接屬性，例如觀察者能夠直接看到的屬性，來給種族下定義，把起源問題放在一邊。這樣就只有兩個特點使種族與眾不同。首先，種族是一群表現出某些相似之處的個人——但是同一種信仰或同一種職業的人也是如此。這些相似之處終於成為種族的特點，是因為它們是遺傳的。這種種族的類型，不管它的起源是如何形成的，現在卻可以遺傳給後代。正是在這個意義上，普理夏爾寫道：「人們對種族這個名稱的理解是任何一群表現出或多或少可以遺傳的共同特點的個人，不考慮這些特點的起源。」白樂嘉先生用大致相同的措詞來表達自己的意思，他說：「至於人類的各種變種，它們已經獲得了種族的名稱，這個名稱產生了同一個種族的個體之間有某種或多或少是直接的血統關係的觀念，但是既沒有肯定地、也沒有否定地解決不同變種的個體之間的親屬關係問題。」[3]

這樣一來，種族的形成問題就變得可以解決了——只是這個名稱的使用已經如此廣泛，以致變得不明確了。它不再僅僅表示人類最一般的分支，表示人類自然的和相對來說始終不變的區分，而且表示各種類型的人。根據這種觀點，每一類民族——其成員由於幾百年來的親密關係把他們團結在一起，表現出某些在一定程度上是遺傳的相似之處——實際上都可以構成一個種族。因此，人們有時談到拉丁種族、盎格魯撒克遜種族等等。甚至只有以這種形式，種族才能仍然被看成是歷史發展的具體和活躍的因素。在各民族的混戰中，在歷史的熔爐中，那些原始的和基本的種族終於混合到這樣的程度，以致於幾乎失去了全部的個性。即使這些種族並沒有完全消失，至少人們只能發現一些並不明顯的線條和局部的特徵，這些線條和特徵只是不完整地湊合在一起，並不構成具有特點的外貌。僅僅依靠有關身高和顱骨形狀的某些往往不明確的材料確定的人種，並沒有足夠的穩定性和規定性讓我們能夠認為它對各種社會現象的進展有著巨大的影響。那些從廣義上被稱之為種族的比較特殊和數量較少的人種具有某種比較明顯的特點，而且必定有某種歷史性的作用，因為他們是歷史的產物，而不是大自然的產物。但是他們的客觀界線根本不明確。例如，我們完全不知道區別拉丁種族和撒克遜種族的特徵究竟是什麼。每個人都按照自己的想法談論這些種族，沒有十分嚴格的科學性。

這些初步的看法提醒我們，社會學家在著手研究種族對某種社會現象的影響時，慎重總是不算過分的。因為，為了能夠解決這些問題，還應該知道什麼是不同的種族，他們是如何互相辨認的。何況人類學的這種不肯定性很可能是由於種族這個詞現在不再符合任何明確的東西，所以更有必要慎重行事。事實上，一方面，原始的種族現在幾乎只對古生物學有某種重要性，而另一方面，今天被人們稱之為種族的這些比較有限的群體似乎只是一些民族或民族社會，是由文化而不是由血緣聯繫在一起的兄弟。這樣設想的種族最後都和國籍混為一談。

二

然而，我們都同意，在歐洲有幾大人種，人們大體上看得出他們最普遍的特點，在他們之間又分為一些民族，而且我們同意賦予他們以種族的名稱。莫塞利把他們分為四個種族：**日爾曼族**（它作為種族包括德意志人、斯堪的納維亞人、盎格魯撒克遜人、法蘭德斯人）；**克爾特—羅馬族**（包括比利時人、法蘭西人、義大利人和西班牙人）；**斯拉夫族**和**烏拉爾—阿勒泰族**。我們提到的最後這個種族，是為了不忘記他們，因為他們在歐洲的人數太少，以致於不能確定他們和自殺有什麼樣的關係。事實上，只有匈牙利人、芬蘭人和俄國的幾個省可能和自殺有關。其他三個種族按照他們自殺傾向的大小順序排列如下：首先是日爾曼族，其次是克爾特－羅馬族，最後是斯拉夫族[4]。

但是這些區別能不能真正歸因於種族的影響呢？

如果每一群集合在同一個種族中的人具有同樣強烈的自殺傾向，這種假設是可以成立的。但是同一個種族的各民族之間卻有著極大的差別。斯拉夫人通常不大傾向於自殺，而波希米亞人和摩拉維亞人則是例外。波希米亞人每百萬居民中有一百五十八名自殺者，摩拉維亞人中為一百三十六名，而卡尼奧拉人中只有四十六名，克羅地亞人中為三十名，達爾馬提亞人中為十四名。同樣的，在克爾特－羅馬諸民族中，法國以自殺人數眾多而著稱，每百萬居民中有一百五十名自殺者，而義大利在同一時期只有三十名，西班牙則更少。很難像莫塞利所希望的那樣承認，如此巨大的差別能夠用這樣的事實來解釋，亦即法國的日爾曼人多於其他拉丁國家。尤其是由於這些就這樣和他們的同類分開的民族也都是最文明的民族，所以人們有權懷疑，區別各種社會和所謂種族群體的不是他們的文化發展不平衡。

在日爾曼諸民族之間，這種差別更大。在屬於這個民族的四個群體中，有三個比斯拉夫族和拉丁族更不傾向於自殺：法蘭德斯人每百萬居民中只有五十名自殺者，盎格魯撒克遜人只有七十名；[5]至於斯堪的納維亞諸國，丹麥的自殺人數每百萬居民中固然多達兩百六十八名，但挪威只有七十四點五名，瑞典只有八十四名。因此，不可能把丹麥的自殺率歸因於種族，因為這兩個國家的種族最純，但種族所產生的影響卻相反。總之，在所有的日爾曼諸民族中，一般說來只有德國人強烈地傾向於自殺。因此，如果我們按嚴格的意義來使用這些名詞，那麼這裡就不可能是種族的問題，而是國籍的問題了。然而，由於從來就沒有證明，沒有一個德意志人種是部份地遺傳的，所以人們可以把這個名詞的意義擴大到這種極限，並且說，自殺在德意志種族的各民族中比在大多數克爾特—羅馬、斯拉夫、甚至盎格魯撒克遜和斯堪的納維亞社會中更盛行。但是，從上述數字所能得出的結論也就到此為止而已。無論如何，這是唯一可以在必要時懷疑種族特點有某種影響的情況。我們還將看到，種族其實和自殺毫不相干。

事實上，為了能夠把德國人的自殺傾向歸咎於這個原因，光指出這種傾向在德國很普遍還不夠，因為這種普遍性可能起因於德國文明的特性。我們必須證明，這種傾向和德意志人的人體遺傳狀況有關，這種人體是人種的永久特徵，甚至在社會環境發生了變化時還繼續存在。只有在這種條件下，我們才能把自殺看成是種族的產物。因此，我們要探討德意志人在德國以外的地方和其他民族生活在一起，並且適應了不同的文明時，是否還保留著他們這種可悲的傾向。

奧地利給我們提供了回答這個問題的現成經驗。在奧地利，德意志人和完全不同種族的人口混居在一起，各省所占的比例很不相同。因此讓我們來看看，他們的存在是否起到增加自殺人數的作用。表七表明每一個省中德意志人所占的比例，以及一八七二—一八七七年這五年的自殺率。不同種族的區別是根據他們所使用的方言的種類——儘管這種標準並非絕對精確，然而這是我們可以利用的最可靠標準。

在這張從莫塞利本人那裡抄來的表上，我們不可能看到德意志人影響的絲毫痕跡。波希米亞、摩拉維亞和布哥維納只有百分之三十七到百分之九的德意志人，平均自殺率一百四十卻高於德意志人占大多數的斯蒂里亞、卡林西亞和西利西亞的一百二十五。同樣的，斯拉夫人是這三個省的重要少數民族，然而平均自殺率卻超過了居民全部是德意志人的三個省：上奧地利、薩爾斯堡和外提羅爾。下奧地利的自殺人數固然比其他地區多得多，但不能歸因於有德意志人，因為在上奧地利、薩爾斯堡和提羅爾，

表七　奧地利各省的自殺和種族比較

		每 100 居民中的德意志人	自殺率（每百萬人中）		
全部是德意志人的省	下奧地利	95.90	254	平均 106	
	上奧地利	100	110		
	薩爾斯堡	100	120		
	外提羅爾	100	88		
大部份是德意志人的省	卡林西亞	71.40	92	平均 125	
	斯蒂里亞	62.45	94		
	西利西亞	53.37	190		
德意志人是重要少數民族的省	波希米亞	37.64	158	平均 140	兩組平均 86
	摩拉維亞	26.33	136		
	布哥維納	9.06	128		
德意志人很少的省	加里西亞	2.72	82		
	內提羅爾	1.90	88		
	濱海省	1.62	38		
	達爾馬提亞	6.20	46		
		—	14		

德意志人更多而自殺的人數卻只有前者的二分之一或三分之一。自殺人數多的真正原因是，下奧地利的首都是維也納，像所有的首都一樣，每年都有大量的自殺者；一八七六年，維也納的自殺人數是每百萬居民中為三百二十名。因此，應該避免把大城市所帶來的後果歸咎於種族。相反的，濱海省、卡尼歐拉和達爾馬提亞的自殺人數之所以這樣少，並不是因為沒有德意志人；因為在內提羅爾和加利西亞，德意志人並不多，而自殺的人數卻多一至四倍。如果把這八個德意志人較少的省加在一起計算，平均自殺率為八十六，相當於全部是德意志人的外提羅爾，超過了德意志人占多數的卡林西亞和斯蒂里亞。*由此可見，當德意志人和斯拉夫人生活在同樣的社會環境時，他們的自殺傾向也大致

相同。因此，當環境不同時所表現出來的差異與種族無關。

我們已經指出的德意志民族和拉丁民族之間的差異也是如此。在瑞士，我們發現這兩個種族的人都有。有十五個邦全部或一部份是德意志人，那裡的自殺率為一百八十六（一八七六年）。五個邦法蘭西人占多數（瓦萊、弗萊堡、納沙泰爾、日內瓦、沃），那裡的自殺率為二百五十五。在這些邦中，自殺人數最少的是瓦萊邦（每百萬居民中為十人），而那裡的德意志人卻最多（每一千名居民中有三百一十九人）；相反的，納沙泰爾、日內瓦和沃的人口幾乎全部是拉丁民族，但自殺的人數卻分別為每百萬居民中四百八十六人、三百二十一人和三百七十一人。

為了更清楚顯示種族因素的影響（如果有影響的話），我們曾經力圖排除可能掩蓋這種影響的宗教因素。為此，我們比較了信仰同樣宗教的德意志人占多數的邦和法蘭西人占多數的邦。比較的結果只是進一步肯定了上述的情況：

瑞士各邦

天主教德意志人	自殺人數	八七	——	新教德意志人	自殺人數	二九三
天主教法蘭西人	自殺人數	八三	——	新教法蘭西人	自殺人數	四五六

*原文如此，與表七所示不一致。——譯者註

在天主教徒中，這兩個種族之間沒有明顯的差別；在新教教徒中，法蘭西人自殺的多於德意志人。

因此，這些事實都證明，德意志人中的自殺者之所以多於其他民族，其原因不在於他們的血統，而在於他們在其中受到薰陶的文明。不過，在莫塞利為了證明種族影響而提出的各種證據中，有一種乍看起來可以被認為比較可靠的。法蘭西民族主要是克爾特和基姆利這兩個種族混合的結果，這兩個種族最初的區別是他們的身材。從於勒·凱撒時代起，基姆利人就以他們的身材高大而著稱。因此，白樂嘉能夠根據居民的身材確定這兩個種族今天在我國的分佈情況。他發現，克爾特人的後裔在盧瓦爾河以南佔優勢，而基姆利人的後裔則在盧瓦爾河以北佔優勢。因此，這種人種的分佈在某種程度上和自殺的分佈相似；因為我們知道，自殺者集中在我國的北方，而在中部和南方**最少**。但是莫塞利走得更遠了。他認為可以肯定的是，法國自殺人數的多少是按人種分佈的方式有規律地變化。為了證明這一點，他把法國的省分成六組，計算每一組的自殺率和因身高不夠標準免服兵役的人所占的比例——這是一種間接衡量相應人口平均身高的方法，因為平均身高隨著免除兵役的人數減少而增加。然而，這兩個平均數卻按反比例變化：身高不夠標準免除兵役的人越少，換句話說平均身材比較高，自殺的人數就越多。[6]

一種如此精確的對應關係（如果成立的話）幾乎只能用種族的影響來解釋。但是，莫塞利用來得出這種結論的方法卻不能使人一致確認這種結論。實際上，他是把白樂嘉按照假設的克爾特和基姆利這兩個種族的純度來區別的六個種族群體作為比較的基礎的。[7]然而，不管這位學者的威望有多高，這些人種誌的問題畢竟太複雜，而且給各種解釋和矛盾的假設留下太多的餘地，所以人們不能認為他所提出的分類是確實可靠的。只要看一下他需要多少無法驗證的歷史猜測來證明他的分類就夠了，而且，如果

表八

高身材的省	免除兵役的人數	平均自殺率	矮身材的省	免服兵役的人數	平均自殺率
第1組（9個省）	每1000名受體檢者中40人以下	80	第1組（22個省）	每1000名受體檢者中60-80人	115（不包括塞省為101）
第2組（8個省）	40-50人	249	第2組（12個省）	80-100人	88
第3組（17個省）	50-60人	170	第3組（14個省）	100人以上	90
總平均	每1000名受體檢者中60人以下	191	總平均	每1000名受體檢者中60人以上	103（包括塞納省） 93（不包括塞納省）

他從這些研究中明顯地得出結論，說在法國有兩個截然不同的人種，那麼他認為已經辨認出一些有各種細微差別的中間人種這個事實就更值得懷疑了。[8]如果把這張成系統的、但也許過於精細的表格放在一邊，只根據每個省的平均身材（即根據因身材不夠標準而免服兵役的應徵者的平均人數）來分類，如果這個平均數和自殺的平均數相比，就可以發現下述結果和莫塞利所得出的結果明顯不同：（見表八）

自殺率並不有規律地因為基姆利人的成分比較多或假定比較多而相對的增加，因為身材較高的第一組的自殺人數比第二組少，比第三組多不了多少；同樣的，後三組的自殺人數幾乎差不多。[9]不管從身材上來看這三個組多麼不一樣。從這些數字得出的全部結論是：法國分成兩部份，北部自殺人數較多，身材較高；中部身材較矮，自殺人數較少。然而這兩種級數並不完全對應，換言之，我們在人種分佈圖上所看到的兩大地區並不完全是我們在自殺分佈圖上所看到的兩大地區，只是一般說來大體上一致。兩種現象相比較所表現出來的變化細節並不一致。因此，一旦恢復這種一致的實際比例，這種一致就不再是有利於種族成分的有力證明，因為這種一致只不過是一個奇怪的事實，不足以證明某種規律。這種一致很可能只是一些獨立因素相遇的結果。為了能夠把這種一致歸因於種族行為，這種假設至少應該得到其他事實的進一步肯定。然而恰恰相反，這種一致遭到了下述事實的駁斥。

1. 如果說像德意志人種這樣的集體人種——其實在性不容置疑，而且具有如此強烈的自殺傾向——在社會環境發生變化時就不再表現出自殺的傾向，而像克爾特人或古比利時人這樣多少有點可疑的人種——他們只留下極少殘跡——今天卻依然有效地影響著這種傾向，這就不可理解了。在令人想起這個人種的最一般特點和自殺傾向的複雜特性之間，有著極大的差距。

2. 我們在後面將會看到，在古代的克爾特人中，自殺是常見的現象。[10]因此，今天在假定是克爾特人後裔的人口中之所以很少見到這種現象，也許不是由於種族的天性，而是由於外部的環境發生了變化。

3. 克爾特人和基姆利人並不是純粹的原始種族；他們是「既透過血統，也透過語言和信仰」結合在一起的。[11]他們都是透過大規模入侵或相繼移居而逐漸分散到整個歐洲的金髮碧眼、身材高大的人種的變種。從人種學的觀點來看，他們之間的全部區別是：克爾特人由於和黑髮黑眼、身材較矮的南方種族通婚而更加不同於原來的人種。因此，如果說基姆利人更傾向於自殺有種族的原因，因為他們身上的原始種族特點改變不多，那麼我們就應該看到，即使在法國以外，這個種族的特點越明顯，自殺的人就越多。然而事實並非如此。挪威人的身材是歐洲最高的（一點七二米），而且這個人種很可能原來就在北方，尤其是在波羅的海沿岸；一般認為，這個人種的特點在那裡保留得最好。可是，在斯堪的納維亞半島，自殺率並不高。有人說，這個人種在荷蘭、比利時和英國比在法國更純，[12]然而法國的自殺人數卻比這三個國家多得多。

此外，法國自殺人數的這種地理分佈可以得到解釋，而無須借助於說不清的種族力量。大家都知道，從道德上和人種上來說，我國分成還沒有完全互相滲透的兩個部分。中部和南部的人保留了他們的性格和一種適合於他們的生活，因此抵制北方的思想和風俗習慣。然而，法國文明的中心卻在北方——法國的文明基本上還是北方的東西。另一方面，正像我們在後面將要看到的，因為法國的文明包含著促使法國人去自殺的主要原因，所以法國文明的活動領域的界線也就是自殺最盛行的地區的界線。因此，北方人自殺之所以比南方多，不是因為他們的種族氣質使他們更傾向於自殺，只是因為自殺的社會原因在盧瓦爾河以北比在盧瓦爾河以南積累得更多。

至於我國的這種雙重道德是如何產生和保存下來的，這是一個人種誌的種種考慮所不能完全解決的歷史問題。不管怎樣，不是或不僅僅是種族的差異才能成為自殺的原因，因為差異很大的種族也可以互相融合和同化。在北方人種和南方人種之間，不存在幾個世紀的共同生活都不能克服的對抗。洛林人和諾曼第人之間的差別並不比普羅旺斯人和法蘭西島居民之間的差別小。*但是，由於某些歷史上的原因，外省精神和地方傳統主義在南方要強烈得多，而在北方，對付共同敵人的必要性、利害比較一致和頻繁的接觸使那裡的人們較早接近，並使他們的歷史混同起來。正是這種使人員、思想和事物的交流更加活躍的道德水準使北方成為一個高度文明的發祥地。[13]

三

此外，把種族看成是自殺傾向的一個重要因素的理論還含蓄地認為自殺是遺傳的；因為只有在這種條件下，自殺的傾向才能成為種族的特點。但是，自殺的遺傳性是否得到了證明呢？由於自殺的遺傳性除了和上述種族因素的關係外，還有其本身的重要性，所以這個問題就更加值得探討了。事實上，如果自殺傾向是代代相傳的，那就應該承認，這種傾向是嚴格地取決於某種特定的個體狀態的。

但是，首先必須明白確認這些詞的涵義。人們在談到自殺時說自殺是遺傳的，是否僅僅想說自殺者的孩子具有從他們的父母那裡繼承來的氣質，所以在同樣的情況下也傾向於像他們的父母那樣行事？如此說來，這種假設就是無可爭辯的，但沒有什麼意義，因為遺傳的不是自殺，而只是某種一般的氣質，這種氣質在某種情況下可能使他們傾向於自殺，但並非必然如此，因此，這種氣質不能充分說明他們的決心。事實上，我們已經看到，為什麼最有利於表現出這種傾向的個人氣質，即各種形式的神經衰弱，絲毫不能說明自殺率的差異。但是，心理學家們往往是從完全不同的意義上來談論遺傳性的。父母直接地和完整地遺傳給孩子的是自殺的傾向，一旦遺傳，這種傾向就會真正自動地引起自殺。這時，這種傾向便構成一種具有一定程度自律性的心理機制，這種機制和偏執狂沒有很大區別，完全可能和某種同樣明確的生理機制相對應。因此，自殺的傾向基本上取決於各種個人的原因。

觀察能不能證明這種遺傳性的存在呢？當然，人們有時看到在同一個家庭裡可悲地經常發生自殺。最令人吃驚的是加爾所舉的一個例子：「一位姓G的財主留下了七個孩子和一筆價值兩百萬法郎的財產，六個孩子住在巴黎或巴黎附近，保住了他們所分得的那份財產，有的甚至還使這筆財產有所增加。他們沒有一個人遇到不幸，身體也都很好……但在四十年裡，這七個兄弟都相繼自殺了。」[14]埃斯基羅爾認識一位商人，這位商人有六個孩子，其中有四個自殺了，第五個曾經一再試圖自殺。[15]在其他地方，人們也看到過父母和兒孫們出於同樣的衝動相繼自殺。但是，生理學家們的例子應該使我們懂得不要過早下結論，這些關於遺傳性的問題需要慎重地對待。同樣的，連續幾代人得肺癆的情況肯定是很多的，然而學者們仍然遲遲不願承認這種病是遺傳的。相反的答案倒似乎占了優勢。同一個家庭裡一再發生這種疾病也許不是由於肺癆本身的遺傳性，而是由於某種一般氣質的遺傳性，這種氣質容易感染致病的細菌，並且在有機會的時候讓這種細菌繁殖。在這種情況下，遺傳的不是疾病本身，而是有利於疾病發展的天生體質。為了有權斷然否定這種解釋，至少應該證實在胎兒身上常常發現結核桿菌——只要這一點得不到證實，人們就必然要產生懷疑。對我們所關心的問題同樣需要慎重，因此，要解決這個問題，光指出某些有利於遺傳性論點的事實是不夠的。這些事實還必須有足夠的數量，免得被認為是偶然的巧合——不包含其他解釋——不和其他任何事實相矛盾。那麼這些事實是否滿足這三個條件呢？

---

*洛林在法國東北部；諾曼第在法國西北部；普羅旺斯在法國南部；法蘭西島即巴黎，在法國北部。——譯者註

誠然，這些事實是常見的，但是要由此得出結論，說自殺從本質上來說是遺傳的，那就不足以說明這些事實多多少少是常見的。此外，還必須能夠確定這些事實和自殺的總數有什麼相應的關係。對自殺總數中的大部分人來說，如果證明他們有遺傳的先例，那就有充分的理由承認這兩種事實有某種因果關係，自殺有一種遺傳的傾向。但是只要這一點得不到證實，人們就可以懷疑這些情況是否由於幾種不同原因的偶然結合。然而，觀察和比較——只有這樣才能解決這個問題——從來沒有廣泛地進行過，人們幾乎只是滿足於引證一些有趣的小故事。我們在這方面所掌握的材料從任何意義上來說什麼也證明不了——這些材料甚至有點自相矛盾。呂伊斯醫師有機會在他的診所裡觀察過三十九名有比較明顯自殺傾向的精神病患者，並收集了這些病人相當完整的有關材料，他發現只有一例病人的家庭成員中有過同樣的傾向。【16】在布里埃·德布瓦蒙所遇到的兩百六十五名精神病患者中，只有十一名病人的父母是自殺的，亦即只占百分之四。【17】卡佐維埃伊所提供的比例則要高得多，在六十名病人中，他查明有十三名，亦即百分之二十八*的病人家中有過遺傳的現象。【18】根據巴伐利亞州的統計資料——唯一記載遺傳影響的統計資料，在一八五七—一八六六年期間，使人感到是遺傳的約為百分之十三。【19】

無論這些事實多麼不起決定性的作用，如果在說明這些事實時只能承認自殺的某種特殊遺傳性，那麼這種假設也會具有一定的權威性，而且甚至不可能找到另一種解釋。但是，至少有另外兩種原因能夠產生同樣的結果，尤其是在這兩種原因同時存在的時候。

首先，幾乎所有這些觀察都是由精神病醫生進行的，因而是在精神病患者中進行的。然而，在所有的疾病中，精神錯亂也許是最經常遺傳的疾病。因此，人們可以自問：遺傳的是不是自殺的傾向？或者遺傳的是不是精神錯亂？自殺不過是其經常的然而又是偶發的症狀？讓這種懷疑更加有根據的是：所有的觀察者都承認，最有利於遺傳性假設的病例主要是——即使並非全部是——在自殺的精神病患者身上見到的。[20]毫無疑問，即使在這種情況下，遺傳起著重要的作用，但這不再是自殺的遺傳性。遺傳的是一般的精神病，是神經上的毛病，自殺是這種毛病的偶然結果，儘管始終使人感到害怕。在這種情況下，遺傳不再帶有自殺的傾向，就像在遺傳的肺癆中不再帶有咯血一樣。如果一個不幸的人，家裡既有精神病患者又有自殺者，他之所以自殺，決不是因為他的父母是自殺的，而是因為他們都是精神病患者。因此，正像精神錯亂在遺傳時有所變化，例如上一代的憂鬱症變成了下一代的慢性譫妄或先天性精神錯亂那樣，同一個家庭裡有幾個成員自殺，這些自殺可能是不同的精神錯亂的結果，因此屬於不同的類型。

然而，這第一種原因不足以說明全部事實。因為，一方面，沒有證據顯示自殺歷來只是一再發生在精神錯亂者的家庭裡；另一方面，這種值得注意的特殊性始終是在某些精神錯亂者的家庭裡，自殺似乎是經常發生的，儘管精神錯亂不一定導致這種結果，但是並非任何精神錯亂都導致自殺。那麼，精神錯亂者似乎注定要自殺的根源何在呢？相似情況的這種巧合當然意味著還有一種不同於前面所說的因素。但是我們可以加以說明而不必將其歸因於遺傳性。榜樣的感染力足以引起自殺。

事實上，我們將在下一章看到，自殺的感染力非常強。這種感染性在那些比較容易受各種一般性

*原文如此，但應為百分之二十一點六。——譯者註

暗示，尤其是自殺念頭影響的人身上特別起作用——因為他們不僅喜歡模仿一切使他產生強烈印象的行為，而且特別傾向於重複他們已經有某些傾向的行為。不過，這種雙重條件只有那些父母都已自殺的精神錯亂者或單純神精衰弱者才具備。因為他們的神經脆弱，使他們容易被吸引，同時使他們容易接受自殺的念頭。因此，回憶或看到他們親人的悲慘結局對他們來說成了某種擺脫不了的念頭或不可抗拒的衝動的根源，這就不足為怪了。

這種解釋不僅完全像求助於遺傳性的解釋一樣令人滿意，而且有些事實只有這種解釋才能說明。在那些一再發生自殺的家庭裡，自殺者往往互相模仿。自殺不僅發生在相同的年齡，而且採取同樣的方式。有的家庭看中上吊，有的家庭則看中投河或跳樓。在一個經常提到的例子中，這種相似之處更加突出：一個家庭的成員都用同一件兇器自殺，而且相隔了好幾年。[21]人們希望在這種相似中看到更有利於遺傳性的證據。然而，如果有充分理由不把自殺看成是一種性質截然不同的心理實體，那就更難承認有一種用上吊或手槍自殺的傾向了！這些事實難道不是正好證明，那些用鮮血玷污了他們家庭歷史的自殺者對還活著的人的精神有多大感染性影響嗎？因為這些記憶必定糾纏著他們，迫使他們決定如此忠實地模仿他們前人的行為。

讓這種解釋更加可靠的是，有許多事例不可能是遺傳性的問題，感染是這種壞事的唯一原因，但表現出相同的特徵。在下面還將談到的流行病中，不同的自殺幾乎總是驚人地相似。可以說，這些自殺者是在彼此模仿。大家都知道十五名傷殘軍人的故事。在一七七二年的一段很短的時間裡，他們相繼在傷殘軍人院陰暗走道裡的同一只鉤子上自縊身亡。鉤子被取走以後，這種流行病也就停止了。同樣的，在布洛涅的兵營裡，一個士兵在一個崗哨亭裡開槍把自己的腦袋打開了花，結果在短短的幾天裡，有好幾個士兵在這個崗哨亭裡開槍自殺；但是，這個崗哨亭被燒毀後，這種感染就停止了。在所有這些事實中，強迫觀念難以抗拒的影響是很明顯的，因為一旦引起自殺念頭的東西消失，自殺就停止了。因此，當某些明顯的是彼此影響所引起的自殺似乎都在重複同一種模式時，把這些自殺歸因於同一個原因是合理的，何況在各種因素都促使其增加力量的家庭裡，這個原因必定發揮其**最大的**作用。

此外，許多人都有這樣的感覺：像他們的父母那樣行事是對榜樣的誘惑力作出讓步。這就是埃斯基羅爾所觀察的一個家庭的情況：「最小的（兄弟）二十六、七歲，他變得鬱鬱寡歡，從自家屋頂上跳下來自殺了；照顧他的二哥對他的死感到內疚，幾次試圖自殺，經過持續和反覆的絕食，一年以後也死了。四哥是一位醫生，他在兩年前懷著異常絕望的心情一再向我說起他逃脫不了他的命運，後來也自殺了。」[22]莫羅則舉出下面這件事：一個精神病患者的兄弟和叔叔都自殺了，他也受到了自殺傾向的影響。一個兄弟到夏朗東來看望他，對他所帶回的可怕念頭感到絕望，而且忍不住確信他到頭來也會向這種念頭屈服。[23]一位病人終於向布里埃爾．德布瓦蒙承認：「我在五十三歲以前身體一直很好，沒有任何憂愁，我的性格相當開朗。三年前，我開始有了一些憂傷的念頭。……三個月來，這些念頭一直讓我不得安寧，而且每次都讓我忍不住要去自殺。我不向你隱瞞，我的哥哥在六十歲時自殺；我從來沒有認真地關心過這件事，但是到了我五十六歲時，這種記憶更加生動地出現在我的腦子裡，現在這種記憶始終縈繞在我的心頭。」但是，最有說服力的事實之一是法爾雷的報告：「一個十九歲的年輕姑娘得知一位叔父是自殺的，這個消息讓她非常悲痛，她曾經聽說精神錯亂是遺傳的，有朝一日她也可能落到悲慘地步的念頭立刻纏住了她……當她處在這種悲慘境地時，她的父親也自殺了。於是，她深信自己注定要自殺。她只關心她即將來臨的結局，而且一再地說：『我應該像我的父親和叔叔那樣去死！我的血液已經變質！』而且她作過一次嘗試。然而，她以為是她父親的那個男人並不是她真正的父親。為了讓她擺脫她的恐懼，她母親安排她和她的親生父親見了一次面。他們的外貌如此相似，於是這位病人的全部疑懼一下子就消失了。從此，她拋棄了自殺的念頭，她又逐漸心情愉快起來，也恢復了健康。」[24]

因此，一方面，那些最有利於說明自殺的遺傳性的情況不足以證明這種遺傳性的存在；另一方面，這些情況毫無困難地適合於另一種解釋。但是更有甚者，統計表上的某些事實——心理學家們似乎沒有注意到這些事實的重要性——和狹義的遺傳假設是不相容的。這些事實是：

1. 如果有一種產生於遺傳的、注定那些要自殺的人的命運的生理——心理決定論的話，那麼這種決定論就應該幾乎同樣地影響男人和女人。因為，既然自殺本身並沒有性別的差異，那就沒有理由說遺傳只影響男孩子而不影響女孩子。然而，事實上我們都知道，女性自殺者很少，只相當於男性自殺者的一小部分。因此，如果遺傳真有人們所說的那種力量，情況就不會如此。

我們可不可以說，女人和男人同樣繼承自殺的傾向，但是這種傾向往往被女性特有的社會條件所抵銷？但是，我們應該如何看待某種在大多數情況下都是潛伏的，要不然就是包含某種非常含糊的、根本不能證明其存在的潛在可能性的遺傳性呢？

2. 在談到肺癆的遺傳性時，M．格朗歇用這樣的話來表達自己的意思：「人們在這種情況下（在一個三個月的嬰兒身上發現了肺癆）承認遺傳性，這一點使我們完全同意……結核病是從嬰兒還在子宮內的時候開始的，這一點已經不太肯定，如果結核病在出生十五或二十個月以後發作，那就不能不讓人對某種潛伏的結核病的存在產生懷疑。對那些在出生十五、二十或三十年以後出現的結核病，我們怎麼說呢？假定某種病變在生命開始時就已經存在，這種病變在經過這樣長一段時間難道沒有失去它的致病力嗎？把任何疾病都歸咎於這些早已死亡的細菌，而不是歸咎於病人一生中所能遇到的活生生的桿菌，這是不是合乎情理呢？」[25]事實上，為了有理由肯定某種疾病是遺傳的，即使沒有不容置疑的證據讓人看到胎兒或新生兒身上的病菌，至少也得證實這種疾病經常出現在幼兒身上。這就是為什麼人們把遺傳性說成是從嬰兒期就表現出來的這種特殊精神錯亂的根本原因，並因此而把這種精神錯亂稱之為遺傳性精神錯亂。科克甚至指出，即使並非完全是遺傳引起、但沒有擺脫遺傳影響的精神錯亂，也要比沒有既往史的精神錯亂更明顯地傾向於較早出現。[26]

誠然，有人提到某些特點被看作是遺傳的，然而只是在年齡較大時才表現出來，例如鬍鬚和喉結等等。但是，在關於遺傳的假設中，這種延遲只能用這些特點取決於某種個體的狀態來解釋，而這種個體的狀態本身是個體在發展過程中形成的，例如就性功能來說，遺傳性顯然只能在青春期產生明顯的影響。但是，可以在任何年齡遺傳的特性應該立即就顯示出來。因此，我們應該承認，特性顯示得越晚，受遺傳性的影響就越小。不過，我們不清楚自殺的傾向為什麼和個體發展的某個階段相關，而不和另外某個階段相關。如果自殺的傾向是一種明確的機制，能夠十分有規律的遺傳，那麼這種機制就應該在人出生後的最初幾年裡起作用。

但是，事實上情況恰恰相反。兒童的自殺非常罕見。根據勒古瓦特的資料，一八六一—一八七五

表九[29]　不同年齡的自殺率（每個年齡組每百萬人中）

<table>
<tr><th rowspan="2"></th><th colspan="2">法國
(1835-1844)</th><th colspan="2">普魯士
(187-1875)</th><th colspan="2">薩克森
(1847-1858)</th><th colspan="2">義大利
(1872-1876)</th><th>丹麥
(1845-1856)</th></tr>
<tr><th>男</th><th>女</th><th>男</th><th>女</th><th>男</th><th>女</th><th>男</th><th>女</th><th>男 女</th></tr>
<tr><td>16歲以下</td><td>2.2</td><td>1.2</td><td>10.5</td><td>3.2</td><td>9.6</td><td>2.4</td><td>3.2</td><td>1.0</td><td>113</td></tr>
<tr><td>16-20歲</td><td>56.5</td><td>31.7</td><td>122.0</td><td>50.3</td><td>210</td><td>85</td><td>32.3</td><td>12.2</td><td>272</td></tr>
<tr><td>20-30歲</td><td>130.5</td><td>44.5</td><td>231.1</td><td>60.8</td><td>396</td><td>108</td><td>77.0</td><td>18.9</td><td>307</td></tr>
<tr><td>30-40歲</td><td>155.6</td><td>44.0</td><td>235.1</td><td>55.6</td><td rowspan="2">551</td><td rowspan="2">126</td><td>72.3</td><td>19.6</td><td>426</td></tr>
<tr><td>40-50歲</td><td>204.7</td><td>64.7</td><td>347.0</td><td>61.6</td><td>102.3</td><td>26.0</td><td>576</td></tr>
<tr><td>50-60歲</td><td>217.9</td><td>74.8</td><td rowspan="4">529.0</td><td rowspan="4">113.9</td><td rowspan="2">906</td><td rowspan="2">207</td><td>140.0</td><td>32.0</td><td>702</td></tr>
<tr><td>60-70歲</td><td>274.2</td><td>83.7</td><td>147.8</td><td>34.5</td><td rowspan="2">785</td></tr>
<tr><td>70-80歲</td><td>317.3</td><td>91.8</td><td rowspan="2">917</td><td rowspan="2">297</td><td>124.3</td><td>29.1</td></tr>
<tr><td>80歲以上</td><td>345.1</td><td>81.4</td><td>103.8</td><td>33.8</td><td>642</td></tr>
</table>

年期間，在法國的每百萬名十六歲以下的兒童中，男孩子自殺的為四點三人，女孩子為一點八人。根據莫塞利的資料，在義大利，這個數字更小：男孩子不超過一點二五人，女孩子不超過零點三三人（一八六六—一八七五年），而且所有的國家大體上都是這個比例。最年輕的自殺者是五歲，但這完全是例外，而且不能證明，這些異乎尋常的事實應該歸因於遺傳性。事實上我們也不應忘記，兒童本身也處於社會的作用之下，而這些社會原因足以讓他決定自殺。在這種情況下，同樣證明了社會的影響，亦即兒童自殺也根據社會環境而變化。其他地方的兒童自殺都沒有大城市多。[27]這是因為，對於兒童來說，其他地方的社會生活沒有大城市開始得早，正像城市小居民的早熟所證明的那樣。參加文明運動比較早和比較全面，受到的影響也比較早和比較完全。這也使得文明國家兒童自殺的人數可悲地按規律增加。[28]

此外，自殺不僅在童年時期極為罕見，而且只有到老年期才達到頂點。自殺率隨著年齡的增高而有規律的增高。

儘管有一些極細微的差別，所有國家都是這種比例。瑞典是最高比例在四十—五十歲下降的唯一國家。在其他的國家，最高比例的下降只發生在八十歲以上或七十—八十歲，同樣的，在其他的國家，除了也許是由於統計上的錯誤而出現的極少數例外，【30】自殺率一直升高到這個極限。我們所看到的八十歲以上的自殺率下降不是絕對普遍的，而且，不管怎樣，下降的幅度是很小的。這個年齡的自殺率稍稍低於七十歲的自殺率，但仍然高於其他年齡，或者至少高於大部分其他年齡。因此，怎麼能把某種只是成年時才出現、**而且從成年時起隨著年齡增長逐步加強**的傾向歸因於遺傳性呢？怎麼能把一種在童年時期根本就不存在，或者很不明顯，是逐步發展起來的，且到了老年才達到最大限度的疾病說成是先天的呢？

在這種情況下，不能引用同時性遺傳規律。實際上，這條規律是說，在某些情況下，遺傳特性在後代身上出現時的年齡與在父母身上出現時的年齡大致相同。但是自殺的情況並非如此；過了十歲或十五歲，自殺在任何年齡都可能發生。自殺的特點是不在生命的某一特定時刻出現，而是隨著年齡的增長不斷地發展。這種不間斷的發展，表明自殺的原因本身也隨著人的年齡增長而發展。然而遺傳性並不滿足這個條件；因為，根據定義，遺傳性從完成受精之時起就應該且可能存在。能不能說，自殺的傾向從出生時起就以潛伏的狀態存在，但要在另一種後來出現並逐步發展的力量的作用下才表現出來呢？但這樣說就等於承認，遺傳的影響歸根到底至多是一種十分普通和不確定的誘因，因為，如果遺傳的影響不能沒有另一種因素的協助，以致於只能在有了另一種因素的時候才發揮作用，那麼這另一種因素就應該被看作是真正的原因。

總之，自殺的方式因年齡而異這一點無論如何都顯示，某種生理—心理狀態不可能是自殺的決定性原因。因為人體的一切都受生命節律的支配，依次經過生長的階段、停滯的階段和最後一個衰退的階段。沒有什麼生理的或心理的特點是無止境地發展的，所有的特點在達到一個頂點以後都趨於衰退。相反的，自殺卻是在人生的最後階段才達到它的頂點。人們往往看到八十歲左右自殺的人數有所減少，但減少很有限，也不是絕對普遍的減少，而只是相對的減少，因為九十歲左右自殺的人數和六十歲左右自殺的人數一樣多，或者更多，尤其比正當壯年自殺的人數多。難道從這種跡象上看不出使自殺人數發生變化的原因不可能是某種先天性的、不變的衝動，而是社會生活的逐步影響嗎？正像自殺發生的遲早取決於人們進入社會的年齡一樣，自殺的人數也隨著人們更完全地投入社會而增加。

於是我們又重新回到前一章的結論。毫無疑問的，自殺只有在個人的體質不加拒絕時才可能發生。但是，最有利於自殺的個人身體狀況不是某種明確的和無意識的傾向（精神錯亂者的情況除外），而是某種一般的和不明確的天賦，很容易根據不同的環境採取不同的形式，可以是自殺，但不一定是自殺，因此不能說明自殺的原因。

◆註釋◆

【1】特別是華格納的《人類表面上的隨意行為的規律性》，第一六五頁及以後幾頁；莫塞利的著作，第一五八頁；厄廷根的《道德統計學》，第七六〇頁。

【2】《人類》，第二八頁。巴黎，菲力克斯．阿爾康書店。

【3】德尚布林的《詞典》第五卷中的「人類學」條。

【4】我們不談華格納和厄廷根提出的排列順序；莫塞利本人曾經斷然地批評過這種排列順序（第一六〇頁）。

【5】為了解釋這些事實，莫塞利假定（但沒有提出證據）在英國有許多克爾特人，至於法蘭德斯人，他以氣候的影響為理由。

【6】莫塞利的著作，第一八九頁。

【7】《人類學論文集》，第一卷，第三二〇頁。

【8】存在著兩個大的地區：一個地區包括十五個北方省，身材高大的人佔優勢（每一千名應徵者中只有三十九名免除兵役），另一個地區包括中部和西部的二十四個省，那裡的人身材普遍矮小（每一千名應徵者中免除兵役的有九十八至一百三十名）。這種區別是不是種族造成的呢？這是一個很難解答的問題。如果考慮到，在三十年裡，法國人的平均身高有了很大的變化，因為身高不夠標準而免役的人數從每一千名應徵者中九十二點八名減少到一八六〇年的五十九點四名，那就有理由懷疑，如此變化不定的特點是不是確實存在著這些相對穩定、人們稱之為種族的人種的可靠標準。但是，不管怎樣，這些中間群體（白樂嘉把他們放在兩個截然不同的人種之間）的構成、命名以及或者和基姆利人、或者和其他人種關聯在一起的方式就使我們更加懷疑了。在這裡，不可能是形態學方面的原因。人類學完全可以確定某一特定地區的平均身高是多少，而不必確定這種平均身高是哪些種族通婚的結果。不過，中等身材既

可以是克爾特人和其他身材較高的種族通婚的結果，也可以是基姆利人和其他身材較矮的種族通婚的結果。地理分佈更不能成為理由，因為在西北部（諾曼第和盧瓦爾河下游）、西南部（阿基坦盆地）、南部（羅馬省）和東部（洛林）等地，到處都有這些異族通婚的群體。因此，這些歷史論據仍然只能是猜測。歷史並不清楚民族的各次入侵和滲透是如何、何時、在什麼條件下和以什麼規模進行的。更何況歷史並不能幫助我們確定入侵和滲透對這些民族的個體構成所產生過的影響。

【9】尤其是不把塞納省算在內。塞納省由於所處環境特殊，不能嚴格地和其他省相比。

【10】見本書第二編，第四章，第二六六、二七〇頁。

【11】白樂嘉的著作第一卷，第三九四頁。

【12】見托皮納的《人類學》，第四六四頁。

【13】這種看法也適用於義大利。在義大利，自殺的人數也是北方多於南方，另一方面，北方人的平均身高略超過南方人。但這是因為今天義大利的文明起源於皮埃蒙特，另一方面是因為皮埃蒙特人的身材略高於南方人。儘管如此，差別還是很小的。在托斯卡納和威尼托看到的最高身材是一點六五米，在卡拉布里亞看到的最低身材是一點六米，至少在義大利本土是這樣。在薩丁島，身高降到一點五八米。

【14】《論腦的功能》，巴黎，一八二五年。

【15】《精神病》，第一卷，第五八二頁。

【16】《自殺》，第一九七頁。

【17】轉引自勒古瓦特的著作，第二四二頁。

【18】《自殺》，第十七—十九頁。

【19】根據莫塞利的著作，第四一〇頁。

【20】布里埃爾．德布瓦蒙的著作，第五九頁；卡佐維埃伊的著作，第十九頁。

【21】里博：《遺傳性》，第一四五頁。巴黎，菲力克斯．阿爾康書店。

【22】利爾的著作，第一九五頁。

【23】布里埃爾的著作，第五七頁。

【24】呂伊斯的著作，第二〇一頁。

【25】《醫學百科辭典》，第七六卷，第五四二頁，「肺癆」條。

【26】科克的著作，第一七〇—一七二頁。

【27】見莫塞利的著作，第三二九頁及以下幾頁。

【28】見勒古瓦特的著作，第一五八頁及以下幾頁。巴黎，菲力克斯·阿爾康書店。

【29】本表數字引自莫塞利的著作。

【30】就男人來說，我們只知道一種例外，就是義大利的情況。在義大利，自殺率在三十到四十歲出現了停止增加的情況。就女人來說，自殺率在同樣的年齡出現了停止增加的情況，但這種情況是普遍的，因此必定是真實的。這個年齡標示著女性生活中的一個階段。因為這個年齡對於獨身的女人來說具有特殊意義，並且毫無疑問的符合於這種中間時期，在這個時期裡，獨身所引起的失望和挫傷開始不那麼明顯了，而那種在年齡較大時所產生的精神孤獨還沒有發揮其全部影響。

第三章　自殺與自然因素[1]

個人素質儘管不是決定自殺的唯一原因，但如果和某些自然因素結合在一起，卻可以起更大的作用。正如物質環境有時會使某些疾病暴發一樣，要是沒有這種環境，這些疾病可能仍然處於萌芽狀態。物質環境也能夠使某些個人天生具有的一般的和完全潛在的自殺傾向變為行動。在這種情況下，沒有必要把自殺率看成是一種社會現象；由於某些物質原因和某種生理——心理狀態的巧合，自殺完全或主要屬於不健康的心理狀態。或許我們很難解釋，為什麼在這些條件下每個社會群體中的自殺是如此緊密地涉及個人的，因為各國的自然環境並沒有很大的差別。然而，一個重要的事實不能不承認，這就是，我們至少可以說明這種現象所表現出來的某些變化並不涉及社會原因。

在這類因素中，人們只把自殺基因的影響歸因於其中的兩個因素，即氣候和季節性氣溫。

一

下面是自殺按不同緯度在歐洲地圖上的分佈：

北緯36°—43°	每百萬居民中的自殺者二一・一人
北緯43°—50°	每百萬居民中的自殺者九三・三人
北緯50°—55°	每百萬居民中的自殺者一七二・五人
北緯55°以上	每百萬居民中的自殺者八八・一人

由此可見，自殺人數**最少**的是歐洲的南部和北部；自殺人數最多的是中部。莫塞利更確切地說，北緯四十七度——五十七度和東經二十度——四十度之間是自殺的高發地區，這個地區正好是歐洲氣候最溫和的地區。是不是應該把這種巧合看成是氣候影響的一種結果？

這是莫塞利所支持的一種論點——儘管多少有點猶豫。事實上，人們看不出溫和的氣候和自殺的傾向之間可能有什麼關係。因此，要讓人承認這種假設，各種事實必須非常一致。然而，自殺和某種氣候非但沒有任何關係，而且在任何氣候下都時有發生。今天，義大利自殺的人數相對來說比較少，但在帝國時代卻是很多的，當時羅馬是文明歐洲的首都。同樣的，在印度灼熱的天空下，某些時代自殺的人也很多。[2]

這個地帶的相對位置本身清楚地顯示，氣候並不是這個地帶所發生的自殺的原因。從地圖上看，這個地帶不是由單一的、幾乎同等和同質的長條構成（它包括所有氣候相同的國家），而是由兩個截然不同的地區構成的：一個地區以法蘭西島及其周圍幾個省為中心，另一個是薩克森和普魯士。因此，這兩個地區不是和某一個明確的氣候帶吻合，而是和歐洲文明的兩個主要中心相吻合。因此，應該從這種文明的性質，從這種文明在不同國家之間的分佈狀況，而不是從氣候的神祕力量中，去尋找各國人民具有不同自殺傾向的原因。

同樣可以解釋蓋里曾經指出，由莫塞利用新的觀察證實過的另一個事實，這個事實儘管不是沒有例外，但卻相當普遍。在那些不屬於中心地帶的國家裡，最接近中心地帶的地區（也許是北方，也許是南方）也是自殺最多的地區。因此，義大利自殺人數最多的是北方，而英國和比利時自殺人數最多

表十　自殺在義大利的地區分佈

	每百萬居民中的自殺人數			每個地區的比例（以北方地區為100）		
	1866-1867	1864-1876	1881-1886	1866-1867	1864-1876	1884-1886
北方	33.8	43.6	63	100	100	100
中部	25.6	40.8	88	75	93	130
南方	8.3	16.5	21	21	37	33

的是南方。但是沒有任何理由把這些事實歸因於接近溫和的氣候。承認如此強烈地促使法國北方和德國北方的居民去自殺的那些思想和感情，簡言之，就是承認那些社會潮流，而這些潮流在過著差不多同樣生活的鄰國也存在，但不是那麼強烈，這豈不是更加合乎情理嗎？此外，下面的事實表明社會原因對自殺的這種分佈有多大影響。在義大利，到一八七〇年為止，自殺人數最多的是北方諸省，其次是中部諸省，第三是南方諸省。但是，北方和中部的距離逐漸縮小了，後來次序甚至顛倒過來（見表十）。然而不同地區的氣候並沒有變化，發生了變化的是隨著一八七〇年對羅馬的征服，義大利的首都遷到了中部，科學、藝術和經濟活動的中心也遷到了中部。自殺也是如此。

因此，我們沒有理由再堅持一種得不到任何證明而許多事實又加以否定的假設。

二

季節性氣溫的影響似乎比較肯定。對各種事實可以作出不同的解釋，但這些事實是始終存在的。

如果不是去觀察那些事實，而是試圖透過推理來預測哪一個季節最有利於自殺，那麼人們一定會認為，最有利於自殺的季節是天空最陰暗、氣溫最低或最潮濕的季節。那時，大自然所顯示出來的荒涼面貌難道不是起到了引起幻想和傷感的作用嗎？此外，這個季節的生活也最艱難，因為我們必須有更豐富的食物，以便補充大自然熱量的不足，而且因為食物更難取得。正因為如此，孟德斯鳩認為有霧和寒冷的國家特別有利於自殺的發展，而且這種看法長期來一直被當作規律。把這條規律運用到季節上，人們就會認為，自殺的高峰應該在秋季。儘管埃斯基羅爾已經對這種理論的真實性提出了種種疑問，但是法爾雷卻接受了這種理論的原則。[3]今天，統計資料明確地否定了這種理論。自殺率達到**最高峰**不是在冬季，也不是在秋季，而是在那個美好的季節，在那個季節裡，大自然最明媚，氣候最溫和。人們寧願在生活最安逸的時候棄世而去。事實上，如果把一年分為兩個半年，一半包括最熱的六個月（從三月到八月，包括三月和八月在內），另一半包括最冷的六個月，那麼自殺人數最多的總是前一半。**沒有哪一個國家是這條規律的例外**。兩者的比例幾乎到處都一樣。在每年的自殺者中，一千人裡有五百九十——六百名死在美好的季節，只有四百人死在一年的其他季節裡。

自殺和氣溫變化的關係甚至可以更精確地確定。

如果可以把從十二月到二月稱作冬季，從三月到五月稱作春季，從六月開始到八月結束稱作夏季，後面的三個月稱作秋季，如果把這四個季節按自殺人數的多少排列，人們會發現，占首位的幾乎都是夏季。莫塞利根據這個觀點比較了十八個歐洲國家的三十四個不同時期的情況，並且看到，在三十個時期裡，即百分之八十八的時期裡，自殺人數最多的是夏季，只有三個時期是春季，一個時期是秋季。這最後一個不規則的情況是在巴登大公國觀察到的，而且只是它的歷史上的一個時期，所以沒有什麼價值，因為這種不規則情況是根據一個很短的時期計算的結果；此外，這種不規則的情況在後來的時期裡沒有再次發生。另外三個例外並沒有更大的意義。這些例外與荷蘭、愛爾蘭、瑞典有關。就前兩個國家來說，作為確定季節平均數的實際數字太小，以致於根本不能由此做出肯定的結論；荷蘭只有三百八十七例，愛爾蘭只有七百五十五例。再者，這兩個國家的統計根本沒有合乎要求的權威性。最後，就瑞典來說，人們只看到一八三五—一八五一年這個時期的情況。因此，如果僅限於我們真正瞭解情況的這幾個國家，那就可以說，這條規律是絕對的和普遍的。

自殺最少的時期同樣是有規律的：在三十四次中有三十次，即百分之八十八是在冬季；另外四次是在秋季。不符合規律的四個國家和地區是愛爾蘭和荷蘭（和自殺最多的情況相同）、伯恩省和挪威。我們知道前兩個不規則的程度如何，對第三個還不太清楚，因為我們總共只觀察到九十一例自殺。總之，在三十四次中有二十六次，即百分之七十六，按自殺人數多少順序排列的季節是：夏季、春季、秋季和冬季。丹麥、比利時、法國、普魯士、薩克森、巴伐利亞、符騰堡、奧地利、瑞士、義大利和西班牙都是這種順序，毫無例外。

不僅季節的順序相同，而且各國每個季節自殺人數所占的比例也相同。為了使這種不變性更加顯而易見，我們在表十一中按每年自殺總數算作一千來列出歐洲主要國家每個季節的自殺人數。可以看到，每一行的數位幾乎是相同的。

根據這些無可爭辯的事實，費里和莫塞利得出結論說，氣溫對自殺的傾向有著直接的影響；熱量透

表十一　每個國家每個季節自殺人數在全年自殺總人數中所占的比例

	丹麥 (1858-1865)	比利時 (1841-1843)	法國 (1835-1843)	薩克森 (1847-1858)	巴伐利亞 (1858-1865)	奧地利 (1858-1859)	普魯士 (1869-1872)
夏季	312	301	306	307	308	315	290
春季	281	275	283	281	282	281	284
秋季	237	229	210	217	218	219	227
冬季	177	195	201	195	192	185	199
	1000	1000	1000	1000	1000	1000	1000

過對腦功能的機械作用導致人去自殺。費里甚至曾試圖解釋熱量是如何產生這種作用的。他說，一方面，熱量增加神經系統的興奮性，另一方面，由於個體在溫暖的季節裡不需要許多物質來保持身體所需的體溫，因此積累起來的閒置力量必然要尋找出路。由於這兩方面的原因，所以夏季有過剩的活動力和生命力需要消耗，而且幾乎只能以暴力行為的形式來消耗。自殺就是這些形式之一，殺人是另一種形式，因此自殺和殺人罪在這個季節裡就多起來。此外，各種形式的精神錯亂在這個季節裡也有所發展，因此，有人曾經說過，由於自殺和精神錯亂有關，所以自殺自然也同樣有所發展。

這種以簡單明瞭吸引人的理論乍看起來似乎和事實是一致的。這種理論似乎只是直截了當地說明事實，實際上卻一點也沒有解釋什麼。

三

首先，這種理論導致一種十分有爭議的自殺概念。這種理論實際上是說，自殺總是有一種過度興奮狀態的心理既往史，自殺是一種暴力行為，只有使出極大的力量才能做到。然而，相反的，自殺往往是極端抑鬱的結果。儘管興奮型或激動型的自殺是有的，但憂鬱型自殺同樣常見，我們在下面還有機會證明這一點。但是，熱量對兩者同樣起作用是不可能的，如果熱量引起前一種類型的自殺，那就較少引起後一種類型的自殺。熱量可能對某些人產生嚴重影響，但這種影響會被熱量對另一些人起的緩和作用所抵銷。因此，熱量的影響不可能透過統計數字以一種特別明顯的方式表現出來。所以統計數字因季節不同而變化必定另有原因。至於把這種變化看成是精神錯亂在各個季節的類似變化的簡單反應，要能接受這種解釋，那就必須承認自殺和精神錯亂之間有一種比實際存在的關係更直接更緊密的關係。況且，季節以同樣的方式影響這兩種現象並沒有得到證實，[4]而且，即使這種類似是無可爭辯的，也還是需要知道，讓精神錯亂的曲線上升和下降是否就是季節氣溫的變化。我們不能肯定的是，某些性質完全不同的原因就不能引起或有助於引起這種結果。

但是，不管怎樣解釋這種歸因於熱量的影響，我們都要看這種影響是否真實。

從某些觀察得出的結果似乎是，過分的熱度促使人去自殺。在遠征埃及時，法國軍隊中自殺的人數好像有所增加，有人把這種增加歸咎於氣溫因素。在熱帶地區，當太陽光直射下來的時候，有人突然跳進海裡的事並不少見。迪特里希醫師說過這樣一件事：在夏爾·德·戈爾茲伯從一八四四年到一八四七年之間完成的一次環球旅行中，他注意到水手中有一種他稱之為**譫妄**的不可抗拒的衝動。他這樣寫道：「這種病通常在冬季發作。在這個季節裡，水手們在遠涉重洋之後踏上了陸地，他們毫無牽掛地坐在灼熱的火爐旁，按照慣例開懷暢飲。可怕的**譫妄**症狀在回到船上的時候發生。得了這種病的人被一種不可

	法國		義大利	
	每個季節的自殺人數（以每年 1000 名計算）	季節平均氣溫	每個季節的自殺人數（以每年 1000 名計算）	季節平均氣溫
春季	284	10.2°	297	12.9°
秋季	227	11.1°	196	13.1°

抗拒的力量所推動而跳進海裡，也許是在桅杆頂上操作時感到暈眩，也許是在睡夢中突然發作，病人猛然驚醒，發出可怕的喊聲。」人們還觀察到，颳來令人窒息的熱量的歐洲南部焚風對自殺有著類似的影響。[5]

但是，這種影響並不是熱量所特有的，嚴寒也同樣起作用。在從莫斯科撤退期間，據說我們的軍隊有許多人自殺。因此，人們不會用這些事實來解釋為什麼自殺的人數總是夏季多於秋季，而秋季又多於冬季，因為由這些事實所能得出的全部結論是，極端的氣溫，無論是熱還是冷，都有利於自殺的發生。再者，大家都懂得，任何類型的過分行為和自然環境的劇烈變化都會使個體紊亂，使機能的正常作用失調，從而引起某些類型的譫妄，在譫妄中可能冒出自殺的念頭並加以實施——儘管原來根本沒有這種念頭。但是，這些特殊的和無規律的紊亂與每年氣溫的逐漸變化之間沒有任何類比的關係。因此我們的問題還是沒有完全得到解決，應該從分析統計資料中去尋求解答。

如果氣溫是我們觀察到的波動的根本原因，那麼自殺的人數就應該像氣溫那樣有規律的變化。然而事實並非如此。春季自殺的人數比秋季多得多，儘管春季比秋季冷一點：（見上表）

由此可見，法國的氣溫上升零點九度時，自殺人數減少百分之二十一；義大利的氣溫上升零點二度時，自殺人數減少百分之三十五。同樣的，義大利冬季的氣溫比秋季低得多（前者為二點三度，後者為十三點一度），然而這兩個季節的自殺死亡率卻差不多（分別為一九六和一九四）。春秋季夏季的自殺率各地的差別很小，而氣溫的差別卻很大。在法國，後者的差別為百分之七十八，而前者的差別只有百分之四；在普魯士，這種差別分別為百分之一百二十一和百分之四。

如果不是按季節而是按月份觀察自殺的變化，這種與氣溫無關的情況就更加明顯。事實上，這種逐月的變化是服從下述適用於歐洲所有國家的規律的：**從一月起，包括一月在內，自殺的人數逐月增加，直至六月，然後從這時起逐月減少，直至年底**。最常見的情況是，自殺人數最多的月份，百分之六十五是六月，百分之二十五是五月，百分之十二是七月；自殺人數最少的月份，百分之六十是十二月，百分之二十二是一月，百分之十五是十一月，百分之三是十月。此外，最明顯的無規律性多半表現為級差太小而無重大意義。在可以長時間觀察自殺發展情況的地方，例如在法國，我們可以看到，自殺人數逐漸增加，一直到六月，然後逐漸減少直到一月；自殺人數最多和最少這兩個極端之間的差距平均不小於百分之九十或百分之一百。因此，自殺人數最多的月份不是最熱的八月或七月；相反的，從八月起，自殺人數開始十分明顯的逐漸減少。同樣的，在大多數情況下，自殺人數減少到最低點不是在最冷的一月，而是在十二月。表十二顯示，在氣溫的變化和自殺人數的變化之間，並沒有固定不變的對應關係。

在同一個國家裡，在氣溫差不多相同的月份裡，自殺的人數卻相差很大（例如在法國的五月和九月、四月和十月，義大利的六月和九月等等）。相反的情況同樣是常見的：在法國的一月和十月、二月和八月，儘管氣溫相差很大，但自殺的人數卻差不多；在義大利和普魯士的四月和七月，情況也是如此。此外，在這些不同的國家裡，每月自殺的人數幾乎完全相同，儘管各國的月平均氣溫相差很大。以五月為例，普魯士的平均氣溫為十點四七度，法國為十四點二度，義大利為十八度，而普魯士這個月的自殺人數為千分之一百零四，法國為千分之一百零五，義大利為千分之一百零三。[6]我們可以說，幾乎所有其他月份都是如此。十二月份的情況特別說明問題。這三個國家十二月份自殺人數占全年自殺人數的比例完全相同（千分之六十一）；然而這個月的平均氣溫在羅馬為七點九度，在那不勒斯為九點五度，而在普魯士則不超過零點六七度。月平均氣溫不僅不相同，而且在不同的地區按照不同的規律變化；例如，在法國，從一月到四月，氣溫上升比從四月到六月快，而在義大利則相反。因此，氣溫的變化和自殺人數的變化沒有任何關係。

此外，如果氣溫有人們所想像的影響，那麼對自殺人數的地理分佈也應該有影響。最熱的國家應該最受影響。這種推斷如此顯而易見，以致於義大利學派試圖證明殺人的傾向也隨著氣溫的升高而增加。隆布羅索和費里力求證明，因為兇殺案夏天比冬天多，所以南方的兇殺案比北方多。可惜，在涉及自殺時，事實卻駁斥了這些義大利犯罪學家的看法，因為在歐洲南部的國家裡，自殺的人數卻最少。義大利的自殺人數比法國少四倍；西班牙和葡萄牙幾乎沒有人自殺。在法國的自殺人數分佈圖上，只有位於盧瓦爾河以南的幾個省形成一片相當大的空白。當然，我們並不是說，這種情況果真是氣溫引起的結果；但是，不管是什麼原因，這種情況是一個與把高溫說成是引起自殺的因素的理論不一致的事實。[7]

意識到這些難點和矛盾促使隆布羅索和費里稍微修改了一下義大利學派的學說，但沒有放棄其原則。按照莫塞利轉述的隆布羅索的意見，引起自殺的不是炎熱的程度，而是第一陣熱浪的襲擊，即寒

表十二【8】

	法國（1866-1870）		**義大利**（1883-1888）			**普魯士**（1876-1878, 1880-1882,1885-1889）	
	平均氣溫	每月自殺人數（按每年1千人計算）	平均氣溫		每月自殺人數（按每年1千人計算）	平均氣溫（1848-1877）	每月自殺人數（按每年1千人計算）
			羅馬	那不勒斯			
一　月	2.4°	68	6.8°	8.4°	69	0.28°	61
二　月	4°	80	8.2°	9.3°	80	0.73°	67
三　月	6.4°	86	10.4°	10.7°	81	2.74°	78
四　月	10.1°	102	12.5°	14°	98	6.79°	99
五　月	14.2°	105	18°	17.9°	103	10.47°	104
六　月	17.2°	107	21.9°	21.5°	105	14.05°	105
七　月	18.9°	100	21.9°	24.3°	102	15.22°	99
八　月	18.5°	82	24.3°	24.2°	98	14.60°	90
九　月	15.7°	74	21.2°	21.5°	73	11.60°	83
十　月	11.3°	70	16.3°	17.1°	65	7.79°	73
十一月	6.5°	66	10.9°	12.2°	63	2.93°	70
十二月	3.7°	61	7.9°	9.5°	61	0.60°	61

冷消失和炎熱季節開始之間的對比。炎熱的季節突然襲擊人的身體，這時人的身體還不適應這種新的氣溫。但是，只要看一下表十二就可以證實，這種解釋是沒有任何根據的。如果這種解釋是正確的，那麼我們就應該看到，表示每月自殺人數變化的曲線在秋季和冬季始終呈水平狀，然後在第一陣熱浪——一切壞事的根源——襲來時突然上升，而在人的身體逐漸適應後同樣突然地下降。然而，事實恰好相反，曲線的變化是非常有規則的：只要上升，就幾乎同樣地逐月上升。從十二月到一月、一月到二月、二月到三月，即在第一陣熱浪遠未來到的這幾個月裡，曲線逐漸上升；從九月到十二月，曲線逐漸下降，而這時炎熱的季節早已結束，所以不能把這種

下降歸因於炎熱的消失。此外，炎熱從什麼時候開始呢？人們通常認為是從四月份開始。實際上，從三月到四月，平均氣溫從六點四度上升到十點一度，上升百分之五十七，而從四月到五月只上升百分之四十，五月到六月上升百分之二十一。因此，我們應該看到，四月份自殺的人格外多。其實，四月份增加的自殺人數並沒有超過從一月到二月增加的自殺人數（百分之十八）。說到底，因為這種增加雖然比較緩慢。但不僅保持這種勢頭而且一直繼續到六月甚至七月，所以看來很難把這種增加歸因於春季的影響，除非把這個季節延長到夏末，只有八月份除外。

此外，如果第一陣熱浪如此有害，那麼第一陣寒流應該具有同樣的影響。第一陣寒流也突然襲擊人的身體，並且打亂各種生命機能，直至人的身體重新適應。然而，在秋季，自殺的人數遠不像在春季那樣增加。因此，我們不明白，莫塞利既然承認，按照他的理論，從炎熱到寒冷的過渡和相反的過渡具有同樣的影響，為什麼還能說：「根據我們的統計表，或者根據我們的全部曲線，在秋季，即十月和十一月的第二次上升，就可以證明第一陣寒流的這種影響，這就是說，人的身體、尤其是神經系統最強烈地感受到從炎熱季節到寒冷季節的過渡。」[9]只要參考一下表十二就可以看到，這種說法與事實絕然相反。即使根據莫塞利提供的數字，所得出的結果也是，從十月到十一月幾乎沒有一個國家的自殺人數是增加的，倒是反而減少了。只有丹麥和愛爾蘭以及奧地利的一個時期（一八五一—一八五四年）是例外，而且這三個國家自殺人數的增加也是微乎其微的。[10]在丹麥，自殺人數從千分之六十八增加到千分之七十一，愛爾蘭從千分之六十二增加到千分之六十六，奧地利從千分之六十五增加到千分之六十八。同樣的，在三十一份觀察報告中，只有八份，即挪威、瑞典、薩克森、巴伐利亞、奧地利和巴登公國各一份，符騰堡二份，顯示出自殺人數在十月份有所增加。其餘的報告都顯示出自殺人數減少或沒有變化。總之，在三十一份報告中有二十一份，即百分之六十七顯示出自殺人數從九月到十一月在逐步減少。

因此，無論是向上還是向下，曲線的完整連續性都證明，每月自殺人數的變化不可能是人的身體在一年中有一次或兩次突然或一時失衡而產生的暫時性驟變所引起的。自殺人數的變化只能取決於各種原因，這些原因的變化也有同樣的連續性。

四

現在我們可以來看一下這些原因的性質。

如果我們比較一下每月的自殺人數在一年的自殺人數中所占的比例和每月的平均晝長，我們所取得的兩組數字正好以同樣的方式變化（見表十三）。

兩組數字的變化十分相似，彼此都在同一個時候達到最高值和最低值；在此期間，這兩種現象**以同樣的比例**變化。白晝的時間延長得快，自殺的人數就增加得多（一月到四月），白晝時間的增加放慢，自殺人數的增加也放慢（四月到六月）。在減少的時候也有同樣對應的情況。甚至在那些晝長幾乎相同的不同月份裡，自殺的人數也幾乎相同（七月和五月，八月和四月）。

如此有規律的和精確的對應不可能是偶然的。因此，晝長的變化和自殺人數的變化之間必定有某

表十三　法國每月自殺人數的變化與平均晝長的比較

	晝長[11]	增加和減少	自殺人數算（按每年 1000 人計）	增加和減少
		增加		增加
一　月	9 小時 19 分	從 1 月到 4 月增加 55%	68	從 1 月到 4 月增加 50%
二　月	10 小時 56 分		80	
三　月	12 小時 47 分		86	
四　月	14 小時 29 分		102	
五　月	15 小時 48 分	從 4 月到 6 月增加 10%	105	從 4 月到 6 月增加 5%
六　月	16 小時 03 分		107	
		減少		減少
七　月	15 小時 04 分	從 6 月到 8 月減少 17%	100	從 6 月到 8 月減少 24%
八　月	13 小時 25 分		82	
九　月	11 小時 39 分	從 8 月到 10 月減少 27%	74	從 8 月到 10 月減少 27%
十　月	9 小時 51 分		70	
十一月	8 小時 31 分	從 10 月到 12 月減少 17%	66	從 10 月到 12 月減少 13%
十二月	8 小時 11 分		61	

種關係。這種假設除了直接產生於表十三之外，還可以說明我們在前面已經指出過的一個事實。我們已經看到，在歐洲的幾個主要國家裡，自殺以同樣的方式發生在一年、一季或一月的不同時間裡。[12]費里和隆布羅索的理論根本不能說明這種奇怪的一致性，因為歐洲不同地區的氣溫大不相同，而且變化也各式各樣。相反的，我們所比較的歐洲各國的晝長卻明顯地差不多。

但是，得以證明這種關係的真實性的是這樣的事實：在任何季節裡，大部分自殺都發生在白天。布里埃爾·德布瓦蒙可能分析了從一八三四年到一八四三年間在巴黎發生的四千五百九十五例自殺的檔案資料。在三千五百一十八例可以確定時間的自殺中，有兩千零九十四例發生在白天，七百六十六例發生在傍晚，六百五十八例發生在夜裡。

因此，白天和傍晚發生的自殺相當於自殺總數的五分之四，而第一種情況這項就已經占了五分之三。

普魯士的統計在這方面收集了更多的資料。這些資料涉及一八六九—一八七二年間所發生的一萬一千八百二十二例自殺，剛好證實了布里埃爾·德布瓦蒙的結論。由於每年的比例明顯的差不多，為了簡明扼要，我們只列舉一八七一年和一八七二年的比例：

表十四

	自殺人數（按每天 1000 人計算）			
	1871		1872	
早晨[13]	35.9		35.9	
上午	158.3		159.7	
中午	73.1	375	71.5	391.9
下午	143.6		160.7	
傍晚	53.5		61	
夜間	212.6		219.3	
時間不明	322		219.9	
	1000		1000	

自殺主要發生在白天是顯而易見的。因此，既然白天自殺的人數多於夜間，那麼自殺的人數隨著白晝時間的延長而增加也是天經地義的了。

但是，白天的這種影響從何而來呢？

當然，為了說明這一點，我們不會提出太陽和氣溫的作用。實際上，在中午，也就是說在一天中最熱的時候，自殺的人數比傍晚*或上午少得多。我們在下面還將看到，中午自殺的人數明顯的減少。排除這種解釋以後，就只剩下了一種可能性，即白天有利於自殺，因為這時候各種事務最繁忙，人際交往錯綜複雜，社會生活最緊張。

巴黎		法國	
	每小時自殺人數		每小時自殺人數
從午夜到6點	55	從午夜到6點	30
從6點到11點	108	從6點到中午	81
從11點到中午	81	從中午到2點	32
從中午到4點	105	從2點到6點	47
從4點到8點	81	從6點到午夜	38
從8點到午夜	61		

我們所掌握的有關自殺人數在一天的不同時間裡，或一周的不同日子裡的分佈方式的某些情況證實了這種解釋。根據布里埃爾．德布瓦蒙對巴黎一千九百九十三例自殺的分析和蓋里對全法國五百四十八例自殺的分析，自殺人數在二十四小時內的主要變化見上表：

我們看到，有兩個時間自殺最多，亦即事務最繁忙的上午和下午。在這兩段時間之間，有一段休息的時間，這時候，一般的活動都暫時停止，自殺也暫時停止。這種暫時的平靜在巴黎是十一點左右，在其他省則是中午前後。這種暫時的平靜在其他省比在首都更明顯、時間更長，因為那是其他省人吃午飯的時候，因此自殺的暫停也更明顯、持續的時間也更長。我們在前面引證過的普魯士的統計資料可以提供類似的看法。[14]

另外，蓋里在確定了六千五百八十七例自殺發生在星期幾之後，得出了我們在表十五所轉引的比例。由此可見，自殺的人數從星期五起的週末開始減少。然而，我們知道，對星期五的偏見有延緩社會生活的作用。這一天，坐火車的人比其他日子少得多。在這個不吉利的日子裡，人們不大願意互動和辦事。星期六從下午起開始放鬆，在某些國家，停工休息的相

*原文如此，但根據表十三的數字應為下午。——譯者註

表十五

	每天自殺人數（以每週 1000 人計算）	男女所占比例	
		男	女
星期一	15.20	69%	31%
星期二	15.71	68%	32%
星期三	14.90	68%	32%
星期四	15.68	67%	33%
星期五	13.74	67%	33%
星期六	11.19	69%	31%
星期日	13.57	64%	36%

當多——想到第二天是星期天也許對頭腦預先起到某種鎮靜的作用。最後，在星期天，經濟活動便完全停止了。如果不是另一類表現形式取代了已經消失的表現形式，如果娛樂場所不是在車間、辦公室和商店裡空蕩蕩的時候擠滿了人，那麼我們可以認為，星期天自殺人數的減少還會更加突出。我們還將注意到，這一天婦女自殺人數所占的比例最高；不過，這一天婦女往往走出她們平時隱居的家，並且在某種程度上參與社會生活。[15]

因此，一切都有助於證明，白天之所以是一天中最有利於自殺的時候，因為那是社會生活最沸騰的時候。既然如此，我們便有理由說明為什麼自殺的人數隨著太陽停留在地平線以上的時間延長而增加。可以說，因為白晝的延長給集體生活打開了更廣闊的天地。對集體生活來說，休息的時間開始得更晚而結束得更早。集體生活有更多的空間展開。因此，集體生活所導致的種種後果必然在這時顯示出來，而且既然自殺是這些後果之一，所以自殺的人數就增加了。

但是這第一個理由並非唯一的理由。如果說，社會活動在夏季比在春季頻繁，而在春季又比在秋季和冬季頻繁，這不僅僅是因為社會活動在其中展開的外部範疇隨著時間的推移而擴大，而是因為社會生活受到其他原因的刺激。

對農村來說，冬季是休息的季節，這種休息甚至到了靜止不動的地步。一切生活似乎都停止了，人際互動很少，因為氣候條件和農業活動的減少使得人際互動失去了存在的理由。居民們進入了名副其實的睡鄉。但是到了春季，一切都開始復甦：各種農業活動重新開始，各種關係重新建立起來，各種交易逐漸增加，名副其實的全民運動開始滿足農業勞動的種種需要。農村生活的這些特殊條件不可能不對每月自殺的人數產生巨大的影響，因為一半以上的自殺發生在農村。在法國，從一八七三年到一八七八年共有三萬六千三百六十五人自殺，其中農村就有一萬八千四百七十人。因此，自殺的人數隨著氣候惡劣的季節過去而增加是很自然的。在六月或七月，即在農村最繁忙的季節，自殺的人數**最多**。在八月，一切都開始平靜下來，自殺的人數也開始減少。自殺人數的減少只是從十月、尤其是從十一月開始加快，這也許是因為許多收穫只在秋季進行。

此外，同樣的原因也作用於全國——儘管在較小的程度上。城市生活在氣候宜人的季節裡也更加活躍，因為這時交通比較便利，人們更願意出門，社會互動也變得更加頻繁。下面是我們的鐵路幹線一八八七年各季的收入（只計算快車）：[16]

冬季……七一九〇萬法郎	春季……八六七〇萬法郎
夏季……一〇五一〇萬法郎	秋季……九八一〇萬法郎

表十六　若干大城市和全國每季自殺人數變化的比較

各季的自殺人數（按平均每年 1000 人計算）									
	巴黎（1888-1892）	柏林（1882-1885, 1887-1889-1890）	漢堡（1871-1891）	維也納（1871-1872	法蘭克福（1867-1875）	日內瓦（1838-1847, 1852-1854）	法國（1835-1843）	普魯士（1869-1872）	奧地利（1858-1859）
冬季	218	231	239	234	239	232	201	199	185
春季	262	287	280	302	245	288	283	284	281
夏季	277	248	232	211	278	253	306	290	315
秋季	241	232	258	253	238	287	210	227	219
各季的比例（以冬季為 100）									
	巴黎	柏林	漢堡	維也納	法蘭克福	日內瓦	法國	普魯士	奧地利
冬季	100	100	100	100	100	100	100	100	100
春季	120	124	120	129	102	124	140	112	151
夏季	127	107	107	90	112	100	152	145	168
秋季	100	100.3	103	108	99	97	104	114	118

每個城市內部的來往也經歷同樣的幾個階段。在一八八七年，從巴黎某處坐車到另一處的旅客從一月（六十五萬五千七百九十一人）增加到六月（八十四萬八千八百三十一人），從七月起連續減少到十二月（六十五萬九千九百六十人）。[17]

最後一個經驗將證實對事實的這種解釋。儘管城市生活在夏季和春季必然比在其他季節繁忙，然而，不同季節之間的差距不像在農村那樣明顯。因為，工商業的業務、文藝和科學活動以及社交在冬季暫時中斷的程度不及農業勞動。城市居民的各種活動幾乎全年都可以同樣繼續進行。白晝的長短在大城市裡尤其不可能有很大影響，因為人工照明使大城市昏暗的時間比其他地方短。因此，如果說每個月或每個季節自殺人數的變化取決於集體生活的不同繁忙程度，那麼這種變化在大城市裡必然不像全國那樣明顯。事實完全和我們的推斷一致。表十六表明，如果說在法國、普魯士、奧地利和丹麥，自殺人數最多時比最少時分別增加百分之五十二、百分之四十五、甚至是百分之六十八，那麼在巴黎、柏林和漢堡，這種差距平均只有百分之二十到百分之二十五，甚至只有百分之十二（法蘭克福）。

我們還可以看到，和全國其他地方相反，在大城市裡，自殺人數最多的往往是春季。即使夏季的自殺人數超過春季（巴黎和法蘭克福），超過也不多。這是因為在大城市裡，公共生活的主要公務人員的真正外出總是在氣候宜人的季節裡，因而公共生活便表現出稍微放慢速度的傾向。[18]

總之，我們首先證實了自然因素的直接作用不能解釋每月或每個季節自殺人數的變化。現在我們懂得了自殺的真正原因是什麼性質，應該朝什麼方向去找出這些原因，而這個積極的成果肯定了我們的批判性考察的結論。如果說自殺的人數從一月到七月變得越來越多，這不是因為炎熱擾亂了人的身體，而是因為社會生活越來越繁忙。毫無疑問，社會生活之所以繁忙，是因為太陽在黃道上的位置和氣候狀況等等使社會生活比在冬季更容易展開。但是，直接刺激社會生活的不是物理環境，影響自殺人數多寡的尤其不是物理環境。自殺人數的多少取決於社會條件。

雖然，我們還不知道集體生活為什麼能起這種作用，但是我們從現在起明白：如果說集體生活包含使自殺率發生變化的原因，那麼自殺率必然根據集體生活是否活躍而上升或下降。至於要如何比較確切地確定這些原因，這將是下文的目標。

◆註釋◆

【1】參考書目

隆布羅索：《思想與大氣現象》。——費里：《溫度計的變化與犯罪行為》，載於《犯罪人體測量檔案》，一八八七年。——科爾：《布列斯特地方的不法行為和自殺》，載於《犯罪人體測量檔案》，一八九〇年，第一〇九頁及以後幾頁，第二五九頁及以後幾頁。——科爾：《犯罪與自殺》，第六〇五—六五九頁。——莫塞利的著作，第一〇三—一五七頁。

【2】見本書第二編，第四章，第二六六，二六七，二七二頁。

【3】《論神經衰弱》，第二八頁。

【4】我們只能根據精神病院接受住院的人數來判斷精神錯亂在各個季節的發病數。然而，這個標準是很不夠的，因為家庭並不正好在病人發病的時候把他送進醫院，而是在發病以後。此外，就拿我們所掌握的資料來說，這些資料遠遠不能證明精神錯亂的季節變化和自殺的季節變化完全一致。根據卡佐維埃伊的統計，在夏朗東，每年接受的一千名精神錯亂病人中，各個季節收治的人數是：冬季二百二十二名；春季二百八十三名；夏季二百六十一名；秋季二百三十一名。以同樣的方法計算塞納省各精神病院接受住院的病人人數所得出的結果相似：冬季二百三十四名；春季二百六十六名；夏季二百四十九名；秋季二百四十八名。由此可見：1.病人最多的時候是在春季，而不是在夏季；我們還應該考慮到這樣的事實：由於先前已經說明的種種理由，病人真正最多的時候應該在冬季。2.不同季節之間的差別是很小的。至於自殺，這種差別是比較明顯的。

【5】我們引證的這些事實根據布里埃爾．德布瓦蒙的著作第六〇—六二頁。

【6】我們不能過分強調這些比例數的恆定性。關於這種恆定性的意義，我們將在下文（本書第三編第一章）討論。

【7】按照這些作者的看法，自殺確實只是殺人行為中的一種，因此，在南方國家中沒有自殺只是一種表面現象，因為大量的殺人行為抵銷了自殺。我們將在下文看到應該如何看待這種認同。但是從現在起為什麼不認為這種論據是不利於這些作者的呢？如果說在炎熱的國家裡看到殺人的超過部分抵銷了自殺的空白，那為什麼在炎熱的季節裡沒有出現這種抵銷呢？自殺和殺人同時都很多，這種抵銷又從哪裡來的呢？

【8】本表所有月份都按三十天計算。有關氣溫的數字，法國的引自《天文學研究所年鑑》，義大利的引自《中央氣象局年鑑》。

【9】莫塞利的著作，第一四八頁。

【10】我們把瑞士的數字放在一邊，因為這些數字只是一年的（一八七六年），因此不能由此得出結論。而且，從十月到十一月，自殺的人數增加得很少，從千分之八十三增加到千分之九十。

【11】每月最後一天的晝長。

【12】這種一致性使我們不必把表十三弄得複雜化。既然彼此都明顯地差不多，就沒有必要比較法國以外的其他國家每月晝長的變化和自殺人數的變化，只要不比較緯度相差太大的國家就行了。

【13】指太陽升起後的一段時間。

【14】每小時發生意外事故的次數有變化，也證明了社會生活在一天裡有平靜和活躍的變化。根據普魯士統計局的資料，意外事故發生次數的分佈如下：

從六點到中午平均每小時發生一〇一一次。

從中午到二點平均每小時發生六八六次。

從二點到六點平均每小時發生一一九一次。

從六點到七點平均每小時發生九七九次。

【15】值得注意的是，在一個月裡也可以看到這種上半個星期和下半個星期之間的對比。因為，根據布里埃

爾．德布瓦蒙的著作第四二四頁，巴黎四千五百九十五例自殺在一個月中的分佈如下：

上旬　一七二一人

中旬　一四八八人

下旬　一三八〇人

下旬的自殺人數可能比這個數字還要小，因為這個月有三十一天，所以下旬是十一天而不是十天。我們可以說，社會生活的節奏反映了日曆的劃分；每當人們進入一個新的時候，就好像有一種重新開始的活動，這種活動隨著這個時期接近尾聲而逐漸減少。

【16】根據《公共工程部公報》。

【17】同上公報。對這些證明社會活動在夏季增加的事實，還可以加上下述事實：在氣候宜人的季節裡發生的意外事故比其他季節多。下面是意外事故在義大利的分佈：

按照這種觀點，如果說冬季的意外事故有時僅次於夏季，這只是因為冰雪引起的摔跤比較多，而且寒冷本身也引起一些特殊的意外事故。如果我們不考慮這種原因引起的意外事故，那麼各個季度意外事故的次數和自殺人數多少的順序就是一樣的。

【18】我們還可以看到，在我們所比較的這些大城市裡，不同季節自殺的比例數看上去差不多，但和這些城市所在國的比例數完全不同。同樣，我們再次發現，在社會環境相同的地方，自殺率也是相同的。在柏林、維也納、日內瓦和巴黎等大城市，自殺的潮流在不同季節中的變化也差不多。因此，我們要進一步探討這種情況的真實意義。

	1886年	1887年	1888年
春　季	1370	2582	2457
夏　季	1823	3290	3085
秋　季	1474	2560	2780
冬　季	1190	2748	3032

第四章　模仿[1]

在探討自殺的社會原因之前，還有最後一個心理因素，我們必須確定它在一般的社會事實產生過程中——尤其是在自殺發生過程中，對於重要的極端行為的影響。這就是模仿。

模仿是一種純粹的心理現象，這一點明顯的表現為這樣的事實，亦即模仿可能在沒有任何社會聯繫的個人之間發生。一個人可以模仿另一個人，他們彼此之間既不需要有任何聯繫，也不需要依存於同一個群體，而且模仿的傳播本身也沒有能力使他們相互聯繫起來。一個噴嚏、一個舞蹈似的動作、一陣殺人的衝動，都可以從一個人轉移給另一個人，而他們之間只需要偶然和短暫的接觸。他們既不需要任何智力上或道德上的一致，也不需要彼此為對方做什麼事，甚至不需要說同一種語言。他們在轉移之後並不感到比轉移之前關係更加密切。總之，我們用來模仿我們同類的方法，也就是能幫助我們來再現自然界的各種聲音、各種東西的形狀和各種生物的動作的方法。既然後者沒有絲毫社會性，那麼前者也同樣沒有絲毫社會性。這種方法源於我們有代表性的生活的某些特性，而這些特性並不是任何集體影響的產物。因此，如果可以肯定，這種方法有助於確定自殺率，那麼由此可以得出結論，自殺率或者完全的或者部分的直接取決於個人原因。

一

當然，在考察各種事實之前，應該先確定模仿這個詞的涵義。社會學家們習慣於使用一些術語而不給這些術語下定義，這就是說，既不確定也不有條理地劃定他們打算談論的事物的範疇，以致於他們經常不知不覺的讓同一種說法從它最初要表達或似乎要表達的概念擴大成另一些有點相似觀念。在這種情況下，觀念終於變得模稜兩可而難以討論。因為，沒有明確的輪廓，觀念就可以按照目的的需要隨心所欲的變化，而且不可能嚴格的預見到這種觀念可能表現的所有不同面向。人們所說的模仿本能尤其是這種情況。

模仿這個詞通常用來表明下述三種事實：

1. 在所有成員都受到同一種原因或一些類似原因影響的同一個群體中，有時在不同的意識之間會發生一種拉平現象，由於這種現象，所有人的思想或感覺都一致起來。然而，人們往往把產生這種一致的全部活動叫作模仿。因此，模仿這個詞是指同時被不同的人感到的各種意識狀態的特性，這種特性使一些人影響另一些人，並且使他們結合在一起，以便產生一種新的狀態。我們在這種意義上使用這個詞是想說，這種結合歸功於每個人被大家和大家被每個人所相互模仿。[2]可以說，正是「在我們城市喧鬧的集會上和我們進行急劇變革的大舞臺上」，[3]這種模仿才會最充分地表現出它的本性來。正是在這種情況下，我們才能最清楚地看到結合在一起的人是如何透過彼此的影響相互轉化的。

2. 人們給這一種需要起了同樣的名字，這種需要促使我們與我們作為其組成部分的社會協調一致，並且為此目的促使我們採取在我們周圍普遍流行的思考方式或辦事方式。因此，我們按照習俗和慣例行事，而且，由於法律和道德的實踐只不過是確定的和特別根深柢固的慣例，所以我們在合乎道德地行動時往往就是在按照慣例行動。每當我們看不到我們所服從的道德準則的理由時，我們服從道德準則僅僅是因為道德準則本身具有社會權威。從這個意義上來說，根據我們是以我們的祖先為榜樣還是以我們的同時代人為榜樣，我們就把模仿習俗和模仿慣例區別開來了。

3. 最後，可以認為，我們重複某種在我們面前發生或我們所知道的行為，僅僅因為這種行為是在我們面前發生的，或者我們曾經聽說過。這種行為並不具備對我們來說是重複這種行為的理由的固有性質。我們重複這種行為，既不是因為我們認為這種行為有用，也不是為了使我們與我們的榜樣一致，而僅僅是為了重複這種行為。我們自己的行為表現就是自動的決定再現這種行為的動作。因為我們看到某一個人打呵欠、笑和哭，所以我們也這樣打呵欠、笑和哭。自殺的念頭也這樣從一個人的意識傳給另一個人的意識。這是一種自為的笨拙模仿。

然而，這三類事實彼此大有區別。

首先，**第一類事實不會和其餘兩類事實混淆，因為這一類事實不包括任何從嚴格的意義上說來是重複的事實**，而是各種不同的，或者至少是不同起源的狀態的特殊綜合。因此，模仿這個詞不能用來表明這一類事實，除非失去其全部明確的詞義。

讓我們來分析一下這種現象。一群聚集在一起的人以同樣的方式受到同一種環境的影響，而且他們意識到這種一致性至少部分的是和表現每一種特殊感情的徵象相一致。那麼會發生什麼情況呢？每一個人都模糊的回憶起當時他周圍的情況。於是，每個人的思想上便形成這群人在不同地點的不同表現的形象，以及這些形象的各種細微差別。到這時為止，還根本不會發生可以稱之為模仿的事——只有感性印象，然後是和在我們身體外部引起的感覺完全相同的感覺。[4] 隨後又發生什麼情況呢？這些千變萬化的表現一旦出現在我的意識中，就會互相結合，並且和構成我的自身感覺的表現結合在一起。於是便形成一種新的狀態，這種狀態不再是我從前的那種狀態，不再具有特殊性，而且由於一系列反覆的，但和從前類似的轉化，越來越擺脫可能依然具有太多特性的狀態。這種結合更不能被稱之為模仿的事實，除非我們同意把所有智力活動——透過智力活動，兩種或兩種以上相似的意識狀態由於它們的相似之處而互相需要，然後融合和混合為一種既吸收了這些狀態而又與之有所不同的結果——都稱之為模仿。毫無疑問的，詞可以有各種定義。但是應該承認，詞的定義可能是非常隨意的，所以只能成為混亂的根源，因為定義讓詞完全失去它通常的詞義。應該說這是創造，而不是模仿，既然這種力量的結合產生出某種新的東西。這種過程甚至是使頭腦具有創造力的唯一過程。

也許有人會說，這種創造僅限於增加最初狀態的強度。但是，首先，量的變化不失為一種創新。而且，事物不可能只發生量的變化而不發生質的變化——一種感情變成兩倍或三倍強烈時，它的性質就完全改變了。事實上我們經常可以看到，聚集在一起的人相互影響的方式可以把一群無害的平民變成可怕的魔鬼。產生這些相似隱喻的模仿是罕見的！我們之所以能夠用一個如此不確切的術語來表示這種現象，這無疑是因為我們模糊的想像每一種個人感情都是以其他人的感情為模式的。但是，實際上，既沒有模式，也沒有複製品，只有滲透，即一定數量的狀態在另一種不同的狀態中的融合——這就是集體狀態。

雖然，把產生這種狀態的原因稱之為模仿，並沒有什麼不恰當，如果我們承認，這種狀態總是由一位帶頭的人灌輸給群眾。但是，這種說法從來沒有得到一些初步的證實，而且被大量的事實所否定：領袖顯然是群眾的產物，而不是群眾的資訊來源，除此之外，在任何情況下，只要這種領導行為是真實的，它就和人們所說的相互模仿毫無關係，因為它是單方面的；因此，我們暫時不談這一點。我們首先應該細心的避免那些曾經讓問題變得如此模糊的混淆。同樣的，如果有人說，在一群人中總是有一些人贊同共同的意見，不是出於自發的行動，而是因為這種意見是強加給他們的，那麼他就是說明了一個不容置疑的真理。我們甚至相信，在同樣的情況下，從來沒有個人的意識不或多或少的受到這種強制。但是，因為這種強制的根源是共同的實踐或信仰在構成時所具有的特殊力量，所以它屬於我們已經區別開來的第二類事實。因此，讓我們來考察一下這一類事實，看看這一類事實在何種意義上可以稱之為模仿。

這一類事實從包含著某種重複來說不同於前一類事實。當人們遵循某種風尚或遵守某種習慣時，他們是在做別人做過的事，而且天天這樣做。不過，即使按照定義所說，這種重複也不是出於人們所說的模仿的本能，而是一方面出於同情，這種同情促使我們不去傷害夥伴們的感情，以便更好的和他們交往，另一方面出於對集體的行為方式或思考方式的尊重和集體對我們的直接或間接影響，以便防止分裂和在我們身上保持這種尊重的感情。行為不是因為它當著我們的面或者在我們知道的情況下發生而重複，也不是因為我們喜歡重複而重複，而是因為這種行為在我們看來是必須的，而且在某種程度上來說是有益的。我們完成這種行為不是因為它已經不折不扣地被完成過，而是因為它帶有社會的印記，我們尊重這種印記，而且為了不引起極大的不便，我們不能沒有這種印記。總之，**這是出於尊重或出於害怕輿論而行動，而不是出於模仿而行動**。這類行為和每當我們進行革新時所一致採取的行動基本上沒有區別。這類行為的發生實際上是由於它們具有某種固有的性質，這種性質使我們把這些行為視為和以前一樣的事實。但是，當我們反對各種慣例而不是遵循這些慣例時，我們不是受另一種方式支配；若是我們接受一種新的觀念，一種創新的做法，是因為這種觀念或做法具有某些固有的性質，這些性質使我們認為這種觀念或做法是必須接受的。當然，在這兩種情況下，支配我們的動機的性質是不同的，但心理機制卻完全一樣。在行為的表現和實施之間，有某種智力活動，這種智力活動包括明確的或含糊的、迅速的或遲緩的理解起決定作用的特點，不管這種特點是什麼。因此，我們遵守本國的習俗和風尚的方式，與無意識的笨拙模仿沒有任何共同之處，[5]後者使我們重複我們所看到的動作。在這兩種行為方式之間，有一段相當的距離把理性的和有意識的行為同無意識的行為分開。前者有它的種種理由，哪怕這些理由沒有以明確的判斷形式表現出來。後者則沒有，僅僅是由於看到某種行為而直接產生的結果，沒有任何其他心理上的中介狀態。

我們由此可以想像，把兩類如此不同的事實納入同一個名稱是犯了什麼樣的錯誤。我們確實應該防止這種錯誤。當我們談到模仿時，我們指的是那種感染現象，我們很容易從這些觀念的第一類情況轉到第二類情況，而且不是毫無道理。但是，在履行某種道德格言、尊重傳統或輿論的權威的事實中，有沒有感染性呢？同樣的，當我們以為已經把兩個事實由一種轉化為另一種的時候，我們只是把兩種截然不同的概念混為一談。在生物病理學中，如果一種疾病完全是或幾乎完全是由於某種細菌從體外進入身體繁殖所引起的，我們就說這是一種傳染病。相反的，如果這種細菌只有在它所生存的環境的積極配合下才能繁殖，那麼傳染這個詞就不合適了。同樣的，為了能夠把某種行為歸因於某種道德感染，光是使我們受到類似行為的啟發的思想就不夠了。這種思想一旦進入我們的頭腦，它自身還應該自動的轉化為動作。感染確實是存在的，因為外界的行為是在以表現的形式進入我們的頭腦時自行再現的。模仿同樣是存在的，因為新的行為完全按照它所模仿的榜樣來再現。但是，如果後者在我們身上所產生的印象只有在我們的同意和參與下才能起作用，那麼這就不可能是感染的問題，而只是一種比喻，但這種比喻是不確切的。因為讓我們同意的理由是決定我們行動的原因，而不是我們親眼看到的榜樣。我們是榜樣的創造者，哪怕我們並沒有發明這種榜樣。[6]因此，所有這些反覆出現的關於模仿的蔓延和感染的擴大的說法都是不合適的，我們應該予以拋棄。這些說法歪曲事實，而不是說明事實。

總之，如果我們想要彼此瞭解，我們就不能用同一個名詞來說明在一群人中產生某種集體感情的過程，也不能用這個名詞來說明我們贊同共同的或傳統的行為規則的過程，以及帕尼日＊的綿羊因為其中的一隻已經跳進水裡而都跳進去的過程。有共同的感情是一回事，向輿論的權威屈服是另一回事，而無意識的重複別人做過的事則又是一回事。在第一類事實中，沒有任何重複；在第二類事實中，重複只是邏輯行為、[7]判斷和推理的結果，無論是明確的還是不明確的，邏輯行為、判斷和推理都是這種現象的要素，因此重複不能被用來給這種現象下定義。只有在第三種情況下才是重複。在這種情況下，重複就是一切：新的行為是最初的行為的重複。新的行為不僅重複最初的行為，而且這種重複除了重複本身和讓我們在某些情況下成為模仿者的全部屬性以外，沒有存在的理由。因此，模仿這個詞只應該用於這種範疇的事實，如果我們希望這個詞具有明確的涵義的話，而且我們可以說：**當一種行為有一種類似的、以前由別人完成的行為的表現作為直接的先例，沒有明確的或不明確的思想活動介乎這種表現和實施之間來影響這種重複行為的本來性質，那麼模仿是存在的。**

因此，當我們考慮模仿對自殺率有什麼影響時，正是應該在這種意義上才使用這個詞。[8]如果我們不是這樣來確定這個詞的涵義，那麼我們就有為了做出某種解釋而使用某種純粹口頭表達方式的危險。實際上，當我們說到某種行動或思想方式是模仿行為時，我們的意思是說，模仿就說明了這種方式，而且這就是我們在說出這個詞時以為把一切都說清楚了的原因。然而，這個詞只有在無意識地重複的情況下才有這種屬性。在這種情況下，這個詞可以自行構成一種令人滿意的解釋，[9]因為所發生的一切都是模仿性感染的產物。但是，當我們遵循某種習俗、適應某種道德實踐時，我們順從的理由就存在於這種實踐的性質、這種習俗固有的特點和那些激勵我們的感情中。因此，在涉及這類行為時，如果有人談到模仿，實際上他一點也沒有使我們懂得他的意思。他只是讓我們知道，我們所重複的行為並不是什麼新的行為，亦即這種行為雖是重複的，但根本沒有向我們解釋這種行為為什麼會被重複，以及我們為什麼要重複這種行為。這個詞更不能代替對由此產生集體感情、而我們在上文只能推測地和大概地描述的如此複雜的**過程**的分析。[10]這就是為什麼不恰當地使用這個詞可能使人以為我們已經或即將解決這些問題，而實際上我們只是成功地掩蓋了這些問題。

因此，只要這樣來給模仿下定義，我們就有權把模仿看成是自殺的一個心理因素。實際上，我們稱之為彼此模仿的情況完全是一種社會現象：因為這是在培養一種共同的感情。同樣的，習俗和傳統的重複是各種社會原因的結果，因為這種重複歸因於集體的信仰和實踐所被賦予的強制性和特殊魅力——只

---

*十九世紀法國著名作家拉伯雷的小說《巨人傳》中的人物。——譯者註

有這樣，這種信仰和實踐才是集體的。因此，只要能承認自殺是透過這種或那種途徑傳播的，那麼自殺就是取決於社會原因而不是取決於個人的條件。

關於這個問題的術語就這樣確定了，現在讓我們來看看事實。

二

可以肯定的是，自殺的念頭不是傳染的。我們已經談到過那條有十五名殘障軍人相繼在那裡自縊的走廊，以及布洛涅兵營裡那個在短短幾天內就發生幾起自殺的著名崗哨。在軍隊裡經常可以看到這樣的事：一八六二年，駐守在普羅萬的第四輕騎兵營裡；一八六四年在第十五輕騎兵營裡；一八六八年在駐蒙彼利埃（後駐尼姆）的第四十一輕騎兵營裡等等。一八一三年，在一個名叫聖彼埃爾——蒙若的小村子裡，一名婦女吊死在一棵樹上，不久，另外幾名婦女也相繼在那裡上吊。皮內爾談到，在埃唐普附近有一位神父懸樑自盡，幾天以後，另外兩位神父自殺身亡，幾名俗世教徒模仿了他們的做法。[11]當卡斯特爾里勳爵縱身跳進維蘇威火山口時，他的幾位同伴也緊隨其後跳了進去。厭世者泰門之樹成了歷史遺跡。在監獄裡經常發生這類傳染的情況，這一點也得到許多觀察家的證實。[12]

然而，有許多在我們看來另有根源的事實，按照慣例卻被認為與這種原因有關，並被歸因於模仿。人們稱之為被圍困自殺的情況尤其如此。約瑟夫在他的《猶太人抗擊羅馬人的歷史》[13]一書中談到，在耶路撒冷遭到圍攻之時，有一些被圍困的人自殺了。尤其是躲藏在一個地道裡的四十名猶太人，他們決定尋死並相互殺戮。蒙田說，被布魯圖斯包圍的桑索斯人「到處亂跑，男人、女人和兒童如此強烈地渴望死去，以致於他們不是盡力去逃避死亡，而是盡力去逃避生存，所以布魯圖斯只能勉強救出極少數的人。」[14]這種**集體自殺**的根源看來不是一、兩個人的做法，他們只是重複這一、兩個人的做法。他們似乎是出於一種集體的決心，一種真正的社會**協調一致**，而不是出於一種簡單的傳染。這種念頭不是產生於一個特殊的人，然後傳播給其他人，而是由整個群體構思出來的——這個群體完全處於絕望的狀態下，集體地決心去死。事情的經過總是這樣的：一個不管是什麼樣的社會群體在同樣環境的作用下作出共同的反應。這種串通並不因為是在感情衝動時建立的而改變性質；即使這種協議更加有條理和更加考慮周到，也不會有什麼根本的不同。因此，說模仿是不恰當的。

我們可以說出其他許多類似的事實。例如埃斯基羅爾所說的：「由於他們的宗教信仰被破壞而感到絕望的祕魯人和墨西哥人……自殺的人如此之多，以致於用他們自己的手殺死的人多於被野蠻的征服者的炮火殺死的人。」比較一般地說，為了能夠指責模仿，指出相當多的自殺發生在同一個時候和同一個地點是不夠的。因為這些自殺可能由於社會環境的某種普遍狀態，由此而產生某種集體情緒，這種情緒以多次自殺的形式表現出來。歸根到柢，為了確定所使用的術語，把道德流行病和道德傳染病區別開來可能是有好處的——這兩個詞都被不加區別地用來表示兩類完全不同的事物。流行病是一種社會現象，是社會原因的產物；傳染病永遠只是不同程度地重複的個人行為的反應。[15]

這種區別一旦得到承認，肯定會有減少歸因於模仿的自殺的作用，然而，這種自殺毫無疑問是很多的。也許沒有更容易傳染的現象。殺人的衝動本身並沒有這種傳播的能力傾向。殺人的衝動自動地傳播的情況並不多見，況且，模仿在其中所起的作用通常也並不佔優勢；與一般的看法相反，我們可以說，自我保存的本能不像基本的道德觀念那樣深深地紮根在意識中，因為這種本能不大經得起同樣原因的影響。但是，即使承認這些事實，我們在本章開頭所提出的問題還是絲毫沒有得到解決。自殺可以由一個人傳染給另一個人，不能先驗地證明這種傳染性會產生社會影響，即影響社會的自殺率——我們所研究的唯一現象。這種傳染性儘管不容置疑，但也很可能只產生個別的或零星的後果。因此，上述觀察並不是解決問題，而是進一步表明問題的重要性。實際上，如果模仿像人們所說的是各種社會現象的原始的、而且是特別豐富的根源，尤其是在涉及自殺時，那麼模仿必然顯示出它的力量，因為這是它能夠發揮影響的事件。所以，自殺可以給我們提供一種手段，透過決定性的試驗證實人們賦予模仿的這種不可思議的功效的現實性。

三

如果存在這種影響的話，那麼首先應該在自殺的地理分佈中感覺到這種影響。在某些情況下，我們應該看到，某一個國家或地區特有的自殺率會傳播到鄰近的地區。因此我們必須查閱地圖，但是必須有條不紊地查閱。

有些作者曾經認為，每當兩個以上毗鄰的省表現出同樣強烈的自殺傾向，就可以說是模仿在起作用。然而，這種在同一個區域內的傳播很可能是由於某些有利於自殺的發展的原因也在這個區域內傳播，因為這個區域內的社會環境到處都一樣。為了能肯定一種傾向或思想是透過模仿來傳播的，就必須把這種傾向或思想看成是從它所產生的地方出來，侵入其他本身在本質上不會產生這種傾向和思想的地方。因為，正像我們曾經指出的，只有在被模仿的行為單獨自動地引起重複的行為，而不需要其他因素的協助時，才有模仿的傳播。因此，要確定模仿在我們所研究的現象中所占的部分，就必須有一個比我們過去感到很滿意的標準更簡單的標準才行。

首先，如果沒有模仿的榜樣，就不會有模仿——沒有引起感染的病灶，就沒有感染並因此而使感染達到最嚴重的程度。同樣的，如果觀察到某些傳播中心的存在，我們才有理由承認自殺的傾向從社會的這一部分傳播到另一部分。但是我們根據什麼跡象來識別這些傳播中心呢？

首先，這些中心應該比周圍地區具有更大的自殺傾向，應該在地圖上用比周圍地區更深的顏色標出。其實，由於模仿也在那裡和真正引起自殺的原因同時起作用，所以那裡的自殺自然可能比較多。其次，為了讓這些中心能夠起到人們所賦予它們的作用，為了讓人們因此有權把它們周圍發生的一切歸因於它們的影響，每一個中心就都應該以某種方式成為周圍地區所注意的焦點。如果它不被人注意，就顯然不可能被模仿。如果人們的注意力都集中在其他地方，它的自殺人數再多也是枉然，這些自殺的人好像並不存在，因為他們被忽視了；因此，他們不會被模仿。不過，人們的目光只能注視著在地區生活中佔有重要地位的一點。換句話說，在首府和大城市周圍，傳染現象應該最明顯。我們甚至可以預料會在那裡觀察到這種現象，因為模仿的傳播作用受到其他因素的幫助和加強，例如有時對它們的行為方式產生巨大影響的大城市的道德權威。因此，模仿在那裡必然具有社會影響——如果它在其他地方也產生社會影響的話。最後，大家都承認，在其他條件相同的情況下，由於榜樣的影響隨著距離的增大而減弱，所以周圍地區離中心越遠，受到的影響也必然越小，反之亦然。這就是自殺分佈圖至少必須滿足的三個條件，這樣我們才能把它所表現出來的形式歸因於模仿——哪怕只是部分而已。此外，依然有必要分析這種地理分佈是否與引起自殺的生活條件的分佈相同。

在確定這些規則之後，讓我們來運用這些規則。

就法國而言，一般的地圖只是按照省來表現自殺率，這種分析其實是不夠的。實際上，在模仿的結果應該最明顯的地方，即同一個省的不同縣，在這種地圖上卻看不出模仿可能產生的結果來。

此外，若有某個縣自殺的人很多或很少，就可能人為的提高或降低這個省的平均自殺率，並且從而產生一種在其他縣和鄰省各縣之間表面上的不連續性，或者相反的掩蓋某種真正的連續性。最後，大城市的作用因此而被過分沖淡，以致於可能不容易看出來。因此，為了研究這個問題，我們特別繪製了一張分縣地圖，這張地圖涵蓋了一八八七－一八九一年這五年的時間。閱覽這張地圖給我們提供了最意想不到的結論。【16】

引人注意的首先是，在北方有一大片深顏色，它的主要部分在舊法蘭西島*一帶，但深入香檳省並一直延伸到洛林省。如果說這一大片深顏色是由於模仿而形成的，那麼它的發源地必定是巴黎，這是這一地區的唯一中心。實際上，人們通常都把這種情況歸因於巴黎的影響。蓋里甚至說過，如果從法國邊緣地區的某一點出發（馬賽除外），向首都走去，就可以看到，離巴黎越近，自殺的人就越多。但是，儘管分省地圖表面上可以證明這種解釋是有理由的，分縣地圖卻證明這種解釋是完全沒有根據的。

事實上，塞納省的自殺率恰恰低於周圍各縣的自殺率。塞納省每百萬居民中只有四百七十一名自殺者，而古龍米埃為五百名，凡爾賽為五百一十四名，默倫為五百一十八名，莫縣為五百二十五名，科爾貝為五百五十九名，蓬圖瓦茲為五百六十一名，普羅萬為五百六十二名。甚至香檳省各縣的自殺率也大大超過最靠近塞納省的幾個縣：蘭斯每百萬居民中有五百零一名自殺者，埃佩爾內為五百三十七名，奧布河畔阿爾西為五百四十八名，沙托蒂埃里為六百二十三名。勒魯瓦醫師在他的論著《塞納－馬恩省的自殺》中就已經驚訝地指出這樣的事實：莫縣的自殺人數相對說來比塞納省多。[17]下面是他提供給我們的數字：

	一八五一－一八六三年	一八六五－一八六六年
莫　縣	每二四一八名居民中有一名自殺者	每二五四七名居民中有一名自殺者
塞納省	每二七五〇名居民中有一名自殺者	第二八二二名居民中有一名自殺者

而且，莫縣的情況並不是絕無僅有的。**這位作者給我們列舉了同一個省一百六十六個鎮的名字，這些鎮在這個時期裡的自殺人數超過了巴黎**。巴黎真是一個奇怪的發源地，它的自殺人數居然少於被認為是受它傳染的次要發源地！然而，除了塞納省，看不到另一個輻射中心。因為我們更難說巴黎受科爾貝或蓬圖瓦茲的影響。

再往北一點，我們看到另一片深色，雖然不盡相同，但顏色也很深，這一片相當於諾曼第地區。因

*在巴黎盆地的中心。——譯者註

此，如果說這一片深色是由於傳染的擴張所致，那麼它的發源地就必定是省會和特別重要的城市盧昂。不過這個地區自殺人數最多的兩個地方卻是納沙泰爾縣（每百萬居民中有五百零七名自殺者）和蓬奧德邁縣（五百三十七名）；而這兩個縣並不毗連。然而，這個省的道德素質肯定不可能是由於它們的影響。

在東南方的地中海沿岸，我們看到一片從羅納河口省最遠的邊界到義大利邊境的狹長地帶，那裡的自殺人數也很多。在這裡有一個真正的大都市馬賽，而在另一端則是社交生活的重要中心尼斯。不過受影響最大的縣卻是土倫縣和福爾卡基埃縣。然而沒有人會說馬賽是受它們的影響。同樣的，在西海岸，羅什福爾縣是由夏朗德省和海濱夏朗德省構成的一大片唯一顏色最深的地方，然而那裡有一個非常重要的城市昂古萊姆。一般說來，有很大一部分不是縣府所在地的省區自殺率處於領先地位。在孚日省，處於領先地位的是雷米爾蒙，而不是埃皮納勒；在上索恩省是格雷這個已經沒落或正在沒落的市鎮，而不是沃蘇勒；在杜省是多勒和波利尼，而不是貝桑松；在吉倫特省不是波爾多，而是拉雷奧勒和巴紮；在曼恩—盧瓦爾省是索米爾而不是昂熱；在薩爾特省是聖加來而不是勒芒；在北部省份是阿韋斯納而不是里爾等等。然而，在這種情況下，自殺率超過省會的縣並不包括這個省最重要的城市。

我們當然可以繼續進行這種比較，不僅比較縣與縣，而且比較市鎮與市鎮。遺憾的是不可能繪一幅全國市鎮自殺分佈圖。但是，在他那本有趣的專著中，勒魯瓦大夫為塞納—馬恩省做了這件工作。然而，在按自殺率的高低把這個省的所有市鎮從高到低排列之後，他卻發現了如下的結果：「名單上第一個重要市鎮拉拉費爾泰蘇—儒—阿爾（人口四千四百八十二）占第一百二十四位；莫鎮（一萬零七百六十二人）占第一百三十位；普羅萬（七千五百四十七人）占第一百三十五位；古龍米埃（四千六百二十八人）占第一百三十八位。奇怪的是，這些順序相近的市鎮甚至讓人以為它們都受到同樣的影響。[18]拉尼（三千四百六十八人）離巴黎如此之近，卻只排在第兩百一十九位；蒙特羅福約納（六千兩百十七人）排在第兩百四十五位；楓丹白露（一萬一千九百三十九人）排在第兩百四十七位……最後，省會默倫（一萬一千一百七十人）只排在第兩百七十九位。相反的，如果我們考察一下名單上排在前二十五位的市鎮，我們就會看到，除了兩個市鎮，其餘市鎮的人口都很少。」[19]

如果走出法國，我們可以看到同樣的情況。歐洲自殺者最多的地區是包括丹麥和中德意志在內的地區。不過，在這個廣大的地區內，自殺者大大超過其餘所有國家的是薩克森王國，它在每百萬居民中有三百一十一名自殺者。薩克森—阿爾滕堡公國次之（三百零三名自殺者），而布蘭登堡只有兩百零四名。可是，德意志遠遠沒有注意到這兩個小國家。給漢堡和柏林作表率的既不是德勒斯登，也不是阿爾滕堡。同樣的，在義大利的所有省份中，博洛尼亞和里奧那相對說來自殺者最多（八十八名和八十四名）；根據莫塞利得出的一八六四—一八七六年間的平均數，米蘭、熱那亞、都靈和羅馬的自殺率都遠遠低於這個平均數。

歸根究柢，這些地圖向我們表明的是，自殺根本不是大致上圍繞著某些中心發生，並且從這些中心逐漸均勻地擴散開來，而是以差不多（僅僅是差不多）同樣的數量成批地發生的，沒有任何中心。因此，這種情況根本顯示不出模仿的影響，只是表明自殺並不取決於各城市不同的局部環境，但是引起自殺的條件總是具有某種普遍性。這裡既沒有模仿者，也沒有被模仿者，結果的相對一致是由於原因的相對一致。正像上述這一切已經預見到的，自殺之所以基本上取決於某些社會環境的狀況是很容易理解的。因為社會環境在相當大一片土地上通常保持同樣的格局。因此，在社會環境相同的地方，結果自然也相同，傳染在那裡毫不相干。這就是在同一個地區自殺率往往保持在幾乎相同水平上的原因。但是從另一方面來說，因為產生自殺的原因決不可能完全均勻地擴散，所以從一個地方到另一個地方，從一個縣到毗鄰的縣，自殺率有時不可避免地表現出或大或小的變化，正像我們已經看到的那樣。

這種解釋是有根據的，這就是我們看到自殺率突然發生變化，每次都完全是在社會環境突然發生變化的時候。社會環境從來不把它的影響擴大到它的自然界限之外。一個有著某些特殊條件使其特別具有自殺傾向的國家，從來不會僅僅由於榜樣的力量就把它的傾向強加給鄰國，如果這些鄰國不在同等程度上存在這些條件或其他類似條件的話。因此，自殺在德國是一種地方病，我們已經看到它的流行是何等猖獗；我們在下面還將證明，新教是這種特殊傾向的主要原因。但是，有三個地區是這種普遍規律的例外，它們是萊茵河沿岸諸省和西伐利亞，巴伐利亞、尤其是巴伐利亞的施瓦本，最後是波茲南。這是全德國僅有的幾個每百萬居民中自殺人數少於一百名的地區。在地圖上，[20]這些地區看上去好像三個孤島，代表它們的白色與它們周圍的深色形成鮮明的對照。這是因為這三個地區都信奉天主教。因此，在它們周圍如此洶湧的自殺潮流未能影響它們——這種浪潮在它們的邊界上停了下來，因為它找不到發展的更有利條件。同樣的，在瑞士，南方完全信奉天主教，所有信奉新教的人都在北方。不過，在自殺分佈圖上看到這兩個國家彼此截然不同，[21]人們會以為它們屬於不同的社會。儘管它們完全接壤，來往不斷，但是在關於自殺的觀點上卻保留著各自的個性。儘管這一邊的平均自殺率低，另一邊的平均自殺率卻高。同樣的，在瑞士北方，琉森、烏里、翁特瓦爾登、施維茲和祖克等信奉天主教的邦在每百萬居民中至多只有一百名自殺者，儘管它們被信奉新教、自殺者多得多的邦所包圍。

另一種經驗也可以探索一番，我們認為這種經驗可以進一步肯定上述論證。一種道德感染現象幾乎只能透過兩種方式產生：或者是作為榜樣的事實透過人們所說的公眾輿論口頭傳播，或者是透過報刊雜誌傳播。人們通常指責後者；事實上，報刊雜誌無疑是一種有力的傳播手段。因此，如果說模仿起到傳播的作用，那麼我們應該看到自殺者的多少隨著報刊雜誌在公眾心目中所占的地位不同而有所不同。

遺憾的是這種地位很難確定。不是報刊雜誌的數量而是它們的讀者的數量才能衡量它們的影響大小。在瑞士這樣權力不太集中的國家裡，報刊雜誌可能是很多的，因為每個地方都有它自己的刊物，然而，由於每一份刊物的讀者都很少，所以它們的傳播能力也不大。相反的，像《泰晤士報》、《紐約先驅報》和《小報》這樣的刊物，每一份都影響著一大批公眾。甚至可以說，沒有某種程度的權力集中，看來報刊就幾乎不可能有人們所指責的那種影響。因為在每一個地區都有它自己的生活，人們很少關心在他們這個小天地以外所發生的一切；遠方發生的事情更加不為人們注意，因而也沒有人去細心收集。因此，引起模仿的榜樣也不多。在局部環境差不多的地方，為同情心和好奇心打開了更廣闊的活動範圍，情況就完全不同了；在那裡，為了滿足同情和好奇的需要，各大報刊每天收集全國或鄰國的重大事件，然後把消息傳到四面八方。於是各種榜樣累積起來，互相強化。但是我們懂得，比較歐洲不同報刊的讀者幾乎是不可能的，尤其是評價它們多少有點局部性質的資訊。然而，如果我們不能肯定某種有規律的證據，那麼看來我們就很難根據這兩點肯定法國和英國不如丹麥、薩克森、甚至德意志諸國。不過，法國和英國的自殺者要少得多。同樣的，在法國，沒有理由假設盧瓦爾河以南的人看到的報刊明顯地少於盧瓦爾河以北的人——不過我們都知道這兩個地區在自殺方面差別很大。即使我們不願更恰當地重視我們根據非常明確的事實提出的某種論據，我們也相信這種論據基於相當大的可能性，值得注意。

四

總之，如果肯定自殺是在個人之間傳染，那麼我們決不會看到模仿傳播自殺，以致於影響社會自殺率。模仿很可能引起許多個別情況，但不會使不同的社會和每個社會內部比較特殊的社會群體對自殺本身具有不同的傾向。由此而產生的影響總是非常有限的。當這種影響達到一定的強度時，也永遠是非常短暫的。

但是有一條比較一般的理由說明為什麼在統計數字中覺察不到模仿的影響。這就是，模仿單靠本身的力量根本不可能影響自殺。在成年人身上，除了極少數多少有點絕對孤獨意想的情況，某種行為的想法是不足以引起某種類似的行為的，除非這種想法正好符合他本身的特殊傾向。莫雷爾寫道：「我總是注意到，模仿的影響儘管很大，但是當聽到或讀到一種特殊的犯罪行為所造成的印象時，在精神正常的個人身上並不足以引起類似的行為。」[22]同樣的，保羅·莫羅·德·圖爾醫師認為，根據他個人的觀察可以肯定，歷來只有在非常容易感染的個體中才會有傳染性的自殺。[23]

的確，因為這種傾向在他看來主要取決於器質性的原因，所以他當然很難解釋某些不能同這種起因聯繫起來的情況，除非承認某些完全不可能的和真正不可思議的原因的結合。我們怎麼能相信之前說過的十五名傷殘軍人正好碰巧都得了神經衰弱症呢？而且我們可以同樣舉出許多在軍隊裡或監獄裡觀察到的實例。但是這些實例很容易得到解釋，只要我們承認自殺的傾向可以由社會環境引起。因為我們完全有理由不把這些實例歸因於某種不可理解的偶然把相當多都得了同一種精神病的個人集合在同一座營房或同一座監獄裡，而是歸因於他們生活在其中的共同環境的影響。我們確實可以看到，在監獄或軍隊裡，有一種集體的狀態使士兵和犯人傾向於自殺，和最嚴重的神經官能症所能做到的同樣直截了當。榜樣是使衝動爆發的偶然原因；但引起衝動的不是榜樣，如果衝動不存在，榜樣就是無害的。

因此我們可以說，除了十分罕見的例外，模仿並不是自殺的一個原始因素。模仿只是使一種狀態更加明顯，這種狀態才是引起自殺的真正原因，而且看來總是找到產生它的自然影響的辦法，哪怕模仿並不參與其事；因為必須天性特別強烈，一點點小事才能使這種天性變成行動。因此自殺行為不帶有模仿的印記也就不足為奇，因為模仿本身沒有影響，即使有也非常有限。

一種具有實際意義的看法可以當作這種結論的必然結果。

有些作者賦予模仿以一種它所沒有的能力，曾經要求禁止報刊報導自殺和犯罪。[24]這種禁令可能稍微成功地減少一點這些不同行為每年的總數，但是這種禁令能不能改變社會自殺率和社會兇殺率卻很成問題。集體傾向的強度依然如故，因為群體的道德狀態並沒有因此而改變。因此，如果比較這種措施可能產生的問題和微不足道的好處以及取消所有的法院公告會帶來的極大不便，那麼我們可以設想立法機構對遵照專家的忠告就會表現出某種猶豫。實際上，能夠促使自殺或兇殺增加的不是談論這些事件，而是談論這些事件的方式。在這些行為遭到痛恨的地方，這些行為所激起的感情透過對這些行為的敘述流露出來，因而抵銷而不是加強這些個人的天性。反之，當社會在道德上無所適從的時候，它所處在的不穩定的狀態便引起對這些不道德行為的縱容——每當談起這些行為來，這種縱容便會無意地流露出來，並且使得這些行為顯得不那麼明顯的不道德。

但是本章所要著重說明的是，這種把模仿當作任何集體生活主要根源的理論是多麼沒有根據。從來沒有什麼行為像自殺那樣容易透過傳染的途徑傳播的，然而我們方才已經看到，這種傳染性並不產生社會影響。既然模仿在這一方面沒有社會影響，那麼它在其他方面就更不會有影響了；因此，人們賦予它的種種功效都是虛構的。在一個有限的範圍內，模仿很可能引起同一種思想或同一種行為在某種程度上的重複，但是它決不會有如此深遠的影響，以致於觸及和改變社會的感情。各種集體的狀態由於幾乎都是一致的，而且其作為客體往往是長期存在的，所以具有很大的阻力，以致於個人的創新不可能戰勝它。一個僅僅是個人的個人[25]怎麼能有足夠的力量按他的形象來塑造社會呢？如果我們還沒有到幾乎像原始人想像自然界那樣粗淺地想像社會的地步，如果我們還沒有到與科學的所有歸納背道而馳的地步，至少含蓄的和無意識的承認各種社會現象和產生這些現象的原因是不成比例的，那麼我們就不會停留在一種想法上，這種想法儘管像《聖經》那樣簡單明瞭，卻和思想的基本原則有矛盾。我們現在再也不相信動物學上的各種物種只不過是透過遺傳繁殖的個體變種；[26]更不能承認的是，社會行為只不過是某種個人行為的普遍化。尤其站不住腳的是，這種普遍化可能起因於某種任意的傳染。我們甚至有理由對於有必要討論一種假設感到吃驚，這種假設除了引起認真的反駁，從來沒有開始得到經驗的證明。因為從來沒有人證明模仿可以說明某一類社會行為，更沒有人證明只有模仿可以說明某一類社會行為。人們僅限於根據某些含糊的形而上學的考慮，說明以警句形式提出的主張。然而，只有在不再允許那些發展社會學的人如此武斷，而且如此明顯的迴避證據的必要性時，社會學才可以被當作一門科學來受到重視。

◆註釋◆

【1】參考書目：
呂卡：《論有感染性的模仿》，巴黎，一八三三年。——德斯皮納：《論道德的感染》，一八七〇年；《論模仿》，一八七一年。——莫羅·德·圖爾（保羅）：《論自殺的感染》，巴黎，一八七五年。——奧布里：《謀殺的感染》，巴黎，一八八八年。——塔爾德：《模仿（激情）的規律》，《刑罰的哲學》，第三一九頁以下，巴黎，F·阿爾康書店。——科爾：《犯罪與自殺》，第二〇七頁以下。

【2】博爾迪埃：《各種社會的生活》，巴黎，一八八七年，第七七頁。塔爾德：《刑罰的哲學》，第三二一頁。

【3】塔爾德同上書，第三一九—三二〇頁。

【4】把這些印象歸因於一個模仿的過程，是不是說這些印象是它們所表現的那些狀態的簡單複製品呢？首先，這可能是一種非常粗淺的隱喻，是從陳舊的和不能接受的關於有感物種的理論中借用來的。此外，如果我們從這個意義上來使用模仿一詞，就應該把這個詞不加區別的擴大到我們的全部感覺和思想，因為，根據同樣的隱喻，我們豈不可以說，感覺和思想是重複它們所涉及的東西。於是整個理性生活都變成了模仿的產物。

【5】毫無疑問的，在特殊情況下，一種風尚或一種傳統的重複，可能完全是出於無意識的模仿，而不是作為風尚或傳統被重複的。

【6】雖然，我們有時把所有不是最初發明的行為稱做模仿。按照這種說法，顯然幾乎所有的人類行為都是模仿的結果，因為嚴格意義上的發明是很少見的。但是，正因為模仿這個詞幾乎指一切行為，所以它不再指任何特定的行為。這樣的術語只會引起混亂。

【7】確實有人談到過一種邏輯模仿（見塔爾德：《模仿的規律》，第一版，第一五八頁）；這種模仿在於重

複某種行為，因為這種行為有助於達到某種特定的目的。但是，這種模仿與那種模仿的傾向顯然沒有任何共同之處，因此，應該把產生於一種模仿的事實同產生於另一種模仿的事實仔細地區別開來。根本不能用同樣的方式來解釋這些事實。另一方面，正像我們已經指出的，風尚的模仿和習俗的模仿也和其他模仿一樣是合乎邏輯的，儘管後者有它們的特殊邏輯。

【8】更確切的說，由於個別的或集體的行為者的道德或智力威望而被當作榜樣來模仿的行為屬於第二種範疇。因為這種模仿絲毫不是無意識的，這種模仿包含著某種推理：人們像他們所信任的人那樣行動。因為他們承認他的優勢，這就保證了他的行為是適當的。人們有理由尊重他，當然也有理由追隨他。因此，當人們簡單地說模仿了他的行為時，就不再對這些行為作出解釋了。重要的是要知道決定這種順從的信任或尊重的原因。

【9】而且，正像我們將要在下文看到的，模仿本身成為令人滿意的解釋，這種情況是很少見的。

【10】因為必須很好考慮，我們只是含糊的知道這個詞的涵義。確切地說，造成這種集體狀態的結合是如何產生的？這種結合的要素是什麼？為什麼會出現這種佔優勢的狀態？這些問題太複雜了，不可能僅僅透過內省來得到解答。各種沒有進行過的實驗和觀察都是必要的。我們還不太清楚孤立的個人的種種心理狀態是如何和按照什麼規律結合在一起——更何況我們根本不知道群體生活所引起的各種更加複雜的結合機制。我們的解釋往往只是一些隱喻。因此，我們沒有想到要把上面所說的看成是這種現象的確切表述；我們只是試圖說明，除了模仿還有別的什麼東西。

【11】關於這些事實的細節，見勒古瓦的著作，第二二七頁以下。

【12】類似的事實見埃布拉爾的著作第三七六頁。

【13】III，26。

【14】《論文集》，II，3。

【15】我們在下文將要看到，在任何社會裡，在正常情況下任何時候都有一種以自殺的形式表現出來的集體情

緒。這種情緒不同於我們建議稱之為流行病的東西，因為它是長期的，因為它構成社會道德氣質的正常組成部分。流行病本身也是一種集體情緒，但它是例外地爆發的，產生地不正常的原因，而且是一時性的。

【16】見附錄二。

【17】《塞納－馬恩省的自殺》，第二二三頁。根據作者提供的數字，在一八六五－一八六六年期間，馬恩省和塞納－馬恩省的自殺率都超過塞納省。當時，馬恩省每兩千七百九十一名居民中有一名自殺者，塞納－馬恩省為每兩千七百六十八名中有一名，而塞納省每兩千八百二十二名中有一名。

【18】當然，這不可能是傳染性影響的問題。這是三個縣城，重要性大致相同，而且被許多市鎮隔開，這些市鎮的自殺率很不相同。這一切反而證明，同樣大小和處於十分相似的生存條件下的社會群體，它們的自殺率是相同的，沒有必要相互影響。

【19】《塞納－馬恩省的自殺》，第一九三－一九四頁。名單上占首位的非常小的市鎮（萊什）在六百三十名居民中有一名自殺者，或者說在每百萬居民中有一千五百八十七名自殺者，比巴黎多四、五倍。而且這不是塞納－馬恩省的特殊情況。我們應該感謝特萊維勒的勒古皮爾醫師給我們提供了關於蓬萊韋克縣三個小市鎮的情況：維萊維勒（九百七十八人）、克里克伯夫（一百五十人）和佩納德皮（三百三十三人）。在十四至二十五年的時間裡，這三個市鎮的自殺率分別為每百萬居民中有四百二十九名、八百名和一千零八十一名自殺者。

一般說來，大城市的自殺者要比小城市或農村多，這無疑是正確的。但是這種說法只是大體上正確，有許多例外的情況。此外，有一種辦法使這種說法與上述似乎和這種說法相矛盾的事實變成一致：只要承認影響大城市的形成與發展的原因和引起自殺增加的原因是相同的，大城市本身便不會助長自殺。在這種情況下，在自殺者多的地區大城市自然也多，但是自殺者並不集中在大城市裡；相反的，自殺者少的地區大城市也少，但自殺者少並不是由於沒有大城市。因此，大城市的平均自殺率高於農村，同時在某些情況下也可以低於農村。

【20】見附錄三。

【21】見附錄三。關於各州的詳細數字見第二編第五章表二十六。

【22】《精神病論文集》，第二四三頁。

【23】《論自殺的傳染》，第四二頁。

【24】尤其見奧布里：《兇殺的傳染》，第一版，第八七頁。

【25】我們在這裡所說的個人不考慮一切能使他增加威信的集體信任或仰慕。事實上，一位官員或一位知名人士除了天生的個人才幹外，顯然還體現著由集體感情產生的社會力量，這種社會力量使他可以對社會的進程產生影響。但是只有在他不再是個人時才有這種影響。

【26】見德拉熱：《原生質的結構和各種遺傳理論》，巴黎，一八九五年，第八一三頁及以下幾頁。

第二編　社會原因和社會類型

第一章　確定社會原因和社會類型的方法

上一編的各種結論並不完全是否定的。實際上，我們已經證實，每一個社會群體對自殺都有一種特殊的傾向，這種傾向既不能用個人的心理器質結構來解釋，也不能用自然環境來解釋。由此可見，透過排除法，這種傾向必然取決於社會原因，而且本身構成一種集體現象；甚至我們已經考察過的某些事實，尤其是自殺的地理變化和季節變化，也明確的把我們引向這個結論。我們現在要進一步研究的正是這種傾向。

一

為了做到這一點，我們最好首先探討一下這種傾向是不是單一的和不可分解的，或者這種傾向是不是透過許多分析可以分開來，並且適宜於分開研究的不同傾向。在這種情況下，這就是為什麼我們應該這樣做的理由。因為這種傾向是不是唯一的，只有透過表現這種傾向的個人自殺才能觀察得到，所以應該從觀察個人自殺著手。因此，我們要觀察盡可能多的自殺，當然，那些精神錯亂者除外。如果這些自殺者都具有同樣的基本性格，那麼我們就可以把他們歸為同一類人；在相反的假設中——這是非常可能的，因為他們太不相同，以致於不能包括若干變化——我們可以根據他們的相似之處和不同之處把他們歸為許多類人。我們越是辨認出截然不同種類的人，我們就越是會承認有各種自殺的傾向，然後力求分別確定這些傾向的原因和影響。在我們對精神錯亂的自殺扼要考察中，我們所使用的大體上就是這種方法。

可惜，根據自殺的方式或形態學特點對有理智的人的自殺進行分類是做不到的，因為幾乎完全沒有必要的資料。事實上，要進行分類，就必須擁有關於大量案例的正確描述。應該知道自殺者在下定決心要自殺時處於什麼樣的精神狀態，他是如何準備自殺的，他最後是如何自殺的，是激動還是消沉，是平靜還是興奮，是焦慮還是憤怒等等。但是我們幾乎沒有這類資料，只有幾個精神錯亂的自殺案例，而且正是由於精神科醫生收集的觀察報告和描述，我們才有可能確定決定性原因是精神錯亂的自殺的幾個主要類型。至於其他類型的自殺，我們幾乎沒有任何資料。只有布里埃爾·德布瓦蒙曾經試圖對一千三百二十八個留下書信或文字資料的自殺者做過這項描述工作，他在他的著作中概述了這些書信或文字材料。但是，首先，這種概述過於簡單。其次，自殺者本人向我們透露的關於他的精神狀態的祕密很不充分，即使這些祕密並不令人懷疑。他只是過分傾向於誤解他自己和他的情緒；例如，他自以為做起事來頭腦冷靜，實際上興奮到了極點。最後，除了不太客觀外，這些觀察所涉及的事實也太少，以致於我們不能從中得出明確的結論來。我們隱約看到幾條十分模糊的分界線，可以利用這些分界線所表現出來的種種跡象，但是這些分界線太不明確，不能用來作為正式分類的根據。而且，從大多數自殺的方式來看，進行名副其實的觀察幾乎是不可能的。

但是我們可以透過另一種途徑來達到我們的目的。只要把我們的研究順序顛倒過來就行了。實際上，只有引起自殺的原因不同，才可能有不同類型的自殺。每一種類型要有自身固有的性質，就必須有自身存在的特殊條件。同一個前提或同一組前提不可能有時產生這一種結果，有時又產生另一種結果，因為，如果有這種可能的話，區分這兩種結果的差別就沒有原因了——這就否定了因果關係。各種原因之間的特殊差別意味著各種結果之間的特殊差別。因此，我們可以確定自殺的各種社會類型，不是直接根據事先描述的特點，而是根據產生這些類型的原因來加以分類。我們不必費勁去弄清這些類型為什麼彼此互不相同，而是立即探索決定這些類型的社會條件，然後根據這些條件的相似之處和不同之處把這些條件分為若干不同的類別，這樣，我們就可以確定哪一種特定類型的自殺和哪一種類別的社會條件相對應。總之，我們的分類一開始就是病因學的分類，而不是形態學的分類。此外，這並不是一種下策，因為我們如果知道一種現象的原因，就可以比只知道這種現象的基本特點（即主要部分）更能深入地瞭解它的性質。

雖然，這種方法的不足之處在於只假設各種不同的類型，而不是直接辨別這些類型。這種方法可以確定這些類型的存在和數量，而不能確定這些類型的不同特點。但是，至少可以在某種程度上防止這種不足之處。一旦知道了各種原因的性質，我們就可以設法推斷出各種結果的性質，同時，這些結果也只有和各自的原因聯繫起來才能顯示出它們的特點並加以分類。當然，這種推斷如果根本沒有事實為依據，就可能成為純粹想像的組合。但是我們可以借助我們所掌握的某些自殺形態學的資料來解釋這種推斷。這些資料本身很不完整和肯定，以致於不能給我們提供分類的原則；但是一旦確定了這種分類的範圍，這些資料就可以被利用了。這些資料向我們指出應該朝什麼方向推斷，透過這些資料給我們提供的例子，我們就可以確保這樣推斷出來的類型不是想像出來的。這樣，我們就可以從原因重新轉向結果，我們的病因學分類就可以由一種形態學分類來完成，後者可以用來檢驗前者，反之亦然。

無論從哪一方面來看，這種顛倒順序的方法是唯一適用於我們向自己提出的特殊問題的方法。我們確實不應該忘記，我們所研究的是社會自殺率。因此，讓我們感到興趣的只有那些構成自殺率和自殺率隨之變化的類型。不過，沒有得到證實的是，所有個人的自殺方式都具有這種屬性。有些方式——儘管具有某種程度的普遍性——與社會的道德氣質沒有或沒有足夠的聯繫，不能作為特有的因素包括在每個人在自殺方面所表現出來的特徵。例如，我們已經看到，酗酒並不是一個決定每個社會特殊傾向的因素，然而，酒精中毒的自殺顯然是有的，而且數量相當多。因此，能夠讓我們瞭解哪些具有社會學特點的情況歷來不是關於某些特殊情況的描述，哪怕是非常確切的描述。如果我們想知道哪些不同情況的彙集會導致被看作集體現象的自殺，從一開始就應該從它的集體形式來考慮，即透過統計資料來考慮。直接作為分析對象的應該是社會自殺率，應該從整體到各個部分。但是，顯然只有聯繫決定整體的各種原因才能分析整體，因為形成整體的各個單元都是相同的，沒有質的區別。因此，我們應該毫不遲疑地專心確定原因，哪怕接著就研究這些原因是如何在個人身上引起反應的。

二

但是如何找到這些原因呢？

在每一次發生自殺時都要進行的法院驗證中，我們注意到似乎是決定自殺的動機（家庭糾紛，肉體或其他痛苦，內疚或酗酒等等），而在幾乎所有國家的統計報告中，我們都發現一份特殊的表格，在這份表格中，這些調查的結果列在「被推定為自殺動機」一欄裡。因此，利用這項成果並透過對這些資料的比較來著手我們的研究，看來是很自然的。事實上，這些資料看來向我們指出了各種自殺的直接前提；為了理解我們所研究的現象，首先追溯其最直接的原因，如果感到有必要再進一步涉及各種現象，這難道不是一種很好的辦法嗎？

但是，正像華格納已經說過的，所謂自殺動機的統計，實際上是負責提供這項資料的官員——往往是下級官員——對動機的看法的統計。我們都知道，遺憾的是法院的驗證往往不太合規定，哪怕這些驗證涉及到任何有責任心的觀察者都可以看到的明顯具體事實，而且這些驗證沒有留下任何評價的餘地。但是，如果不是為了記錄一件已經發生的事，而是為了解釋這件事，那麼這些驗證必然引起許多懷疑。要確定一種現象的原因始終是一個難題。僅僅為了解決其中的一個問題，科學家就需要進行各種各樣的觀察和實驗。然而，在所有的現象中，人類的意志是最複雜的。因此，我們可以想像得出，這些根據倉促收集起來的資料聲稱給每一種特殊情況確定了明確的根源的即興判斷能有多大價值。一旦以為已經在死者的既往史中發現了某些通常被看作導致絕望的事情，人們就會認為進一步研究沒有用，但是，如果死者被認為近來曾經丟失過錢財，或者經歷過家庭糾紛，或者嗜酒成癖，人們就會把他的死因歸咎於酗酒、家庭糾紛或經濟上的損失。我們不能把如此靠不住的情況當作解釋自殺的根據。

而且，即使比較可信，這些情況也不可能對我們有多大幫助，因為這些不管有沒有理由就這樣被認為是自殺的動機，並不是自殺的真正原因。證明這一點的是，被統計表歸因於這些假設原因的自殺所占的比例數幾乎沒有什麼變化，相反的，這些自殺的絕對數卻有極大的變化。在法國，從一八五六年到一八七八年，自殺的人數增加了百分之四十，而薩克森在一八五四—一八八〇年期間增加了百分之百

（從五百四十七例增加到一千一百七十一例）。然而，在這兩個國家裡，從一個時期到另一個時期，每一類動機的自殺人數各自所占的比例數變化不大。這就是表十七所顯示的。

如果我們認為表中所顯示的這些數字只能是大體上近似，而且如果我們因此而認為這些微小的差別無關緊要，那麼我們就可以承認這些數字是始終不變的。但是，為了使每一種假設的原因所占的比重相應地保持不變，而自殺的人數卻增加一倍，那就得承認每一種原因獲得雙倍的功效。然而，這種情況不可能是由於偶然的巧合：這些原因同時使所有死亡多一倍。因此，我們不得不由此得出結論：這些原因都從屬於某些比較普遍的情況，充其量是這種情況不同程度的忠實反映。正是這種情況使這些原因不同程度的引起自殺，因此，這種情況才是自殺的真正決定性原因。我們應該直接研究這種情況，而不是停留在這種情況可能在個人意識中引起的模糊反應上。

我們在勒古瓦的著作中看到的另一個事實[3]更能說明這些不同的動機所引起的行為到底是什麼。沒有比農業和自由職業彼此更不相同的職業了。一位藝術家、一位學者、一位律師、一位軍官、一位法官的生活和一位農民的生活沒有絲毫相似之處。因此我們可以認為，對於他們來說，自殺的社會原因肯定是不同的。然而，這兩類人自殺的原因不僅相同，而且這些不同的原因對這兩類人的影響程度也幾乎完全相同。下表（見一七七頁）是法國一八七四—一八七八年期間這兩種職業的主要自殺動機所占的百分比：

除了酗酒以外，兩邊的數字沒有多大差別，尤其是那些比較大的數字。因此，如果只考慮動機，人們就可能以為，在這種情況下，這些自殺的原因無疑不具有同樣的強度，但具有同樣的性質。然而，實

表十七　每年100名男女自殺者中每一類動機所占的比例

法　國[1]

	男		女	
	1856-1860	1874-1878	1856-1860	1874-1878
貧困和財產損失	13.30	11.79	5.38	5.77
家庭糾紛	11.68	12.53	12.79	16.00
愛情、妒忌、放蕩、行為不端	15.48	16.98	13.16	12.20
各種憂傷	23.70	23.43	17.16	20.22
精神病	25.67	27.09	45.75	41.81
內疚、擔心由於犯罪受懲罰	0.84	—	0.19	—
其他原因和原因不明	9.33	8.18	5.51	4
合　計	100.00	100.00	100.00	100.00

薩克森[2]

	男		女	
	1854-1878	1880	1854-1878	1880
肉體上的痛苦	5.64	5.86	7.43	7.98
家庭糾紛	2.39	3.80	3.18	1.72
失意和貧困	9.52	11.28	2.80	4.42
放縱、賭博	11.15	10.74	1.54	0.44
內疚、擔心被追捕等等	10.41	8.51	10.44	6.21
不幸的愛情	1.79	1.50	3.74	6.20
精神錯亂、宗教狂熱	27.94	30.27	50.64	54.43
發怒	2.00	3.29	3.04	3.09
厭世	9.58	6.67	5.37	5.76
原因不明	19.58	18.58	11.77	9.75
合　計	100.00	100.00	100.00	100.00

	農業	自由職業
失業、失意、貧困	8.15	8.87
家庭糾紛	14.45	13.14
受到挫折的愛情和妒嫉	1.48	2.01
酗酒	13.23	6.41
犯罪者的自殺	4.09	4.78
肉體上的痛苦	15.91	19.89
精神病	35.80	34.04
厭世、各種挫折	2.93	4.94
原因不明	3.95	5.97
	100.00	100.00

際上這是一些很不相同的力量，這些力量促使農民和城市裡有教養的人去自殺。因此，這些原因是人們賦予自殺的，或者是自殺者本人用來解釋他的行為的，所以往往只是自殺的表面原因。這些原因不僅只是個人對某種一般情況的反應，而且是非常不忠實地表現這種一般情況，因為這些原因都是相同的，而這種一般情況卻完全是另一回事。可以說，這些原因標誌著個人的弱點，而促使他自殺的外來潮流最容易透過這些弱點影響他。但是這些原因並非這種潮流本身的組成部分，所以不可能幫助我們理解這種潮流。

因此，我們毫不惋惜地看到英國和奧地利等這樣一些國家拒絕記錄這些所謂的自殺原因。統計學應該把力量投向另一個方面，不是力求解決這些無法解決、要用倫理學來判斷的問題，而是致力於更細心地記錄自殺的社會附隨現象。不管怎樣，對我們來說，我們要規定不把某些既不可靠又缺乏有教益的資料引入我們的研究之中。事實上，研究自殺的學者們從來沒有成功的從這些資料中得出任何值得注意的規律來。因此，當這些資料對我們似乎具有某種特殊意義並顯出某些特殊的可靠性時，我們也只是偶爾的加以利用。我們不想知道這些引起自殺的原因在個人身上表現為什麼形式，而是盡力直接確定這些原因。因此可以說，我們撇開個人的動機和想法，直接考慮自殺是隨著什麼樣的社會環境（宗教信仰、家庭、政治團體、行業團體等等）發生變化的。只是在這之後我們才重新回到個人，研究這些一般的原因是如何個性化而引起它們所導致的自殺後果的。

◆註釋◆

【1】據勒古瓦的著作，第三四二頁。

【2】據厄廷根：《道德統計學》，附表第一一〇頁。

【3】勒古瓦的著作，第三五八頁。

第二章　利己主義式的自殺

我們首先觀察不同的宗教信仰對自殺產生的影響。

一

如果我們看一下歐洲的自殺分佈圖，一眼就可以看出，在西班牙、葡萄牙和義大利等這些純粹的天主教國家裡，自殺是很少的，而在普魯士、薩克森和丹麥這些新教國家裡，自殺是最多的。由莫塞利計算出來的下述平均數就證實了這第一個結論：

	每百萬居民中平均自殺人數
信奉新教的國家	一九〇
信奉新教和天主教的國家	九六
信奉天主教的國家	五八
信奉希臘正教的國家	四〇

不過，信奉希臘正教的國家自殺人數較少，肯定不可能是由於宗教的緣故，因為它們的文明和其他歐洲國家的文明很不一樣，這種文化上的不同可能是自殺傾向比較小的原因。但是，大多數信奉天主教和新教的社會則不是這樣。毫無疑問的，這些社會的知識和道德都不在同一個水平上；不過，相似之處

巴伐利亞諸省（1867-1875 年）[1]

天主教徒少於50% 的省	每百萬居民中的自殺人數	天主教徒占50-90% 的省	每百萬居民中的自殺人數	天主教徒占 90%以上的省	每百萬居民中的自殺人數
萊茵河巴拉丁領地	167	下法蘭克尼亞	157	上巴拉丁領地	64
中法蘭克尼亞	207	施瓦本	118	上巴伐利亞	114
上法蘭克尼亞	204			下巴伐利亞	19
平均數	192	平均數	135	平均數	75

還是主要的，所以我們有理由把它們在自殺方面如此明顯的差別歸因於信仰的不同。

然而，這種初步的比較還是很粗淺。儘管相似之處是不容置疑的，但是這些不同國家的居民在其中生活的社會環境卻不完全相同。西班牙和葡萄牙的文明程度要比德國低得多，因此可以認為，這種文明程度的低下是我們在上文看到的自殺人數較少的原因。如果我們想避開這種錯誤的原因，比較明確的確定天主教和新教對自殺傾向的影響，就應該在同一個社會裡比較這兩種宗教。

在德意志的所有大國裡，巴伐利亞的自殺人數是最少的，從一八七四年起，每年每百萬人口中只有九十名自殺者，而普魯士為一百三十三名（一八七一—一八七五年），巴登公國為一百五十六名，符騰堡為一百六十二名，薩克森為三百名。不過，在巴伐利亞，天主教徒也最多，每一千名居民中有七百一十三點二名。另一方面，如果我們比較這個王國的每一個省，我們就會發現，自殺的人數和新教徒的人數成正比，而和天主教徒的人數成反比（見上表）。不僅這些平均數之比證實了這條規則，而且第一欄的所有數字都大於第二欄，第二欄的數字都大於第三欄，沒有任何不規則的地方。

普魯士諸省（1883-1890 年）

新教徒占90%以上的省	每百萬居民中的自殺人數	新教徒占68-89%的省	每百萬居民中的自殺人數	新教徒占40-50%的省	每百萬居民中的自殺人數	新教徒占28-32%的省	每百萬居民中的自殺人數
薩克森	309.4	漢諾威	212.3	西普魯士	123.0	波茲南	96.4
什列斯威	321.9	赫 斯	200.3	西利西亞	260.2	萊茵蘭	100.3
波美拉尼亞	171.5	布蘭登堡和柏林	290.3	西伐利亞	107.5	霍亨索倫	90.1
			171.3				
平均數	264.6	平均數	220.0	平均數	163.6	平均數	95.6

法蘭西族的邦		德意志族的邦		兩種民族混居的邦	
信奉天主教的邦	每百萬居民中有 83 名自殺者	信奉天主教的邦	87 名自殺者	信奉天主教的邦	86.7 名自殺者
				信奉兩種宗教的邦	212 名自殺者
信奉新教的邦	每百萬居民中有 453 名自殺者	信奉新教的邦	293 名自殺者	信奉新教的邦	326.3 名自殺者

普魯士的情況也是如此：

從細節上來看，在進行比較的十四個省中，只有兩個省稍有一點不規則：西利西亞的自殺人數較多，應該屬於第二類，卻列在了第三類，而波美拉尼亞應該列在第二類而不是第一類。

從這個觀點來看，瑞士是值得研究的。因為在瑞士由於既有法蘭西族的居民，也有德意志族的居民，所以可以分別觀察宗教信仰對這兩個民族的影響。然而，這種影響對每一個民族來說卻是一樣的。不管屬於哪一個民族，信奉新教的邦自殺人數要比信奉天主教的省多四至五倍。

宗教信仰的影響如此強大，以致於支配著所有其他因素。

表十八　在不同國家中每一種宗教信仰的人口中每百萬居民的自殺人數

	新教徒	天主教徒	猶太教徒	觀察者
奧地利（1852-1859年）	79.5	51.3	20.7	華格納
普魯士（1849-1855年）	159.0	49.6	46.4	同　上
普魯士（1869-1872年）	187	69	96	莫塞利
普魯士（1890年）	240	100	180	普林青格
巴　登（1852-1862年）	139	117	87	勒古瓦
巴　登（1870-1874年）	171	134.7	124	莫塞利
巴　登（1878-1888年）	242	170	210	普林青格
巴伐利亞（1844-1856年）	135.4	49.1	105.9	莫塞利
巴伐利亞（1884-1891年）	224	94	193	普林青格
符騰堡（1846-1860年）	113.5	77.9	65.6	華格納
符騰堡（1873-1876年）	190	120	60	涂爾幹
符騰堡（1881-1890年）	170	119	142	同　上

此外，在相當多的情況下，我們可以直接確定每一種宗教信仰的人口中每百萬居民的自殺人數。下面是不同觀察家所發現的數字：（見表十八）

由此可見，各地新教徒中的自殺人數都比其他宗教的信徒中多，毫無例外。[2]差距從**最小的**百分之二十——百分之三十到**最大的**百分之三百不等。挪威和瑞典雖然是新教國家，但只達到自殺人數的平均數。像邁爾[3]那樣引用這種少見的情況來駁斥這種事實上的一致性是徒勞無功的。首先，正像我們在本章開頭所指出的，這種國際性比較並不能說明問題，除非涉及相當多的國家，而且即使在這種情況下，這種比較也不是結論性的。斯堪的納維亞半島的居民和中歐的居民之間有著相當大的區別，所以我們可以理解成新教對彼此的影響並不完全相同。而且，在這兩個國家裡，自殺率本身雖不太大，但如果考慮到它們在歐洲文明國家中所占的地位不太重要，那麼它們的自殺率看來還是比較高的。我們沒有理由認為它們的文化水平已經超過了義大利——差得還很遠，然而自殺的人數卻多二、三倍（每百萬居民中達九十至一百名自殺者，而不是四十名）。新教難道不是自殺人數較多的原因嗎？因此，事實不僅沒有否定根據如此大量的觀察所得出的規律，反而傾向於肯定這條規律。[4]

至於猶太教徒，他們的自殺傾向一直比較小，而且普遍的小於天主教徒，儘管相差的程度不大。不過，後一種比例關係有時也會顛倒過來，尤其近年來有這種顛倒的情況。在本世紀中葉以前，除了巴伐利亞，所有國家中自殺的猶太教徒都比天主教徒少；[5]直到一八七〇年，猶太教徒才開始失去他們以前的天賦。他們的自殺率大大超過天主教的情況是很少見的。此外，我們不應忘記，比起其他宗教信仰的群體來，猶太教徒居住在城市裡並從事腦力勞動。由於這個緣故，他們比其他信徒更加強烈的傾向於自殺，這是出於他們所信奉的宗教以外的原因。因此，儘管有這種使之更加嚴重的影響，信奉猶太教的人自殺率仍然偏低，我們認為，在同樣的情況下，這是由於猶太教是所有宗教中自殺人數最少的緣故。

事實就是如此，那麼如何解釋這些事實呢？

二

如果我們考慮到，各地的猶太教徒都很少，而在我們早先觀察過的大多數社會裡，天主教徒也是少數，那麼我們就會情不自禁地想在這個事實中找出解釋這兩種宗教信仰自殺人數比較少的原因。[6]其實，我們可以想像，人數最少、不得不和周圍居民的敵意作鬥爭的教派，為了維護自身的生存，就不得不對自身實行嚴格的控制，強迫自己遵守某種特別嚴格的紀律。為了證明給予他們總是暫時的容忍是有理由的，他們不得不更加重視道德。除了這些考慮之外，某些事實看來確實意味著這種特殊因素不是沒有某種影響。在普魯士，天主教徒所處的少數地位是非常突出的，因為他們只占全部人口的三分之一。他們的自殺人數也只有新教徒的三分之一。在巴伐利亞，三分之二的居民是天主教徒，差距就小一點；後者的自殺人數和新教徒的自殺人數只有一百比兩百七十五，甚至只有一百比兩百三十八，這要分不同時期來看。最後，在幾乎全是天主教徒的奧地利帝國，新教徒和天主教的自殺人數之比為一百五十五比一百。由此看來，如果新教成為少數，新教徒的自殺傾向也就減少。

但自殺首先是一種極大的自我放縱，所以會擔心受到譴責，哪怕非常輕微的譴責也會起很大的作用，對處於少數地位的人尤其如此，他們的處境迫使他們特別注意公眾的輿論。因為這是一種並不傷害任何人的行為，所以人們不大責備那些比其他群體更傾向於這種行為的群體，而且不可能像犯罪和不法行為那樣大大地增加他們所引起的反感。此外，宗教的偏狹如果非常強烈，往往產生相對的效果。這種偏狹不是促使異教徒更加尊重輿論，反而使他們習慣於對輿論漠不關心。如果一個人感到自己是一種無法挽回的敵意的目標，他就會拒絕讓這種敵意平息，而是更加固執地堅持那些最受排斥的習俗。這是猶太教徒常有的情況，因此不能肯定他們這種異乎尋常的免疫力沒有其他原因。

但是，不管怎樣，這種解釋不足以說明新教徒和天主教徒各自的情況。因為，在天主教盛行的奧地利和巴伐利亞，儘管天主教教義的預防作用比較小，但還是很值得注意的。因此，天主教教義的預防作用不僅是因為它處於少數地位，比較普遍的情況是，不管這兩種信仰在整個人口中占多大比例，凡是我們可以從自殺的觀點進行比較的地方，我們都看到自殺的新教徒比天主教徒多。甚至有一些像上巴拉丁和上巴伐利亞這樣的國家，那裡的居民幾乎全是天主教徒（百分之九十二和百分之九十六），然而那裡自殺的新教徒和自殺的天主教徒之比為三百和四百二十三比一百。在下巴伐利亞，這個比例甚至上升到百分之五百二十八，在那裡，改革後的宗教的虔誠信徒在一百個居民中還不到一個。因此，儘管少數派不得不採取的這種謹慎態度是導致這兩種宗教之間如此巨大差異的原因，但在更大程度上肯定是由於其他原因。

我們可以在這兩種宗教制度的性質中找到這些原因。然而，這兩種宗教制度都同樣明確地禁止自殺。它們不僅在道義上非常嚴厲地譴責自殺，而且都教導說，新的生活始於死後，在這種生活中，人們將因他們的錯誤行為受到懲罰——新教和天主教都把自殺算在錯誤行為之列。最後，在這兩種宗教信仰中，這種禁律都具有神聖的性質——這種禁律不是被表現為一種正確推理的邏輯，但是它的權威性就是上帝本人的權威性。因此，新教之所以有利於自殺的發展，不是因為它對待自殺的態度不同於天主教。但是，如果說這兩種宗教在這一點上有同樣的戒律，那麼它們對自殺有不同影響的原因必定是使它們有所區別的比較一般的特點之一。

不過，天主教和新教之間唯一的基本區別是，後者比前者在更大的程度上允許自由思考。毫無疑問的，與希臘—拉丁的多神教和猶太人的一神教相比，天主教已經給思考和反省留下了更大的餘地，單就這一點來說它是一種理想主義的宗教。它不再滿足於機械式的禮儀，而是力求支配人們的意識。因此，它所針對的是意識，而且即使它要求理智盲目服從，它也是用理智的語言對理智說話的。同樣確實的是，天主教徒自然而然地接受它的教義，不加思考。他甚至不能對它的教義進行歷史的檢驗，因為人們所依據的原始經文禁止他這樣做。為了使傳統不致於發生變化，天主教巧妙地建立了一整套權威的等級制度，一切**變化**都是天主教思想所厭惡的。相較之下，新教徒卻是他的信仰的創造者。聖經掌握在他的手裡，任何解釋都不能強加於他。甚至這種改革過的宗教信仰的結構也使這種宗教個人主義狀態不可忽視。除了英國，任何地方的新教神職人員都不分等級，教士只從屬於他自己和他的意識，就像虔誠的信徒一樣，他是一位比普通信徒更有教養的引路人，沒有規定教條的特殊權威。但是，最能說明宗教改革運動發起人所宣佈的這種自由思考不是始終處於純理論肯定狀態的，是與天主教會不可分割的統一形成如此強烈對照的各種教派的日益增多。

因此，我們得出的第一個結論是，新教的自殺傾向必定與推動這種宗教的自由思考有關聯。我們要盡力正確地理解這種關聯。自由思考本身只是另一種原因的結果。當自由思考出現的時候，當人們長期以來已經接受了由傳統形成的信仰之後，要求由他們自己來形成信仰的時候，這不是由於自由探討的內在誘惑力，因為自由探討既帶來痛苦也帶來歡樂，而是由於人們從此以後需要這種自由。不過，這種需要本身只可能有一個原因，就是動搖傳統的信仰。如果傳統的信仰始終以同樣的力量使人接受，那麼人們甚至不會想到要對它提出批評。如果傳統的信仰始終具有同樣的權威，那麼人們就不會要求有權核對這種權威的來源。反省只是在需要進行的時候才進行，這就是說，儘管有一些不成熟的思想和感情過去一直足以指導行為，但是這些思想和感情現在失去了它們的有效性。於是反省便來填補已經形成的真空，但這種真空不是它所造成的。正像反省隨著思想和行為表現為無意識的習慣而消失一樣，反省只能隨著各種已經形成的習慣解體而復甦。反省並不要求恢復和輿論對抗的權利，除非輿論不再具有同樣的力量，即不再是普遍的看法。因此，如果這種要求不是在某一時刻以短暫的危機形式出現，如果這種要求變成長期的，如果個人的意識以一種不變的方式表明它的自發性，這是因為這種要求繼續被引向不同的方向，因為一種新的看法並沒有為了取代不再存在的看法而改變自身。如果一種新的信仰體系已經重新形成，而且像舊的信仰體系一樣，在所有的人看來都是無可爭辯的，那麼人們就不會想到進一步對它提出異議。甚至加以討論也是不允許的，因為全社會所共有的思想從這種一致的贊同中獲得一種權威，這種權威使這些思想成為神聖不可侵犯，並且使這些思想不受任何爭議。要使這些思想比較寬容，就應該讓這些思想已經變成不太普遍和不太完全被贊同的對象，讓它們被事先的爭論所削弱。

因此，如果說自由思考一旦被宣佈就會產生各種教派是確實的，那就應該補充一點：自由思考必須以各種教派為前提，並且產生於各種教派，因為自由思考只是為了允許各種潛在的或半公開的教會分裂更自由地發展才被要求和指定為一項原則。因此，如果說新教比天主教允許個人思想有更大的自由，這是因為新教不大重視共同的信仰和實踐。不過，一個宗教社會的存在不能沒有集體的**信條**，而且這種**信條**越是廣泛，這個社會就越是統一和強大。因為宗教社會不是透過交換和彼此服務把人們聯繫在一起的，世俗聯繫包含著種種差別並且是以差別為前提的聯繫，但是宗教社會不能結成這種聯繫。宗教社會只有使所有的人都信奉相同的教義才能使他們社會化，而且這種教義越是廣泛、越是站得住腳，宗教社會就越是能使人們社會化。帶有宗教特點、因而不受自由思考影響的行動和思考方式越多，上帝的思想就越是出現在生活的一切細節中，就越是使個人的意志趨向同一個目標。反之，一個宗教群體越是受個人判斷的支配，這個群體就越是沒有自己的生活，更沒有內聚力和生命力。因此，我們得出這樣的結論：新教徒的自殺比較多是因為新教是一個不像天主教會那樣非常整體化的教會。

與此同時，猶太教的情況也得到了解釋。事實上，基督教長期以來對猶太人的譴責已經在猶太人當中引起了特別強烈的團結一致的感情。同一種普遍的敵意作鬥爭的必要性，甚至沒有和其他居民自由交往的可能性，這迫使猶太人彼此緊緊地互相依靠。因此，每一個社區變成了一個緊密團結和協調一致的小社會，這個小社會對它自身和它的團結有著十分強烈的感情，這個小社會裡的所有人都以同樣的方式思想和生活——由於共同的生活和彼此實行緊密的和不斷的監督，個人之間的分歧幾乎不可能存在。猶太教會因此比任何其他教會更加集中，由於它是排斥異己的，因而更加依靠自己。因此，按照我們對新教所作的觀察類推，猶太人不大傾向於自殺也可能是這個原因，儘管各種環境相反地可能使他們傾向於自殺。毫無疑問的，從某種意義上來說，正是包圍著他們的敵意，他們必須具有這種天賦。但是，這種敵意之所以有這種影響，不是因為它迫使他們具有某種更高尚的道德觀念，而是因為它使他們非常和睦地生活在一起。正因為他們所從屬的宗教社會牢固地團結在一起，所以他們才有這樣的免疫力。此外，對他們的排斥只是產生這種結果的原因之一，猶太教本身的性質也可能在很大程度上促成這種結果。實際上，猶太教和所有次要的宗教一樣，基本上由一系列宗教儀式所組成，這些宗教儀式詳盡地規定了生活的全部細節，給個人的判斷只留下很少的餘地。

三

一些事實證實了這種解釋。

首先，在所有的新教大國中，英國是自殺人數最少的。實際上，英國每百萬居民中只有八十名左右自殺者，而經過宗教改革的各德意志社會卻有一百四十至四百名；然而，一般的思想和商業活動似乎和其他地方一樣頻繁。[7]與此同時，英國的聖公會恰恰比其他新教教會要整體化得多。誠然，人們曾經習慣於把英國看成是個人自由的傳統樂土，但是，實際上，許多事實證明，在英國，共同的和強制的、因而不允許個人自由思考的宗教信仰和宗教儀式要比德國多得多。首先，英國的法律還承認許多宗教法規：例如關於禮拜日停止工作的法律，禁止把聖經中的任何人物搬上舞臺的法律，最近還有要求所有議員都申明信仰某種宗教的法律等等。其次，大家都知道，對傳統的尊重在英國是多麼普遍和強烈：這種尊重不可能不像擴大到其他事件那樣擴大到宗教。然而，非常發達的傳統主義總是不同程度地排斥個人自身的活動。最後，在所有的新教神職人員中，只有英國的神職人員有等級，這種外部的組織顯然說明內部的統一，這種統一和非常突出的宗教個人主義是不能並存的。

此外，英國也是神職人員最多的新教國家。一八七六年，英國每一位牧師平均有九百零八名信徒，而匈牙利是九百三十二名，荷蘭是一千一百名，丹麥是一千三百名，瑞士是一千四百四十名，德國是一千六百名。[8]然而，教士的數量並不是一個無關緊要的細節和與宗教內在性質無關的表面特點。這個證明就是，各地的天主教神職人員比新教神職人員多得多。在義大利，兩百六十七名天主教徒就有一名神父，西班牙是四百一十九名，葡萄牙是五百三十六名，瑞士是五百四十名，法國是八百二十三名，比利時是一千零五十名。這是因為教士是信仰和傳統的天然工具，因為在這方面和其他方面一樣，工具必須與職能同步發展。宗教生活越是緊張，就越是要有人來指導生活。越是有些教條和戒律的解釋不受個人意識的支配，就越是要有能勝任的權威人士來說明其涵義；另一方面，這種權威人士越多，他們和個人的聯繫就越緊密，而且能更好地約束個人。因此，英國的情況遠不是否定我們的理論，而是證實我們的理論。新教在英國之所以不像在大陸那樣產生同樣的影響，是因為英國的宗教社會組織得更嚴密，和天主教會近似。

但是，這裡有一個具有更大普遍性的證據。

這個證據顯示，如果不伴隨著對教育的愛好，對自由思考的愛好是不可能產生的。事實上，科學是自由思考為達到其目的所掌握的唯一手段。如果那些不合理的宗教信仰或宗教儀式失去了權威性，為了尋找別的宗教信仰或宗教儀式，就很有必要求助於明智的意識，科學只是這種意識更高級的表現形式。其實，這兩種愛好是一回事，都產生於同樣的原因。一般說來，人們只有在這兩種愛好都擺脫了傳統的束縛時才渴望學習，因為只要傳統支配著智慧，傳統就能滿足一切，並且不輕易容忍敵對的力量。但反過來說，只要蒙昧的習慣不再滿足新的需要，人們就要尋找光明。因此，哲學這種最初的綜合形式的科學便在宗教失去威望的時候出現，而且只有在這時才出現；後來隨著產生哲學的需要本身進一步發展，我們便看到哲學逐步產生出許多特定的科學。因此，如果我們沒有弄錯，如果集體的和習慣的偏見逐步削弱引起自殺的傾向，如果由此而產生新教的特殊素質，我們就應該看到以下兩個事實：1. 新教徒對教育的愛好應該比天主教徒更強烈；2.由於這種愛好表明共同信仰的動搖，所以這種愛好一般地說應該像自殺那樣變化。事實是不是證實了這兩種假設呢？

如果只比較天主教的法國和新教的德國的最高層，亦即，如果只比較這兩個國家的最上層階級，那麼我們看來是禁得起這種比較的。和我們的鄰國相比，科學在我國的大城市中同樣得到重視和傳播——甚至可以肯定，我們在這一點上勝過許多新教國家。但是，儘管這兩個社會的上層對學習的需要都很明顯，但下層卻並非如此，而且，儘管這兩個國家對學習的需要幾乎都達到**最大**強度，我國的平均強度卻較低。可以說，和新教國家相比，天主教國家都是如此。假定後者的最高文化不次於前者，那麼普及教育就完全是另一回事了。一八七七—一八七八年，新教國家（薩克森、挪威、瑞典、巴登、丹麥和普魯士）每一千名學齡兒童——即六到十二歲的兒童——中有九百五十七名上學，而天主教國家（法國、奧地利、匈牙利、西班牙和義大利）則只有六百六十七名，少了百分之三十一。一八七四—一八七五年和一八六〇—一八六一年的比例也是如此。[9]這個數字最低的新教國家普魯士也大大高於天主教國家中處於領先地位的法國：前者每一千名學齡兒童中有八百九十七名上學，後者只有七百六十六名。[10]在整個德意志，巴伐利亞的天主教徒最多，文盲也最多。在巴伐利亞的所有省份中，上巴拉丁是天主教徒最多的省份之一，應徵入伍的新兵中既不會讀也不會寫的也最多（一八七一年占百分之十五）。在普魯士，波茲南公國和普魯士省的情況完全一樣。[11]最後，在整個普魯士王國，一八七一年每一千名新教徒中有六十六名文盲，每一千名天主教徒中有一百五十二名文盲。在這兩個教派的婦女中，這個比例也是如此。[12]

有人也許會提出異議，認為初等教育不能用來衡量普及教育的狀況。他們常常說，一個民族教育程度的高低並不取決於文盲的多少。我們同意這種保留意見，但是，說實在的，儘管不同程度的教育可能比看上去沒有更多的關聯，然而初等教育不發達，普及教育也很難同時發達。[13]不管怎樣，即使初等文化水平只是不完全地反映科學文化的水平，它也相當準確地表明，一個民族從整體上來說在何種程度上認識到學習的必要性。一個民族必須最強烈地感到這種必要性，才會努力把基礎知識傳播到最下層的階級中去。為了使所有的人由此掌握學習的手段，為了直至在法律上禁止愚昧無知，一個民族必須認識到，使人人變得更加聰明對它自身的存在來說是不可少的。實際上，新教國家之所以如此重視初等教育，是因為它們認為必須使每一個人都能解釋聖經。不過，我們現在所要涉及的是這種需要的平均強度，是每個民族所承認的科學的價值，而不是它的學者及其發明的價值。從這個特定的觀點來看，高等教育和真正科學生產的狀況可能是一種不適當的標準，因為這種狀況只會向我們顯示在社會有限的一部分中所發生的情況。普及教育的一般教育才是比較可靠的標誌。

我們的第一個假設由此得到證實，現在還有第二個假設有待證實。學習的需要只要和共同信仰的削弱相對應，是否確實像自殺一樣得到發展呢？新教徒比天主教徒更有文化，自殺也更多，這個事實已經是一種初步的推斷。但是這條規律不僅在比較這些宗教信仰時得到證實，而且在每一種教派內部同樣被觀察到。

義大利完全是一個天主教國家。那裡的普及教育和自殺呈現一致的分佈（見表十九）。不僅幾個平均數完全對應，而且在細節上也一致。只有一個例外：在某些局部原因的影響下，艾米

表十九[16]義大利各省自殺和教育的比較

第一組	雙方都有文化的夫妻所占的比例	每百萬人口中自殺的人數	第二組	雙方都有文化的夫妻所占的比例	每百萬人口中自殺的人數	第三組	雙方都有文化的夫妻所占的比例	每百萬人口中自殺的人數
皮埃蒙特	53.09	35.6	威尼斯	19.56	32.0	西西里	8.98	18.5
倫巴第	44.29	40.4	艾米利亞	19.31	62.9	阿布魯齊	6.35	15.7
利古里亞	41.15	47.3	翁布里亞	15.46	30.7	普利亞	6.81	16.3
羅馬	32.61	41.7	馬爾凱	14.46	34.6	卡拉布里亞	4.67	8.1
托斯卡尼	24.33	40.6	坎伯尼亞	12.45	21.6	巴西利卡塔	4.35	15.0
			撒丁	10.14	13.3			
平均數	39.09	41.1	平均數	15.23	32.5	平均數	6.23	14.7

利亞的自殺人數與教育程度無關。我們在法國也可以進行同樣的觀察。雙方都沒有文化的夫妻最多（超過百分之二十）的省份是科雷茲、科西嘉、北濱海、多爾多涅、菲尼斯特雷、朗德、莫爾比昂和上維埃納——這些省份相對來說都沒有自殺者。更通常的是，在那些雙方都是文盲的夫妻超過百分之十的省份當中，沒有一個省份屬於法國傳統的自殺之鄉的東北地區。[14]

如果對新教國家之間進行比較，可以發現類似的情況。薩克森的自殺人數比普魯士多；而普魯士的文盲比薩克森多（一八六五年分別為百分之五點五二和百分之一點三）。薩克森甚至表現出這樣的特點：學生人數超過了應受義務教育的人數。一八七七—一八七八年，每一千名學齡兒童中有一千零三十一名在上學，這就是說，有許多兒童在規定的學習年限之後繼續上學。這種情況在任何其他國家都是看不到的。[15]最後，在所有的新教國家中，我們知道英國的自殺人數最少；就教育程度而言，英國也最接近天主教國家。一八六五年，海軍中有百分之二十三的士兵不識字，百分之二十七的士兵不會寫。

還有其他一些事實可以用來和上述事實對照並證實這些事實。自由職業，這些通常比較富裕的階級，肯定也是對科學的愛好最為強烈，並過著最有理智的生活的階級。然而，儘管按職業和階級分類的自殺統計不可能總是非常精確，但無可爭議的是，在社會最上層的階級中自殺的人格外多。在法國，從一八二六年到一八八二年，自由職業居於領先地位，在這個職業群體的每百萬人中有五百五十名自殺者；家庭僕人居第二位，只有兩百九十名。[17]在義大利，莫塞利可以把專門從事研究工作的職業分出來，並發現從事這些職業的人中自殺的人數大大超過所有其他職業。他估計，在一八六八—一八七六年期間，每百萬名從事這些職業的人中有四百八十二點六名自殺者；其次是軍隊，有四百零四點一名，而全國的平均數只有三十二名。在普魯士（一八八三—一八九〇年），經過慎重選拔、構成知識份子菁英的政府官員每百萬人中有八百三十二名自殺者，超過了所有其他職業；衛生和教育部門的自殺者雖然少得多，但數字也很大（四百三十九名和三百零一名）。巴伐利亞的情況也是如此。如果把軍隊放在一邊（就自殺而言，它的情況是例外，其理由下文再談），政府官員處於第二位，自殺率是四百五十四名，幾乎接近第一位，因為他們的自殺率僅次於商人，後者的自殺率為四百六十五名；居於第三位的是文藝界和新聞界，他們的自殺率是四百一十六名。[18]誠然，在比利時和符騰堡，有文化的階級似乎沒有特別受到影響；但是這兩個國家的專業名稱都不太精確，所以不能過分重視這兩個不規則的情況。

其次，我們已經看到，在全世界的所有國家中，婦女自殺的都比男人少得多。不過，婦女受過教育的也少得多。她們基本上是墨守成規的，按既定的信仰行事，不大需要用腦力。在義大利，一八七八－一八七九年期間，每一萬對夫妻中有四千八百零八對不會在他們的婚約上簽名；每一萬名妻子中有七千零二十九名不會簽名。[19]在法國，一八七九年的比例是每一千對夫妻中有一百九十九名丈夫和三百一十名妻子不會簽名。在普魯士，兩者之間的差距相同，新教徒和天主教徒一樣。[20]在英國，這種情況要比其他歐洲國家少得多。一八七九年，每一千對夫妻中有一百三十八名丈夫沒有文化，一百八十五名妻子沒有文化，而且自一八五一年以來就大體上是這個比例。[21]但是英國也是婦女自殺人數最接近男子自殺人數的國家。按一千名女性自殺者計算，男性自殺者在一八五八－一八六〇年為兩千五百四十六名，一八六三－一八六七年為兩千七百四十五名，一八七二－一八七六年為兩千八百六十一名，但是，在其他各國，[22]婦女自殺比男子少四、五、六倍。最後，在美國，它經歷的各種條件幾乎完全相反，這就使這種經歷特別能說明問題。黑人婦女所受的教育似乎和她們的丈夫相同，有時甚至超過。有些觀察家報告，[23]她們也有十分強烈的自殺傾向，有時甚至超過白人婦女。有某些地方，這個比例可能達到百分之三百五十。

然而，有一種情況看來使我們的規律不能得到證實。

在所有的教派中，猶太教是自殺最少的宗教，但並不是教育最不發展的宗教。就初等教育而言，猶太教徒至少和新教徒處在相同的水平上。事實上，在普魯士（一八七一年），每一千名一種性別的猶太教徒中，沒有文化的男子有六十六名，婦女有一百二十五名；在新教徒中，這兩個數字幾乎完全一樣，男子為六十六名，婦女為一百一十四名。但是，受過中等和高等教育的猶太教徒從比例上看要比其他

	天主教徒	新教徒	猶太教徒
每 100 名居民中每種宗教徒所占的比例	33.8	64.9	1.3
每 100 名中學生中每種宗教徒所占的比例	17.3	73.1	9.6

教徒多；我們摘引的普魯士的統計數字（一八七五—一八七六年）證明了這一點（見上表）。【24】

考慮到人口的種種差別，上中學和職業中學的猶太教徒大約為天主教徒的十四倍，新教徒的七倍。高等教育的情況也是如此。在一千名上各級學校的天主教青年中，上大學的只有一點三名，在一千名新教青年中為二點五名，而在猶太教青年中，這個比例上升到十六。【25】

但是，猶太教徒之所以能找到這種既很有文化，又不大傾向於自殺的方法，這是因為他們所表現出來的興趣具有非常特殊的根源。宗教上的少數派為了能夠更有把握地抵擋住別人對他們的憎恨，或者僅僅出於一種好勝心，不得不在學問上超過周圍的人，這是一條普遍的規律。因此，新教徒自己也同樣表現出對科學更加愛好，因為他們在總人口中是少數。【26】因此，猶太教徒力求受教育，不是為了用經過深思熟慮的觀念來取代集體的偏見，只是為了在鬥爭中更好地武裝自己。這是為了補償輿論以及有時是法律給他們造成的不利處境的一種手段。但是，由於科學本身絲毫不能影響其保持其一切活力的傳統，所以他們只是在習慣的活動之外增加一重文化生活，後者並不破壞前者。這就是產生他們面貌的複雜性的原因。從某些方面來看，他們是未開化的，從另一些方面來看，他們又是理智的和高雅的人。他們就這樣把作為往昔小群體的特點的嚴格紀律所帶來的好處同我們現實的大社會所特有的高度文化結合在一起。他們具有現代人的全部智慧，而不分享現代人的絕望。

因此，在這種情況下，智力的發展之所以與自殺的人數無關，是因為兩者不是出於同樣的原因，也沒有同樣的涵義。由此可見，例外是顯而易見的——這種例外甚至肯定了這條規律。事實上，這種例外證明，在有文化的階層中，自殺的傾向之所以比較嚴重，正像我們已經說過的，是由於傳統信仰的削弱和由此而引起的道德利己主義的狀態；因為當教育具有另一種原因和滿足其他需要時，這種例外就會消失。

四

從這一章可以得出兩個重要的結論。

第一，我們看到為什麼一般說來自殺隨著科學的進步而發展。決定這種發展的不是科學。科學是無辜的，沒有比指責科學更不公正的了；猶太教徒的例子在這一點上很能說明問題。但是，這兩個事實同時產生於同樣的一般狀態，不過表現為不同的形式而已。一個人力求受教育而又自殺，是因為他所從屬的宗教社會失去了內聚力；但他不自殺卻是因為他受過教育。使宗教解體的不是他所受過的教育，而是因為宗教解體才引起對教育的需要。教育不是被當作一種推翻已被認可的輿論的手段來力求獲得的，而是因為輿論已經開始被推翻。毫無疑問，科學一旦存在，便能以它自身的名義為它自身而戰鬥，並且自認為是傳統感情的對立面。但是，如果這些感情仍然根深柢固的話，它的進攻就將毫無結果，更確切地說，它的進攻甚至不可能發生。人們不是用某些辯證的論證來根除信仰的，而一定是信仰已被其原因所徹底動搖，以致不能抗拒各種論據的衝擊。

科學不是邪惡的根源，恰恰相反，它是消除邪惡的手段，是我們所掌握的唯一手段。各種已經確立的信仰一旦被事物的進程帶走，人們就不可能人為地重新確立這些信仰，只有反省才能指導我們的生活。社會本能一旦衰退，智慧就是我們剩下的唯一指導，我們應該借助智慧來恢復某種意識。無論事情多麼危險，也不允許猶豫不決，因為我們沒有選擇的餘地。因此，但願那些惶惑不安和憂傷地眼看著舊信仰的破滅，體會到這個關鍵時刻的全部困難的人不要指責科學！科學不是邪惡的原因，相反的，科學力求消除邪惡。但願他們不要把科學當作敵人來對待！科學並沒有人們歸咎於它的那種有腐蝕作用的影響，而是使我們能夠與產生科學本身的解體作鬥爭的唯一武器。禁止它並不是一個解決辦法。使它保持沈默也不可能使已經消失的傳統恢復權威，只會使我們更不可能更換這些傳統。當然，應該同樣小心地不使自己把教育看成一種自我滿足的目的，教育只是一種手段。如果人為地禁錮思想不能使思想忘掉對獨立的愛好，那麼解放思想也不能使思想獲得平衡。但思想還是應該適當地利用這種解放。

第二，我們知道為什麼一般來說，宗教對自殺有一種預防的作用。正像我們經常說的，這不是因為宗教和世俗道德一樣毫不猶豫地譴責自殺，不是因為上帝的意旨使他的訓誡具有特殊的、能使意志屈服的權威，也不是因為來世生活的前景和在那裡等待著罪人的可怕懲罰使他的禁令比人間的法律得到更有效的承認。新教徒和天主教徒一樣相信上帝和靈魂不滅。相反的，最不傾向於自殺的宗教，即猶太教，倒恰恰是唯一不正式禁止自殺的宗教，也是靈魂不滅的思想最不起作用的宗教。實際上，《聖經》並不包括任何禁止自殺的條文，[27]另一方面，其中有關來世的信仰也是很不明確的。毫無疑問，在這兩方面，拉比的教導逐漸填補了《聖經》的空白，但是沒有《聖經》的權威。因此，宗教的有益影響並非來自宗教觀念的特殊性質。宗教之所以使人避免自殺的欲望，不是因為宗教用某些特殊的理由勸告他重視自己的身體，而是因為宗教是一個社會，構成這個社會的是所有信徒所共有的、傳統的，因而也是必須遵守的許多信仰和教規。這些集體的狀態越多越牢固，宗教社會的整體化越牢固，也就越是具有預防的功效。信條和宗教儀式的細節是次要的。主要的是信條和儀式可以維持一種具有足夠強度的集體生活。因為新教教會不像其他教會那樣穩定，所以對自殺不能起同樣的節制作用。

註釋

【1】十五歲以下的人口除外。

【2】我們沒有關於宗教信仰在法國的影響的資料。但是這裡有勒魯瓦在他的論文中所說的關於塞納—馬恩省的情況：在坎西、楠特伊萊莫、馬勒伊等縣中，三百一十名新教居民中有一名自殺者，六百七十八名天主教居民中有一名自殺者（見他的著作第二〇三頁）。

【3】《社會科學手冊》，《補遺》第一卷，第七〇二頁。

【4】只有英國的情況是例外。英國不是天主教國家，自殺的人卻不多。這種情況將在下文得到解釋，見第一九〇—一九一頁。

【5】巴伐利亞也是唯一的例外：那裡自殺的猶太教徒比天主教徒多一倍。在這個國家裡，猶太教的地位有什麼特殊之處？我們不知道。

【6】勒古瓦的著作，第二〇五頁；厄廷根：《道德統計學》，第六五四頁。

【7】英國的自殺統計確實不太精確。由於自殺要受到懲罰，所以許多案件都登記為意外死亡。不過，這種不精確不足以說明英國和德國之間如此懸殊的差距。

【8】厄廷根：《道德統計學》，第六二六頁。

【9】厄廷根：《道德統計學》，第五八六頁。

【10】有一個時期（一八七七—一八七八年），巴伐利亞稍稍超過了普魯士，但也只有這一次。

【11】厄廷根：《道德統計學》，第五八二頁。

【12】莫塞利的著作，第二二三頁。

【13】此外，我們在下文（第一九六頁）還將看到，中等教育和高等教育在新教徒中也比在天主教徒中發達。

【14】見《法國統計年鑑，一八九二—一八九四年》，第五〇、五一頁。

【15】厄廷根：《道德統計學》，第五八六頁。

【16】與雙方都有文化的夫妻有關的數字引自厄廷根：《道德統計學》，附錄，表八十五；這些數字是一八七二—一八七八年的，自殺的數字是一八六四—一八七六年的。

【17】《一八八二年刑事法庭公告》，第CXV頁。

【18】見普林青格的著作，第二八—三一頁。奇怪的是，在普魯士，文藝界和新聞界的自殺率並不高（兩百七十九名）。

【19】厄廷根：《道德統計學》，附錄，表八十三。

【20】莫塞利的著作，第二二三頁。

【21】厄廷根的著作，第五七七頁。

【22】除了西班牙。但是，西班牙的統計數字的精確性不僅使我們懷疑，而且不能和中歐及北歐的大國作比較。

【23】拜利和鮑丁。轉引自莫塞利的著作，第二二五頁。

【24】根據阿爾溫·佩特席利：《關於普魯士中等學校的統計》，載於《普魯士統計局雜誌》，一八七七年，第一〇九頁以下。

【25】《普魯士統計局雜誌》，一八八九年，第XX頁。

【26】下表說明，在普魯士的不同省份中，新教徒上中學的情況實際上是何等不同：

由此可見，在新教徒占多數的地方，新教徒學生的人數與新教徒的總人口並不相稱。一旦占少數的天主教徒人數增加，學生總數和總人口數之差就從負數變成正數，而且隨著新教徒人數的減少，這種正差就越大。在天主教徒占少數的地方，天主教徒也表現出對知識比較感興趣（見厄廷根：《道德統計學》，第六五〇頁）。

	新教徒占總人口的比例		新教徒占學生總數的比例	二者之差
第一組	98.7-87.2%	平均 94.6	90.8	-3.8
第二組	80-50%	平均 76.3	75.3	+5
第三組	50-40%	平均 46.4	56.0	+10.4
第四組	40% 以下	平均 29.2	61.0	+31.8

【27】我們所知道的唯一刑律是弗拉維烏斯·約瑟夫斯在他的《猶太人抗擊羅馬人戰爭史》（第三卷，第二五頁）中所告訴我們的，但他只是說：「自殺者的屍體日落後才可埋葬，儘管允許戰鬥中的被殺者在日落前入葬。」人們甚至可以懷疑這是不是一種刑律。

第三章　利己主義式的自殺（續）

但是，如果說宗教能預防自殺只因為它是一個社會，而且只有在它是一個社會時才能預防自殺，那麼其他社會也可能產生同樣的作用。因此，讓我們從這個角度來觀察一下家庭和政治社會。

一

如果只看絕對數字，那麼單身者自殺的似乎比已婚者少。一八七三—一八七八年期間，法國自殺的已婚者有一萬六千兩百六十四人，而自殺的單身者只有一萬一千七百零九人。前一個數字和第二個數字之比為一百三十二＊比一百。由於在其他時期和在其他國家也是這個比例，所以某些作者以前曾經告訴我們，家庭生活增加自殺的機會。誠然，如果按照流行的看法，首先把自殺看成是由於生活困難引起的一種絕望的行為，這種看法具有它的全部真實性。單身漢的生活確實比已婚男子安逸。婚姻不是帶來各種各樣的負擔和責任嗎？為了保證一個家庭的現在和未來，不是應該比供給一個單身漢的需要要更加省吃儉用和辛苦嗎？[1]然而，儘管看上去一目了然，但這種先驗的推理完全是錯誤的，只是由於對事實做了錯誤的分析，所以才使這種推理具有合理的外表。這是老貝蒂榮根據一種巧妙的計算首先做出的推理，我們將在下文重複這種計算。[2]

實際上，要正確地判斷上述數字，就應該考慮到大量的單身者年齡都不到十六歲，而所有已婚者的年齡都比較大。在十六歲以前，只因為年齡的關係所以自殺的傾向很小。在法國，這個年齡階段的每百萬居民中只有一、二名自殺者；在以後的年齡階段中，自殺的人數就多二十倍。因此，單身者中有大量十六歲以下的兒童使單身者的普遍傾向減弱並不是規律，因為這種減弱是由於年齡而不是由於單身。看來他們自殺的之所以不多，不是因為他們沒有結婚，而是因為他們中許多人還沒有結束童年時代。因此，如果要比較這兩部分人口，以便確定婚姻狀態的影響，就應該減少這種干擾的成分，只比較已婚者和十六歲以上的未婚者。減去這種成分以後就可以發現，在一八六三—一八六八年期間，平均每百萬名十六歲以上的單身者中有一百七十三名自殺者，而每百萬名已婚者中的自殺者為一百五十四點五名。前一個數字和後一個數字之比為一百一十二比一百。

因此，單身在某種程度上使自殺的傾向加劇。但是這種加劇要比上述數字所表示的嚴重得多。我們所作的推論好像所有十六歲以上的單身者和所有的已婚者都是同樣的平均年齡。然而事實並非如此。在法國，大多數單身漢，確切地說百分之五十八的未婚男子，在十五至二十歲之間；大多數姑娘，確切地說百分之五十七的未婚女子，不到二十五歲。前者的平均年齡是二十六點八歲，後者的平均年齡是二十八點四歲。相反的，已婚者的平均年齡在四十至四十五歲之間。另一方面，下面是男女合計自殺人數隨著年齡的增長而增加的情況：

十六—二十一歲	每百萬名居民中有四十五．九名自殺者
二十一—三十歲	每百萬名居民中有九十七．九名自殺者
三十—四十歲	每百萬名居民中有一一四．五名自殺者
四十一—五十歲	每百萬名居民中有一六四．四名自殺者

*原文如此，應為一百三十九。——譯者註

這些數字是一八四八—一八五七年期間的。因此，如果年齡單獨起作用，那麼單身者傾向於自殺的不超過九十七點九，而已婚者傾向於自殺的在一百一十四點五和一百六十四點四之間，即一百四十左右。已婚者自殺的人數與單身者自殺的人數之比為一百比六十九，後者只是前者的三分之二；然而，我們都知道，實際上他們的自殺人數更多。家庭生活所產生的結果是把這個比例顛倒過來。然而，如果家庭生活沒有影響，已婚者按他們的年齡來說自殺人數必然比單身者的自殺人數少一半，那麼他們的自殺人數就要少得多。因此可以說，婚姻使自殺的危險大約減少一半；或者說得更確切一點，單身的結果是增加自殺的傾向。用數字來表示增加的比例是六十九分之一百一十二，等於一點六。因此，如果可以用一來表示已婚者的自殺傾向，那就應該用一點六來表示單身者的自殺傾向。

在義大利差不多也是這個比例。由於他們的年齡，每百萬名已婚者（一八七三—一八七七年）中有一百零二名自殺者，而十六歲以上的獨身者中只有七十七名；第一個數字與第二個數字之比為一百比七十五。[3]但是，事實上是已婚者自殺的少，只有七十一名，而單身者為八十六名，即一百比一百二十一。因此，單身者的自殺人數與已婚者的自殺人數之比為一百二十一比七十五，即前者是後者的一點六倍，和法國一樣。我們在不同的國家可以看到類似的情況。各地已婚者的自殺率都不同程度地低於單身者的自殺率，[4]但是按年齡來看，前者應該比較高。在符騰堡，從一八四六年到一八六〇年，這兩個數字之比是一百比一百四十三；在普魯士，從一八七三年到一八七五年，這兩個數字之比是一百比一百一十一。

但是，根據現有的資料，如果這種計算方法在幾乎所有的情況下都是唯一可以適用的方法，如果因此必須用這種方法來確定事實的普遍性，那麼這種方法所得出的結果只能是大體上近似。毫無疑問的，這種方法足以證明單身增加自殺的傾向，但只能很不確切地說明這種增加的程度。事實上，為了區別年齡的影響和婚姻狀況的影響，我們已經把三十歲的自殺率和四十五歲的自殺率之比作為基準點。可惜，婚姻狀況本身的影響已經給這個比例留下了印記，因為這兩個年齡組都是把單身者和已婚者合在一起計算的。毫無疑問，在這兩個年齡階段，如果已婚男子和未婚男子之比相同，未婚女子和已婚女子之比也相同，那就可以起抵銷的作用，只表現出年齡的影響。但事實完全不是這樣。三十歲的未婚男子比已婚男子稍多一些（根據一八九一年的調查，前者為七十四萬六千一百一十一人，後者為七十一萬四千兩百七十八人），而四十五歲這個年齡階段的情況恰恰相反，未婚男子只是極少數（三十三萬三千零三十三人，已婚男子為一百八十六萬四千四百零一人）；女子的情況也是如此。由於這種不平均的分佈，他們的自殺傾向在這兩種情況下並不產生同樣的結果。這種不平均的分佈使前者的自殺率大大超過後者。因此，後者的自殺率相對來說太小，如果只是年齡起作用，那麼可能超過前者的數量就會被人為地減少。換句話說，從自殺方面來看，**而且僅僅由於年齡的關係**，二十五至三十歲的人口和四十至四十五歲的人口之間的差距肯定要比用這種計算方法所顯示的大。不過，正是這種差距的縮小，構成有利於已婚者的幾乎全部免疫力。因此，這種免疫力看起來要比實際上小。

這種方法甚至造成過更嚴重的誤差。因此，為了確定喪偶對自殺的影響，人們有時只比較喪偶者的自殺率和同樣平均年齡、即六十五歲左右各種婚姻狀況的人的自殺率。在一八六三—一八六八年期間，每百萬喪偶者中有六百二十八名自殺者；每百萬名六十五歲的男子（各種婚姻狀況合計）中大約有四百六十一名自殺者。從這些數字可以推斷，即使是同樣的年齡，喪偶者自殺的人數也要比任何其他人口中的自殺人數多得多。因此，流傳著這樣的偏見：從自殺的角度來看，所有的條件都對喪偶不利。[5]實際上，六十五歲的人口中之所以自殺的人不多，是因為他們幾乎全部都是已婚者（九十九萬七千一百九十八人，單身者只有十三萬四千兩百三十八人）。因此，儘管這種比較足以證明喪偶者自殺的多於同齡的已婚者，但是就他們的自殺傾向與單身者的自殺傾向相比而言，卻不能由此類推。

總之，如果只比較各種平均數，就只能大體上看到各種事實及其相互關係。因此，很可能得出這樣的結論：一般說來，已婚者自殺少於單身者，然而，在某些年齡階段，這種比例會例外地顛倒過來；我們看到，確實存在這種情況。這些例外對解釋這種現象可能有啟發，但是不能用這種方法來證明。在各種年齡階段也可能有各種變化，這些變化雖然達不到完全顛倒過來的程度，但是有重要意義，因此有必要指出來。

避免這些弊病的唯一辦法是分別確定每個群體在每個年齡階段的自殺率。在這種條件下，可以比較例如二十五至三十歲的單身者與同年齡的已婚者和喪偶者，對其他年齡階段來說也是如此；婚姻狀況的影響就可以這樣同任何其他影響區別開來，而且這種影響可能發生的種種變化就可以變得顯而易見。此外，這是貝蒂榮第一個用於統計死亡率和結婚率的方法。可惜官方出版物不向我們提供進行這種比較的必要資料。[6]官方出版物確實使我們認識到，自殺者的年齡與他們的婚姻狀況無關。據我們所知，唯一採取另一種做法的是奧爾登堡大公國（包括盧貝克公國和伯肯菲爾德公國）的官方出版物。[7]這份出版物給我們提供了一八七一——一八八五年期間各個年齡段和各種婚姻狀況自殺人數的分佈。但是，這個小國家在這十五年裡只有一千三百六十九名自殺者。由於自殺人數如此之少，根本不可能做出可靠的結論，所以我們借助於司法部所掌握的內部檔案，著手分析我國的情況。我們研究了一八八九年、一八九〇年和一八九一年的情況，把大約兩萬五千名自殺者分了類。這個數字本身就足以作為歸納的基礎，我們深信沒有必要把我們的觀察擴大到更長的時期。事實上，每一類人每個年齡段每年的自殺人數差不多一樣。因此沒有必要確定更長時間的平均數。

表二十和二十一包含這些不同的數字。除了表示喪偶者和已婚者的自殺率的數字外，我們還列出每個年齡段的**免疫力係數**，我們所說的免疫力係數是指已婚者的自殺率與喪偶者的自殺率之比，或者是已婚者和喪偶者的自殺率與單身者的自殺率之比。我們用這個詞來說明在同一個年齡段內一類人的自殺比另一類人的自殺少多少倍的數。因此，當我們說二十五歲的已婚者與未婚者相比的免疫力係數是三時，就應該被理解為，如果已婚者在生命的這個時刻的自殺率為一，那麼單身者在這個時刻的自殺率就應該為三。自然的，如果免疫力係數低於整數，那麼這個係數實際上就變成了加劇係數。

從這兩張表所得出的規律可以表述如下：

一、**太早結婚有加劇自殺傾向的影響，尤其是對男子而言**。由於這個結果是根據少數幾個案例計算出來的，所以需要進一步加以證實；在法國，十五至二十歲的已婚者中平均每年只有一人自殺，確切地說是一點三三人。然而，由於在奧爾登堡大公國所觀察到的事實也是如此，甚至女子也是這樣，所以不大可能是偶然的。甚至我們在上文引證過的瑞典的統計[9]也顯示出同樣的加劇，至少就男性來說是這樣。不過，就我們已經陳述過的理由來說，如果我們認為對高齡的統計不精確，那麼我們就沒有任何理

表二十　奧爾登堡大公國
1871-1885 年間各年齡段、各種婚姻狀況的男女每 10 萬人中的自殺人數 [8]

年齡	單身者	已婚者	喪偶者	免疫力係數		
				已婚者		喪偶者
				與單身者之比	與喪偶者之比	與單身者之比
男						
0-20	7.2	769.2	—	0.09	—	—
20-30	70.6	49.0	285.7	1.40	5.8	0.24
30-40	130.4	73.6	76.9	1.77	1.04	1.69
40-50	188.8	95.6	285.7	1.97	3.01	0.66
50-60	263.6	137.8	271.4	1.90	1.90	0.97
60-70	212.8	148.3	304.7	1.63	2.05	0.79
70 以上	266.6	114.2	259.0	2.30	2.26	1.02
女						
0-20	3.9	95.2	—	0.04	—	—
20-30	39.0	17.4	—	2.24	—	—
30-40	32.3	16.8	30.0	1.92	1.78	1.07
40-50	52.9	18.6	68.1	2.85	3.66	0.77
50-60	66.6	31.1	50.0	2.14	1.60	1.33
60-70	62.5	37.2	55.8	1.68	1.50	1.12
70 以上	—	120	91.4	—	1.31	

表二十一 法國（1889-1891 年）
各年齡、各種婚姻狀況的男女每百萬人中的自殺人數

年齡	單身者	已婚者	喪偶者	免疫力係數		
				已婚者		喪偶者
				與單身者之比	與喪偶者之比	與單身者之比
男						
15-20	113	500	—	0.22	—	—
20-25	237	97	142	2.40	1.45	1.66
25-30	394	122	412	3.20	2.37	0.93
30-40	627	226	560	2.77	2.47	1.12
40-50	975	340	721	2.86	2.12	1.35
50-60	1434	520	979	2.75	1.88	1.46
60-70	1768	635	1166	2.78	1.83	1.51
70-80	1983	704	1288	2.81	1.82	1.54
80 以上	1571	770	1154	2.04	1.49	1.36
女						
15-20	79.4	33	333	2.39	10	0.23
20-25	106	53	66	2.00	1.05	1.60
25-30	151	68	178	2.22	2.61	0.84
30-40	126	82	206	1.53	2.50	0.61
40-50	171	106	168	1.61	1.58	1.01
50-60	204	151	199	1.35	1.31	1.02
60-70	189	158	257	1.19	1.62	0.77
70-80	206	209	248	0.98	1.18	0.83
80 以上	176	110	240	1.60	2.18	0.79

由懷疑對第一個年齡段的統計，因為這個年齡段還沒有喪偶者。此外，我們知道，年紀很輕的丈夫和妻子的死亡率大大超過同齡的未婚男子和女子。一千名十五至二十歲之間的未婚男子中每年有八點九名死亡，一千名同齡已婚男子中有五十一名，即多百分之四百七十三。女子的差距小得多，已婚女子為九點九名，未婚女子為八點三名，前一個數字與後一個數字之比只是一百一十九比一百。[10]年輕夫婦這種比較高的死亡率顯然是社會原因造成的，因為如果說這種較高的死亡率主要是身體不夠成熟所造成的，那麼較高的死亡率在女性中由於分娩所特有的危險而格外明顯。因此，一切都趨向於證明，過早結婚引起一種影響有害的道德狀態，尤其是對男子。

二、**從二十歲起，已婚男女與單身者相比有一個免疫力係數**。這個係數大於貝蒂榮計算出來的係數。這位觀察家所指出的一點六這個數字與其說是最低限度的數字，不如說是平均數。[11]這種免疫力係數隨著年齡的增長而變化，很快就達到最高限度：在法國是在二十五至三十歲之間，在奧爾登堡是在三十至四十歲之間；從這時起，免疫力係數開始下降，直至生命的最後階段，但有時也會稍為重新回升。

三、**已婚者與單身者相比的免疫力係數隨著性別的不同而變化**。在法國，處於有利地位的是男子，男女免疫力係數之間的差距很大：男人的免疫力係數平均為二點七三，而女人只有一點五六，亦即小百分之四十三。但是，在奧爾登堡，情況正好相反，女人的免疫力係數平均為二點一六，而男人只有一點八三。值得注意的是，這種不相稱比較小：前一個數字只比後一個數字大百分之十六。因此我們可以說，**在已婚者中，免疫力係數較高的性別因社會的不同而不同，兩個性別自殺率的差距本身則根據哪個**

性別的免疫力係數高而變化。在本書中，我們將會看到證實這條規律的事實。

四、**喪偶降低已婚者的免疫力係數，但往往不會使免疫力係數完全沒有**。喪偶者自殺的比已婚者多，但往往少於單身者。在某些情況下，他們的免疫力係數甚至高達一點六零和一點六六。像已婚者的免疫力係數一樣，他們的免疫力係數也隨著年齡變化，但變化不規則，不可能被看作規律。

正像已婚者的免疫力係數一樣，**喪偶者與單身者相比的免疫力係數也隨著性別的不同而變化**。在法國，處於有利地位的是男人，他們的免疫力係數平均為一點三二，而寡婦的免疫力係數則降到整數以下，為零點八四，亦即小百分之三十七。但是在奧爾登堡，處於有利地位的卻是女人，就像已婚者一樣，她們的免疫力係數平均為一點零七，而鰥夫的免疫力係數低於整數，為零點八九，亦即低百分之十七。就像已婚者一樣，當處於最有利地位的是女人時，男女免疫力係數的差距比男子處於有利地位的地方小。因此我們用同樣的話說，**在喪偶者中，免疫力係數較高的性別因社會的不同而不同，兩個性別自殺率的差距本身則根據哪個性別的免疫力係數高而變化**。

事實就這樣確定後，我們應該力求解釋這些事實。

二

已婚者所具有的免疫力只能歸功於下述兩個原因之一：

或者是由於家庭環境的影響。那麼這就是家庭以它的影響消除自殺的傾向或防止這種傾向產生。

或者是由於人們所說的婚姻的選擇。事實上，婚姻是在整個人口中無意識地進行一種篩選。並非想結婚就可以結婚的，如果不是同時具備健康、財產和品德等條件，就很少有機會建立一個家庭。因此，那些不具備這些條件的人，除非意外地遇到有利的時機，否則不管願不願意都要被趕進容納全國人口糟粕的單身者行列。這裡彙集了殘障的人、患不治之症的人、太窮的人或有污點的人。因此，如果這一部分人口在這一方面不如另一部分人口，那麼他們自然要以較高的死亡率、更多的犯罪行為和更強的自殺傾向來證明他們的低劣。按照這種假設，預防自殺、犯罪或疾病的不是家庭；已婚者處於有利地位只不過是因為只有他們才被允許過家庭生活，這種生活已經為肉體和精神的健康提供了可靠的保證。

貝蒂榮似乎在這兩種解釋之間猶豫不決，而且同時接受了這兩種解釋。此後，勒圖爾諾先生在他的《婚姻與家庭的演變》[12]一書中毫不含糊地選擇了第二種解釋。他拒絕把已婚者無可爭辯的優勢看成是婚姻狀態佔優勢的結果和證明。如果他不是粗略地觀察這些事實，他就不會如此倉促地做出判斷。

毫無疑問，已婚者的肉體和精神狀態一般說來比單身者好，這是很可能的。然而，婚姻的選擇並非只讓人口中的菁英進入婚姻狀態。尤其不能肯定的是，沒有財產和地位而結婚的人大大地少於其他人。正像有人曾經指出的，[13]他們的子女往往比富裕階級的子女多。因此，如果說深謀遠慮並沒有妨礙他們輕率地擴大他們的家庭，那又為什麼會妨礙他們建立一個家庭呢？此外，事實後來一再證明，貧困並不是決定社會自殺率的因素之一。至於殘障的人，除了有許多理由常常使人不計較他們的殘障之外，也根本不能證明他們更喜歡自殺。最容易使人傾向於自殺的器質性心理氣質是各種神經衰弱。不過，神經衰弱今天與其說被看成是一種缺陷，倒不如說被看成是一種高雅的標誌。在我們這個文雅的、熱愛才智的社會裡，神經過敏的人幾乎成了貴族。只有明顯的瘋子才可能被排除在婚姻之外。這種有限的排除不足以解釋為什麼已婚者有較大的免疫力。[14]

除了這些多少有點先驗的考慮之外，許多事實都顯示，已婚者和單身者各自的情況是由於完全不同的原因而造成的。

如果這種情況是婚姻選擇的結果，那麼從這種選擇開始進行起，亦即從未婚男子和未婚女子開始結婚的年齡起，這種情況就應該顯示出來。這時，我們應該看到最初的差距，後來，隨著篩選的進行，亦即隨著能夠結婚的人結婚而不再和生來就注定要形成單身者階層的人混在一起，這種差距越來越大。最後，在良莠完全分開的年齡，或者所有能夠結婚的人都結了婚，或者在單身者當中只剩下那些由於肉體和精神都不如別人而無可挽回地處於這種地位的人，這種差距便可能達到最大限度。這個時刻大概在三十歲到四十歲之間，超過了這個年齡，人們幾乎不再結婚。

然而，免疫力係數實際上完全按照另一種規律變化。首先，免疫力係數常常被一種加劇係數所取代。非常年輕的已婚者比單身者更傾向於自殺；如果他們生來就具有這種免疫力，那麼情況就不會是這樣。其次，最大限度幾乎是一下子就達到的。從已婚者的有利地位開始顯示出來的第一個年齡段（二十到二十五歲之間）起，免疫力係數就達到一個後來幾乎不再超過的數字。然而，在這個年齡段，已婚男子只有十四萬八千人，而未婚男子為一百四十三萬人；已婚女子為六十二萬六千人，未婚女子為一百零四萬九千人（均為約整數）。[15]因此，這個年齡段的單身者當中包括大部分這種被認為由於天生的素質將來會成為已婚者中的傑出菁英；從自殺的角度來看，兩者的差距應該不大，但是差距已經很

	男女的自殺率			
	每百名單身的自殺者中		每百名已婚的自殺者中	
	男	女	男	女
20-25 歲	70	30	65	35
25-30 歲	73	27	65	35
30-40 歲	84	16	74	26
40-50 歲	86	14	77	23
50-60 歲	88	12	78	22
60-70 歲	91	9	81	19
70-80 歲	91	9	78	22
80歲以上	90	10	88	12

大了。同樣的，在下一個年齡（二十五到三十歲之間），在兩百萬應該進入三十至四十歲之間的已婚者當中，有一百多萬還沒有結婚；然而，單身不僅沒有給他們帶來好處，反而起到了最壞的作用。就自殺而言，這兩部分人口之間的差距從來沒有這麼大。相反的，在三十到四十歲之間，區別已經完成，已婚者有自己大體完整的範圍，免疫力係數不是達到最高點，從而表現出婚姻選擇已經結束，而是突然下降。就男子來說，免疫力係數從三點二零下降到二點七七；就女子來說，下降得更明顯，從二點二二降到一點五三，即下降百分之三十二。

另一方面，這種篩選不管以什麼方式進行，對未婚女子和未婚男子來說應當是相同的，因為未婚女子和未婚男子都是以同樣的方式進行婚姻選擇的。因此，如果說已婚者在精神上佔優勢只是這種選擇的結果，那麼這種優勢對男女來說應當是相同的，因而對自殺的免疫力也應當是相同的。然而，在法國，已婚男子實際上要比已婚女子處於更有利的地位。就前者來說，免疫力係數高達三點二零，只有一次下降到二點零四，一般是二點八零左右，而就後者而言，**最高**不超過二點二二（或者至多是二點三九[16]），而最低卻低於整數（零點九八）。因此，在法國，女子的自殺人數最接近於男子是由於結婚造成的。上表是一八八七—一八九一年期間處於每一種婚姻狀態的男女的自殺率：

由此可見，在每個年齡段，[17]已婚女子的自殺率都比未婚女子的自殺率高得多。這肯定不是因為已婚女子比未婚子女更容易受影響；表二十和表二十一證明了相反的情況。不過，儘管女子在結婚時沒有失去什麼，她所獲得的卻比男子少。但是，免疫力的大小之所以如此不同，是因為家庭生活對兩性道德素質的影響不同。不容置疑地證明這種不同並沒有其他根源的是，我們可以看到這種免疫力在家庭環境中產生和增長。事實上，表二十一顯示，兩性的免疫力係數起初幾乎沒有什麼不同（女子為二點九三或二，男子為二點四零*）。後來，差距逐漸加大，首先是因為已婚女子的免疫力係數比已婚男子的免疫力係數增加得慢，直到最高年齡**；其次是因為已婚女子的免疫力係數降低得比較快，幅度比較大。[18]由此可見，免疫力係數之所以隨著家庭影響的延長而變化，是因為免疫力係數取決於家庭的影響。

更說明問題的是，各國已婚男女的免疫程度並不相同。在奧爾登堡大公國，幸運的是已婚女子；而我們在下文將看到另一個反面的例子。不過，婚姻選擇大體上是以同樣的方式進行的。因此，婚姻選擇

*原文如此。按表二十一所示，十五至二十歲已婚女子的免疫力係數為二點三九，二十至二十五歲已婚女子的免疫力係數為二；二十至二十五歲已婚男子的免疫力係數為二點四零，而十五至二十歲已婚男子的免疫力係數只有零點二二。——譯者註

**原文如此。按表二十一所示，這句話應理解為已婚女子的自殺率比已婚男子的自殺率提高得慢。——譯者註

不可能是免疫力的基本因素，因為這種免疫力在不同的國家怎麼會產生相反的結果呢？相反的，在兩種不同的社會裡，家庭倒很可能對男女產生不同的影響。因此，我們所研究的現象的主要原因應該到家庭群體的構成中去找。

但是，無論這個結論多麼有意思，都需要進一步說明，因為家庭環境是由不同成分構成的。對每一對夫妻來說，家庭包括：丈夫和妻子，以及子女。家庭對自殺傾向起免疫作用是由於前者，還是由於後者？換句話說，家庭由兩種不同的結構所構成：一方面是夫妻群體，另一方面是嚴格意義上的家庭群體。這兩個群體既沒有同樣的起源，性質也不相同，因此，根據各種可能性，也不會產生同樣的影響。前者產生於婚約和某種有選擇的親緣關係，後者產生於某種自然現象——血親關係；前者把同一代的兩個成員結合在一起，後者把這一代人和下一代人結合在一起；後者和人類一樣年代久遠，前者是在較晚的時候才組織起來的。因為這兩種群體如此不同，所以可以先驗地肯定，它們不會共同引起我們力求理解的事實。不管怎樣，即使兩者都促成這種事實，也不會是以同樣的方式，也不可能達同樣的程度。因此，我們必須研究兩者是不是都參與，如果參與，那麼它們各自的參與程度又如何？

從本世紀初開始，結婚率變化不大，但自殺率卻上升了三倍，這個事實已經證明婚姻的影響並不大。從一八二一年到一八三〇年，每一千名居民中每年有七點八名結婚，從一八三一年到一八五〇年為八名，一八五一到一八六〇年為七點九名，從一八六一年到一八七〇年為七點八名，從一八七一年到一八八〇年為八名。然而，在這個時期，每百萬居民的自殺率卻從五十四名增加到一百八十名。從一八八〇年到一八八八年，結婚率稍有下降（從八名降到七點四名），但是這種下降與自殺率大大上升毫無關係。從一八八〇年到一八八七年，自殺率上升百分之十六以上。[19]另外，在一八六五—一八八八年期間，法國的平均結婚率（七點七）與丹麥（七點八）和義大利（七點六）的平均結婚率差不多；不過，從自殺方面來看，這些國家的情況卻大不相同。[20]

但是，我們有一種可靠得多的辦法來準確地衡量夫妻結合對自殺的特有影響，這就是在夫妻結合單獨起作用的地方，即在沒有子女的家庭中，觀察夫妻結合的影響。

在一八八七—一八九一年期間，每百萬沒有子女的已婚男子中每年有六百四十四名自殺。[21]撇開家庭不談，婚姻狀況單獨在何種程度上預防自殺，只要比較這個數字和平均年齡相同的單身者的自殺人數就行了。表二十一讓我們能夠進行的正是這種比較，這是它為我們所做出的一個不小的貢獻。已婚男子的平均年齡那時和現在一樣，為四十六歲八個月零十天。每百萬名這個年齡的單身者中大概有九百七十五名自殺者。六百四十四與九百七十五之比為一百比一百五十，這就是說，無子女的已婚男子的免疫力係數只有一點五；他們的自殺人數比同齡單身者的自殺人數只少三分之一。如果有子女，情況就完全不同了。在這個時期，每百萬名有子女的已婚男子中每年只有三百三十六名自殺。這個數字與九百七十五的比為一百比兩百九十，這就是說，如果婚後有子女，免疫力係數就幾乎增加一倍（二點九零而不是一點五）。

因此，婚姻生活對已婚男子的免疫力影響不大，儘管我們在上述計算中已經使這種影響稍大於實際情況。因為我們假定無子女已婚男子的平均年齡和一般已婚男子的平均年齡相同，而他們的年齡肯定沒有這麼大。實際上，他們當中包括所有最年輕的已婚男子，他們沒有子女，不是因為他們不能生育，而是因為結婚不久，還沒有來得及生兒育女。一般來說，男子到三十四歲才有第一個孩子，[22]然而他在二十八歲或二十九歲就結婚了。因此，二十八至三十四歲的已婚人口幾乎完全包括在無子女的已婚男子中，這就降低了後者的平均年齡；把他們的平均年齡估計為四十六歲肯定是誇大了。但是，應該與之比較的單身者不是那些四十六歲的單身者，而是比較年輕的單身者，因此他們的自殺人數要少於前者。一點五的免疫力係數大概太高了一點；如果我們確切地知道無子女已婚男子的平均年齡，我們就會看到，他們的自殺傾向比上述數字所顯示的更接近單身者的自殺傾向。

此外，充分證明婚姻的影響有限的是：有子女的鰥夫比沒有子女的已婚男子處境更好。事實上，前者每百萬名中有九百三十七名自殺者。不過他們的平均年齡是六十一歲八個月零十天。同齡單身者的自殺率（見表二十一）在一千四百三十四到一千七百六十八名之間，亦即一千五百零四名左右。這個數字與九百三十七的比為一百六十比一百。因此，鰥夫如果有子女，他們的免疫力係數至少是一點六，超過無子女已婚男子的免疫力係數。此外，這樣計算的時候，我們與其說是誇大還不如說是縮小了這個係數。因為有子女的鰥夫肯定比一般的鰥夫年齡大。事實上，後者包括那些因為過早喪偶而婚後無子女的鰥夫，這就是說包括那些比較年輕的鰥夫。因此，有子女的鰥夫應該與六十二歲以上的單身者（按他們的年齡來說，他們的自殺傾向最強）比較。這種比較顯然只會突出他們的免疫力。[23]

誠然，免疫力係數一點六明顯低於有子女已婚男子的免疫力係數二點九，相差百分之四十五。因此可以認為，婚姻生活本身的影響比我們所承認的要大，因為當婚姻生活結束時，鰥夫的免疫力就大大降低。但是這種降低只能在很小的程度上歸因於婚姻的解體。證明這一點的是，在沒有女子的情況下，喪偶的影響很小。每百萬無子女的鰥夫中有一千兩百五十八名自殺，這個數字與六十二歲的單身者的自殺率一千五百零四名相比為一百比一百一十九。因此免疫力係數還有一點二左右，略微低於沒有子女的已婚男子的免疫力係數一點五。第一個數字只比第二個數字低百分之二十。由此可見，如果喪偶除了使夫妻關係中斷，沒有其他後果，那麼喪偶對鰥夫的自殺傾向就沒有很大的影響。因此應該說，夫妻關係的存在對抑制這種傾向來說作用不大，因為當這種關係不再存在時，這種傾向也不會進一步增加。

至於夫妻有了子女後喪偶相對來說更有害的原因，應該到子女的影響中去找。毫無疑問的，從某種意義上來說，子女使鰥夫重新依戀生命，但是，與此同時，子女也使他所經歷的危機更加尖銳。因為受到損害的不再僅僅是夫妻關係；但是，正因為這時存在著一種家庭關係，所以家庭關係的運轉也受到了阻礙。缺少一個重要的齒輪，整個機器的運轉就失靈。為了恢復被打亂的平衡，男子必須完成雙重任務，履行他所沒有承擔過的職責。因此他便失去了在婚後生活期間所享受過的種種好處。這不是因為他不再是丈夫，而是因為他作為家長的家庭解體了。引起這種脫序的不是妻子的死亡，而是母親的死亡。

但是，對已婚女子來說，婚後生活的影響顯得特別小，如果沒有子女作為天然的補充的話。每百萬名無子女的已婚女子中有兩百二十一名自殺，而每百萬名同齡（四十二至四十三歲）未婚女子中只有一百五十名自殺。第一個數字與第二個數字之比為一百比六十七，因此免疫力係數低於整數，等於零點六七，這就是說，實際上是自殺傾向加劇。**由此可見，在法國，無子女已婚婦女的自殺人數比同齡單身女子多一半**。我們已經觀察到，一般說來，妻子從家庭生活中所得到的好處少於丈夫。現在我們知道了是什麼原因，這就是夫妻關係本身使妻子受到損害，增加了她們的自殺傾向。

然而，大多數已婚婦女之所以有免疫力係數，是因為沒有子女的家庭是例外，因此，在大多數情況下，子女的存在減輕並緩和婚後生活的不良影響。但這種不良影響只是緩和而已。每百萬名有子女的已婚婦女中仍有七十九名自殺；如果把這個數字與四十二歲的未婚女子的自殺率一百五十名相比，我們發現，已婚婦女即使是母親，她們的免疫力係數也只有一點八九，低於處於同樣條件下的已婚男子的免疫力係數百分之三十五。[24]因此，就自殺而言，我們不能同意貝蒂榮的這種主張：「當女子進入婚姻狀態時，她所獲得的多於男子，但是當她脫離這種狀態時，她所失去的必然多於男子。」[25]

三

由此可見，一般已婚者所表現出來的免疫性，對一種性別來說是完全由於家庭生活的影響，而對另一種性別來說是大部分由於家庭生活的影響，而不是由於婚姻生活。然而，我們已經看到，即使沒有子女，已婚男子的免疫力係數也至少有一至一點五。從一百五十名自殺者中減去五十名或百分之三十三，雖然不如有子女已婚男子的自殺人數減少得多，但也是一個不可忽視的數量，我們應該瞭解其中的原因。這種原因是由於結婚給男性帶來的好處，還是只不過是婚姻選擇的結果呢？因為儘管我們已經證明後者並不起人們所說的主要作用，但沒有證明它毫無影響。

有一個事實乍看起來似乎應該使人接受這種假設。我們知道，無子女已婚男子的免疫力係數在某種程度上比婚姻生活保持得更長久，只從一點五降到一點二。不過，無子女鰥夫的這種免疫力顯然不會是由於喪偶，喪偶本身從本質上來說不會減輕自殺的傾向，相反地，倒可能加強這種傾向。因此，這種免疫力是先前的原因產生的，不過這種原因似乎不應該是婚姻，因為這種免疫力甚至在婚姻關係由於妻子死亡而解除時還在繼續起作用。但是，這種免疫力難道不是包含在已婚男子的婚姻選擇，使之顯示出來而不是創造出來的某種天然特質之中嗎？由於這種免疫力先於婚姻而存在，並且與婚姻不相關，所以自然比婚姻更持久。如果說已婚男子是優秀分子，那麼鰥夫也必定是優秀分子。當然，這種先天的優越性對後者的作用較小，因為他們能避免自殺的程度較小。但是我們可以設想，喪偶所帶來的打擊可能部分地抵銷這種防禦作用，妨礙這種防禦作用產生它的全部效果。

但是，要讓這種解釋為人們所接受，這種解釋就必須既適用於男子也適用於女子。因此，一切情況都一樣的話，我們也應該在已婚婦女那裡看到這種先天特質的某些跡象，使她們比單身者更能避免自殺。然而，在沒有子女的情況下，她們的自殺人數多於同齡的未婚女子，這個事實和認為她們與生俱來就有某種免疫力係數的假設很不協調。我們可以承認，男女都有這種免疫力係數，但在婚姻期間完全被婚姻對女子的道德素質的有害影響所消除。但是，如果說這種有害影響只是被女子在婚後的某種道德敗壞所遏制和掩蓋，那麼這種有害影響必然會在婚姻解體即喪偶時表現出來。我們應該看到，已婚婦女在擺脫了使她們消沉的婚姻枷鎖後，恢復她們的全部優勢，最終顯示出她們對那些未能結婚的姐妹們的天賦優越性。換言之，與單身者相比，無子女寡婦的免疫力係數至少應該接近無子女鰥夫的免疫力係數。然而，事實並非如此。每百萬名無子女的寡婦中每年有三百二十二名自殺；每百萬名六十歲（寡婦的平均年齡）的未婚女子每年的自殺人數為一百八十九名至兩百零四名，亦即一百九十六名左右。第一

年	每百名已婚自殺者中男女所占的比例		每百名喪偶自殺者中男女所占的比例	
	男	女	男	女
1871	79%	21%	71%	29%
1872	78%	22%	68%	32%
1873	79%	21%	69%	31%
1874	74%	26%	57%	43%
1875	81%	19%	77%	23%
1876	82%	18%	78%	22%

個數字與第二個數字之比為一百比六十。因此，無子女寡婦的免疫力係數低於整數，是一個加劇係數，等於零點六零，甚至稍低於無子女已婚婦女的免疫力係數（零點六七）。因此，不是婚姻妨礙後者表現出人們認為她們天生就有的對自殺的厭惡。

有人也許會反駁說，妨礙婚姻使之暫時停止表現出來的這種獨到素質完全恢復的是喪偶，因為對已婚婦女來說，喪偶是一種更壞的處境。事實上，寡婦的處境比鰥夫更艱難。有人強調寡婦在不得不養活自己和全家時所必須克服的經濟上和精神上的障礙。有人甚至認為，這種看法得到了事實的證明。按照莫塞利的說法，[26]統計可以證明，已婚婦女在喪偶後的自殺傾向比在喪偶前更接近於已婚男子的自殺傾向，因為女子的自殺傾向在婚後已經比在單身時更接近男性的自殺傾向。由此可見，對已婚婦女來說，沒有比喪偶更惡劣的處境了。為了支持這種論點，莫塞利引證了下述只與法國有關的數字，但這些數字在所有歐洲國家都能觀察到，只有一些細微的變化：

在兩性喪偶後的自殺人數中，女子所占的比例看來實際上要比在已婚者的自殺人數中所占的比例大得多。這難道不是證明喪偶對婦女來說要比結婚難以忍受得多嗎？如果是這樣的話，那麼，女子一旦守寡，她們的天生的有利影響就會比以前更不容易表現出來。

可惜，這種所謂的規律是建立在事實錯誤的基礎上的。莫塞利忘記了到處都是寡婦多於鰥夫一倍。在法國，按約整數來說，寡婦有兩百萬人，而鰥夫只有一百萬人。在普魯士，根據一八九〇年的人口統計，鰥夫為四十五萬人，寡婦則有一百三十一萬九千人；在義大利，鰥夫為五十七萬一千人，寡婦則有一百三十二萬兩千人。在這種情況下，寡婦的自殺人數自然多於妻子的自殺人數，而妻子的人數顯然和丈夫的人數相等。如果要從這種比較中得到某種啟示，就應該在這兩類人口數相等的情況下進行比較。但是，如果這樣做，得出的結果就和莫塞利得出的結果相反。在鰥夫的平均年齡即六十歲時，每百萬名妻子中有一百五十四名自殺，而每百萬名丈夫中自殺的有五百七十七名。因此，妻子的自殺人數占百分之二十一。在喪偶後，女子所占的比例就大大地降低。事實上，每百萬名寡婦中有兩百一十名自殺，每百萬名鰥夫中有一千零十七名自殺。因此，在一百名喪偶的自殺者中，女子只有十七名。相反的，男子所占的比例卻從百分之七十九上升到百分之八十三。由此可見，從結婚過渡到喪偶，男子自殺的多於女子，因為他們沒有保留由於結婚而獲得的某些優勢。因此我們沒有理由假設，這種情況的變化對男子來說不像對女子那樣難以忍受和使人不安，事實恰恰相反。此外，大家都知道，鰥夫的死亡率大大超過寡婦的死亡率；他們的結婚率也是如此。任何年齡的鰥夫的結婚率都比未婚男子的結婚率高二、三倍，而寡婦的結婚率只稍稍高於未婚女子的結婚率。因此，女子在第二次婚禮上對再婚所表示的冷淡與男子所表示的熱情恰成鮮明的對照。[27]如果喪偶對男子的影響不大，而女子卻要承受人們所說的喪偶帶來的許

多痛苦，那麼情況就不同了。【28】

但是，如果喪偶根本不會特別使婦女的天賦——只因為有這種天賦，她們才被婚姻選中——不起作用，如果這種天賦不以任何可以感覺到的特徵表現出它的存在，那就沒有任何理由假設它的存在。因此，婚姻選擇的假設根本不適用於女性。沒有什麼東西使我們可以認為，被婚姻選中的女子具有在某種程度上能使她避免自殺的特質。因此，這種假設對男子來說也沒有多少根據。無子女已婚男子有一點五的免疫力係數，並非因為他們屬於人口中最健康的部分，因此這只能是婚姻的一種結果。我們應該承認，對女子來說是不幸的婚姻關係對男子來說卻是大有好處——哪怕沒有子女。那些進入婚姻關係的人並非天生的傑出人物；他們在結婚時根本沒有帶來某種使他們不再傾向於自殺的氣質，這種氣質是在婚姻生活中獲得的。至少，如果他們具有某些天生的長處，這些長處也只能是非常含糊和不確定的，因為在某些其他條件出現以前，這些長處一直沒有產生什麼影響。因此，自殺主要不是取決於個人天生的特質，而是取決於支配他們的外部原因，這是千真萬確的。

然而，還有最後一個難題有待解決。如果一點五的免疫力係數不是取決於家庭，而是取決於婚姻，那麼為什麼免疫力係數比婚姻存在的時間長，而且至少以略微減少一點（一點二）的形式重新出現在無子女的鰥夫身上呢？如果不接受這種說明免疫力係數比婚姻存在時間長的婚姻選擇理論，那麼如何取代這種理論呢？

只要假設，一旦婚姻解體，在婚姻生活中養成的習慣、愛好和傾向並不消失，這就夠了。再也沒有比這種假設更天經地義的了。因此，如果已婚的男子即使沒有子女也相對地對自殺感到厭惡，那麼他在喪偶時也不可避免地在某種程度上保留這種感覺。不過，由於喪偶不會不產生某種心理上的震動，而且正像我們將在下文要證明的，平衡的打破會促使人去自殺，所以這種感覺即使保留也會減弱。相反地，由於同樣的原因，既然無子女的已婚婦女比未婚女子自殺的更多，所以一旦喪偶，她們便保留了這種比較強烈的傾向，這種傾向甚至因為喪偶總是帶來煩惱和不適應而有所加強。不過，由於婚姻的不利影響使她們比較容易適應這種變化，所以這種惡化的程度比較輕。她們的免疫力係數只下降幾個百分點（從零點六七下降到零點六零）。【29】

這種解釋肯定只是一個比較一般的命題的一種特殊情況，這個命題可以表述如下：**在同一個社會裡，對每一個性別來說，在喪偶狀態下的自殺傾向是同一個性別在婚姻狀態下的自殺傾向的因變數**。如果已婚男子有很強的免疫力，那麼鰥夫也有很強的免疫力，當然強度稍差一點；如果前者勉強能避免自殺，那麼後者就不能避免或不太能避免。為了確認這條定理的真實性，只要參閱表二十和二十一，以及從這兩張表所推斷出來的結論就行了。我們從這兩張表上已經看到，在結婚時和喪偶時，一種性別的人總是比另一種性別的人有利。然而，在前一種情況下比較有利的人在後一種情況下也比較有利。在法國，已婚男子的免疫力係數比已婚女子高；鰥夫的免疫力係數比寡婦的免疫力係數高。在奧爾登堡，已婚者的情況正好相反：妻子的免疫力比丈夫的免疫力強。鰥夫和寡婦之間也表現出這種相反的情況。

但是，僅僅這兩個例子我們完全有理由被認為證據不足，另一方面，其他國家公佈的統計資料沒有給我們提供必要的素材來檢驗我們的命題，所以我們不得不依靠下述的辦法來擴大我們的比較範圍：我們分別計算了塞納省和外省每個年齡組和每種婚姻狀況的自殺率。這樣彼此分開的兩個社會群體的區別

表二十二　塞納省和外省每百萬各個年齡段和各種婚姻狀況的居民的自殺率比較（1889-1891 年）

年齡	男子（外省）			與單身者相比的免疫力係數		女子（外省）			與單身者相比的免疫力係數	
	單身者	已婚者	喪偶者	已婚者	喪偶者	單身者	已婚者	喪偶者	已婚者	喪偶者
15-20	100	400	—	0.25	—	67	36	375	1.36	0.17
20-25	214	25	153	2.25	1.38	95	52	76	1.82	1.25
25-30	365	103	373	3.54	0.97	122	64	156	1.90	0.78
30-40	590	202	511	2.92	1.15	101	74	174	1.36	0.58
40-50	976	295	633	3.30	1.54	147	95	149	1.54	0.98
50-60	1445	470	852	3.07	1.69	178	136	174	1.30	1.02
60-70	1790	582	1047	3.07	1.70	163	142	221	1.14	0.73
70-80	2000	664	1252	3.01	1.59	200	191	238	1.04	0.85
80 以上	1458	762	1129	1.91	1.29	160	108	221	1.48	0.72
平均免疫力係數				2.88	1.45	平均免疫力係數			1.49	0.78
	男子（塞納省）					女子（塞納省）				
15-20	280	2000	—	0.14	—	224	—	—	—	—
20-25	487	128	—	3.80	—	196	64	—	3.06	—
25-30	599	298	714	2.01	0.83	328	103	296	3.18	1.10
30-40	869	436	912	1.99	0.95	281	156	373	1.80	0.75
40-50	985	808	1459	1.21	0.67	357	217	289	1.64	1.23
50-60	1367	1152	2321	1.18	0.58	456	353	410	1.29	1.11
60-70	1500	1559	2902	0.96	0.51	515	471	637	1.09	0.80
70-80	1783	1741	2082	1.02	0.85	326	577	461	0.98	0.70
80 以上	1923	1111	2089	1.73	0.92	508	277	591	1.83	0.85
平均免疫力係數				1.56	0.75	平均免疫力係數			1.79	0.93

足以使這種比較對我們有所啟發。事實上，在塞納省和外省，家庭生活對自殺的影響很不相同（見表二十二）。在外省，丈夫的免疫力比妻子強得多。前者的免疫力係數只有四個年齡段低於三，[30]而後者的免疫力系數從未達到二；前者的平均數為二點八八，後者的平均數為一點四九。在塞納省，情況正好相反：已婚男子的平均免疫力係數只有一點五六，而已婚婦女的平均免疫力係數卻為一點七九。[31]在鰥夫和寡婦之間也有這種相反的情況。在外省，鰥夫的平均免疫力係數比較高（一點四五），寡婦的平均免疫力係數低得多（零點七八）。在塞納省則相反，後者比較高，達到零點九三，接近整數，而前者卻只有零點七五。**由此可見，不管是哪一種性別受惠，喪偶和婚姻所產生的影響通常是一致的。**

另外，如果研究一下不同群體的免疫力係數是按什麼比例變化的，如果再研究一下喪偶者免疫力係數的變化，就可以發現下述令人驚奇的結果：

$$\frac{\text{外省已婚男子的免疫力係數……2.88}}{\text{塞納省已婚男子的免疫力係數…1.56}}=1.84$$

$$\frac{\text{外省鰥夫的免疫力係數………1.45}}{\text{塞納省鰥夫的免疫力係數……0.75}}=1.93$$

女子的情況是：

$$\frac{\text{塞納省已婚女子的免疫力係數}\cdots 1.79}{\text{外省已婚女子的免疫力係數}\cdots\cdots 1.49}=1.20$$

$$\frac{\text{塞納省寡婦的免疫力係數}\cdots 0.93}{\text{外省寡婦的免疫力係數}\cdots\cdots 0.78}=1.19$$

對於每一個性別來說，這些數字之比是相同的，只差百分之幾；對女子來說則幾乎絕對相同。由此可見，不僅當已婚男子的免疫力係數上升或下降時鰥夫的免疫力係數也上升或下降，而且上升或下降的幅度也完全相同。這些關係甚至可以用一種更能證明我們所說過的規律的形式來表述。事實上，這些關係意味著，無論在什麼地方，無論是哪一種性別，喪偶都使已婚者的免疫力按恆定的比例下降：

$$\frac{\text{外省已婚男子的免疫力係數}\cdots\cdots 2.88}{\text{外省鰥夫的免疫力係數}\cdots\cdots\cdots\cdots 1.45}=1.98$$

$$\frac{\text{塞納省已婚男子的免疫力係數}\cdots\cdots 1.56}{\text{塞納省鰥夫的免疫力係數}\cdots\cdots\cdots\cdots 0.75}=2.0$$

$$\frac{\text{外省已婚女子的免疫力係數}\cdots\cdots 1.49}{\text{外省寡婦的免疫力係數}\cdots\cdots\cdots\cdots 0.78}=1.91$$

$$\frac{\text{塞納省已婚女子的免疫力係數}\cdots\cdots 1.79}{\text{塞納省寡婦的免疫力係數}\cdots\cdots\cdots\cdots 0.93}=1.92$$

喪偶者的免疫力係數大約為已婚者的免疫力係數的一半。因此，我們可以毫不誇張地說，喪偶者的自殺傾向是已婚者的自殺傾向的因變數，換言之，前者部分地是後者的結果。但是，既然沒有子女的婚姻使丈夫避免自殺，那麼鰥夫保留一部分這種帶來幸運的特質也就不足為奇了。

這個結論在解決我們所提出的問題的同時，也在某種程度上說明了喪偶的性質。事實上，這個結論告訴我們，喪偶本身並不是一個無法補救的不利條件，喪偶往往比單身強。實際情況是，鰥夫和寡婦的精神特質並沒有什麼特別之處，而是取決於同一國家同一性別的已婚者的精神特質。前者只是後者的延長。你告訴我在某一個社會裡婚姻和家庭生活如何影響丈夫和妻子，我就可以告訴你喪偶如何影響丈夫和妻子。因此，有這樣的情況：如果婚姻和家庭生活幸福美滿，喪偶所造成的危機更加令人痛苦，但是做為有利的補償，人們反而做好了充分準備來面對這種危機。相反的，如果婚姻和家庭生活不完全令人滿意，危機就不太嚴重，人們反而沒有受到抵禦這種危機的充分鍛鍊。由此可見，在丈夫從家庭得到的好處多於妻子的社會裡，丈夫喪偶時比妻子喪偶時更痛苦，但與此同時他卻更能忍受這種痛苦，因為他所得到的有利影響使他更能抵制採取絕望的解決辦法。

四

下頁表格歸納了上文所肯定的事實：[32]

從這張表和前面的論述可以看出，婚姻對自殺具有其本身特有的免疫作用。但是這種作用非常有限，而且只對一種性別有利。無論確定這種作用的存在多麼有用——我們將在下一章進一步瞭解這種用處[33]——已婚者的主要免疫因素仍然是家庭，即由父母和子女組成的完整的群體。毫無疑問，由於已婚者是家庭的成員，所以他們對這種結果也作出了貢獻，但不僅僅是作為丈夫和妻子，而是作為父親和母親，作為家庭關係的維繫人。其中一方的消失之所以增加了另一方自殺的可能性，不是因為把他們彼此聯繫在一起的紐帶斷裂，而是因為由此而引起的家庭動亂，這種動亂使未亡人受到影響。由於我們將在以後研究婚姻的特殊作用，所以我們現在可以說，家庭生活和宗教生活完全一樣，是一個防止自殺的強大因素。

家庭對男女自殺的影響

男			女		
	自殺率	與單身者相比的免疫力係數		自殺率	與單身者相比的免疫力係數
45 歲的單身者	975	—	42 歲的未婚女子	150	—
有子女的已婚男子	336	2.9	有子女的已婚女子	79	1.89
無子女的已婚男子	644	1.5	無子女的已婚女子	221	0.67
60 歲的單身者	1504	—	60 歲的未婚女子	196	—
有子女的鰥夫	937	1.6	有子女的寡婦	186	1.06
無子女的鰥夫	1258	1.2	無子女的寡婦	322	0.60

家庭越大，亦即包括的成員越多，這種免疫力就越大。

我們在一八八八年十一月出版的《哲學評論》上發表的一篇論文中，就已經提出並說明了這個命題。但是當時我們所掌握的統計資料不足，使我們不能像我們所希望的那樣嚴密地證明這個命題。事實上，我們不知道整個法國和每個省的家庭平均人口是多少。因此我們不得不假設家庭的密度取決於子女的數量，而且，由於人口統計沒有說明這個數字本身，所以我們只好利用人口統計學上所謂的「生理增殖」，即每年超過一千名死亡人數的出生人數，間接地作出估計。毫無疑問的，這種替代的辦法並不是不合理的，因為在生理增殖大的地方，家庭一般不大可能人口不多。然而，這種結果並不是必然的，而且往往並非如此。在子女有較早離開父母習慣的地方——或者是為了移居他鄉，或者是為了另立門戶，或者是為了其他原因，家庭的密度和子女的人數無關。事實上，儘管一對夫婦生了許多孩子，但家裡也許人口很少。這種情況發生在有文化的環境中是因為孩子很小就被送出去求學，而發生在貧困地區則是因為生活的艱難使他們不得不很早就四處漂泊。相反的，儘管生育率不高，但家庭人口卻較多或很多，如果成年的單身者或甚至於已婚的子女繼續和父母生活在一起並組成一個家庭社會的話。由於這些原因，如果不知道家庭的實際構成，就不可能確切地衡量家庭群體的相對密度。

一八八六年的人口調查——其結果在一八八八年底公佈——使我們知道了家庭的實際構成。因此，如果根據我們在其中找到的各種指標研究在法國不同省份中自殺與家庭平均人口有什麼關係，就可以發現下述結果：（見下頁的表格A）

隨著自殺的減少，家庭密度有規律地增加。

如果不是比較平均數，而是分析每組的情況，我們就不能不肯定這個結論。事實上，就整個法國來說，家庭平均人口為每十戶三十九人。因此，如果我們研究一下，在這六個組中，每個組有多少省的家庭平均人口數高於或低於全國平均數，我們就會發現這些人口平均數是這樣構成的：（見下頁的表格B）自殺最多的省只包括那些家庭人口數低於全國平均數的省。這種關係逐步有規律地顛倒過來，直到完全相反。在最後一組中，自殺很少見，所有省份的家庭人口數都超過全國平均數。

此外，兩張地圖（見附錄四）的形狀大體上相同。家庭密度低的地區明顯地和自殺人數多的地區範圍相同。這個地區同樣位於北部和東部，一邊延伸到布列塔尼，另一邊延伸到盧瓦爾。相反的，在西部和南部，自殺人數比較少，而家庭人口普遍比較多。這種關係甚至存在於某些細節中。在北部地方，有兩個省以自殺人數少著稱，這就是北部省和加萊海峽省。這個事實格外出人意外，因為北部省是一個

A

	每百萬居民中的自殺人數（1878-1887）	每百戶家庭的平均人口（1886）
第 1 組（11 個省）	430-380	347
第 2 組（6 個省）	300-240	360
第 3 組（15 個省）	230-180	376
第 4 組（18 個省）	170-130	393
第 5 組（26 個省）	120-80	418
第 6 組（10 個省）	70-30	434

B

	在每個組中有多少省	
	低於全國平均數	高於全國平均數
第 1 組	100%	0%
第 2 組	84%	16%
第 3 組	60%	30%*
第 4 組	33%	63%*
第 5 組	19%	81%
第 6 組	0%	100%

* 原文如此。──譯者註

工業十分發達的省份，而大工業很容易引起自殺。然而，同樣的特點也出現在另一張地圖上。這兩個省的家庭密度都很高，而周圍那些省的家庭密度卻很低。在南部，我們在這兩張地圖上都看到同樣由羅納河口省、瓦爾省和濱海阿爾卑斯省構成的深色地區，而在西部則看到由布列塔尼所構成的淺色地區。不規則的地方是例外，而且不很明顯；由於許多因素能夠影響如此複雜的現象，所以如此普遍的巧合就很說明問題。

這種成反比的情況在當時這兩種現象變化的方式上也同樣存在。從一八二六年起，自殺不斷增加，而出生率卻不斷下降。從一八二一年到一八三〇年，出生率還是每一萬居民出生三百零八人；一八八一——一八八八年就只有兩百四十人了，而且在此期間連續下降。與此同時，有一種家庭越來越分裂的趨勢。從一八五六年到一八八六年，家庭的數量增加了兩百萬戶，有規律地且不斷地從八百七十萬六千兩百七十六戶增加到了一千零六十六萬兩千四百二十三戶。然而，在此期間，總人口只增加了兩百萬人。因此，每個家庭的成員數就更少了。[34]

由此可見，各種事實都不能證實這種流行的觀念：自殺主要是由於生活的負擔重，因為隨著負擔的增加自殺反而減少。這是馬爾薩斯人口論的創造者所沒有預見到的結果。當他要求限制家庭人口時，他以為這種限制至少在某些情況下對普遍的幸福來說是必要的。可是，實際上這完全是災難的根源，因為它減少了男子生活下去的欲望。人口多的家庭非但不是可以不需要奢侈品（這種奢侈品只有富人才應該享受）的家庭，相反的，還是沒有每天的麵包就不能生存下去的家庭。無論多麼貧窮，甚至單從個人利益的角度來看，把一部分後裔變成資本是最壞的投資。

這個結論和我們在前面已經得出的結論一致。那麼家庭的密度到底為什麼會對自殺產生這種影響呢？為了回答這個問題，不能訴諸器質性的因素，因為如果說絕對不生育主要是生理的結果，生育少卻是另一回事，往往是自願的，取決於某種信念。此外，家庭的密度，例如我們已經估計過的，並不完全取決於出生率；我們已經看到，在子女不太多的家庭裡，其他成員可以取而代之，反之，如果他們實際上並不參與家庭生活，那麼他們的人數可能不起什麼作用。所以，更不應該把這種免疫能力歸因於父母對他們的直系後裔的特殊感情。再說，這種感情本身為了發揮效力也必須有某種狀態的家庭生活為前提。如果家庭分崩離析，這種感情就不可能有很大的影響。因此，正因為家庭運轉的方式隨著人口的多少而變化，所以家庭成員的數量影響自殺的傾向。

事實上，一個群體的密度如不減少它的生命力是不可能降低的。集體的感情之所以有一種特殊的力量，是因為使每個人的意識體驗到這種感情的力量在所有的人當中互相引起反應。因此，這種感情所達到的強度取決於共同感受到這種感情的個人意識的數量。這就是群體越大，群體中爆發出來的激情就可能越強烈的原因。因此，在一個人口不多的家庭裡，共同的感情和懷念不可能十分強烈，因為沒有足夠的意識來再現這種感情和懷念，並在分享這種感情和懷念時強化這種感情和懷念。在這種家庭中，不可能形成作為聯繫同一群體成員之間紐帶的強大傳統，這種傳統甚至比這些成員存在得更久並把以後幾代人也聯繫在一起。此外，小家庭必然是短命的；沒有壽命，就可能沒有穩定的社會。在這種群體中，不僅集體的氣氛淡薄，而且可能不多見。因為這種氣氛是否多見取決於各種看法和印象的交換和傳播；另一方面，參加的人越多，這種交換本身就越快。在一個人口相當多的社會裡，這種傳播是不間斷的，因為總是有一些社會單位互相有聯繫，而如果社會單位少，那麼它們的聯繫就只能是斷斷續續的，而且有時候共同的生活會中斷。同樣的，如果家庭人口不多，總是只有少數親屬在一起，那麼家庭生活就會毫無生氣，而且有時候家裡冷冷清清。

但是，說一個群體比另一個群體缺少共同的生活，也就是說這個群體不太完整，因為一個社會集合體的完整只反映這個集合體中集體生活的強度。成員之間的交往越是活躍和不間斷，這個集合體就越是統一和牢固。我們所得出的結論可以因此而完成，正像家庭是一個避免自殺的強大因素一樣，家庭的構成越牢固就越能避免自殺。【35】

五

儘管一些統計表不是最近的，但我們很容易借助同樣方法來證明這種規律正好用於政治社會。事實上，歷史告訴我們，在年輕的、【36】正在發展和集中的社會裡，自殺是很少見的，相反的，隨著社會的分崩離析，自殺就多起來。在希臘，在羅馬，舊的城邦組織一動搖，自殺就出現了，而自殺的發展標誌著連續的幾個沒落階段。我們看到在鄂圖曼帝國也有同樣的情況。在法國大革命的前夕，當時的一些作者告訴我們，自殺突然增多表示社會由於舊制度的解體而發生動亂。【37】

除了這些歷史資料之外，自殺的統計儘管不能追溯到七十年以前，但還是給我們提供了這個命題的若干證據，這些證據比以前的那些證據更確切。

	丹麥	普魯士	巴伐利亞	薩克森王國	奧地利
1847	345	1852	217		611(1846年)
1848	305	1649	215	398	
1849	337	1527	189	328	452

人們有時寫道，政治上的大動盪增加了自殺的人數。但是莫塞利正確地指出，事實駁斥了這種看法。在本世紀，法國發生的所有革命在爆發時都減少了自殺的人數。一八三〇年，自殺的人數從一八二九年的一千九百零四名減少到一千七百五十六名，一下子減少了將近百分之十。一八四八年，自殺的人數減少得也很多，全年自殺的總人數從三千六百四十機名減少到三千三百零一名。一八四八—一八四九年期間，震動了法國的危機接著震動了歐洲，但各地的自殺人數都減少了，而且，危機越嚴重，時間越長，自殺人數的減少就越明顯。上面的表格說明了這一點：

在德國，公眾的情緒比丹麥更激動，而且鬥爭的時間甚至比法國長，在法國，新政府很快就建立起來了；在德意志諸國，自殺人數的減少也一直延續到一八四九年。就這一年而言，巴伐利亞的自殺人數減少了百分之十三，普魯士減少了百分之十八；在薩克森，從一八四八年到一八四九年這一年裡也減少了百分之十八。

一八五一年，同樣的現象並沒有發生在法國，一八五二年也沒有發生。自殺的人數保持不變。但是，在巴黎，政變像通常一樣產生了影響；儘管這次政變是在十二月份完成的，但自殺的人數從一八五一年的四百八十三名減少到一八五二年的四百四十六名（負百分之八），而在一八五三年，自殺的人數仍然有四百六十三名。[38]這個事實傾向於證明，巴黎受這次政變的影響要比外省大得多，外省看來幾乎不受影響。此外，一般說來，首都受這些危機的影響總是比外省明顯。一八三〇年，巴黎的自殺人數減少了百分之十三（兩百六十九名，而上一年為三百零七名，下一年為三百五十九名）；一八四八年則減少了百分之三十二（從六百九十八名減少到四百八十一名）。[39]

有些單純的選舉危機儘管不太嚴重，但有時也產生同樣的結果。例如，在法國，自殺的時間表明顯地帶有一八七七年五月十六日議會危機及其引起的騷動，以及一八八九年結束布朗熱運動的選舉的印記。為了說明這一點，只要比較一下這兩年及其前後兩年每月的自殺人數就行了。（見下頁表格）

一八七七年的頭幾個月，自殺的人數超過一八七六年頭幾個月的自殺人數（前者從一月到四月為一千九百四十五名，後者為一千七百八十四名），而且上升的趨勢一直持續到五月和六月。直到六月底議會才解散，公開選舉期才實際開始——儘管是不合法的；這可能是政治熱情最激昂的時候，因為在時間和疲勞的影響下，這種熱情必然有所下降。因此，在七月份，自殺的人數不是繼續超過上一年的七月份，而是減少了百分之十四。除了八月份有所停頓外，這種減少的趨勢一直繼續到十月份，儘管減少得不是那麼多。十月份是危機結束的時候。危機一結束，自殺人數一度停止上升的趨勢又重新開始。一八八九年，這種現象更加明顯。議會是在八月初解散的，選舉的騷動隨之立即開始並持續到九月底，選舉是在九月底舉行的。然而，在八月份，自殺的人數與一八八八年八月份相比突然減少了百分之十二，減少的趨勢一直保持到九月份，但在鬥爭宣告結束的十月份突然停止。

民族戰爭和政治動亂有著同樣的影響。一八六六年爆發了奧地利與義大利之間的戰爭，這兩個國家

	1876 年	1877 年	1878 年	1888 年	1889 年	1890 年
五　月	604	649	717	924	919	819
六　月	662	692	682	851	829	822
七　月	625	540	693	825	818	888
八　月	482	496	547	786	694	734
九　月	394	378	512	673	597	720
十　月	464	423	468	603	648	675
十一月	400	413	415	589	618	571
十二月	389	386	335	574	482	475

的自殺人數都減少了百分之十四。

	一八六五年	一八六六年	一八六七年
義大利	六七八	五八八	六五七
奧地利	一四六四	一二六五	一四〇七

一八六四年，丹麥與薩克森之間爆發了戰爭。在薩克森，一八六三年的自殺人數為六百四十三名，一八六四年減少到五百四十五名（負百分之十六），一八六五年又增加到六百一十九名。至於丹麥，由於我們沒有一八六三年的自殺人數，所以不能與一八六四年的自殺人數做比較；但是我們知道，一八六四年的自殺人數（四百一十一名）是一八五二年以來最少的。而且，由於一八六五年自殺人數增加到四百五十一名，所以四百一十一這個數字很可能是非常低的。

一八七〇—一八七一年的戰爭在法國和在德國產生了同樣的結果：

	一八六九年	一八七〇年	一八七一年	一八七二年
普魯士	三一八六	二九六三	二七二三	二九五〇
薩克森	七一〇	六五七	六五三	六八七
法　國	五一一四	四一五七	四四九〇	五二七五

人們也許可以認為，這種減少是由於一部分老百姓在戰時應徵入伍了，而在作戰部隊裡是很難統計自殺人數的。但是女子和男子一樣對自殺人數的減少做出了貢獻。在義大利，女子的自殺人數從一八六四年的一百三十名減少到一八六六年的一百一十七名；在薩克森，從一八六三年的一百三十三名減少到一八六四年的一百二十名和一八六五年的一百一十四名（負百分之十五）。在這個國家，一八七〇年女子自殺人數的減少也很明顯，從一八六九年的一百三十名減少到一八七〇年的一百一十四名，一八七一年保持同樣的水平，減少了百分之十三，超過了同期男子自殺人數減少的程度。在普魯士，一八六九年有六百一十六名女子自殺，而在一八七〇年只有五百四十名（負百分之十三）。此外，大家都知道，拿起武器的年輕人自殺的很少。一八七〇年只有六個月進行戰爭，在這期間和在和平時期，一百萬名二十五至三十歲的法國人中至多只有一百人自殺[40]，而一八七〇年整個法國的自殺人數卻比一八六九年減少了一千零五十七名*。

有人會問，自殺人數在危機期間暫時減少是否由於行政當局當時處於癱瘓狀態，所以對自殺的記錄不太精確。但是許多事實證明，這種偶然的原因不足以說明這種現象。首先，這種現象具有極大的普遍性，不僅發生在戰勝國，而且發生在戰敗國；不僅發生在入侵國，而且發生在被入侵國。此外，如果這種衝擊十分強烈，那麼甚至在衝擊過去以後很久還能感到它的影響。自殺的人數是慢慢重新增加的，幾年以後才恢復到最初的水平，甚至在那些自殺人數在平時就每年有規律地增加的國家也是如此。儘管在這種動亂期間很可能甚至多半會有部分的遺漏，但是統計資料所顯示的減少非常恆定，所以不能把這種減少歸因於行政當局的一時疏忽。

但是，我們所面對的不是計算上的錯誤，而是一種社會心理現象，最好的證明就是，並非所有的政治危機或民族危機都有這種影響。只有那些引起激情的危機才產生這種影響。我們已經指出，我們的革命在巴黎比在外省更影響自殺的人數，然而，行政管理上的脫序在外省和在首都則是相同的。只是這類事件對外省人的影響比對巴黎人的影響總是小得多，因為後者引起並就近參與這些事件。同樣的，像一八七〇—一八七一年這樣大規模的民族戰爭，在法國和德國都對自殺的趨勢產生了巨大的影響，而像在克里米亞或義大利發生的那種單純改朝換代的戰爭卻沒有使廣大群眾激動起來，所以沒有產生值得重視的影響。在一八五四年，自殺的人數甚至大大地增加（從一八五三年的三千四百一十五名增加到三千七百名）。在一八六四年和一八六六年的戰爭期間，人們在普魯士看到了同樣的事實。自殺人數在一八六四年保持不變，而在一八六六年則略有增加。因為這些戰爭完全是政客們挑起來的，沒有像一八七〇年的戰爭那樣引起民眾的激情。

*原文如此。按上表計算應為五千一百一十四減四千一百五十七等於九百五十七名。——譯者註

	每百萬居民中的自殺人數	
	城市人口	農村人口
1866-1869	202	104
1870-1872	161	110

從這個觀點來看，一八七〇年在巴伐利亞並沒有產生像對其他德意志國家（尤其是北德意志諸國）那樣的影響。一八七〇年巴伐利亞的自殺人數多於一八六九年（前者為四百五十二名，後者為四百二十五名）。只是在一八七一年，自殺的人數才略有減少，一八七二年繼續有所減少，只有四百一十二名，但也只是比一八六九年減少百分之九，比一八七〇年減少百分之四。然而，巴伐利亞參與這些軍事事件的程度和普魯士相同，它也調動了它的全部軍隊，所以沒有理由說它的行政管理不脫序。只是它不像普魯士那樣出自內心地參與這些事件。眾所周知的，在整個德意志，信奉天主教的巴伐利亞實際上始終是最熱愛自己的生活方式的地區，而且最珍惜自己的自治權。它參加戰爭是出於國王的旨意，但是沒有積極性。因此，它比其他同盟國的人民更不受當時使德意志激動的巨大社會運動的影響。這就是巴伐利亞受這場運動的影響比較晚和比較小的原因。積極性是後來才有的，而且比較小。一定是一八七〇年取得勝利後在德意志出現的那種光榮感，才使得一直不積極和不聽話的巴伐利亞積極一點。[41]

我們可以把這個事實和下述具有同樣意義的事實進行對照。在法國，一八七〇—一八七一年期間只有城市的自殺人數減少：（見上面的表格）

然而，在農村進行觀察必然比在城市更困難。因此，這種區別的真正原因另有所在：戰爭只對比農村人口更敏感、更容易受影響和更瞭解情況的城市人口發揮它的全部心理影響。

因此，這些事實只有一個解釋：巨大的社會動盪和全民戰爭都會加強集體感情，激發黨派性和愛國主義、政治信仰和民族信仰，而且因為把各種活動集中到同一個目標而至少暫時造成比較牢固的社會一體化。我們已經確定其存在的有益影響不是歸功於危機，而是歸功於這種危機所引起的鬥爭。因為這種鬥爭迫使人們緊密團結起來對付共同的危險，所以個人便不大想到自己，而是想到共同的事業。而且人們理解，這種一體化不完全是短暫的，有時可以比直接引起這種一體化的原因還要存在得長久，在高度一體化時更是如此。

六

這樣，我們便相繼確定了下述三個命題：

自殺人數的多少與宗教社會一體化的程度成反比。

自殺人數的多少與家庭社會一體化的程度成反比。

自殺人數的多少與政治社會一體化的程度成反比。

這種對照顯示，這些不同的社會之所以對自殺有緩解作用，不是由於這些社會各自的特點，而是由於這些社會所共有的特點。宗教起作用不是由於宗教感情的特殊性，因為家庭社會和政治社會也起同樣的作用，如果它們高度一體化的話；我們在直接研究不同宗教影響自殺的方式時也已經證明了這一點。[42]反之，家庭聯繫或政治聯繫的特點也不能解釋這些聯繫所帶來的免疫力，因為宗教社會也有這種優越性。原因只能在於這些社會群體都有一種相同的屬性，儘管程度可能不盡相同。唯一能滿足這個條件的屬性是，它們都是高度一體化的群體。因此我們得出這樣的一般結論：自殺人數的多少與個人所屬群體一體化的程度成反比。

但是，社會不可能自行解體，除非個人在同樣的程度上脫離社會而生活，除非個人自身的目標壓倒共同的目標，簡言之，除非個人的人格逐步被置於集體人格之上。個人所屬的群體越是虛弱，他就越是不依靠群體，因而越是只依靠他自己，不承認不符合他私人利益的其他行為規則。因此，如果可以把這種個人的自我在社會的自我面前過分顯示自己並犧牲後者的情況稱之為利己主義，那麼我們就可以把這種產生於過分個人主義的特殊類型自殺稱之為利己主義式的自殺。

但是自殺怎麼會有這樣一種起源呢？

首先我們可以說，由於集體的力量是最能遏制自殺的障礙之一，所以集體的力量削弱，自殺就會發展。如果社會是高度一體化，那麼它就會使個人依靠它，認為個人是為它服務的，因此不允許他們異想天開地處置自己。它制止他們用死來逃避對它的義務。但是，如果他們拒絕承認這種從屬關係是天經地義的，那麼它怎麼能強迫他們承認它的至高無上呢？如果他們想要脫離它，它就再也沒有必要的權威使他們留在自己的崗位上，而且，由於意識到自己的虛弱，它也只好承認他們有權自行其事而再也不能加以制止。只要承認他們是自己命運的主人，結束自己的生命就是他們的權利。從他們這方面來說，他們沒有理由耐心地忍受生活的貧困。因為，如果他們與一個他們所喜愛的群體利害一致，那麼為了不違背他們自己的利益所服從的某些利益，他們也會更加頑強地活下去。把他們和共同的事業聯繫在一起的紐帶也把他們和生命聯繫在一起，而且他們所關心的崇高目標也不允許他們如此強烈地感受到自己個人的挫折。最後，在一個有凝聚力和生氣勃勃的社會裡，彼此不斷交流思想和感情，如同一種相互的精神支持，這種精神支持使得個人不是處於孤立無援的狀態，而是分享集體的力量，並在他自己的力量到了極限時從中得到鼓舞。

但是這些理由都是次要的。過分的個人主義不僅有利於引起自殺，它本身也是引起自殺的一個原因。它不僅排除某種有效地防止人們去自殺的傾向的障礙，而且徹底地引起這種傾向，從而產生一種帶有它的印記的特殊自殺。這是很好理解的，因為正是這種情況使剛才區別出來的這類自殺顯示出它的本性，而且證明我們給它起的名字是合適的。那麼個人主義中有什麼東西能解釋這種結果呢？

人們有時說，按照人的心理結構，人如果不致力於達到某種高出於他和比他存在時間長的目的是活不下去的，而這種必要性的原因是我們有一種不完全消失的需要。有人說，生活只有在人們發現它有存在的理由，有一個目的並且值得時才是可以容忍的。然而，對於個人的活動來說，僅僅為了自己並不是一個令人滿意的目的。個人太微不足道了。他不僅受到空間的限制，而且受到時間的嚴格限制。因此，如果我們除了自己沒有其他目的，我們就不能擺脫這樣的念頭：我們的努力終究注定要化為泡影，因為我們自己也必然要化為烏有。但是毀滅使我們感到害怕。在這種情況下，我們可能不會有勇氣活下去，亦即不會有勇氣去採取行動和進行鬥爭，因為我們所做的這種努力可能什麼都不會給我們留下。總之，利己主義式的狀態和人的本性必然是矛盾的，因此太不穩定，不可能長期存在。

但是，在這種絕對的形式下，這個命題是很有爭議的。如果我們的生命必然要結束的想法確實如此使我們感到厭惡，那麼我們只有在自己欺騙自己，並對生命的價值抱有偏見的情況才能同意活下去。因為，即使有可能在某種程度上使我們看不到死亡，我們也不可能阻止死亡的存在——不管我們做什麼，死亡是不可避免的。我們完全能夠把幾代人的極限向後推移，從而使我們的名字比我們的肉體多存在幾年；但是我們的名字根本不再存在的時刻總會到來，而且對大多數人來說這個時刻來得很早。因為我們從屬於各種群體，以便能夠透過這些群體延長我們的生命，但是這些群體本身也是要消失的——這些群體也注定要解體，同時把我們所寄託的一切統統帶走。與人類的歷史緊密地聯繫在一起、永遠留在人類記憶裡的社會群體是很少見的。因此，如果我們確實如此渴望不朽，那麼如此短促的前景是絕不可能滿足這種願望的。而且，依靠我們而存在的是什麼呢？一句話、一個聲音、一種不易覺察而且往往沒有個性特徵的形跡，[43]因此，沒有什麼東西與我們努力的程度有關，而且沒有什麼東西能使這些努力在我們看來是有理由的。事實上，儘管兒童天生是利己主義者，絲毫不感到需要永遠活下去，而老年人在這一方面和其他許多方面都很像兒童，但是二者都仍然像成年人一樣堅持要活下去，而且甚至比成年人更堅持；我們確實看到，自殺在生命的最初十五年裡非常少見，而且在生命的最後階段裡傾向於減少。動物也是如此，它們的心理結構只是在程度上與人類的心理結構有所不同。因此，說生命只有在生命之外才有存在的理由是錯誤的。

實際上，有一系列的官能只關係到個人——這就是那些為維持肉體生命所必須的官能。既然這些官能的形成僅僅是為了這個目的，所以當這個目的達到時，這些官能也就完善了。因此，在與這些官能有關的一切事物中，人可以合理地採取行動而不必為自己規定超出這個目的以外的目的。這些官能適用於某種事物，只有透過這種事物才適用於人。因此，人只要沒有其他需要，就能得到滿足，就可以幸福地活下去而沒有活下去以外的目的。可是，有教養的成年人並非如此。有教養的成年人有許多與個體的需要毫無關係的思想、感情和實踐。藝術、道德、宗教、政治信仰和科學本身的作用並不是為了彌補器官的耗損，也不是為了使器官順利地運轉。這些超肉體的生活並不是在自然環境的刺激下產生並發展的，而是在社會環境的刺激下產生並發展的。社會的影響在我們身上引起同情和團結一致的感情，這些感情使我們和他人接近；正是社會在按它的形象塑造我們的同時使我們接受這些支配我們行為的宗教、政治和道德信仰；正是為了能夠發揮我們的社會作用，我們才力求發展我們的智慧，而且正是社會在向我們傳授它所貯存的科學的同時給我們提供了這種發展的手段。

正因為這些高級形式的社會活動具有某種集體的起源，所以具有某種相同性質的目的。因為這些活動產生於社會，所以只和社會有關，或者不如說，這些活動就是在我們每個人身上具體化和個性化的社會本身。但是，為了使這些活動在我們看來有存在的理由，這些活動的目的對我們來說不應該是無關緊要的。因此，我們只有在與社會保持聯繫時才能堅持這些活動。反之，我們越是感到自己脫離了社會，我們就越是脫離社會既是其根源又是其目的的生活。如果除我們之外不存在一些規則、戒律和教條所適用的並與我們休戚相關的某種生物，為什麼要有這些道德規則、這些強迫我們做出各種各樣犧牲的戒律和這些妨礙我們的教條呢？為什麼要有科學？如果科學除了增加我們活下去的機會之外沒有其他用處，那麼科學所需的代價就不值得了。本能就可以較好地完成這個任務——動物證明了這一點。因此，有什麼必要用一種更加猶豫不決和更加容易出差錯的反思來取代本能呢？尤其是為什麼會有痛苦呢？如果事物的價值只能透過與對個人的好壞相比較來估計，那麼這種價值就是得不償失而且變得難以理解。對於堅守其信仰的忠實信徒來說，對於和某個家庭社會或政治社會保持著密切聯繫的人來說，這個問題並不存在。他們自發地和不加思考地彙報他們的所作所為，前者向他們的教會或他們的上帝——這個教會的有生命的象徵彙報，後者則向他們的家庭、他們的祖國或他們的黨彙報。甚至在痛苦中，他們也只考慮到為他們所屬的群體增光的手段，並對它表示敬意。所以，基督教徒為了證明他們不重視血肉之軀而更接受於他們的神聖榜樣，終於願意受苦並追求痛苦。但是，只要信徒產生了懷疑，即感到不再和他所分享的宗教信仰休戚與共，只要家庭和城市變得與個人無關，那麼他對他自己來說就成了一個謎，而且不能擺脫這樣一個令人生氣和苦惱的問題：有什麼用？

換言之，如果像人們所常說的，人有兩重性，這是因為在具體的人之外還有社會的人。後者必然意味著有一個他所說明和服務的社會。相反的，如果社會瓦解，如果我們不再感到社會充滿活力並在我們周圍和我們之上活動，那麼我們身上的社會性就沒有任何客觀的基礎。剩下的只是各種虛幻形象的人工結合，一種稍加思考就足以使之消失的幻景；因此，沒有什麼東西可以作為我們行動的目的。然而，這種社會的人都是有教養的人，正是他們創造了生命的價值。由此可見，我們缺少活下去的理由，因為我們能夠珍視的唯一生命不再適應任何現實的東西，而仍然融合在現實中的唯一生命不再滿足我們的需要。因為我們已經開始一種比較高尚的生活，所以兒童和動物感到滿足的生活再也不能使我們感到滿足，而前一種生活忽然離我們而去，使我們不知所措。因此，我們的種種努力再也沒有任何目標，並且我們感到這些努力都落了空。在這種意義上，確實可以說我們的活動應該有一個超越生活的目標。我們需要這樣一個目標，並非為了使我們保持在那種不可能實現的長生不老的幻覺中；因為這個目標包含在我們的道德素質中，並且不可能避開，甚至不可能部分地避開，沒有這個目標，我們的道德素質在同樣的程度上就失去存在的理由。無須證明，在這樣一種動搖的情況下，最微不足道的氣餒也會產生絕望的解決辦法。如果生命不值得延續下去，那麼一切都可以成為擺脫生命的藉口。

但這並不是全部。這種擺脫不僅在孤立的個人中發生。整個民族氣質的組成成分之一就是某種評價生存價值的方式。有一種集體的情緒，就像有一種個人的情緒一樣，這種情緒使人們傾向於憂愁或傾向於歡樂，使他們以喜悅的眼光或者以憂鬱的眼光看待各種事物。同樣的，只有社會才能對人生的價值做出總的評價，而個人對此是無能為力的。因為個人只熟悉他自己和他的小天地，因此他的經歷太有限，不能作為總的評價的依據。他很可能認為他的生命沒有目的，他也說不出別人有什麼目的。相反的，社會卻可以毫不走樣地概括它對自己和對自身健康與否的看法。因為個人和社會生活的關係非常密切，所以如果社會生活不健康，個人不可能不受影響。社會的苦難必然變成個人的苦難。因為社會是一個整體，所以它的毛病便傳遍它的各個組成部分。因此，它不可能瓦解而不意識到整個生活的正常狀態也同樣被打亂了。因為社會是我們絕大部分人的歸宿，所以它不可能不感到我們在避開它而同時感到我們的活動是沒有目的的。既然我們是它的作品，它就不可能沒有衰敗的感覺而感到這種作品從此以後毫無用處。由此便形成了消沉和幻滅的思潮，這種思潮不是產生於任何特定的個人，而是表現出社會所處的瓦解狀態。這種思潮表明社會聯繫的鬆弛，表明一種集體的虛弱、一種社會弊病和個人的憂傷，如果這種憂傷是長期的，那就是以它的方式表明個體的不健康狀態，於是便出現了各種形而上學體系和宗教體系，這些體系把這些陰鬱的心情變成公式，試圖向人們證明生命是沒有意義的，賦予生命以意義是自欺欺人。於是便形成了一些新的道德觀念，這些新的道德觀念把事實當作法律，推崇自殺，或者至少有這種傾向，勸告人們盡可能少活些日子。當這些新的道德觀念出現時，似乎完全是由它們的創造者發明的，人們有時指責這些創造者在宣傳悲觀失望。實際上，這些新的道德觀念是結果而不是原因，它們只是以一種抽象的語言和一種有條不紊的形式來表現社會軀體的生理缺陷。【44】因為這種思潮是集體的，所以一開始就具有某種權威，這種權威使它得到個人的承認，並以更大的力量把個人推向他已經由社會的瓦解直接在他身上引起的道德貧困狀態使他傾向的方向。由此可見，當他過分擺脫社會環境時，他便更加受到社會環境的影響。不管每個人多麼個體化，總還是有某種集體的東西，這就是過分個體化所引起的消沉和憂鬱。人們在憂鬱這一點上是一致的，如果他們再也沒有別的共同之處的話。

因此，這種類型的自殺完全配得上我們給它起的名字。利己主義不僅是自殺的一個輔助因素，而是引起自殺的原因。在這種情況下，把人和生命聯繫在一起的紐帶之所以鬆弛，是因為把人和社會聯繫在一起的紐帶鬆弛了。至於私人生活中的意外事件，似乎直接引起自殺，而且被看作自殺的決定性條件，實際上只是一些偶然原因。個人之所以屈服於最微不足道的環境衝突，是因為社會所處的狀態使他成為完全準備自殺的犧牲品。

許多事實肯定了這種解釋。我們知道，自殺在兒童中是例外，在生命達到極限的老年人中不多，因為在兒童和老年人中，肉體的人傾向於重新成為完人。前者還沒有進入社會，因為社會還沒有時間按照它的形象培育他們；社會開始離開後者，或者說他們離開社會，這是一回事。因此，兩者都比較自我滿足。由於他們很少需要透過自身以外的東西來求自我完整，所以他們也不可能缺少生活所必需的東西。動物的免疫力沒有其他原因。同樣的，我們將在下一章看到，下層社會之所以採取它所特有的自殺形式，是因為它幾乎完全不知道我們剛才談到的自殺形式。因為下層社會的社會生活非常簡單，個人的社會習性也具有同樣的特點，因此，他們不需要多少東西就能滿足。他們很容易在外部找到一個他們能夠堅持的目標。原始人無論到什麼地方去，如果他們能夠隨身帶著他們的神和他們的家屬，那麼他們就有了他們的社會本性所需要的一切。

因此，女子能夠比男子更容易孤獨地生活下去。如果看到寡婦比鰥夫更能忍受其處境，而且更不急於重新結婚，就會相信這種可以沒有家庭的天賦是一種優勢的標誌；有人說，女子的感情豐富，可以用於家庭之外而綽綽有餘，而她們的忠誠對於幫助我們堅持生活下去是必不可少的。實際上，她們之所以有這種天賦，是因為她們的感覺與其說退化，不如說不很發達。因為她們和男子相比是生活在集體之外，所以受集體生活的影響較小：社會對她們來說不是不可或缺的，因為她們不太愛交際。她們對這方面的需要不大，而且很容易滿足。有某些祈禱要做，有某些動物要照料，老年未婚女子的生活就全被占滿了。她們之所以一直如此忠心地依戀宗教傳統，從而在其中找到某種有效地避免自殺的場所，是因為這些非常簡單的社會形式足以滿足她們的全部需要。相反的，男子在其中卻覺得太拘束了。他們的思想和活動越是展開，就越是逐步超出這種古老的形式。但是他們需要其他的形式，因為他們是更加複雜的社會存在，所以他們只有另外找到更多的支點才能保持平衡，而且這是因為他們的道德基礎取決於許多更容易使這種基礎遭到破壞的條件。

◆註釋◆

【1】見華格納：《人類表面上的隨意行為的規律性》，第一七七頁。

【2】見《婚姻》，載於《醫學百科辭典》，第五〇頁以下。關於這個問題，參見小貝蒂榮：《從婚姻的角度看單身者、喪偶者和離異者》，載於《科學評論》，一八七九年二月。參見一八八〇年《人類學學會公報》第二八〇頁以下的一篇文章。涂爾幹：《自殺與出生率》，載於《哲學評論》，一八八八年十一月。

【3】我們假定，在法國，這兩個群體的平均年齡是相同的。這種假定可能造成的誤差是很小的。

【4】只要把男女合起來考慮。下文將說明這種看法的重要性（第二編第五章第三節）。

【5】見貝蒂榮：《婚姻》，載於《醫學百科辭典》，第五二頁。莫塞利的著作，第三四八頁。科爾：《犯罪與自殺》，第四七二頁。

【6】為了收集這些資料，有待進行的工作對個人來說是艱巨的，但是由官方統計機構來做可能沒有多大困難。人們向我們提供各種毫無價值的情況，但是不告訴我們唯一讓我們有可能評價家庭在不同歐洲社會裡所處地位的資料。

【7】當然，一八七八年《國際人口統計學公報》第一九五頁上刊載的一份瑞典統計表也給我們提供了同樣的資料。但是這份統計表沒有多大用處。首先，統計表把喪偶者和單身者混在一起，這就使這種比較意義不大，因為如此不同的條件應該區別開來。此外，我們認為統計有誤差。下頁表A是其中的一些數字：

高齡已婚者所具有的異乎尋常的免疫力而言，我們一開始就覺得這些統計結果是靠不住的，因為這些數字不符合我們所知道的全部事實。為了進行一次我們認為必不可少的核對，我們研究了瑞典這個時期每個年齡段自殺的絕對數。下頁表B是男子的自殺人數：

A

每十萬同樣性別、同樣婚姻狀況和同樣年齡的居民中自殺的人數							
年齡	16-25 歲	26-35 歲	36-45 歲	46-55 歲	56-65 歲	66-75 歲	75 歲以上
男							
已婚者	10.51	10.58	18.77	24.08	26.29	20.70	9.48
未婚（喪偶者和單身者）	5.69	25.73	66.95	90.72	150.08	229.27	333.35
女							
已婚者	2.63	2.76	4.15	5.55	7.09	4.67	7.64
未婚者	2.99	6.14	13.23	17.05	25.98	51.93	34.69
未婚者的自殺人數是同性別同年齡已婚者的自殺人數的多少倍？							
男子	0.5	2.4	3.5	3.7	5.7	11	37
女子	1.13	2.22	3.18	3.04	3.68	11.12	4.5

B

	16-25 歲	26-35 歲	36-45 歲	46-55 歲	56-65 歲	66-75 歲	75 歲以上
已婚者	16	220	567	640	383	140	15
未婚者	283	519	410	269	217	156	56

比較一下這些數字和上面的比例數就可以肯定其中有差錯。事實上，在六十六至七十五歲這個年齡段，已婚者和未婚者自殺的絕對數差不多相同，然而，按十萬人計算，後者的自殺人數卻是前者的十一倍。如果果真如此，那麼這個年齡段的已婚者就應該是包括喪偶者和單身者在內的未婚者的十倍（確切地說是九點二倍）。同樣的，七十五歲以上的已婚者就應該是未婚者的整整十倍，但這是不可能的。在這樣的高齡，喪偶者是很多的，加上單身者，在數量上應該等於或超過已婚者。由此可以猜到可能發生了什麼誤差。這是由於把單身者和喪偶者的自殺人數加在一起，只用單身者的人口數去除這個總數，而已婚者的自殺人數卻被喪偶者和已婚者的人口總數所除。使人以為必須這樣做是因為已婚者的免疫力只有到高齡時才特別強，這就是說，如果喪偶者的人數相當多，就會嚴重地扭曲計算的結果。這種結果難以置信是因為七十五歲以後的喪偶者非常多。

【8】因此，這些數字是整個十五年內的自殺人數，而不是每年的平均數。

【9】見第二五八頁。確實可以認為，這種不利於十五至二十歲的已婚者的情況是由於他們的平均年齡大於同年齡段的單身者。但是證明確實加劇的是下一個年齡段（二十至二十五歲）的已婚者的自殺率要低五倍。

【10】見貝蒂榮：《婚姻》，《醫學百科辭典》，第四三三頁以下。

【11】只有一個例外，這就是七十至八十歲婦女的係數稍為低於整數。引起這種降低的是塞納省的影響。在其他省中（見第二三〇頁表二十二），這個年齡段的婦女的免疫力係數都大於整數；然而，應該注意的是，甚至在外省，這個年齡段的免疫力係數也大於其他年齡段的免疫力係數。

【12】巴黎，一八八八年，第四三六頁。

【13】小貝蒂榮發表在《科學評論》上的論文。

【14】為了否定已婚者處於有利地位是由於婚姻選擇的假設，人們有時提出喪偶引起的所謂自殺傾向加劇。但是我們剛剛看到，就單身者來說這種加劇並不存在。喪偶者自殺的反而比已婚者少。因此，這種論點不

能成立。

【15】這些數字是法國一八九一年的統計。

【16】我們有所保留，是因為二點三九這個係數與十五至二十歲這個年齡段有關，由於已婚女子在這個年齡很少自殺，所以自殺人數少作為計算的根據就讓準確性多少有點可疑。

【17】當人們比較已婚男女和未婚男女各自的情況時，往往不注意該排除年齡的影響，因此這樣得出的結果就不準確。按照一般的方法計算，一八八七－一八九一年期間，在每百名已婚的自殺者中，女子為二十一名，男子為七十九名；在每百名各種年齡的單身的自殺者中，女子為十九名。這些數位會使人對情況產生錯誤的看法。上表證明，在各個年齡段，已婚女子的自殺率和未婚女子的自殺率差距都很大。其原因是，兩種性別之間的差距在兩種情況下都隨著年齡的變化而變化。在七十歲和八十歲之間，這種差距約為二十歲時的兩倍。不過，單身人口幾乎完全是由三十歲以下的人組成的。因此，如果不考慮年齡，那麼我們所得出的差距實際上是不到三十歲的未婚男子和未婚女子之間的差距。但是，在比較這種差距和不分年齡的已婚者之間的差距時，由於後者的平均年齡為五十歲，所以比較的是這個年齡的已婚者。因此，這種比較是有誤差的，而且在這兩類人中，兩種性別之間的差距並不以同樣的方式在年齡的影響下發生變化，所以誤差更大。這種誤差在單身者中比在已婚者中大。

【18】同樣的，我們在上表可以看到，隨著年齡的增長，已婚女子的自殺率越來越超過未婚女子的自殺率。

【19】然而，勒古瓦（他的著作第一七五頁）和科爾《犯罪與自殺》第四七五頁）認為可以證實自殺率的變化和結婚率的變化有某種關係。但是他們的錯誤首先在於他們所考察的時期太短，其次是他們比較了最近這幾年和一八七二年這不正常的一年，在這一年裡，法國的結婚率達到了一八一三年以來從未有過的數字，因為必須填補一八七〇年戰爭所造成的空白；我們不能用這個基準點來比較結婚率的變化。這種看法也適用於德國，甚至也幾乎適用於所有的歐洲國家。在這個時期，結婚率似乎受到了某種刺激。我們注意到，義大利、瑞士、比利時、英國和荷蘭的結婚率突然大大上升，這種上升一直延續到一八七三

年。可以說，整個歐洲都為彌補這兩個遭到戰禍的國家的損失作出了貢獻。因此，在一段時間以後，結婚率大大下降自然沒有人們所賦予的重要意義了（見厄廷根：《道德統計學》，附錄，表一、二、三）。

[20] 據拉瓦瑟：《法國的人口》，第二卷，第二〇八頁。

[21] 據一八八六年（原文如此。——譯者註）人口調查，《人口調查》第一一三頁。

[22] 見《法國統計年鑑》，第十五卷第四十三頁。

[23] 根據同樣的理由，有子女的已婚男子年齡要大於一般已婚男子，因此，其免疫力係數二點九應該被看成低於實際情況。

[24] 無子女已婚男子的免疫力係數和無子女已婚婦女的免疫力係數之間也有類似的差距，不過這個差距更大。後者（零點六七）低於前者（一點五）百分之六十六。因此，子女的存在使女子重新獲得一半她在結婚時所失去的東西。這就是說，儘管她從婚姻中所得到的好處少於男子，但從家庭即子女那裡得到的好處卻多於男子。她比男子更容易受到子女的有利影響。

[25] 《婚姻》條，《醫學百科辭典》，第五卷，第三六頁。

[26] 見莫塞利的著作，第三四二頁。

[27] 見貝蒂榮：《從婚姻的角度看單身者、喪偶者和離異者》，《科學評論》，一八七九年。

[28] 莫塞利同樣引證他的論點說，戰爭爆發後，寡婦的自殺率上升幅度大大高於未婚女子和已婚婦女的自殺率。但這只是因為這時寡婦的人數異乎尋常地增加，因此她們的自殺人數自然也增加，一直持續到恢復平衡和不同範疇的婚姻狀態回到正常的水平。

[29] 如果有子女，兩性免疫力係數因喪偶而下降的程度幾乎相同。有子女的丈夫的免疫力係數為二點九，下降到一點六。有子女的妻子的免疫力係數從一點八九下降到一點零六。前者下降百分之四十五，後者下降百分之四十四。正像我們已經說過的，由於喪偶產生兩種影響，所以它打亂了婚姻生活與家庭生活。婦女對第一種影響的感受要比男子少得多，因為她們從婚姻中得到的好處少。相反的，她們對第二種影

響的感受要比男子多，因為她們在家庭中取代男子的地位要比男子取代她們的家庭職能更難。因此，如果有子女，就會產生一種補償作用。這種作用使得兩性的自殺傾向由於喪偶的影響而以同樣的比例變化。由此可見，如果沒有子女，寡婦便重新取得她們在婚姻中所失去的一部分優勢。

【30】從表二十二可以看到，在塞納省和在外省一樣，二十歲以下已婚男子的免疫力係數都低於整數，這就是說，他們的自殺人數更多。這就證實了前面所說的規律。

【31】我們看到，如果女性從婚姻中得到的好處多，那麼兩性之間免疫力係數的差距就比男性從婚姻中得到好處多時小得多。這就再一次證實上述規律。

【32】J·貝蒂榮（《科學評論》上的論文）已經按有無子女提供了各種婚姻狀況的自殺率。下面是他所發現的結果：

有子女的已婚男子：每百萬人中有兩百零五名自殺者。有子女的鰥夫：五百二十六名。

無子女的已婚男子：每百萬人中有四百七十八名自殺者。無子女的鰥夫：一千零四名。

有子女的已婚女子：每百萬人中有四十五名自殺者。有子女的寡婦：一百零四名。

無子女的已婚女子：每百萬人中有一百五十八名自殺者。無子女的寡婦：兩百三十八名。

這些數字是一八六一—一八六八年的。由於自殺的普遍增加，這些數字肯定了我們所發現的數字。但是，由於缺少一張與我們的表二十一相類似的表，不能比較已婚男子和鰥夫與同年齡的單身者，所以不能由此得出任何與免疫力係數有關的確切結論來。另一方面，我們懷疑這些數字是不是全國性的。事實上，在法國統計局，人們向我們保證，在一八八六年以前的人口統計中，從來沒有區別過有子女的已婚男子和無子女的已婚男子，除了一八五五年的各省統計，但不包括塞納省。

【33】見第二編第五章第三節。

【34】見《一八八六年人口調查》，第一〇六頁。

【35】我們在這裡所使用的「密度」一詞的涵義，與我們通常在社會學中所賦予它的涵義略有不同。通常，我

們給一個群體的密度下定義，不是根據結合在一起的個人的絕對數（更恰當地說這是容量），而是根據同等容量中實際上有交往的個人數（見《社會學方法的規則》，第一三九頁）。但是，就家庭來說，容量與密度之間的區別並不重要，因為，由於這種群體小，所有結合在一起的個人實際上都有交往。

【36】不要把年輕的、有發展前途的社會同未開化的社會混為一談；相反的，在未開化社會中，自殺是很頻繁的，就像我們將在下一章中所看到的那樣。

【37】愛爾維修在一七八一年這樣寫道：「財政的脫序和國家政體的改變散佈著普遍的沮喪。首都許多人自殺就是可悲的證據。」轉引自勒古瓦的著作第三〇頁。梅西埃在他的《巴黎的場景》（一七八二年）中說，巴黎的自殺人數在二十五年內增加了二倍。

【38】根據勒古瓦的著作第二五二頁。

【39】根據馬薩呂克《自殺》，第一三七頁。

【40】實際上，在一八八九—一八九一年期間，這個年齡段的年自殺率只有三百九十六名，季自殺率為兩百名左右。然而，從一八七〇年到一八九〇年，每個年齡段的自殺人數都增加了一倍。

【41】還不能十分肯定，一八七二年自殺人數的減少就是由於一八七〇年的事件。實際上，除了普魯士以外，自殺人數的減少都不是發生在戰爭期間。在薩克森，一八七〇年自殺人數只減少了百分之八，一八七一年並沒有進一步減少，而一八七二年就完全不再減少了。在巴登公國，只有一八七〇年有所減少，一八七一年的自殺人數為兩百四十四名，超過一八六九年的自殺人數百分之十。因此，看來普魯士是唯一在勝利後達到某種集體安樂境界的國家。其他國家都不太感到戰爭帶來的光榮和強大，而且，巨大的民族危機一旦消失，社會的激情就立刻平息下來。

【42】見上文第一九九頁。

【43】我們不談隨著信仰靈魂的不朽而來的那種想像中的生命延長，因為1.這不能解釋為什麼家庭或從屬於政治社會能使我們不去自殺；2.這種信仰甚至不能使宗教產生預防的作用，這一點我們在上文已經說明。

【44】因此，指責這些憂傷的理論家推廣他們的個人印象是不公正的。他們只是反映了一種普遍存在的情況。

第四章 利他主義式的自殺[1]

在生命的範疇中，沒有什麼好得不得了的東西。一種與生命有關的特點只有在不超過某些界限的條件下，才能完成它應該有助於完成的目的。社會現象也是如此。正像我們剛才看到的，儘管某種極端的個性會導致自殺，某種不充分的個性也會產生同樣的結果。當一個人脫離社會時，他很容易自殺，而當他過分地與社會融為一體時，也很容易自殺。

一

有人曾經說過，[2]未開化社會沒有自殺。這種說法是不準確的。誠然，像我們在前面所說的那種利己主義式自殺在那裡似乎並不經常發生。但是另一種自殺在那裡卻很流行。

巴托林在他的《論在丹麥自殺的原因》一書中轉述說，丹麥軍人把死在床人——無論是老死還是病死——看成是一種恥辱，而以自殺來逃避這種恥辱。哥德人也相信，那些自然死亡的人注定要永遠在充滿毒蛇猛獸的洞穴裡受折磨。[3]在西哥德人領土的邊界上，有一座高聳的懸岩叫「祖先岩」，那些老年人在對生活感到厭倦時都在這裡跳岩身亡。在色雷斯人和赫魯利人中，人們發現有同樣的習俗。西爾維烏斯·伊塔利庫斯在談到西班牙的克爾特人時說：「這是一個不惜流血、而且非常傾向於提前死亡的民族。克爾特人一旦超過了風華正茂的年齡，他就對時間的流逝感到不耐煩，而且不願意有老年；他的命運掌握在他自己的手裡。」[4]因此，他們給那些自殺身亡的人指定一塊優美的安息之地，而把那些病死或老死的人草草地埋葬。同樣的習俗在印度也長期保持。也許這種對自殺的讚頌在吠陀經中還沒有，但肯定有很悠久的歷史。關於婆羅門卡拉努斯的自殺，普盧塔克說：「他犧牲自己，就像這個國家的聖賢們的習慣所要求的那樣。」[5]而昆圖斯・庫爾提烏斯說：「在他們當中有一類殘忍的粗野人，人們把他們稱之為聖人。在他們看來，預料到死亡的日子是一種光榮，一旦老年和疾病開始折磨他們，他們便自焚身亡。按照他們的看法，等待死亡是生命的恥辱；他們也不尊敬被老年所摧毀的肉體。如果不接受還在呼吸的人，火便會被玷污。」[6]在斐濟、[7]新赫布里底和曼加等地也有類似的事實。[8]在賽奧斯，超過一定年齡的男子在一起舉行一次隆重的宴會，他們頭戴花冠，高高興興地喝毒芹汁。[9]在古代的穴居人[10]和塞雷爾人中也有同樣的習俗，然而他們都以他們的美德聞名於世。[11]

我們知道，在這些民族中，除老年人外，寡婦在她們的丈夫去世後也必須自殺。這種野蠻的做法在印度的風俗中如此根深柢固，以致於儘管英國人做出了種種努力，這種做法依然存在。一八一七年，僅孟加拉省就有七百零六名寡婦自殺；一八二一年，全印度有兩千三百六十六名寡婦自殺。在其他地方，當一位君主或一位首領去世時，他的僕人們有義務不比他活得更久，這是高盧的情況。亨利・馬丁說，首領們的葬禮是血腥的大屠殺，人們在葬禮上焚燒他們的衣服、他們的武器、他們的馬匹、他們最寵愛的奴隸、還有那些在最後一次戰鬥中沒有戰死的忠實的追隨者。[12]忠實的追隨者絕對不應比他的首領活得更久。在阿散蒂人中，當國王去世時，他的官員們也必須死。[13]有些觀察家在夏威夷見到過同樣的習俗。[14]

因此，在原始民族中，自殺肯定十分頻繁。但是這些自殺表現出十分特殊的性質。實際上，上面所談到的事實都歸屬於下列三個範疇之一：

1. 開始衰老或得了病的男子的自殺。
2. 妻子在她們的丈夫去世時的自殺。
3. 被保護者或僕人在他們的主子去世時的自殺。

然而，在這三種情況下，人之所以自殺，不是因為他自以為有自殺的權利，而是**因為他有自殺的義務**。如果他不履行這種義務，就要受侮辱，而且往往要受到宗教的懲罰。毫無疑問的，當有人向我們談起自殺的老年人時，我們首先傾向於認為，自殺的原因就在於對生活感到厭倦或者在這種年齡時常有的痛苦。但是，即使這些自殺確實沒有其他原因，即使個人自殺僅僅是為了擺脫某種難以忍受的生活，他們也沒有必要這樣做；人們絕不是必須享有某種特權。不過，我們已經看到，如果他堅持要活下去，公眾就再也不會尊重他：在有些地方，人們拒絕給他舉行一般的葬禮；在另一些地方，等待著他的必定是某種比墳墓還要可怕的生活。因此，社會逼著他去自殺。毫無疑問的，社會也干預利己主義式的自殺；但是，在這兩種情況下，社會干預的方式不同。在一種情況下，社會滿足於向人灌輸讓他擺脫生命的論調；在另一種情況下，社會明確地要求他離開社會。在前一種情況下，社會至多提出建議或意見；在後一種情況下，社會迫使他承擔自殺的義務，使這種義務具有強制性的條件和環境就是由社會造成的。

此外，社會強制性地規定這種犧牲是為了社會的目的。被保護人之所以不應該比他的保護人活得更久，或者臣子不應該比他的君主活得更久，這是因為社會的結構就意味著，在追隨者和他們的主人之間，在官員和國王之間，有一種如此密切的依賴關係，以致於排除任何分離的念頭。一個人的命運就是另一些人的命運。臣民必須到處追隨著他們的主人，哪怕到墳墓裡去，就像主人的服裝和武器一樣；如果可以設想出另一種情況，那麼社會的從屬關係就完全不是它所應該有的樣子了。[15]妻子和丈夫的關係也是如此。至於老年人，他們之所以有義務不等待死亡，很可能是出於宗教上的原因，至少在大多數情況下是如此。事實上，保護家庭的靈魂被認為依附在家長身上。另一方面，據認為，寄託在人身上的神參與人的生活，同時經歷生老病死等幾個同樣的階段。因此，年齡不可能使一方體力衰弱而不同時使另一方虛弱，也不會因此而使群體的存在受到威脅，因為保護群體的只有一位沒有威力的神。這就是為什麼要求父親不等壽終正寢就把他所保管的寶貴財產轉讓給繼承人的原因。[16]

這種描述足以確定這些自殺取決於什麼。社會為了能夠迫使它的某些成員去自殺，就必須貶低個人的人格。因為人格一開始形成，生存就是賦予它的第一個權利——這種權利無論如何只有在諸如戰爭之類的情況下才會中斷。但是這種脆弱的個性本身只可能有一個原因。個人在集體生活中微不足道，一定是因為他完全和群體打成了一片，而後者一定相應地非常一體化。部分也幾乎沒有自身的存在，一定是因為總體形成了一個緊密和統一的整體。實際上，我們在別的地方曾經指出，這種整體的凝聚力正是遵守上述習俗的社會的凝聚力。[17]因為這些社會只有少數成員，所以所有的人都過著同樣的生活——大家的思想、感情和職業都相同。同時，由於群體很小，所以人人都很接近，天天見面，因此集體的監督從不間斷，任何事情都隱瞞不了，從而比較容易預防分歧。因此，個人沒有辦法為自己形成一種特殊的環境，在這種環境的掩護下，他可以發展他的個性並形成自己的特色。可以說，由於和同伴沒有什麼區別，所以他只是整體的一個**完整的**組成部分，沒有自身的價值。他的性命如此不值錢，以致於某些人對他的侵犯只受到比較寬容的制止。因此，他自然不能違背集體的要求，社會可以為了微不足道的理由毫不猶豫地要求他結束在它看來一錢不值的生命。

於是我們便看到了另一種自殺，這種自殺與前一種自殺有著截然不同的特點。前一種自殺是由於個性太強，而後一種自殺是由於個性太弱。一種自殺是由於某些部分或者甚至整體已經瓦解的社會允許個人離開社會；另一種自殺則是由於社會過分使個人從屬於社會。既然我們把按個人的生活而生活並且只服從自己的自我感覺狀態稱之為**利己主義**，那麼**利他主義**這個詞恰好表示相反的狀態：自我不屬於自己，或者和自身以外的其他人融合在一起，或者他的行為的集中點在他自身之外，亦即在他是其組成部分的一個群體中。因此我們把某種極端利他主義所導致的自殺稱之為**利他主義式的自殺**。但是，既然這種自殺還表現出作為一種義務來完成的特點，那麼所採用的術語就應該表現這種特點。因此，我們就把這種類型的自殺稱之為**義務性利他主義式的自殺**。

為了給這種自殺下定義，有必要把這兩個形容詞聯在一起，因為並非所有利他主義的自殺都一定是義務性的。有的利他主義自殺並不是社會特意強加於人的，而是有一種比較隨意的性質。換句話說，利他主義的自殺是一種包括若干變種的自殺。我們已經確定了其中的一種，現在來看看其他幾種。

在我們所說過的這些社會裡，或者在其他同類社會裡，可以經常看到一些自殺，其直接和明顯的動機都是微不足道的。提圖斯．李維、凱撒和瓦勒里烏斯．馬克西穆斯不無驚奇和欽佩地告訴我們，野蠻的高盧人和日爾曼人若無其事地去自殺。[18]有一些克爾特人為了美酒或金錢去自殺。[19]另一些克爾特人則自吹自擂不怕赴湯蹈火。[20]現代旅行家曾在許多未開化的社會裡看到類似的習俗。在波利尼西亞，一點小小的冒犯往往足以引起一個人的自殺。[21]在北美洲的印第安人也是如此，夫妻吵架或猜疑的舉動都足以使丈夫或妻子去自殺。[22]在達科他人中，在希臘人中，稍微有點失望也會導致採取極端的步驟。[23]大家都知道，日本人很容易為了最微不足道的理由剖腹自殺。有人甚至報導，在日本有一種奇怪的決鬥，雙方不是互相攻擊，而是比誰能靈巧地用自己的手剖開自己的肚子。[24]有人指出，在中國、交趾支那、西藏和暹羅王國也有類似的現象。

在所有這些實例中，一個人自殺並非明確地是被迫自殺的。然而，這些自殺的性質同義務性自殺沒有什麼兩樣。因為不留戀生命是一種美德，甚至是一種傑出的美德，所以人們讚揚稍微受到一點環境的刺激或者甚至僅僅由於假充好漢而放棄生命的人。由此可見，社會的獎勵給予了因此而得到鼓勵的自殺，而拒絕這種獎勵就會招致懲罰那樣的同樣結果，儘管這是不太嚴重的懲罰，為了在某種情況下逃避恥辱，就是為了在另一種情況下贏得更多的尊重。如果從童年起就習慣於不重視生命，而且藐視那些過分重視生命的人，那就不可避免地會為了最小的藉口而放棄生命。有人就輕易地決定作出如此沒有價值的犧牲。因此，這種習俗完全像義務性自殺一樣，與未開化社會最基本的道德觀念聯繫在一起。因為這種習俗只有在個人沒有自身利益的時候才能保持原狀，所以必須唆使個人無保留地放棄和犧牲自身的利益，這些自殺就是由此而發生的，部分是自發的。正像社會比較明確地要求的自殺一樣，這些自殺也起因於這種無個性狀態，或者像我們所說過的，起因於利他主義——利他主義可以被看成是原始人的道德特點。因此，我們也把這些自殺稱之為利他主義式的自殺，亦即使為了更加突出這些自殺的特點而應該補充說這些自殺是**非強制性的**，那也只能把這些自殺理解為不是社會特意要求的，儘管嚴格地說來是義務性的。這兩種自殺的性質如此相近，以致於不可能把它們區別開來。

最後，在另一些情況下，利他主義更直接更強烈地引起自殺。在前面這些例子中，利他主義只是在環境的協助下才促使一個人去自殺。死亡一定是社會當作一種義務強加於人的，或者是某種與榮譽有關的事在起作用，或者至少是某種令人不愉快的事件導致受害者貶低生命的價值。但是有時候個人自我犧牲僅僅是為了得到犧牲的樂趣，因為毫無特殊理由地自我犧牲被認為是值得讚揚的。

印度是這類自殺的傳統樂土。在婆羅門教的影響下，印度人很容易自殺。《摩奴法典》確實勸告自殺，但有某些保留：一個人必須已經達到一定年齡，他至少應該留下一個兒子。但是，如果完成了這些條件，他就不需要生命了。「婆羅門用那些聖人所使用的方法之一擺脫了他的肉體，免除了憂愁和恐懼，他便光榮地被梵天的居住地所接納。」[25]儘管有人常常指責佛教已經把這種原則推向了極端，把自殺當作了宗教實踐，實際上不如說譴責了這種原則。毫無疑問的，佛教一直教導最大的幸福是涅槃，但是這種生命的中止可以而且應該在今生做到，而不必為實現這一點採取強暴的手段。儘管如此，人必須逃避生命的思想在教義中根深柢固，而且如此符合印度人的願望，所以可以在產生於佛教或和佛教同時形成的主要教派中看到這種思想的不同形式。耆那教就是這種情況，儘管耆那教的經典之一譴責自殺，指責自殺是延長生命，但是在許多神廟中所收集的碑文證明，尤其是在南方的耆那教徒中，宗教自殺是十分常見的事，[26]信徒們往往絕食身亡。[27]在印度教中，在恆河或其他聖河中尋死的習俗十分普遍。那些碑文告訴我們，國王和大臣也準備這樣結束自己的生命，[28]有人肯定在本世紀初，這種迷信還沒有完全消失。[29]在比爾人中，有一處懸岩是為了獻身於濕婆神，人們虔誠地從懸岩上跳下去；[30]一八二二年，還有一位軍官目睹了這樣一次獻身。至於那些讓訖里什那神像車的輪子成群地碾死的宗教狂的故事，則已經成了經典作品。[31]夏勒瓦曾經在日本見到過類似的宗教儀式，他說：「在海邊，一些小船滿載著這些宗教狂，他們有的在身上綁著石頭往海裡跳，有的把他們的小船鑿穿，唱著讚美他們所崇拜的偶像的頌歌讓自己漸漸地被海水淹沒。許多旁觀者注視著他們，向上蒼讚揚他們的英勇，並在他們消失之前要求得到他們的祝福。這樣的場面屢見不鮮。阿彌陀佛的信徒把自己封閉在岩洞裡，在岩洞裡，他們只有剛好能保持坐姿的空間，只能透過一個通風口來呼吸。在岩洞裡，他們安靜地讓自己餓死。另一些信徒則登上十分陡峭的懸岩頂，在這些懸岩上有一些硫磺礦，不時地噴出火焰來。他們不停地向他們的神祈求，他們祈求他們的神接受他們奉獻的生命，祈求他噴出火焰來。一旦噴出一道火焰，他們便認為是神表示同意，於是一頭跳進深淵。……人們懷著極大的崇敬懷念這些所謂的殉教者。」[32]

再沒有哪一種自殺的利他主義性質更明顯了。在所有這些實例中，我們確實看到個人渴望擺脫他的生命，以便進入他視為真正本質的東西中。他把這種東西叫做什麼無關緊要，他相信他存在於這種東西中，而且只存在於這種東西中，而正是為了存在於這種東西中，他才如此使勁地和這種東西融合在一起。因此他認為沒有所謂自身的生命。在這裡，無個性達到了最大限度，利他主義處於極端狀態。但是，有人會說，這些自殺難道不是僅僅出於自殺者覺得生命悲慘嗎？很顯然的，當一個人自發地自殺時，他並不十分珍惜生命，因此他認為生命或多或少是一種令人傷感的現象。但是，在這一點上，所有的自殺都彼此相似。然而，對這些自殺不加任何區別將是一個嚴重的錯誤，因為這種表現並非總是出於同樣的原因。因此，儘管看上去相似，但這種表現在不同的情況下是不相同的。利己主義者憂傷是因為他認為世界上只有個人才是真實的，而過分的利他主義者則相反，他的憂傷產生於個人在他看來是多麼不真實。前者厭倦生活是因為他看不到任何他可以追求的目標，他感到自己毫無用處，沒有理由活下去，而後者厭倦生活則是因為他有一個目標，但不在今生今世，因此生命對他來說似乎是一種障礙。所以，原因不同結果也不同，前者的憂鬱與後者的憂鬱性質完全不同。前者的憂鬱產生於一種無法醫治的厭倦感和沮喪，這種憂鬱表現為不能有效地從事活動而完全消沉和頹喪。相反的，後者的憂鬱產生於希望，因為這種憂鬱恰恰由於模糊地預感到來世的前景更加美好。這種憂鬱甚至隱含著興奮和急切地滿足某種信念的衝動，並且以某些激烈的行為表現出來。

而且，單憑一個人把生活設想得多少有點淒慘的方法不足以說明他傾向於自殺的強烈程度。基督教徒並不比耆那教徒把生活在這個世界上設想得更加令人愉快。他只把生活在這個世界上看成是一段經受痛苦考驗的時光，他也認為他的真正的祖國不在這個世界上。然而大家都知道，基督教公開表示並啟發人們厭惡自殺。因為基督教社會比以前的社會給予個人更重要的地位。它規定個人應盡的義務，禁止個人逃避這些義務，只有根據他完成今世規定應盡義務的情況，來決定他是否被允許享受來世的歡樂，而且這些歡樂是屬於個人的，就像勞動給他帶來的權利一樣。由此可見，基督教精神中溫和的個人主義不允許它支持自殺，而不管它關於人及其命運的理論如何。

作為這些道德實踐邏輯背景的形而上學體系和宗教體系已經證明，它們就是這些道德實踐的根源和涵義。事實上，早就有人指出，這些道德實踐往往和泛神論的信仰同時存在。毫無疑問，耆那教和佛教一樣，也是無神論，但泛神論不一定是有神論。泛神論的基本特點是認為，存在於個人身上的現實和他的本性是格格不入的，賦予他生命的靈魂不是他的靈魂，因此沒有個人的存在。不過，這種信條是印度教教義的基礎，人們已經在婆羅門教中發現這種信條。相反的，凡是生命的本源不和這些教義相混淆，而是被設想為一種個別形式的地方，也就是說，在猶太人、基督教徒和伊斯蘭教徒等信奉一神教的民族中，或者像希臘、羅馬等信奉多神教的民族中，這種形式的自殺是例外。人們從來沒有在這些民族的宗教儀式實踐中見到過這種形式的自殺。因此，在這種形式的自殺和泛神論之間很可能有某種關係。那麼到底是什麼關係呢？

我們不能承認引起自殺的是泛神論。指導人的不是抽象的思想，而且不能把歷史的發展解釋為純粹的形而上學概念在起作用。在民族中和在個人中一樣，各種表象的作用首先是表現某種不是這些表象所造成的現實，相反的，這些表象倒是產生於這種現實，而儘管這些表象後來能改變這種現實，但也是很有限的。社會環境產生宗教觀念，而不是宗教觀念產生社會環境——儘管宗教觀念一旦形成便會對產生宗教觀念的環境起反作用，但這種反作用不會十分巨大。因此，如果說形成泛神論的原因是多少有點從本質上否定任何個性，那麼這種宗教也只能在這樣一種社會裡形成，在這種社會裡，個人實際上無足輕重，也就是說個人幾乎完全消失在群體之中。因為人只能根據他們生活在其中的社會的形象來想像整個世界，所以宗教上的泛神論只不過是社會的泛神論組織的產物的反映。因此，這種到處都和泛神論聯繫在一起的特殊類型自殺的原因也就在於這種社會。

這便構成了第二種類型的自殺，而這種類型的自殺本身包括三種不同的形式：義務性利他主義式的自殺、非強制性利他主義式的自殺和強烈的利他主義式的自殺，而宗教狂性質的利他主義式自殺是後者的完整模式。在這些不同的形式下，這種自殺和利己主義式自殺形成最鮮明的對照。一類自殺和粗野的道德觀念關聯在一起，這種道德觀念認為只涉及個人的東西毫無價值；另一類自殺則和文雅的倫理觀念關聯在一起，這種倫理觀念把人的個性抬得如此高，以致於再也不能處於次要的地位。因此，這兩類自殺之間有著極大的差距，這種差距把原始民族和最開化的民族區別開來。

然而，儘管未開化社會是利他主義式自殺的溫床，但在某些比較現代的文明中也有這種自殺。我們尤其把某些基督教殉教者的死列入這一類。所有這些新教徒即使不是自己殺死自己，而是自願讓別人殺死自己，實際上還是自殺。儘管他們不是自己殺死自己，但是他們不顧一切地追求死亡，而且採取行動使死亡不可避免。為了自殺，只要知道其原因的犧牲者做出必然引起死亡的行動就夠了。另一方面，新教忠實信徒這種臨危不懼的狂熱表明，在這種時刻，他們為了他們所虔信的思想，已經完全失去了他們的個性。在中世紀，曾幾度使修道院荒無人煙，看來是過分的宗教狂熱所引起的自殺風，很可能也是這種性質。[33]

在我們的當代社會裡，由於個人的個性越來越擺脫集體的個性，所以這類自殺就不會十分普遍。有些軍人寧死不受失敗的屈辱，例如博勒佩爾艦長和維爾納夫海軍上將，這些不幸的人為了不給他們的家庭帶來恥辱而自殺，當然可以說他們屈從於利他主義的動機。他們之所以捨棄生命，是因為他們更愛某種東西而不愛自己。但是這些情況是孤立的，只是例外地發生。[34]然而，在我們中間，今天還有一個特殊階層，在這個階層中，利他主義式的自殺是長期的現象，這個階層就是軍隊。

表二十三　歐洲主要國家中軍人自殺人數與平民自殺人數的比較

	自殺人數		軍人與平民相比的增加係數
	100 萬軍人中	100 萬同齡平民中	
奧地利（1876-1800）	1253	122	10
美　國（1810-1884）	680	80	8.5
義大利（1876-1890）	407	77	5.2
英　國（1876-1890）	209	79	2.6
符騰堡（1846-1858）	320	170	1.92
薩克森（1847-1858）	640	369	1.77
普魯士（1876-1890）	607	394	1.50
法　國（1876-1890）	333	265	1.25

二

在所有的歐洲國家中，軍人的自殺傾向要比同齡平民大得多，這是一種普遍現象。而且兩者的差別在百分之二十五到百分之九百之間（見表二十三）。

丹麥是這兩類自殺人數大致相同的唯一國家，在一八四五—一八五六年期間，平民為每百萬人中三百八十八人，軍人為每百萬人中三百八十二人。但軍官的自殺人數不包括在這個數字內。[35]

這個事實乍看起來令人感到驚訝，因為有許多原因似乎應該使軍隊避免發生自殺。首先，從身體情況來看，組成軍隊的個人是國家的精華，他們經過仔細的挑選，沒有嚴重的器質性缺陷。[36]而且，團體精神和共同的生活在軍隊裡應該像在其他地方一樣具有預防的作用。因此，自殺人數這樣多是什麼原因呢？

因為普通士兵都沒有結過婚，所以人們歸咎於單身。但是，首先，單身在軍隊中不應該像在平民生活中那樣產生有害的結果，因為正像我們已經說過的，士兵不是孤立的。他們是一個組織嚴密的集體的成員，這個集體從本質上來說部分地取代了家庭。但是，不管這種假設是否正確，我們有一個辦法來單獨考察這個因素。只要比較一下士兵的自殺人數和同齡單身者的自殺人數就行了。表二十一使我們可以進行這種比較，我們再一次看到這張表的重要性。在一八八八—一八九一年期間，法國每百萬名士兵中有三百八十人自殺，而在同一個時期，每百萬名二十至二十五歲的未婚青年中只有兩百三十七人自殺。因此，每一百名自殺的單身平民就有一百六十名自殺的軍人，這種使增加的係數達到一點六的情況，完全與單身無關。

如果把士官的自殺人數除外，那麼增加的係數還要大。在一八六七—一八七四年期間，每百萬名士官中平均每年有九百九十三名自殺。根據一八六六年的一次人口調查，他們的平均年齡為三十一歲多一點。我們確實不知道當時三十歲未婚青年的自殺人數，我們所列的表只涉及最近一個時期（一八八九—一八九一年），而且這是唯一的一張表。但是以這張表上的數字為基準，我們所犯的錯誤只不過是把士官自殺的增加係數降低到實際水平以下。實際上，因為自殺人數從一個時期到另一個時期幾乎增加了一倍，所以這個年齡單身者的自殺率肯定也增加了。因此，比較一八六七—一八七四年士官的自殺人數和一八八九—一八九一年未婚青年的自殺人數，我們就可以減輕而不是加重軍人職業的惡劣影響。然而，在一八八九—一八九一年期間，每百萬名三十一歲單身者中的自殺人數在三百九十四名到六百二十七名之間，或五百一十名左右。這個數字和九百九十三之比為一百比一百九十四；這就意味著增加係數為一點九四，這個係數可以提高到四而不必擔心超出實際情況。[37]

最後，從一八六二年到一八七八年，軍官的平均自殺率為每百萬人中有四百三十名。他們的平均年齡變化不大，一八六六年為三十七歲零九個月。因為他們當中有許多人結過婚，所以不應該把他們與單身者作比較，而應該與包括未婚青年和已婚男子在內的全體男性人口作比較。不過，在一八六三—一八六八年期間，每百萬名各種身份的男子中自殺的只有兩百人多一點。這個數字和四百三十之比為一百比兩百一十五，這就構成增加係數二點一五，這個增加係數與婚姻無關，與家庭生活也無關。

這個係數因軍銜等級的不同而從一點六變到接近四，顯然只能用軍人地位本身的原因來解釋。雖然，我們只是直接證實了法國的情況，至於其他國家，我們沒有把單身的影響分離出來所必須的資料。但是，因為法國軍隊正好是歐洲受自殺影響最小的軍隊（只有丹麥除外），所以可以肯定上述情況帶有普遍性，哪怕這種情況在其他歐洲國家應該更明顯。那麼是什麼原因呢？

有人想到酗酒，他們說，酗酒在軍隊中比在平民中更嚴重。但是，首先，正像我們已經證明過的，如果酗酒對一般人的自殺率沒有決定性的影響，那麼酗酒更不會影響軍隊的自殺率。其次，短短幾年的服役期——法國為三年，普魯士為兩年半——不足以造成大量飲酒成癖的酗酒者，以致可以解釋軍隊中有大量自殺者。最後，甚至根據那些把最大的影響歸因於酗酒的觀察家的看法，也只有十分之一的案例可以歸因於酗酒。因此，即使酗酒引起的自殺在士兵中要比在同齡平民中多二、三倍（這一點沒有得到證明），軍隊中還有大量的自殺是需要尋找其他根源的。

人們最常提到的原因是對服役感到厭惡。這種解釋和把自殺歸因於生活艱苦的流行想法相一致。因為嚴格的紀律、缺少自由、被剝奪一切享受使人傾向於把軍營生活看得特別難以忍受。說實在的，看來

法國軍隊		英國軍隊		
	軍士和士兵每10萬人中每年的自殺人數（1862-1869）	年齡	每10萬人中的自殺人數	
			在宗主國	在印度
服役不足1年	28	20-25歲	20	13
服役1-3年	27	25-30歲	39	39
服役3-5年	40	30-35歲	51	81
服役5-7年	48	35-40歲	71	103
服役7-10年	76			

有許多其他職業更艱苦，然而這些職業並不加強自殺的傾向。無論如何，士兵總是保證有地方住，有足夠的食物。但是，不管這些考慮多麼有價值，下面的事實證明這種簡單化的解釋是不充分的：

1. 承認士兵對這種職業的厭惡在服役的最初幾年裡比較強烈，而隨著對軍營生活的習慣會逐步減輕，這是合乎邏輯的。在一段時間以後，由於習慣的作用，或者因為那些最固執的士兵已經開小差或自殺，必然會在某種程度上適應這種生活——而且在軍隊裡的時間越長，這種適應就越完全。因此，如果說決定士兵特殊自殺傾向的是習慣的改變和對這種新生活不能適應，那就應該看到自殺的增加係數隨著他們在軍隊中生活時間的延長而減少。然而事實並非如此，正像上表所證明的：

在法國，服役不到十年的士兵，自殺率就增加了兩倍，而在相同的時間內，單身平民的自殺率只從兩百三十七增加到三百九十四。在駐印度的英國軍隊中，自殺率在二十年裡增加了七倍，而平民的自殺率從來沒有增加這麼快。這就證明，軍隊特有的嚴重情況不在服役的最初幾年。

義大利的情況看來也是如此。雖然，我們沒有與每一類士兵人數有關的比例數，但是在三年服役期內，每一年的平均自殺人數大體上差不多：第一年為十五點一人，第二年為十四點八人，第三年為十四點三人。不過，完全可以肯定的是，服役人數一年比一年少的原因是死亡、退役和休假等等。因此，即使比例數明顯增加，絕對數卻只能保持在同樣的水平上。然而，在某些國家，有一些士兵在服役初期由於生活的改變而自殺，這並不是不可能的。事實上，有人報告說，在普魯士，一千名自殺的士兵中有一百五十六名是在服役的頭三個月裡自殺的，[38]這當然是一個很大的數字。但是這些事實和前面所說的那些事實絲毫沒有矛盾。因為，除了在這個動盪時期發生的暫時增加以外，很可能有另一種完全出於其他原因的增加，而且按照我們在法國和英國所觀察到的類似規律越來越嚴重。此外，即使在法國，第二年和第三年的自殺率也略低於第一年——然而這並不妨礙後來的增加。[39]

2. 軍隊生活對軍官和士官來說不像對普通士兵來說那樣難以忍受，紀律也不那麼嚴格。因此前者的增加係數應該低於後者的增加係數。然而，事實恰恰相反，我們已經證實了法國的情況，其他國家的情況也是如此。在義大利，一八七一—一八七五年期間軍官的自殺人數為每百萬人中每年平均五百六十五人，而士兵只有兩百三十人（莫塞利的數字）。士官的自殺率更高，每百萬人中超過一千人。在普魯士，普通士兵每百萬人中有五百六十人自殺，而士官則為一千一百四十人。在奧地利，有一名軍官自殺就有九名普通士兵自殺，而每一名軍官顯然遠不止有九名士兵。同樣的，儘管每一名士官並沒有兩名士兵，但有一名士官自殺就有二點五名士兵自殺。

3. 那些自願服役和把從軍當作職業的人應該不太厭惡軍隊的生活。因此，那些自願入伍和再次入

		每百萬人的自殺率	可能的平均年齡	同齡單身平民的自殺率（1889-1891）	增加係數
1875-1878年	自願入伍者	670	25歲	237-394或315	2.12
	再次入伍者	1300	30歲	394-627或510	2.54

伍的人應該不太傾向於自殺。恰恰相反，這種傾向卻格外強烈。

由於我們已經說過的那些理由，與一八八九—一八九一年單身平民自殺率相比的增加係數肯定低於實際情況。再次入伍者所表現出來的傾向強度尤其明顯，因為他們在體驗了軍隊生活之後留在了軍隊裡。

由此可見，最受自殺考驗的軍隊成員也是那些最把這種生涯當作自己天職的人，他們最習慣於這種職業的苛刻要求，最不怕這種職業可能帶來的煩惱和不便。因此，導致這種職業特有的增加係數的原因不是這種職業引起的反感，而是構成軍隊精神的整體情況、後天的習慣和先天的素質。不過，士兵的第一特質是沒有人格，這種特質在任何地方的平民生活中都看不到。他被訓練得不重視他自身，因為他應該一接到命令就犧牲自己的生命。除了這些特殊情況，甚至在和平時期和日常操練時，紀律也要求他盲目服從，不需要討論，有時甚至不需要理解。但是，要做到這一點，需要有一種和個人主義幾乎不能同時並存的理智上的克制。要如此馴服地遵從外界的驅使，就不應該強調自己的個性。總之，士兵沒有自己的行為準則，這是利他主義狀態的特點。此外，在我們現代社會的所有組成部分中，軍隊的結構最能使人聯想到未開化社會的結構。軍隊也是由一個龐大而嚴密的群體所組成，這個群體把個人緊緊地包圍起來，並且使他不能自由行動。因此，既然這種道德結構是產生利他主義的天然土壤，那就完全可以認為，軍人的自殺也具有這種特點，而且出於同樣的根源。

這就可以解釋自殺的增加係數為什麼隨著服役年限的延長而增加，因為這種自我克制傾向、這種對非人格化的愛好由於比較長期的訓練而發展起來。同樣的，因為重新入伍者和士官身上的軍人氣概要比普通士兵強，所以前者比後者更傾向於自殺是很自然的。這種假設甚至可以讓我們理解士官比軍官更傾向於自殺的這種奇怪現象。士官之所以有更多的人自殺，是因為軍官沒有在同樣的程度上要求養成服從和被動習慣的職責。軍官不管多麼守紀律，他們也可以在某種程度上有主動性，他們的活動範圍更廣，因此個性也更成熟。因此，有利於利他主義式自殺的條件在他們身上不像在士官身上那麼完全得到實現——因為他們更強烈地感到自己生命的價值，所以他們不太傾向於放棄生命。

這種解釋不僅說明了前面所說的這些事實，而且得到了下述事實的證實。

1. 表二十三顯示，軍人自殺的增加係數越大，全體平民就越不傾向於自殺，反之亦然。丹麥是典型的自殺之鄉，在那裡，士兵自殺並不比其他居民多。在丹麥之後，自殺最多的國家是薩克森、普魯士和法國；在這些國家，軍人自殺也不特別多，增加係數在一點二五到一點七七之間。相反的，在奧地利、義大利、美國和英國，因為平民自殺的很少，所以軍人自殺率的增加係數相當大，羅森菲爾德在我們引用過的那篇文章中也得出同樣的結論，他在把歐洲這些主要國家按軍人自殺率進行分類之後，也沒有想到要從這種分類中得出任何理論上的結論。下面（A）就是按他所計算出來的增加係數排列的這些國家的順序。

除了奧地利應該在義大利之前外，這種反比關係是絕對有規律的。【40】

A

	士兵的自殺率和20-30歲平民的自殺率相比的增加係數	平民的自殺率（每百萬人）
法　　國	1.3	150（1871-1875）
普魯士	1.8	133（1871-1875）
英　　國	2.2	73（1876）
義大利	3-4	37（1874-1877）
奧地利	8	72（1864-1878）

B

軍　　區	士兵自殺率和20歲以上平民自殺率相比的增加係數		20歲以上平民的自殺率（每百萬人中）	
維也納（下奧地利和上奧地利，薩爾茲堡）	1.42		660	
布呂恩（摩拉維亞和西利西亞）	2.41	平均2.46	580	平均480
布拉格（波希米亞）	2.58		620	
因斯布魯克（提羅爾，福拉爾貝格）	2.41		240	
薩拉（達爾馬提亞）	3.48	平均3.82	250	平均283
格拉茲（施泰爾馬克，卡林西亞，卡尼歐拉）	3.58		290	
克拉科夫（加利西亞，布科維納）	4.41		310	

在奧匈帝國，這種反比關係更加明顯。增加係數最大的部隊是那些駐紮在平民免疫力最強的地區的部隊，反之亦然（B）：

只有一個例外，這就是因斯布魯克地區，那裡的平民自殺率最低，軍人自殺率的增加係數也低於平均數。

同樣的，在義大利，博洛尼亞是所有軍區中士兵自殺率最低的軍區（每百萬人口一百八十人），也是平民自殺率最高的地區（八十九點五人）。相反的，普利亞地區和阿布魯茲地區軍人的自殺率很高（每百萬人中有三百七十至四百人），而平民的自殺率只有十五至十六人。在法國也可以看到類似的情況。巴黎軍政府的自殺率為每百萬人中兩百六十人，大大低於布列塔尼駐軍的四百四十人。因此，在巴黎，自殺率的增加係數也很小，因為，在塞納地區，每百萬名二十至二十五歲的單身者中自殺人數達兩百一十四人。

這些事實證明，軍人自殺的原因不僅不同於最能引起平民自殺的原因，而且相反。在歐洲各主要國家中，平民自殺主要是由於這種隨著文明而來的強烈個性。因此，軍人的自殺大概取決於相反的稟性，亦即個性不強或我們所說過的那種利他主義情緒。事實上，軍隊最傾向於自殺的那些民族也是最不先進的民族，他們的風俗習慣最接近於未開化社會的風俗習慣。與個人主義精神特別對立的傳統主義在義大利、奧地利、甚至在英國要比在薩克森、普魯士和法國突出得多；在薩拉和克拉科夫要比在格拉茲和維也納強烈得多；在普利亞要比在羅馬或博洛尼亞強烈得多；在布列塔尼要比在塞納強烈得多。因為傳統主義可以預防利己主義的自殺，所以很容易理解，在傳統主義依然盛行的地方，平民自殺的人數很少。

	實際的或可能的平均年齡	自殺率（每百萬人）	增加係數
巴黎特種部隊	30-35	570（1862-1878）	2.45 ｛與 35 歲各種身份的平民相比。[42]
憲　兵	–	570（1873）	2.45
老　兵	45-55	2860（1872）	2.37 ｛與同齡單身者相比（1889-1891 年）

但是，傳統主義只有在強度適中的時候才能起這種預防作用。如果傳統主義超過了一定的強烈程度，它本身會變成自殺的一個根源。但是，正像我們所知道的，軍隊必然傾向於誇大傳統主義，而且它本身的行動越是得到周圍環境的支持和加強，就越是容易超過限度。軍隊的教育越是適應平民本身的思想和感情，就越是產生強烈的影響——因為軍隊不再受到任何限制。相反的，在軍隊的精神始終和公眾道德嚴重對立的地方，這種精神也不會像在一切都促使年輕士兵有同樣傾向的地方那樣強烈。因此可以理解，在利他主義情緒足以在某種程度上保護全體居民的國家，軍隊很容易使這種情緒達到這樣的程度，以致變成自殺率明顯增加的原因。[41]

2. 在整個軍隊中，精銳部隊是增加係數最高的部隊（見上表）。

最後一個數字因為是和一八八九—一八九一年期間單身者的自殺率相比較計算出來的，所以非常小，但是比普通部隊要大得多。同樣的，在被看作軍隊美德學校的駐阿爾及利亞部隊中，一八七二—一八七八年期間的自殺率為同期駐法國部隊的一倍（每百萬人中有五百七十人而不是兩百八十人）。相反的，最不受影響的是架橋兵、工兵、衛生兵和後勤部門的工人，亦即軍事性質最不突出的部隊。同樣的，在義大利，一八七八—一八八一年期間一般部隊的自殺率為每百萬人中四百三十人，而狙擊兵為五百八十人、輕騎兵為八百人、軍事院校和教導營則為一千零一十人。

然而，使精銳部隊與眾不同的是忘我精神和軍人自我犧牲精神所達到的強度。

3. 這種規律的最後一個證明是，各地的軍人自殺率都在降低。一八六二年，法國軍人的自殺率為每百萬人中六百三十人，一八九〇年只有兩百八十人。有人曾經斷言，這種減少歸功於縮短了服役期的法律。但是這種減少的趨勢早於關於徵兵的新法律。這種趨勢從一八六二年起就一直繼續下去，除了一八八二年到一八八八年的一次相當大的回升。[43]而且我們到處都看到這種情況。在普魯士，軍人的自殺率從一八七七年的每百萬人七百一十六人減少到一八九三年的四百五十七人；在整個德意志，從一八七七年的七百零七人減少到一八九〇年的五百五十人；在比利時，從一八八五年的三百九十一人減少到一八九一年的一百八十五人；在義大利，從一八七六年的四百三十一人減少到一八九二年的三百八十九人。在奧地利和英國，這種減少不太明顯，但也沒有增加（前者在一八九二年為一千兩百零九人，後者在一八九〇年為兩百一十人，而不是一八七六年的一千兩百七十七人和兩百一十七人）。

然而，我們的解釋之所以有充分的理由，完全是因為這種事情必然會發生。事實上，在這個時期，所有國家的舊軍人氣概確實都有所消退。不管對不對，這種消極服從和俯首聽命的習慣，這種非人格化的習慣（請允許我使用這種不規範的語詞），越來越和公眾意識的要求矛盾。因此，這種習慣失去了滋生的土壤。為了滿足新的願望，紀律變得不那麼嚴格，對個人不那麼有強制性了。[44]此外，值得注意的是，在同一個社會和同一個時期，平民的自殺人數有所增加。這再一次證明，引起他們自殺的原因從性質上來說完全不同於使士兵普遍具有這種特殊傾向的原因。

因此，一切都證明軍人的自殺是一種利他主義式的自殺。當然，我們並不是說，所有發生在軍隊裡的這些特殊情況都有這種特點和這種根源。士兵並不因為穿上了軍裝而完全變成了新人，他們所受過的教育和迄今為止所過的生活對他們的影響不會像變戲法那樣地消失，而且，他們也沒有脫離社會而不參與公共生活。因此，他們自殺的原因和性質有時可能和平民自殺的原因和性質一樣。但是一旦排除這些相互之間沒有關聯的個別情況，軍隊仍然是一個嚴密的清一色的群體，是大多數取決於利他主義情緒的自殺的舞臺——沒有這種利他主義情緒，也就沒有軍人氣概了。未開化社會的自殺在我們當中繼續存在，因為軍隊的風氣本身從某些方面來說就是原始社會風氣的殘餘。【45】在這種傾向的影響下，士兵往往為了一點點氣惱和微不足道的理由而自殺，例如請假遭到拒絕，受到訓斥或不公正的處罰，為了榮譽或一時的妒忌，或者甚至僅僅因為看到或聽說別人自殺。事實上，這就是產生我們經常在軍隊裡看到的這些傳染現象的原因，我們在上面已經舉出一些例子。如果說自殺主要取決於個人的原因，那就無法解釋這些現象了。我們不能假定，這麼多由於他們的氣質而傾向於自殺的個人偶然正好集中在某一個部隊裡或某一個地區。另一方面，更不能接受的是，這種模仿的傳播可能與任何特質無關。但是，如果承認軍隊生涯能培養起一種有效地促使人去放棄生命的心理氣質，那麼這一切就很容易理解了。因為這種氣質不同程度地存在於大多數正在服役或曾經服過役的人身上，這是很自然的，而且，因為這種氣質是自殺的溫床，所以有一點風吹草動就可以使它所孕育著的自殺傾向變成行動；這方面的例子很多。因此這種傾向像一根導火線那樣在某些準備接受這種傾向的人中間蔓延開來。

三

現在，我們可以給自殺下一個客觀的定義並堅持這個定義有什麼好處了。

因為利他主義式的自殺，尤其是這種自殺給人以強烈印象的表現形式，在表現自殺的特點的同時，非常接近我們習慣於尊重甚至欽佩的某些範疇的行為，所以我們常常拒絕把它看成是一種自殺。我們記得，埃斯基羅爾和法爾雷認為，加圖的死和吉倫特派成員的死都不算是自殺。但是，如果那些明顯和直接的原因是自我克制和自我犧牲精神的自殺都沒有資格被稱之為自殺，那麼那些出於同樣原因（儘管以不太明顯的方式）的自殺就更沒有這種資格了，因為前者和後者只有若干細微的差別。如果說加那利群島的民民為了對他們的上帝表示尊敬而跳進深淵不算自殺，那又怎能把耆那教徒為了進入超脫生死的境界而自盡，把原始人在同樣精神狀態的影響下為了受到一點冒犯或僅僅為了表示對生命的藐視而捨棄生命，把破產者寧死不受屈辱以及把這麼多士兵自殺人數的逐年增多稱之為自殺呢？因為這些情況的根源都是這種利他主義的情緒，而這種情緒也是人們可以稱之為壯烈自盡的原因。我們可以只把這些情況算作自殺，而把那些動機特別單純的情況排除在外嗎？首先，我們是根據什麼標準來分類的呢？什麼時候一種動機不再受到足夠的讚揚，以致於它所引起的行為可以被稱之為自殺呢？再者，在把這兩種範疇的行為彼此徹底區別開來的時候，我們難免會混淆它們的性質。因為基本特點最明顯的自殺類型是義務性的利他主義式自殺，其他類型的自殺只不過是一些衍生的形式。因此，我們或者無視大量有啟發意義的現象，或者，如果不是把全部現象拋掉，除了只能在其中進行任意選擇外，那就不可能看出我們要研究的那些現象的共同根源。這就是我們根據自殺所引起的主觀感覺來給自殺下定義所要冒的風險。

此外，甚至人們認為那些可以用來證明這種排除是正當的感情，理由也是不充分的。人們所根據的是這樣的事實：各種引起某些利他主義式自殺的動機以一種幾乎沒有什麼不同的形式成為人人都認為合乎道德的行為的基礎。但是利己主義式的自殺難道就不一樣嗎？個人的獨立意識難道不像相反的意識那樣有它自己的道義性嗎？如果後者是某種勇氣的條件，如果後者使人堅定甚至變得冷酷無情，那麼前者就使人溫柔而且富有同情心。如果說在利他主義式自殺盛行的地方人們時刻準備獻出自己的生命，那麼他們也不會更重視他人的生命。相反的，在人們如此看重人格以致於看不出有任何超出人格目的地方，他們也尊重他人的人格。人們對人格的崇拜使他們可能因任何人降低他們的人格而感到痛苦，哪怕是他們的同夥。對人類痛苦的更大同情繼原始時代的狂熱犧牲精神而來。因此，每一種自殺都是某一種美德的誇張形式或變形。但是，同情和犧牲精神影響道德意識的方式並沒有使它們有很大的區別，因此人們沒有理由把它們分成不同的類型。

◆註釋◆

【1】參考書目：
斯坦梅茲：《原始民族中的自殺》，載於《美國人類學家》，一八九四年一月。——魏茲：《原始民族人類學》。——《軍隊中的自殺》，載於《統計學協會雜誌》，一八七四年，第二五〇頁。——米拉：《軍隊自殺的統計》，載於《統計學協會雜誌》，倫敦，一八七四年六月。——梅斯尼埃：《論軍隊中的自殺》，巴黎，一八八一年。——布林內：《法國和義大利的犯罪行為》，第八八頁以下。——羅特：《一八七三—一八八〇年間皇家軍隊中的自殺》，載於《統計月刊》，一八九二年。——羅森費爾德：《普魯士軍隊中的自殺》，載於《軍事週刊》，一八九四年，第三附冊。——羅森費爾德：《皇家奧地利軍隊中的自殺》，載於《德語》，一八九三年。——安東尼：《德國軍隊中的自殺》，載於《軍事醫學和藥物學檔案》，巴黎，一八九五年。

【2】厄廷根：《道德統計學》，第七六二頁。

【3】引自布里埃爾·德布瓦蒙的著作，第二三頁。

【4】《布匿戰紀》，第一卷，第二二五頁以下。

【5】《亞歷山大傳》，CXIII。

【6】VIII，9。

【7】見懷亞特·吉爾：《南太平洋的神話和歌曲》，第一六三頁。

【8】弗雷澤：《金枝》，第一卷，第二一六頁以下。

【9】斯特拉博：《地理概論》，第四八六節。埃利安的著作，第三三七頁。

【10】西西里的狄奧多魯斯：《歷史叢書》，III，33，第五、六節。

【11】龐波努斯·梅拉：《世界概述》，III，7。

【12】《法國史》，第一卷，第八一頁。參見凱撒：《高盧人的戰爭》，第六卷，第一九頁。
【13】見斯賓塞：《社會學》第二卷，第一四六頁。
【14】見賈夫斯：《三明治群島的歷史》，一八四三年，第一〇八頁。
【15】這些做法的實質很可能是為了防止死者的靈魂回到世上來尋找與他有密切關係的人和物。但是這種考慮意味著，臣子和被保護人嚴格地從屬於主人，不能和他分離，而且，為了避免靈魂長期留在世上可能引起的災難，所以他們必須為了共同的利益犧牲自己。
【16】見弗雷澤：《金枝》。
【17】見《社會的勞動分工》。
【18】凱撒：《高盧人的戰爭》，第六卷，第一四頁。瓦勒里烏斯．馬克西穆斯：《善言懿行錄》，第六卷，第十一、十二頁。普林尼：《博物志》，第四卷，第十二頁。
【19】波塞多尼奧斯的著作，第二三卷；餐桌上的健談者亞大納西的著作，第四卷，第一五四頁。
【20】埃利安的著作，第七卷，第二三頁。
【21】魏茲：《原始民族人類學》，第六卷，第一一五頁。
【22】同上書，第三卷，第一部分，第一〇二頁。
【23】瑪麗．伊斯曼：《達科他》，第八九、一六九頁。隆布羅索：《犯罪的人》，一八八四年，第五一一頁。
【24】利爾的著作，第三三三頁。
【25】《摩奴法典》，VI，32。
【26】巴思：《印度的宗教》，倫敦，一八九一年，第一四六頁。
【27】比勒：《論印度的耆那教派》，維也納，一八八七年，第十、十九、三七頁。
【28】巴思，同上書，第二七九頁。
【29】赫伯：《印度北方諸省旅行記，一八二四—一八二五年》，第十二章。

【30】福賽思：《中印度高原》，倫敦，一八七一年，第一七二—一七五頁。

【31】見伯內爾：《外來語詞典》中的 Jagarnnath 條。這種習俗幾乎已經消失；然而，今天我們還看到過一些孤立的實例。見斯特林：《亞洲研究》，第十五卷，第三二四頁。

【32】《日本史》，第二卷。

【33】人們把引起這些自殺的精神狀態稱之為淡漠憂鬱症。見布林克洛：《關於中世紀有關自殺的輿論和立法的研究》。

【34】在大革命時期，經常發生自殺很可能起因於一種利他主義的精神狀態，至少在某種程度上是如此。在這種內部鬥爭和集體熱情高漲的時候，個人的個性已經失去它的價值。祖國或黨派的利益高於一切。大量的死刑大概出於同樣的原因。殺人也像自殺一樣容易。

【35】軍人的自殺人數或者來自官方文件，或者來自華格納的著作（第二二九頁以下）；平民的自殺人數來自官方文件、華格納的著作或莫塞利的著作。就美國來說，我們假定軍隊中的平均年齡同歐洲一樣是二十至三十歲。

【36】這是器質性因素和婚姻選擇不起作用的又一證明。

【37】在一八六七—一八七四年期間，自殺率為一百四十左右；一八八九—一八九一年期間為兩百一十至兩百二十，亦即增加將近百分之六十。如果單身者的自殺率以同樣的程度增加（沒有理由認為不是這樣），那麼單身者在第一個時期的自殺率就只有三百一十九，這就使士官的增加係數上升到三點一一。我們之所以不談士官，是因為從這時起職業士官越來越少。

【38】見羅思的文章，載於《統計月刊》，一八九二年，第二〇〇頁。

【39】至於普魯士和奧地利，我們沒有每年的服役人數，所以我們不能確定各種比例數。有人認為，在法國，戰爭爆發後軍人自殺人數之所以減少，是因為服役期縮短（從七年縮短到五年）。但是這種減少並不持久，從一八八二年起，自殺人數明顯增加。從一八八二到一八八九年，自殺率恢復到戰前的水平，即每

百萬人中有三百二十二名到四百二十四名之間，儘管服役期再次縮短，從五年縮短到三年。

【40】人們可能考慮，奧地利軍人自殺率的增加係數大，是否並非因為精確統計的軍隊自殺人數多於平民的自殺人數。

【41】我們將會看到，利他主義情緒是這個地區所固有的。布列塔尼的部隊並非完全由布列塔尼人組成，但是整個部隊受到周圍精神狀態的影響。

【42】因為憲兵常常和保安員警融為一體。

【43】這次回升作為偶然的存在是太重要了。如果我們注意到這次回升恰好發生在殖民時期開始的時候，那麼我們就有充分的理由懷疑，殖民事業引起的戰爭是否沒有引起軍人氣概的復甦。

【44】我們不同意這些個人受到這種強制的折磨，並且因為受到這種折磨而自殺。他們自殺更多的是因為他們缺少個性。

【45】這並不是說這種風氣從現在起應該消失。這種殘餘有它存在的理由，往昔的一部份現在繼續存在是很自然的事。生活就是由這些矛盾構成的。

第五章　脫序性自殺

社會不僅僅是以不同的強度引起個人對它的感情和活動的客體，它還是調節個人感情和活動的一種力量。在這種調節活動的方式和社會自殺率之間存在著某種關係。

一

經濟危機對自殺的傾向有著嚴重的影響，這是眾所周知的事實。

一八七三年，維也納爆發了一場金融危機，這場危機在一八七四年達到頂點；自殺的人數立刻就增加，從一八七二年的一百四十一人增加到一八七三年的一百五十三人和一八七四年的兩百一十六人，比一八七二年增加百分之五十一，比一八七三年增加百分之四十一。充分證明這種災難是自殺人數增加唯一原因的是，在危機處於最嚴重的狀態時，亦即一八七四年的頭四個月，自殺人數的增加特別明顯。從一月一日到四月三十日的自殺人數，一八七一年為四十八人，一八七二年為四十四人，一八七三年為四十三人；而一八七四年則為七十三人，增加了百分之七十。同一時期在梅茵河畔法蘭克福爆發的金融危機產生了同樣的結果。在一八七四年以前的幾年裡，自殺的人數每年平均為二十二人，而一八七四年則為三十二人，亦即增加了百分之四十五。

人們沒有忘記一八八二年冬在巴黎證券交易所發生的股票行情暴跌，其後果不僅在巴黎可以感覺到，而且波及整個法國。從一八七四年到一八八六年，自殺人數平均每年只增加百分之二，而一八八二年卻增加了百分之七。而且，在這一年的不同時間，自殺人數也不一樣，不過在頭三個月裡，亦即正是股票行情暴跌的時候最多——僅僅在這三個月裡就增加了百分之五十九。這種增加完全是特殊情況的結果，不僅不會發生在一八八一年，而且在一八八三年就消失了，儘管一八八三年全年的自殺人數要比上一年略多一點：

	一八一一年	一八八二年	一八八三年
全　年	六七四一	七二一三（增加7%）	七二六七
第一季	一五八九	一七七〇（增加11%）	一六〇四

這種關係並非僅僅在某些特殊情況下才能看到；這是一種規律。破產的數字是相當靈敏地反映經濟生活發生變化的晴雨表。如果破產突然一年比一年多，那就可以肯定發生了某種嚴重的動亂。從一八四五年到一八六九年，破產的數字有過三次突然增加，這是危機的徵兆。在這段時期裡，破產的數字平均每年增加百分之三點二，而一八四七年卻增加百分之二十六，一八五四年增加百分之三十七，一八六一年增加百分之二十。在這三年裡，人們發現自殺的人數也格外迅速地增加。在這二十四年裡，自殺人數平均每年只增加百分之二，而一八四七年卻增加了百分之十七，一八五四年增加了百分之八，一八六一年增加了百分之九。

但是這些危機靠什麼產生影響呢？是不是因為這些危機在使公共財富減少的同時增加了貧困？是不是因為生活變得更加困難，所以人們更自願地放棄生命？這種解釋因為簡單而吸引人，而且符合流行的自殺概念。但是這種解釋與事實背道而馳。

其實，如果說自殺人數的增加是因為生活變得比較艱難，那麼在生活變得比較富裕的時候自殺人數應該明顯減少。然而，儘管在生活必不可少的食物價格大幅度上漲時，自殺的人數通常也大幅度增加，但是在相反的情況下自殺人數並沒有減少到平均數以下。在普魯士，一八五〇年小麥的市價降到一八四八－一八八一年期間的最低點，每五十公斤六點九一馬克；然而這時的自殺人數卻從一八四九年的一千五百二十七人增加到一千七百三十六人，亦即增加了百分之十三，而且在一八五一年、一八五二年、一八五三年繼續增加，儘管小麥的價格一直很便宜。在一八五八－一八五九年期間，小麥的價格再一次下跌，然而自殺的人數卻從一八五七年的兩千零三十八人增加到一八五八年的兩千一百二十六人和一八五九年的兩千一百四十六人。從一八六三年到一八六六年，小麥價格從一八六一年的十一點零四馬克逐步下跌到一八六四年的七點九五馬克，而且在這個時期價格一直非常平穩；在此期間，自殺人數卻增加了百分之十七（一八六二年為兩千一百十二人，一八六六年為兩千四百八十五人）。[1]在巴伐利亞，人們觀察到類似的事實。根據邁爾為一八三五－一八六一年這個時期所作的曲線，[2]一八五七－一八五八年和一八五八－一八五九年黑麥的價格最低，然而一八五七年的自殺人數只有兩百八十六人，而一八五八年卻增加到了三百二十九人，一八五九年又增加到三百八十七人。同樣的現象在一八四八－一八五〇年期間也發生過：這時小麥的價格同全歐洲一樣非常便宜。然而，由於我們曾經說起過的政治事件，自殺人數儘管暫時略有減少，但保持在同樣的水平上：一八四七年為兩百一十七人，一八四八年還有兩百一十五人，一八四九年儘管一度減少到一百八十九人，但一八五〇年又重新增加到兩百五十人。

如果說貧困的加劇很少使自殺的人數增加，那麼使一個國家突然繁榮昌盛起來的幸運機遇對自殺的影響也和經濟災難完全一樣。

一八七〇年，維克多．伊馬紐爾征服了羅馬，最終奠定了義大利的統一，這對這個國家來說是一場革新運動的開始，這場運動使這個國家成為歐洲列強之一。商業和工業由此得到了有力的推動，國家異常迅速地發生了變化。一八七六年，總功率為五萬四千馬力的四千四百五十九台蒸汽鍋爐已足以滿足工業的需要，在一八八七年，機器的數量是九千九百八十三台，總功率達到了十六萬七千馬力，亦即增加了兩倍。在此期間，產品的數量自然也以同樣的比例增加。[3]貿易隨之而擴大；不僅商船和交通運輸線路得到了發展，而且運送的客貨量也翻了一倍。[4]因為這種普遍的過度活動導致了工資的增加（據估計從一八七三年到一八八九年增加了百分之三十五），所以勞動者的物質狀況有所改善，何況這時麵包的價格也在下跌。[5]最後，根據博迪奧的計算，私人財產從一八七五—一八八〇年的平均四百五十五億增加到一八八〇—一八八五年的五百一十億和一八八五—一八九〇年的五百四十億。[6]

然而，在這種昌盛繁榮的時候，自殺的人數卻異乎尋常地增加了。從一八六六年到一八七〇年，自殺人數大致保持不變；從一八七一年到一八七七年，自殺人數卻增加了百分之三十六：

一八八六—一八七〇年	每百萬人中二九人	一八七四年	每百萬人中三七人
一八七一年	每百萬人中三一人	一八七五年	每百萬人中三四人
一八七二年	每百萬人中三三人	一八七六年	每百萬人中三六．五人
一八七三年	每百萬人中三六人	一八七七年	每百萬人中四十．六人

一八七七年以後，自殺的人數繼續增加，一八七七年的總數為一千一百三十九人，一八八九年增加到一千四百六十三人，亦即增了百分之二十八。

在普魯士，同樣的現象發生過兩次。一八六六年，這個王國第一次擴大版圖。它併吞了幾個重要的省，同時成了北方同盟的盟主。伴隨著這種光榮和權力的增加而來的是自殺的人數突然增加。在一八五六—一八六〇年期間，每百萬人中平均每年有一百二十三人自殺，而一八六一—一八六五年期間只有一百二十二人。在一八六六—一八七〇年這五年裡，儘管一八七〇年的自殺人數有所減少，但平均數仍然增加到了一百三十三人。一八六七年，亦即勝利後的第一年，是自一八一六年以來自殺人數最多的一年（每五千四百三十二名居民中有一名自殺，而在一八六四年，每八千七百三十九名居民中才有一名自殺）。

在一八七〇年戰爭結束後，發生了令人高興的新變化。整個德意志統一在普魯士的霸權下。巨大的戰爭賠款擴大了公共財富，商業和工業飛躍發展。但自殺的人數也以前所未有的速度增加。從一八七五年到一八八六年，自殺的人數增加了百分之九十，亦即從三千兩百七十八人增加到了六千兩百一十二人。

萬國博覽會取得了成功，被看成是社會生活中一件令人高興的大事。博覽會促進了商業，給國家帶來了更多的金錢，使國家更加繁榮昌盛，尤其是舉辦博覽會的城市。然而，博覽會最後以自殺人數大大增加告終也不是不可能的。一八七八年的博覽會看來尤其如此。這一年是一八七四年到一八八六年期間自殺人數增加最多的一年，增加了百分之八，超過了股票行情暴跌的一八八二年。而且不能假設除了博覽會以外還有另外的原因引起自殺人數再次增加，因為百分之八十六的自殺就發生在舉行博覽會的六個月裡。

一八八九年，同樣的情況並沒有再次發生在整個法國。但這可能是布朗熱危機對自殺進程的抑制作用抵銷了博覽會的有害作用。可以肯定的是，在巴黎，儘管布朗熱主義引起的政治熱情和全國其他地方一樣，但發生的情況卻和一八七八年相同。在舉行博覽會的七個月裡，自殺的人數增加了將近百分之十，確切地說是百分之九點六六，而在其餘的幾個月裡，自殺人數卻少於一八八八年和一八九〇年的同期。

	一八八八年	一八八九年	一八九〇年
舉行博覽會的七個月……	五一七	五六七	五四〇
其餘的五個月…………	三一九	三一一	三五六

我們可以考慮，要不是布朗熱主義，自殺的人數會更多。

但是，更能證明經濟困難不像人們常說的那樣有嚴重影響的是它的反作用。在愛爾蘭，農民過著艱難的生活，但很少有人自殺。貧苦的卡拉布里亞地區可以說沒有人自殺；西班牙的自殺人數只有法國的十分之一。我們甚至可以說，貧困起了保護作用。在法國的不同省份裡，靠收入生活的人越多，自殺的也越多。

每十萬人中的自殺人數（一八七八－一八八七）	每千人中靠收入生活的平均人數（一八八六）
四八－四三（五個省）	一二七
三八－三一（六個省）	七三
三〇－二四（六個省）	六九
二三－一八（十五個省）	五九
十七－十三（十八個省）	四九
十二－八（二六個省）	四九
七－三（十個省）	四二

兩張地圖的比較證實了這些平均數的比較（見附錄五）。

因此，工業危機或金融危機之所以使自殺人數增加，並非由於這些危機使人貧困，因為繁榮的機遇也產生同樣的結果；而是由於這些危機打亂了集體秩序。[7]對平衡的任何破壞，哪怕由此而導致更大的富裕和生活的普遍提高，也會引起自殺。每當社會發生重大的調整時，不管是迅速的發展還是意外的災難，人都容易自殺。這怎麼可能呢？通常被認為是使生活得到改善的事情怎麼能使人脫離生活呢？

要回答這個問題，必須有幾個先決條件。

二

任何生物都不可能幸福，甚至不可能活下去，除非它的需要完全與它的謀生手段相適應。換句話說，如果它的要求超過了它所能得到的，或者只能得到另一種東西，那麼它就會不斷地受到傷害，而且不能毫無痛苦地活動。然而，不能沒有痛苦產生的運動是不會再次產生的。沒有得到滿足的傾向會衰退，而且，因為活下去的傾向只不過是其他傾向引起的結果，所以如果其他傾向減弱，這種傾向也不可能不減弱。

在動物中，至少在正常的情況下，這種平衡是自發地建立起來的，因為這種平衡純粹取決於物質條件。個體所需要的一切就是一定數量的物質和能量用來生存下去，這些物質和能量定期地被同等數量的物質和能量所取代，因為體力的恢復和消耗相等。當生命所消耗掉的體力得到補充，動物就感到滿足，再也沒有更多的要求。它的思考能力沒有發達到能夠想像肉體需要以外的其他目的。另一方面，因為要求每一種器官所做的工作本身取決於生命力的一般狀況和個體平衡的必要性，所以體力的消耗反過來要靠恢復來調節，平衡要靠自身來實現。一方面所受到的限制也是另一方面所受到的限制，這些限制同樣存在於沒有辦法超越這些限制的生物結構中。

但是人就不是這樣，因為人的大部分需要不是或不是在同樣程度上由肉體決定的。嚴格地說，也可以認為在肉體上維持一個人的生命所必須的食物數量是可以確定的，儘管不像前一種情況那樣嚴格，而且各種欲望自由結合的餘地更大；因為除了本性本能地感到滿足的最低限度數量以外，比較活躍的思考使人隱約看到更好的條件，這些條件看來像是引人企求的目的，而且激發起人的積極性。然而可以承認，這類欲望遲早會遇到某種不可逾越的界限。但是，如何確定一個人可以合法地追求的幸福、舒適和奢侈的數量呢？我們既不能在人的肉體結構上也不能在人的心理結構上找到任何表明這類欲望的極限的東西。個人的生命機能並不要求這類欲望停留在這一點上而不是停留在另一點上；證明就是，這類欲望是有史以來才得到發展的，而且總是得到越來越全面的滿足，然而一般的健康沒有進展，越來越衰弱。尤其是如何確定這些欲望必須根據環境、職業以及事業的相對重要性而變化的方式呢？在任何社會裡，不同社會等級的人都不能同樣地滿足這些欲望。然而，在任何公民身上，人性的基本特點看上去差不多是一樣的。因此，人性不能給這些欲望規定必要的不同界限。因為這些欲望只取決於個人，所以是無限的。撇開任何外部的支配力量不談，我們的感覺是一個沒有任何東西能填滿的無底洞。

但是，如果沒有任何外來的力量限制這種感覺，那麼這種感覺本身就只能是苦惱的源泉。因為有些貪得無饜的欲望按照定義來說是難以滿足的，而這種貪得無饜被看成一種病態是不無道理的。既然沒有什麼東西限制這些欲望，這些欲望總是無限地超出自己所擁有的手段，因此沒有什麼東西能使這些欲望平息下來。當然，人們曾經說過，任意展開而沒有規定的界限和為自己確定不可能達到的目標，正是人類活動的本性。但是看不出為什麼這種不確定的狀態和精神生活的條件取得一致，而不是和物質生活的要求取得一致。不管人在做事、活動、做出努力時感到多麼愉快，他還必須感到他的努力沒有白費，他在走路時向前進了。然而，如果他不向任何目標走去，他就不會前進——如果他所走向的目標在無窮遠的地方，其結果也是一樣。不管他走了多少路，如果他離開目標的距離還是那麼遙遠，那麼他就好像在原地踏步不前。即使回過頭來看，因為看到已經走過的空間而可能感到自豪，但是這也不會產生一種非常虛假的滿意感，因為要走的空間並沒有因此而縮小。追求一個假設達不到的目標，就是使自己永遠處於不滿足的狀態。毫無疑問的，人有時會毫無理由地抱有希望，而且即使毫無理由，希望也有它的樂趣。因此，希望可能使他支撐一段時間，但是在一再受到欺騙以後，希望是不會無限期地存在下去的。然而，既然永遠不可能達到一種可以保持下去的狀態，既然不可能接近模糊地看到的理想，那麼未來又能夠比過去更多地給予他什麼呢？由此可見，佔有越多就希望佔有更多，得到的滿足只會刺激各種欲望，而不是平息這些欲望。有人會覺得，就行動本身而言，行動是令人愉快的嗎？首先，只要人們看不清真相，就不會感到這種行動的無益。其次，為了感覺到這種愉快，並且部分減輕和掩蓋隨著這種愉快而來的痛苦不安，這種無益的行動至少應該是輕鬆的，而且不受任何阻礙。但是，如果這種行動受到阻礙，那就只剩下不安和這種不安所帶來的苦惱了。如果從來沒有出現過某種不可逾越的障礙，這倒是一個奇蹟。在這種情況下，人只靠一根細絲和生命聯繫在一起，這根細絲隨時都可能被拉斷。

因此，要想避免這種情況，首先應該使情欲受到限制。只有這樣，情欲才能和能力相一致，然後才能得到滿足。但是，既然個人根本不能限制情欲，這種限制就必然來自個人以外的某種力量。必須有一種力量對精神上的需要起調節作用，就像個體對肉體上的需要起調節作用一樣。這就是說，這種力量只能是精神上的。打破動物所處的平衡狀態是意識的覺醒，因此只有意識才能提供恢復平衡的手段。在這裡，肉體上的限制是不起作用的——不能用物理和化學的力量改變一個人的心情。欲念如果不是自動地被生理機制所遏制，就只能被限制在承認是合理的範圍內。人是不會樂意節制他們的欲望的，如果他們自以為有充分理由超越給他們規定的界限的話。他們甚至不會為了我們所說過的理由把這種合理的規定強加給自己。因此，我們必須從某種他們所尊敬和自發地服從的權威那裡接受這種規定。只有社會才能直接地和整體地，或者透過它的某一個機構起到這種節制作用，因為社會是唯一勝過個人的精神力量，而且個人承認它的優勢。只有社會才有必要的權威制定法律和給情欲指明不能逾越的界線。也只有社會才能以最有利於共同利益的方式判斷應該給每一類公務人員以何種獎勵。

事實上，在歷史上的每一時刻，在社會的精神意識中，對不同社會服務各自的價值，對每一種服務的相對報酬，因而對適合於每一種職業的勞動享受的一般舒適程度，都有一種難以理解的看法。輿論認為，不同的職業是分成等級的，並且根據在等級中所占的地位給每一種職業分配一定的享受係數。例如，根據得到認可的意見，有一種生活方式被看成是一個勞動者力求改善生活所能達到的上限，還有一個下限，低於這個下限就很難容忍，儘管他並沒有受到極大的羞辱。對城市裡的勞動者和對農村的勞動者、對僕人和對打短工的、對店員和對官員……來說，這種上限和下限是不同的。同樣的，人們指責過窮日子的富人，但是如果他過分追求奢侈，人們也會指責他的。節儉的人提出抗議是徒勞的；但是一個人完全不必要地消費太多的財富總會引起公憤，而且似乎只有在道德脫序的時代裡才會稍加容忍。[8]因此，有一種真正的規章制度，儘管並不總是具備法律的形式，但相當精確地規定每一個社會階級可以合法地力求達到的最大限度富裕。此外，這樣建立起來的等級不是沒有一點變化的。它隨著社會財富的增加或減少和社會道德觀念的變化而變化。由此可見，對於一個時代來說是奢侈，對於另一個時代來說就不再是奢侈；富裕長期只屬於一個階級僅僅是例外，終究會變得絕對必要和公平。

在這種壓力下，每一個人在他的範圍內模糊地意識到他的奢望所能達到的極限，而且絲毫不想超出這個極限。至少，如果他遵守慣例並服從集體的權威，也就是說，如果他具有良好的道德素質，他就會感到提出更多的要求是不應該的。這就為情欲規定了目標和極限。當然，這種限定不是一成不變的，也不是絕對的。給每一類公民規定的經濟理想包含在某種範圍內，各種欲望可以在這個範圍內自由馳騁。但是這種理想不是無限的。正是這種相對的限制和由此而產生的節制，使得人們滿足於他們的境遇，同時又刺激他們有分寸地去改善這種境遇；正是這種一般的滿足產生這種平靜和積極的歡樂，而這種生活的歡樂對於社會和個人來說都是健康的特徵。每一個人，至少一般說來，和他的條件是一致的，而且只想他所能合法地得到的東西作為他的活動的正常獎勵。此外，人並不因此而處於靜止的狀態。他可以設法美化他的生活——他在這方面所作的種種嘗試可能不成功，但不會使他感到絕望。因為在他喜歡他所擁有的東西的同時，並不把他的全部情欲放在追求他所沒有的東西上，他渴望得到的新的產品，在他的意願裡可能是很少的，但他同時並不缺少一切東西。基本的必需品他還是有的。他的幸福處於穩定的平衡狀態，因為這種平衡狀態是確定的，某些失望不足以打破這種平衡。

儘管如此，即使每個人都認為輿論所建立的職業等級是公平的也毫無用處，如果人們不同時認為這些職業吸收新成員的辦法同樣是公平的。勞動者如果不相信他已經有了他應該有的東西，他就和他的社會地位不一致。如果他自以為有充分理由佔有另一種社會地位，他就不會對已有的東西感到滿足。因此，公眾的感情不足以規定每一種社會地位的平均需要水平，還應該有另一種更加精確的規章制度來確定不同社會地位應該向個人開放的方式。其實，沒有一個社會沒有這種規章制度，只是因時因地有所變化而已。從前這種規章制度幾乎把出身當作社會劃分等級的唯一原則，今天這種規章制度只堅持另一種天生的不平等，即產生於遺產和美德的不平等。但是，在這些不同的形式下，這種規章制度的目的到處都是一樣的。而且不管在什麼地方，只有由超越個人的權威即集體的權威強加於個人，這種規章制度才有可能存在。因為只有以公眾利益的名義要求這一部分人或另一部分人作出犧牲，更通常的是要求這一部分人和另一部分人都作出犧牲，這種規章制度才能建立起來。

誠然，有些人曾經認為，從經濟地位不再代代相傳之日起，這種精神上的壓力就會變得毫無用處。有人曾經說過，如果遺產被取消，如果每一個人出生時的經濟條件都一樣，如果競爭者之間的角逐是在完全平等的條件下進行的，那就沒有人會發現結果是不公平的。所有的人都會本能地感到一切事情本該如此。

事實上可以肯定的是，越是接近這種理想的平等，就越是不需要社會的限制。這只是一個程度的問題。因為永遠有一種遺產會繼續存在下去，這就是天資的繼承性。智力、愛好以及科學、藝術、文學和實業等方面的才能、勇氣和心靈手巧，都是我們與生俱來的能力，就像產業主的兒子接受資產、從前的貴族接受封號和爵位一樣。因此，還應該有一種精神上的約束，使那些天資最不好的人接受他們命中注定的最低下的地位。有人甚至會要求人人平等，並且不讓那些最有用的人和最有功績的人占任何優勢。但是這樣一來，就需要某種更加有效的約束，使後者接受與那些平庸的人和無能的人完全相同的待遇。

不過這種約束和前一種約束一樣，只能在服從它的人都認為是公平的時候才有效。如果這種約束只是靠習慣和壓力來保持，那麼和平與和諧就只能在表面上繼續存在；身心的不安和不滿是潛在的；表面上得到克制的欲望隨時會爆發出來。這就是古羅馬和古希臘的貴族和平民組織建立於其上的信仰開始動搖時所發生的情況，也是我們現代的貴族的偏見開始失去其原有的巨大影響時所發生的情況。但這種動盪的狀況是少有的，只發生在社會經歷某種不正常危機的時候。在正常的情況下，全體國民都承認這種集體秩序是公正的。因此，當我們說把某種權威強加於個人是必要的，我們的意思絕不是說暴力是建立這種秩序的唯一手段。因為這種規章制度是用來限制各種個人情欲的，所以必須來自統治個人的某種權力機構，但是對這種權力機構的服從也應該是出於尊重而不是出於畏懼。

由此可見，人類的活動可以超越任何制約是不對的。世界上沒有任何存在物可以享受這種特權。因為作為世界組成部分的任何存在物都和世界上的其他存在物有關，所以其本性和表現這種本性的方式不僅取決於其本身，而且取決於其他存在物，後者對前者加以限制和調節。在這一點上，礦物和能思維的人只有程度和形式上的某些差別。人的特點是他所受到的制約不是肉體上的，而是道義上的、即社會的制約。他所接受的規則不是來自粗暴地強加於他的某種物質環境，而是來自勝過他自己的意識的、而且他感覺到其優勢的某種意識。因為他的生命的絕大部分和精華超出肉體，他擺脫了肉體的桎梏，但受到社會的約束。

不過，在社會動盪不定的時候，不管是由於某種令人痛苦的危機，還是由於某種令人高興但過於突然的變化，社會都暫時沒有能力採取這種行動，這就引起我們在前面已經證實的自殺人數的曲線突然上升。

事實上，在經濟上遇到災難時，會發生某種降低等級的情況，使某些人突然退回到他們原先所處的低下地位。於是他們必須降低他們的要求，限制他們的需要，學會更大的克制。對他們來說，社會活動的所有成果都不再存在，他們要重新接受道德教育。然而，社會並非一下子就能使他們適應某種新的生活，也不能一下子就使他們學會增加他們所不習慣的自我克制。其結果是他們不適應這種強加給他們的條件，而且這種條件的前景對他們來說甚至是不可容忍的；由此而產生的痛苦使他們棄世而去，甚至沒有體驗一下這種低下的生活。

但是，如果危機的根源是權力和財富的突然增加，其結果也沒有什麼不同。實際上，當生活的條件發生變化時，調節各種需要的尺度就不可能再是原來的樣子——因為這種尺度是隨著社會財富的變化而變化的，因為這種尺度是大致確定每一類生產者所應得的比例的。社會財富的分配標準被打亂，但是另一方面新的標準又沒有立刻建立。公眾的意識給人和物重新分類需要時間。只要由此而失控的各種社會力量沒有恢復平衡，它們各自的價值觀念仍然處於未定的狀態，那就暫時不會有任何規章制度。人們再也不知道什麼是可能做到的，什麼是不可能做到的，什麼是公平的，什麼是不公平的，什麼是合理的要求和希望，什麼是超過了限度的要求和希望。因此，人們什麼藉口也不需要。這種動盪只要稍微嚴重一點，甚至會影響分配公民從事不同職業的原則。因為社會不同組成部分之間的關係必然要改變，所以表現這種關係的觀念也不可能原封不動。例如危機對之特別有利的階級再也不打算像從前那樣順從，而且作為一種反應，他們的好運也喚醒了周圍的人和地位比他們低下的人的種種貪欲。因此，各種欲望由於不再受到迷失方向的輿論的制約，所以再也不知道哪裡是應該停下來的界限。此外，在這種時候，各種欲望都處於一種自然而然的興奮狀態，只有在這種狀態下，一般人的活動才更加頻繁。因為幸運的事件增加了，欲望才更加強烈。給他們提供更多的收穫刺激著他們，使他們的要求更高，更加忍受不了任何規章制度，傳統的規章制度正是在這種時候失去了它們的權威性。因此，放縱或**脫序**的狀態進一步強化，各種情欲在需要更加有力的約束時反而得不到約束。

但是他們的要求是不可能得到滿足的。過分受到刺激的野心總是超過已經得到的結果，不管這些結果是什麼——因為這種野心沒有得到應該適可而止的警告。因此，沒有什麼東西能使這種野心感到滿足，而且這種激動本身會永遠保持下去而不會平息。尤其是，由於這種向一個難以把握的目標前進的進程除了本身是一種樂趣外（如果還算是一種樂趣的話），不可能得到其他樂趣，所以這種進程萬一受到阻礙，一個人就還是兩手空空。不過，這時鬥爭會變得更加激烈和痛苦，因為鬥爭不受約束，還因為競爭更加激烈。所有的階級都被捲了進去，因為再也沒有固定的階級區分。因此，在做出的努力變得更加毫無結果的時候，卻要做出更大的努力。在這種情況下，活下去的願望怎麼會不減弱呢？

這種解釋得到貧窮國家具有獨特免疫力的肯定。貧窮之所以能防止自殺，是因為貧窮本身就是一種限制。一個人不管做什麼，欲望在一定程度上是依賴財富而定——欲望的範圍部分是依實際擁有的東西而定。因此，佔有得越少，就越是不想無限地擴大欲望的範圍。無能在迫使我們節制的同時，也使我們習慣於節制，只要在普遍處於中等水平的地方沒有任何東西來刺激欲望。相反的，財富通過它所賦予的權力使我們幻想我們只屬於我們自己。財富在減少我們對各種東西抵制力的同時，還誘使我們相信可以無限地獲得這些東西。不過，人越是不感覺到限制，任何限制就越是顯得令人難以容忍。因此，這麼多宗教讚揚貧窮的好處和道德價值，不是沒有道理的。實際上，貧窮是人們學習自我克制的最好課堂。貧窮在迫使我們經常約束自己的同時，還使我們作好準備去馴服地接受集體的約束，而財富在使個人興奮的同時，往往有可能喚醒這種作為不道德行為根源的造反精神。當然，這不是阻止人類去改善物質條件的一個理由。但是，即使增加財富所引起的道德危機不是不可救藥，但也不應掉以輕心。

三

像上述那些情況一樣，儘管社會脫序歷來只是間歇地以嚴重危機的形式發生，很可能不時地使社會自殺率發生變化，但不會是使自殺率發生變化的一個固有和經常的因素。不過，有一個社會生活領域，在當前這個領域裡的脫序是一種持久的狀態，這個領域就是工商界。

一個世紀以來，經濟的進步實際上主要是使各種工業關係擺脫一切限制。直到最近，全部道義力量的職能還是約束這些關係。首先是宗教，它同樣地影響工人和老闆、窮人和富人。它安慰前者，使他們學會滿足於他們的命運，告訴他們社會秩序是天意，每個階級所得的額度是上帝本身確定的，同時使他們希望今生的不平等在來世得到公正的補償。它使後者克制，提醒他們塵世的利益不是人類的一切，他們應該服從另一些更崇高的利益，因此不值得任意地和毫無限制地去追求塵世的利益。世俗的權力則透過對經濟職能行使最高權力，透過使經濟職能保持相對從屬的地位，限制經濟職能的擴大。最後，在工商界內部，行業公會透過調整工資、產品價格和生產本身，間接地確定收入的平均水平，在這個水平上透過環境的力量部分地調節各種需要。儘管如此，我們在描述這種組織時並不是想把它當作一種模式。

如果不進行深刻的改造，這種組織顯然不適合於現實世界。我們所指出的只是這種組織一直存在，起過有益的作用，而且今天還沒有什麼東西取而代之。

事實上，宗教已經失去了它的大部分權威。政府的權力不再是經濟生活的調節者，而是變成了它的工具和奴僕。最對立的兩派——正統的經濟學家和過激的社會主義者——串通一氣使政府處於不同社會職能之間或多或少是被動的中間人角色。前者僅僅打算使它成為私人契約的保管者；後者交給它的任務是管好集體的賬目，也就是說，登記消費者的種種需求並轉告生產者，清點總收入並按照固定的辦法分配這些收入。但是兩派都不承認政府有資格使其他社會機構服從於它，並使這些機構趨向一個支配它們的目標。雙方都宣稱，國家唯一的或主要的目標應該是發展工業——這正是經濟物質主義教條的內涵，也是這兩種表面上對立的制度的基礎。而且，由於這些理論只是輿論的反映，所以工業不再繼續被看作為了達到一個超越它的目標的手段，而是變成了個人和社會的最高目標。但是工業所引起的種種欲望卻可能擺脫限制他們的任何權威。可以說，這種把幸福神化的做法在使欲望變得神聖不可侵犯的同時，也使欲望高於人類的任何法律，似乎制止欲望就是一種褻瀆神聖的行為。因此，甚至工業界本身透過同業公會對各種欲望實施的純功利主義的規章制度也沒有成功地保持下去。最後，欲望的爆發由於工業的發展和幾乎無限擴大的市場而變得更加嚴重。只要生產者只能在周圍的鄰近地區推銷他的產品，可能獲得的微薄收入就不可能使野心受到極大的刺激。但是，既然他幾乎可以斷言全世界都是他的顧客，那麼，在這種無限的前景面前，各種情欲怎麼會像從前那樣接受別人的限制呢？

這就是這部分社會發生動盪並擴大到其餘部分的根源。因為在這部分社會裡，危機和脫序的狀態是經常存在的，所以也可以說是正常的。貪婪自上而下地發展，不知何處才是止境。沒有任何辦法能平息貪婪，因為貪婪試圖達到的目標遠遠超過了它能達到的目標。與狂熱的幻想模糊地看到的可能性相比，現實似乎毫無價值；因此人們脫離現實，但是當可能變成現實時，他們後來又要擺脫這種可能。人們渴望各種新奇的東西、不知道的享受和不可名狀的感覺，但是這些新東西被認識以後，它們便失去了它們的一切風趣。從那時起，突然發生最微小的挫折，人們就無力承受。所有這種狂熱一旦減弱，人們就會意識到，這種折騰多麼徒勞，所有這些無限地積累起來的新鮮感覺沒有成功地構成可以在不幸的日子裡靠它生活的幸福的堅實基礎。聰明人懂得享受已經取得的成果，而不是經常感到需要用其他成果來取而代之，並且在困難的日子來到時從中看到生活的希望。但是，老是等待未來和眼睛盯著未來的人在他的過去卻沒有任何東西來鼓勵他忍受現在的痛苦，因為過去對他來說只是一系列急於度過的階段。使他能夠自己欺騙自己的是，他總是想在不久的將來找到迄今為止還沒有遇到的幸福。但是他就此停步不前，從此在他的前後便再沒有什麼指望了。而且，僅僅疲倦就足以使幻想破滅，因為他終究很難不感到沒有結果的追求是毫無用處的。

有人甚至可能會尋思，今天經濟災難引起這麼多人自殺會不會主要不是這種精神狀態。在一個人服從某種合理約束的社會裡，他也比較容易經受得住命運的打擊。習慣於過較不舒適的日子和知足，做出必要努力強制自己日子過得較不舒適一點所要付出的代價也相對小一點。但是，如果任何限制都是令人討厭的，那麼更嚴格的限制怎麼會不顯得令人難以忍受呢？非常急躁的人是不大傾向於屈從的。如果他除了不斷地超越他已經達到的那一點外沒有別的目的，那麼被拋在後面對他來說是多麼痛苦啊！不過，

表二十四　每種職業每百萬人中自殺的人數

	商業	交通運輸	工業	農業	自由職業[9]
法國（1878-1887）[10]	440	–	340	240	300
瑞士（1876）	664	1514	577	304	558
義大利（1866-1876）	277	152.6	80.4	26.7	618[11]
普魯士（1883-1890）	754	–	456	315	832
巴伐利亞（1884-1891）	465	–	369	153	454
比利時（1886-1890）	421	–	160	160	100
符騰堡（1873-1878）	273	–	190	206	–
薩克森（1878）	341.59			71.17	

作為我們經濟狀況的特點的混亂給所有的冒險打開了大門。由於各種想像都渴望新奇，而且得不到控制，所以這些想像就盲目地摸索。失敗必然與風險交叉，所以危機也在變得更能造成極大損害時頻繁發生。

然而，這種心情如此根深柢固，所以社會在其中形成，而且習慣於把這種心情看作是正常的。人們一再說，永不滿足、一刻不停地向著一個不確定的目標前進，這是人的本性。無限的情欲像一種道德差別的標誌那樣每天都顯示出來，而這種情欲只能在失常的和把失常當作規律的意識中產生。不管怎樣，關於盡可能迅速地取得進展的原則已經變成了信條。但是，與這些讚美不穩定性的好處的理論相對應，也出現了另外一些理論，這些理論在概括它們從中產生的環境時宣稱生活是艱難的，指責生活中的痛苦多於歡樂，只用一些迷惑人的魅力來引誘人。由於混亂在經濟界最嚴重，所以這裡的犧牲者也最多。

事實上，工業和商業在各種職業中自殺的人數最多

（見表二十四）。這兩種職業的自殺人數幾乎與自由職業的自殺人數持平，有時甚至超過——尤其是這兩種職業所受的影響要比農業大得多。因為農業是古老的約束力還能最大限度地產生影響的職業，商業的狂熱滲透到農業裡很少。農業最能令人想起從前的經濟秩序總體的情況是什麼樣子。在工業界的自殺人數中，如果把老闆和工人區別開來，差距就更明顯了，因為前者可能最受**脫序**狀態的影響。食利者異乎尋常的自殺率（每百萬人中七百二十名）充分表明，有錢人受到的損害最大，因為任何迫使人們甘居人下的因素都減輕這種狀態的影響。下層階級的前途至少要受到上層階級的限制，所以他們的欲望比較有限。但是，那些還有向上活動餘地的人幾乎必然會陷入種種欲望之中，如果沒有任何力量限制這些欲望的話。

因此，在我們的現代社會裡，社會脫序是經常和特別引起自殺的因素，是每年使自殺的隊伍得到補充的來源之一。所以我們面對著一種新的自殺類型，應該和其他類型的自殺區別開來。這種類型的自殺之所以不同是因為它不取決於個人與社會相聯繫的方式，而取決於社會管理個人的方式。利己主義式的自殺產生於那些再也看不到活下去的理由的人身上；利他主義式的自殺則產生於那些認為這種理由超出了生命本身的人身上。我們剛剛談到的第三種自殺產生於那些因活動失常並由此受到損害的人身上。根據其產生的根源，我們將把這種自殺稱之為**異常的自殺**。

當然，這種自殺和利己主義式自殺不是沒有同源關係。兩者都起因於社會沒有充分起作用。但是在這兩種情況下，社會不起作用的領域不盡相同。對利己主義式的自殺來說，社會缺乏真正的集體活動，使活動沒有目的和意義。對異常的自殺來說，社會不能影響真正的個人情欲，使情欲得不到調節和控制。由此可見，這兩種類型的自殺儘管有關，彼此仍然是獨立的。我們可以把身上一切具有社會性的東西與社會關聯起來，但不懂得克制我們的欲望——我們不是利己主義者，但可能生活在社會脫序的狀態之中，反之亦然。此外，這兩種類型的自殺者並不來自同樣的社會環境：前者主要來自知識界，即腦力勞動者階層，後者主要來自工業界或商業界。

四

但是，經濟的脫序不是唯一能夠引起自殺的因素。

我們已經談到過的在出現喪偶危機時發生的自殺，[12]實際上是由於夫妻中一方的死亡引起的家庭脫序。喪偶引起家庭脫序，未亡人則受到影響。活下來的人不適應這種新的境遇，因此比較容易自殺。但是還有另一種異常的自殺，我們應該多說幾句，因為這種自殺更常見，還因為這種自殺有助於我們說明婚姻的性質和作用。

在《國際人口年鑑》（一八八二年九月）中，貝蒂榮先生發表了一篇值得注意的關於離婚的論文，在這篇論文中，他證實了下述假設：在整個歐洲，自殺的人數隨著離婚和分居人數的變化而變化。如果從這兩方面來比較一下不同的國家，就已經看到這種類似性（見表二十五）。不僅這些平均數之間的關係是顯而易見的，而且唯一比較明顯不一致的是荷蘭，那裡的自殺率不像離婚率那麼高。

如果比較的不是不同的國家，而是同一個國家的不同省份，這種規律就能得到更嚴格的證明。在瑞

表二十五　歐洲各國離婚率和自殺率的比較

	每年每千對夫婦中的離婚數	每百萬居民中的自殺人數
1. 離婚和分居很少的國家		
挪威	0.54（1875-1880）	73
俄羅斯	1.6（1871-1877）	30
英國和威爾斯	1.3（1871-1879）	68
蘇格蘭	2.1（1871-1881）	—
義大利	3.05（1871-1873）	31
芬蘭	3.9（1875-1879）	30.8
平均	2.07	46.5
2. 離婚和分居不多的國家		
巴伐利亞	5.0（1881）	90.3
比利時	5.1（1871-1880）	68.5
荷蘭	6.0（1871-1880）	35.5
瑞典	6.4（1871-1880）	81
巴登	6.5（1874-1879）	156.6
法國	7.5（1871-1879）	150
符騰堡	8.4（1876-1878）	162.4
普魯士	—	138
平均	6.4	109.6
3. 離婚和分居很多的國家		
薩克森王國	26.9（1876-1880）	299
丹麥	38（1871-1880）	258
瑞士	47（1876-1880）	216
平均	37.3	257

士，這兩類現象之間的巧合非常明顯（見表二十六）。信奉新教的邦離婚最多，自殺也最多，其次是新教和天主教混合的邦，只有信奉天主教的邦離婚和自殺最少。在每一類中，我們注意到同樣的一致性。在信奉天主教的邦中，索羅頓和內阿本澤爾的離婚率明顯的比較高，它們的自殺率也明顯的較高。弗萊堡儘管是信奉天主教和說法語的邦，但離婚率偏高，自殺率也偏高。在德語區信奉新教的邦中，沒有一個邦的離婚率像沙夫豪森這樣高的，沙夫豪森的自殺率也居於領先地位。最後，那些信奉兩種宗教的邦，離婚率和自殺率的關係也是如此，只有阿爾高是例外。

在法國各省之間進行比較，得出的結果也是如此。根據自殺人數的多少把這些省分成八個組，我們便看到，這樣分組的排列順序與按離婚和分居率的高低排列的順序是一樣的：（見三〇三頁表格）

這種關係得到證實後，我們力求作出解釋。

我們只談貝蒂榮扼要地提出的解釋作為提醒。根據這位作者的意見，自殺的人數和離婚的人數同時變化，因為這兩種人數都取決於同一個因素：心理失去平衡的人有多少。他說，事實上，在一個國家裡，不能相容的夫妻越多，離婚的人也就越多。然而，不能相容的夫妻主要是那些行為不軌的人和那些性格乖辟而不冷靜的人，這種性格本身傾向於自殺。因此，這兩種人數同時變化不是因為離婚的制度本身對自殺有某種影響，而是因為這兩種情況都產生於同一個原因，只是表現的形式不同而已。但是，這樣把離婚同某些心理變態關聯起來是武斷和沒有根據的。我們沒有任何理由假設，瑞士精神失常的人比義大利多十五倍。比法國多六至七倍——儘管瑞士的離婚人數比義大利多十五倍，比法國多七倍。此外，就自殺來說，我們知道純粹個人的情況是遠遠不能說明問題的。何況，下述事實將證明這種理論不

表二十六　瑞士各邦離婚與自殺人數比較

	每千對夫婦中的離婚和分居數	每百萬居民中的自殺人數		每千對夫婦中的離婚和分居數	每百萬居民中的自殺人數
1. 信奉天主教的邦					
法語和義大利語區					
泰奇諾	7.6	57	弗萊堡	15.9	119
瓦萊	4.0	47			
平均	5.8	50	平均	15.9	119
德語區					
烏里	4.9	60	索羅頓	37.7	205
上翁特瓦爾登	5.2	20	內阿本澤爾	18.9	158
下翁特瓦爾登	5.6	1	祖克	14.8	87
施維茲		70	琉森	13.0	100
平均	3.9	37.7	平均	21.1	137.5
2. 信奉新教的邦					
法語區					
納沙泰爾	42.4	560	沃	43.5	352
德語區					
伯恩	47.2	229	沙夫豪森	106.0	602
巴塞爾（市區）	34.5	323	外阿本澤爾	100.7	213
巴塞爾（農村）	33.0	288	格拉魯斯	83.1	127
			蘇黎世	80.0	288
平均	38.2	280	平均	92.4	307
3. 信奉兩種教的邦					
阿爾高	40.0	195	日內瓦	70.5	360
克里松	30.9	116	聖加爾	57.6	179
平均	36.9	155	平均	64.0	269

	每百萬人中的自殺人數	每千對夫婦中離婚和分居的平均數
第1組（5個省）	50以下	2.6
第2組（18個省）	51-75	2.0
第3組（15個省）	75-100	5.0
第4組（19個省）	101-150	5.4
第5組（10個省）	151-200	7.5
第6組（9個省）	201-250	8.2
第7組（4個省）	251-300	10.0
第8組（5個省）	300以上	12.4

充分。

我們應該探討這種明顯關係的原因，不是到個人的稟性中去尋找，而是到離婚的內在性質中去尋找。在這一點上，第一種假設可以成立：在我們掌握了必要資料的國家裡，離婚者的自殺人數大大地超過了其他人口中的自殺人數。（見下頁表格）

由此可見，男女離婚者的自殺人數要比已婚者的自殺人數多三至四倍，儘管他們比較年輕（在法國是四十歲而不是四十六歲），而且明顯的多於喪偶者的自殺人數，雖然他們受到老齡的威脅。怎麼會發生這種情況呢？

毫無疑問的，離婚引起的精神狀態和物質條件的變化必然與這種結果有某種關係。但是這不足以解釋這種結果。實際上，喪偶同樣完全打亂了生活；一般說來，喪偶甚至引起更痛苦的後果，因為喪偶是夫妻都不希望發生的，而離婚對他們來說倒是一種解脫。然而，離婚者由於他們的年齡，自殺的人數本應該比喪偶者的自殺人數少兩倍，實際上卻更多，在某些國家甚至超過兩倍。這種可以

	每百萬人中的自殺人數							
	15 歲以上的單身者		已婚者		喪偶者		離婚者	
	男	女	男	女	男	女	男	女
普魯士（1887-1889）	360	120	430	90	1471	215	1875	290
普魯士（1883-1890）	388	129	498	100	1552	194	1952	328
巴　登（1885-1893）	458	93	460	85	1172	171	1328	
薩克森（1847-1858）	555.18		481	120	1242	240	3102	312
薩克森（1876）			821	146			3252	389
符騰堡（1846-1860）			226	52	530	97	1298	281
符騰堡（1873-1892）	251		218		405		796	

用係數二點五至四來表示的嚴重程度絲毫不取於他們婚姻狀況的變化。

為了找到原因，我們重新提出我們在前面已經證實的假設之一。我們已經在本編第三章中看到，對同一個社會來說，喪偶者的自殺傾向和已婚者的相應傾向有關。如果後者對自殺有很強的免疫力，那麼前者的免疫力無疑要弱一點，但仍然相當強，而最能得到婚姻保護的男或女，也是在喪偶狀態下最能得到保護的男或女。總之，即使夫妻關係因為一方去世而遭到破壞，那麼就自殺來說，未亡人仍繼續部分地受到夫妻關係的影響。[13]但是，假設同樣的現象是在婚姻並非由於死亡而是由於某種法律行為而遭到破壞時發生的，離婚者自殺傾向嚴重不是離婚而是離婚使婚姻遭到破壞的結果，這難道不是合情合理的嗎？這種結果必然取決於夫妻繼續受其影響的婚姻結構，即使他們已經分開。他們之所以如此強烈地傾向於自殺，是因為他們在一起生活時就已經強烈地傾向於自殺了，而且正是他們的共同生活使他們傾向於自殺。

接受這種假設，離婚和自殺的對應關係就變得可以解釋了。事實上，在離婚很多的民族中，這種和離婚相互關聯的特殊婚姻性質必然是十分普遍的——因為這種性質並不是那些注定要透過法律解除的婚姻關係所特有的。儘管這種性質在這些婚姻關係中達到最大強度，但也存在於其他婚姻關係或大部分其他婚姻關係之中，雖然在程度上要差一點。因為正像在有很多人自殺的地方有很多人試圖自殺一樣，發病率不高死亡率也不可能高，在有許多夫妻離婚的地方必然有許多夫妻不同程度地接近離婚。如果這種容易傾向於自殺的家庭狀況不以同樣的程度發展和變得普遍化的話，離婚的人數就不可能增加，因此，這兩種現象向著同一個方向變化是很自然的。

這種假設不僅符合前面所論證過的一切，而且可以直接證明。事實上，如果這種假設成立，那麼在離婚人數很多的國家裡，已婚者對自殺的免疫力必然低於婚姻關係牢不可破的地方。這確實是從事實得出的結論，正像表二十七所表明的，至少就男性已婚者來說是這樣。義大利是沒有離婚的天主教國家，男性已婚者對自殺的免疫力係數最大；在分居一直比較多的法國，男性已婚者的免疫力係數比較小；離婚越多的國家，男性已婚者的免疫力係數就越小。[16]

我們未能弄到奧爾登堡大公國的離婚數字。不過，由於這是一個信奉新教的國家，所以可以相信，那裡經常有人離婚，但並不太多；因為信奉天主教的少數人數量還相當大。因此，從這個角度來看，它與巴登和普魯士差不多屬於同一種類型。從已婚男子免疫力係數的角度來看，它和這兩個國家也屬於同

表二十七　離婚對男性已婚者免疫力的影響

國家		每百萬人中的自殺人數		男性已婚者和未婚者相比的免疫力係數
		15 歲以上的男性未婚者	男性已婚者	
沒有離婚的國家	義大利（1884-1888）	145	88	1.64
	法國（1863-1868）[14]	273	245.7	1.11
離婚較多的國家	巴登（1885-1893）	458	460	0.99
	普魯士（1883-1890）	388	498	0.77
	普魯士（1887-1889）	364*	431*	0.83
離婚很多的國家[15]	薩克森（1879-1880）	每百名自殺者中 男性／未婚者 27.5 每百名男性居民中 未婚者 42.10	每百名自殺者中 男性／已婚者 52.5 每百名男性居民中 已婚者 52.47	0.63

* 這兩個數字和前表略有出入。——譯者註

一種類型：每十萬名十五歲以上的單身者有五十二名自殺，每十萬名已婚男子中有六十六名自殺。後者的免疫力係數為零點七九，因此和我們在很少或沒有離婚的天主教國家中所觀察到的免疫力係數大不相同。

法國給我們提供了觀察的機會，觀察得越仔細就越是證實了上述觀點。塞納省的離婚人數比全國其他省份多得多。一八八五年，那裡宣布的離婚數為每一萬個正常家庭中有二十三點九九個，而全國的平均數為五點六五個。只要參照一下表二十二就可以看出，塞納省已婚男子的免疫力係數大大低於外省。實際上只有二十至二十五歲年齡組的免疫力係數達到過三，而且這個數字的準確性也值得懷疑，因為這個數字是

根據極少數情況計算出來的，既然這個年齡組每年幾乎只有一個已婚男子自殺。從三十歲起，免疫力係數都不超過二，更多的時候低於二；六十歲到七十歲之間甚至低於整數，免疫力係數平均為一點七三。相反的，在外省，八次中有五次超過三，平均為二點八八，也就是塞納省的一點六六倍。

這再一次證明，在離婚比較普遍的國家，自殺的人數不是取決於某種個體的素質，尤其不是取決於精神失常的人有多少。因為如果這是真正的原因，那麼精神失常必然像影響已婚者那樣影響單身者。然而事實上是前者最受影響。因此，正像我們曾經設想過的，這種毛病的根源在於婚姻或家庭的特殊性。留待我們選擇的就是這兩種假設。已婚男子對自殺的免疫力比較低是由於家庭關係的狀態還是由於婚姻關係的狀態？是由於家庭觀念淡薄還是夫妻關係不正常？

使第一種解釋不可能成立的第一個事實是，在離婚最多的民族中，出生率都很高，因此家庭人口眾多。然而我們都知道，在家庭人口眾多的地方，家庭觀念一般說來都很強。因此我們有理由相信，這種現象的原因在於婚姻的性質。

實際上，如果這種現象應該歸因於家庭的結構，那麼已婚女子對自殺的免疫力在離婚司空見慣的國家也應該比在離婚很少的國家小，因為她們和已婚男子一樣受到家庭關係惡劣的影響。但是事實正好相反。已婚女子對自殺的免疫力係數隨著已婚男子免疫力係數的降低而升高，這就是說，隨著離婚的增加而升高，反之亦然。夫妻關係越是經常地和容易地破裂，妻子就越是比丈夫受益（見表二十八）。

這兩組免疫力係數的顛倒是很明顯的。在沒有離婚的國家裡，妻子的免疫力係數比丈夫的免疫力係數小；但是在義大利比在婚姻關係一向脆弱的法國更小。相反的，一旦實行離婚（巴登），丈夫的免疫力係數就比妻子的免疫力係數小，妻子的優勢隨著離婚人數的增多而逐步增加。

正像前面所說的，從這個角度來看，奧爾登堡大公國和離婚率不高不低的其他德意志國家一樣。每百萬名未婚女子中有兩百零三名自殺，每百萬名已婚婦女中有一百五十六名自殺；因此已婚婦女的免疫力係數為一點三，大大超過已婚男子的零點七九。前者為後者的一點六倍，與普魯士的情況差不多。

塞納省和法國其他省份的比較明顯地證實了這條規律。在離婚較少的外省，已婚婦女的平均免疫力係數只有一點四九，因此只相當於已婚男子的平均免疫力係數二點八八的一半。在塞納省，這個比例正好顛倒過來。丈夫的免疫力係數只有一點五六，甚至只有一點四四，如果不算與二十至二十五歲這個年齡組有關的數字的話，妻子的免疫力係數為一點七九。因此，在外省，妻子在這方面的處境要比丈夫好一倍多。

如果把普魯士不同的省加以比較，我們也可以看到同樣的情況：（見左頁下表）

第一組的所有免疫力係數都大於第二組，第三組的免疫力係數最小。唯一不正常的是赫斯的免疫力係數，在那裡，由於某些不明的原因，已婚婦女的免疫力係數相當大，儘管那裡的離婚不多。[18]

儘管各種證據都一致，我們還是要對這條規律做最後一次驗證。我們不再比較已婚男子對自殺的免疫力和已婚婦女對自殺的免疫力，而是研究各國的婚姻以什麼方式對兩性的自殺產生不同的影響。這種比較正是表二十九的目的。從表上可以看出，在沒有離婚或最近才有離婚的國家裡，已婚婦女的自殺率要比未婚女子的自殺率高。這就是說，婚姻對丈夫比對妻子更有利，而義大利的已婚婦女又比法國的已婚婦女處於更不利的地位。事實上，義大利已婚婦女的自殺率和未婚女子的自殺率之比，要比法國已婚

表二十八　離婚對已婚女子免疫力的影響[17]

	每百萬16歲以上未婚女子的自殺人數	每百萬已婚女子的自殺人數	已婚女子的免疫力系數	已婚男子的免疫力系數	已婚男子的免疫力係數超過已婚女子的免疫力係數多少倍？	已婚女子的免疫力係數超過已婚男子的免疫力係數多少倍？
義大利	21	22	0.95	1.64	1.72	—
法國	59	62.5	0.96	1.11	1.15	—
巴登	93	85	1.09	0.99	—	1.10
普魯士	129	100	1.29	0.77	—	1.67
普魯士（1887-1889）	120	90	1.33	0.83	—	1.60
薩克森	每百名各種婚姻狀態的自殺者中：未婚女子 35.3	已婚女子 42.6				
薩克森	每百名自殺的居民中：未婚女子 37.97	已婚女子 49.74	1.19	0.63	—	1.73

每十萬名已婚者中有					
810-405名離婚者的省	妻子的免疫力係數	371-324名離婚者的省	妻子的免疫力係數	229-116名離婚者的省	妻子的免疫力係數
柏林	1.72	波美拉尼亞	1	波森	1
				赫斯	1.44
布蘭登堡	1.75	西利西亞	1.18	漢諾威	0.90
東普魯士	1.50	西普魯士	1	萊茵蘭	1.25
薩克森	2.08	什列斯威	1.20	西伐利亞	0.80

婦女的自殺率和未婚女子的自殺率之比高一倍。到了離婚很多的國家，這種現象恰好顛倒過來：婚姻對女子比對男子更有利；普魯士的女子從婚姻得到的好處比巴登的女子從婚姻得到的好處多，而薩克森的女子又比普魯士的女子得到的好處多。在離婚最多的國家，女子得到的好處也最多。

因此，我們可以認為，下述規律是無可爭議的：**從自殺的角度來看，離婚越多的地方婚姻對婦女越有利，反之亦然**。

從這個命題可以得出兩個結論。

第一，在離婚較多的社會裡，自殺率的上升只是因為已婚男子的自殺人數增加，那裡已婚婦女的自殺人數反而比其他地方少，因此，如果說離婚只能隨著妻子精神狀態的改善而增加，那就不能說離婚是同能夠使自殺傾向加強的家庭關係不好聯繫在一起的，因為自殺傾向的加強必然既影響妻子，也影響丈夫。家庭精神的削弱不可能對兩性產生相反的影響，即不可能有利於母親而嚴重地損害父親。因此，產生我們所研究的現象的原因在於婚姻狀況，而不在於家庭結構。其實，婚姻很可能對丈夫和妻子產生相反的影響。因為作為父母，他們有著共同的目標，但是作為配偶，他們的利益卻是不同的，而且往往是對立的。因此，在某些社會裡，這種夫妻關係的特殊性很可能對一方有利，而對另一方不利。上面所說的這一番話就是要證明這正是離婚的情況。

第二，同樣的理由使我們不得不否定這樣的假設：與離婚和自殺有關聯的這種不幸的婚姻狀況僅僅是家庭爭吵比較頻繁而已，因為這種原因和家庭疏遠一樣，不會增加妻子對自殺的免疫力。在離婚較多的地方，如果自殺的人數真的和夫妻爭吵的次數有關，那麼妻子和丈夫應該受到同樣的影響，沒有任何

表二十九　歐洲各國每類婚姻狀況中兩性的自殺率

	每百名自殺的單身者中有		每百名自殺的已婚者中有		各國平均	
	男	女	男	女	已婚女子超出未婚女子	未婚女子超出已婚女子
義大利（1871）	87	13	79	21	6.2	
義大利（1872）	82	18	78	22		
義大利（1873）	86	14	79	21		
義大利（1884-1888）	85	15	79	21		
法　國（1863-1866）	84	16	78	22	3.5	
法　國（1867-1871）	84	16	79	21		
法　國（1888-1891）	81	19	81	19		
巴　登（1869-1873）	84	16	85	15		1
巴　登（1885-1893）	84	16	85	15		
普魯士（1873-1875）	78	22	83	17		5
普魯士（1887-1889）	77	23	83	17		
薩克森（1866-1870）	77	23	84	16		7
薩克森（1879-1890）	80	20	85	14		

東西能使妻子得到額外的免疫力。這種假設站不住腳的原因還在於，多數時候離婚是妻子向丈夫提出的（在法國，百分之六十的離婚和百分之八十的分居是妻子提出的[19]）。因此，在大多數情況下，家庭糾紛應歸咎於丈夫。但是，難於理解的是，在離婚多的一些國家裡，丈夫自殺多是因為他使妻子受到更多的痛苦，而妻子自殺反而少是因為丈夫使她受到更多的痛苦。而且，夫妻不和越多，離婚也越多，這一點並沒有得到證實。[20]

排除了這種假設後，就只剩下了一種可能。一定是離婚制度透過對婚姻的影響引起自殺。

那麼婚姻到底是什麼呢？是一種兩性關係的安排，這種安排不僅延伸到這種關係所涉及的肉體本能，而且延伸到文明逐步在肉體欲望的基礎上所灌輸的各種感情。因為對我們來說，愛與其說是一種肉體上的行為，不如說是一種精神上的行為。丈夫在妻子身上所尋求的不僅僅是滿足生殖的欲望。雖然這種天生的傾向是一切性進化的萌芽，但由於許多不同的審美觀念和道德觀念而逐漸變得複雜起來，如今只是愛情所產生的完整而複雜的**過程**的一個微不足道的組成部分。愛情和理智的成分聯繫在一起，本身也部分地擺脫了肉體而理智化了。精神上的原因和肉體上的誘惑一樣能引起愛，所以愛不再像在動物身上那樣表現出有規律和自動的週期性。某種心理的刺激任何時刻都能使愛甦醒，愛是一年四季都存在的。但是，正因為這些如此改變了的不同傾向並不直接受肉體需要的支配，所以社會制約就是必不可少的。既然個體內沒有任何東西約束這些傾向，所以這些傾向應該由社會來約束。這就是婚姻的功能。婚姻控制整個愛情生活，而一夫一妻制的婚姻比任何其他婚姻更嚴格。因為，婚姻在使丈夫不得不始終依戀於唯一的妻子的同時，也給愛的需要指定一個嚴格規定的對象和活動範圍。

正是這種規定形成了有利於已婚男子的精神平衡狀態。因為他不能在允許的範圍之外去尋求其他滿足而不違背他的義務，所以他就把他的欲望限制在這個範圍之內。他所服從的有益於身心的紀律使他有義務在他的範圍內尋找他的幸福，並且由此給他提供尋找幸福的手段。此外，如果他的愛情保持不變，那麼他也不會失去愛情所確定的對象，因為義務是互惠的。如果他的享樂是限定的，那麼這種歡樂就是有保證的，而且這種可靠性鞏固了他的精神狀態。單身者的情況則完全是另一回事。因為單身者可以合法地眷戀他所喜歡的人，所以他希望得到所有他喜歡的人而永遠不能滿足。這種伴隨著脫序的病態欲望可能傷害我們的這部分意識，就像傷害我們的另一部分意識一樣；這種無限的痛苦往往表現為一種繆塞所描寫的性行為方式。[21]一個人一旦不受任何約束，他就不會自我約束。在已經體驗過的歡樂之外，他還想像並希望得到其他歡樂；如果他幾乎嘗試過一切可能的範圍，他就會夢想嘗一嘗不可能得到的東西，他就渴望得到不屬於他的東西。[22]在這種不可能達到目的的追求中，感情怎麼會不激化呢？為了使感情達到這種程度，他甚至不需要像唐璜那樣無限地增加愛情和生活的體驗，普通單身者的平庸生活就已經足夠了。新的希望不斷地產生和落空，留下的是厭倦和幻滅。而且，既然他沒有把握能留住吸引他的人，欲望又怎能一成不變——因為脫序具有兩重性。正像一個人不能無限享受一樣，他也沒有任何絕對屬於他的東西。未來的不肯定性，再加上他自身的不確定性，使他處於永久的變動之中。這一切便產生一種心神不定、激動和不滿的狀態，這種狀態必然增加自殺的可能性。

不過，離婚意味著削弱婚姻的約束力。在有離婚的地方，尤其是在法律和習俗非常有利於離婚的地方，婚姻本身只是一種形式，是一種不牢靠的結合，因此也不會產生有益的影響，對欲望再也不能發揮固定不變的限制作用；由於這種限制比較容易動搖並被排除，所以不能有效地抑制情欲，所以情欲更傾向於流露出來，不會輕易地屈從於規定的條件。因此，構成已婚男子毅力的沈著和心理平靜就更少了，在某種程度上被妨礙他滿足於現狀的焦慮狀態所取代。而且，他越是不留戀現狀，現狀給他的歡樂就越是不完全可靠，未來就越是得不到保證。一個人不可能被一條隨時都可能在這一頭或另一頭斷裂的鏈子牢牢地拴住。一個人在感到他腳下不是堅實的土地時，不可能不尋找另外的地方。由於這些原因，在婚姻受到離婚嚴重影響的國家，已婚男子的免疫力不可避免地就較弱。因為在這種制度下，他和單身者很相像，所以他不可能不失去某些優勢。因此，自殺的總人數就上升。[23]

但是，離婚的這種結果是丈夫所特有的，並不影響妻子。事實上，婦女的性要求具有較少心理特徵，因為她們的精神生活一般說來不太發達。性欲要求更多地和肉體要求有關，服從肉體的要求而不是超過肉體的要求，因此可以在肉體的要求中找到有效的制約。因為女子的本能比男子的本能強，所以為了求得平靜和安寧，她們只要按本能行事就行了。因此，像婚姻、尤其是一夫一妻制婚姻這樣的社會約束對她們來說並不是必要的。然而，甚至在這種約束行之有效的地方，實行起來也不是沒有弊病。因為在一勞永逸地確定了夫妻關係的同時，不管可能發生什麼情況都不允許擺脫這種關係。在限制活動範圍的同時，這種約束堵塞了一切出路，而且不許抱有任何希望，哪怕是合法的希望。男子本身也不是不受這種不可變動性的損傷，但是他們可以用從其他地方獲得的好處來彌補這種弊病。而且，習俗賦予他們某些特權，使他們可以在某種程度上減輕這種制度的嚴格性。相反的，對於婦女來說，既沒有彌補也沒有減輕。對她們來說，一夫一妻制是嚴格的義務，沒有任何折中的解決辦法；另一方面，婚姻對她們來說至少不是在同樣的程度上有利於限制她們的欲望，她們的欲望自然而然地受到限制，而且也不是有利於使她們學會滿足自己的命運，但是婚姻不允許她們改變命運，即使命運變得難以忍受。這種習俗對她們來說是一種沒有多大好處的約束。因此，任何使這種習俗減輕和緩和的辦法都只能改善已婚婦女的處境。這就是離婚保護已婚婦女和已婚婦女自願訴諸離婚的原因。

正是這種夫妻關係的脫序狀態——離婚制度的產物——說明了離婚人數和自殺人數同時增長。因此，在離婚較多的國家裡，這些已婚男子的自殺使自殺的人數增加，構成了一種異常的自殺。這不是由於這些國家不稱職的丈夫較多或者不稱職的妻子較多，因而不幸的家庭較多，而是由於其本身是婚姻約束削弱的原因的精神素質——正是這種在結婚時獲得並保持下來的精神素質引起離婚者所表現出來的特殊自殺傾向。儘管如此，我們的意思並不是說，約束的軟弱無力完全是由於在法律上承認離婚所造成的。承認離婚從來只是出於認可早於法律的習俗。如果公眾的意識沒有逐漸認為夫妻關係的不可分離是毫無道理的，那麼立法者也就不會想到增加夫妻關係的脆弱性的條文。因此，婚姻的脫序狀態可能在寫進法律以前就已經存在於輿論中。但是，從另一方面來看，婚姻的脫序狀態只有採取了某種法律的形式，才有可能產生它的全部後果。只要婚姻法沒有修改，就至少可以用來在實際上限制情欲——尤其是婚姻法反對對脫序狀態的愛好占上風，對脫序狀態的譴責也就到此為止。因此，只有脫序狀態變成法律條文的地方，它才具有明顯的和容易觀察到的影響。

這種解釋在說明離婚與自殺成正比[24]和已婚男子的免疫力與已婚婦女的免疫力成反比的同時，也得到另一些事實的證實。

1. 只有在實行離婚制度的地方才可能有真正的婚姻不穩定，因為只有離婚才使婚姻完全破裂，而分居只是延遲離婚的某些影響，並沒有使夫妻雙方都恢復自由。因此，如果這種特殊的脫序狀態確實加劇了自殺的傾向，那麼離婚者的自殺傾向就應該大於分居者的自殺傾向。實際上，這是我們所知道的有關這一問題的唯一文獻的結論。根據勒古瓦的計算[25]在薩克森，一八四七—一八五六年期間，每百萬離婚者中平均每年有一千四百人自殺，而每百萬名分居者中平均每年只有一百七十六人自殺。後者的自殺率甚至低於已婚男子的自殺率。

2. 單身者的自殺傾向之所以如此強烈，部分原因在於他們長期處於性脫序的狀態，尤其是在性欲最旺盛的時候，他們必然對他們所受到的痛苦最敏感。事實上，二十歲到四十五歲的單身者的自殺率比四十五歲以上單身者的自殺率增加得快得多；在此期間，前者的自殺率增加了三倍，而從四十五歲到年齡最大（八十歲以上）的單身者的自殺率只增長了一倍。但是女性不存在同樣的加速度；從二十歲到四十五歲，未婚女子的自殺率甚至並沒有翻一倍，只從一百零六人增加到一百七十一人（見表二十一）。因此，性欲期並不影響女性自殺的發展。這是必然發生的情況，正像我們已經承認的，婦女對這種脫序狀態並不十分敏感。

3. 最後，本篇第三章所舉出的若干事實在上述理論中找到了解釋，同時這些事實也可以用來證明這種理論。

我們在第三章中已經看到，在法國，撇開家庭這個因素，光是婚姻本身就使男子有一點五的免疫力係數。現在我們知道這個係數相當於什麼了。它代表男子從婚姻對他的調節作用以及婚姻減輕他的自殺傾向和由此而產生的心理上的安寧中得到的好處。但是，我們同時也看到，在這同一個國家，如果不是孩子的出生來減輕婚姻對已婚婦女的惡劣影響，那麼她的情況就反而惡化了。理由已如上述。這並不是說男子天生就是利己主義者和惡人，他在家裡的作用就是虐待他的配偶。因為在法國，直到最近，婚姻關係還沒有受到離婚的削弱，婚姻強加給婦女的硬性規定對她們來說是十分沉重而毫無好處的枷鎖。總的說來，使婚姻不能給雙方帶來同樣好處的兩性對立的原因是：[26]他們的利益有矛盾，一方需要限制而另一方則需要自由。

另外，男子在生命的某一時刻似乎和婦女同樣受到婚姻的影響，儘管原因不同。正像我們已經指出的，過於年輕的已婚男子自殺的要比同齡的單身者多得多，這無疑是因為他們的性欲過於強烈，而且過於自信，所以不能服從如此嚴格的規定。這種規定對他們來說是一種難以忍受的障礙，他們的欲望遇到這種障礙便被粉碎。這就是很可能要到年齡的增長使男子逐漸平靜下來，並且使他感到某種約束的必要性時，婚姻才發揮它的全部有利影響的原因。[27]

最後，我們在第三章中還看到，在婚姻對妻子比對丈夫更有利的地方，兩性之間的差距總是比情況相反的地方小。[28]這就證明，即使在婚姻完全有利於女子的社會裡，婚姻對婦女的幫助也不及對男子的幫助多，從中得到好處最多的還是男子。如果婚姻不符合婦女的利益，那麼她就可能比婚姻符合她的利益時受到更大的損害——因為她對婚姻的要求更少。然而，這正是上述理論所假設的情況。因此，我們在前面所得出的結論和本章所得出的結論是一致的和互相印證的。

這樣，我們便得出了與人們對婚姻及其作用的流行看法相距甚遠的結論。婚姻被看成是為了女性才締結的，以便保護她們的軟弱不受男性反覆無常的傷害。一夫一妻制尤其經常被說成是男子犧牲他們的多配偶本性，以便提高和改善女子在婚姻中的地位。實際上，不管是什麼歷史原因決定把這種限制強加給男人，這種限制也對他們最有利。他們因此而放棄的自由對他們來說不可能是痛苦的根源。女子卻沒有同樣的理由放棄自由，而且可以說，在這一點上，她們服從同樣的規則正是她們作出的一種犧牲。[29]

◆註釋◆

【1】見施塔克：《普魯士的犯罪與違法》，柏林，一八八四年，第五五頁。
【2】《社會生活的規律性》，第三四五頁。
【3】見福爾納薩里·迪·韋爾切：《義大利的犯罪行為和經濟變遷》，都靈，一八九四年，第七七—八三頁。
【4】《義大利的犯罪行為和經濟變遷》，第一〇八—一一七頁。
【5】同上書，第八六—一〇四頁。
【6】一八八五—一八九〇年期間增加較少是因為有一次金融危機。
【7】為了證明幸福的增加使自殺的人數減少，人們有時試圖證明，當移民這個貧困的保險閥門大大打開時，自殺的人數便減少（見勒古瓦的著作第二五七—二五九頁）。但是這兩種現象不成反比而成正比的情況也很多。從一八七六年到一八九〇年，義大利的移民從每十萬居民中七十六人增加到三百三十五人，一八八七—一八八九年期間甚至超過了這個數字。與此同時，自殺的人數也在不斷增加。
【8】這種指責實際上完全是道義上的，看來不大可能得到法律的承認。我們認為沒有必要或者根本不可能重新制定限制奢侈的法律。
【9】如果統計數字把若干種自由職業區別開來的話，我們便以自殺率最高的統計數字作為基準點。
【10】從一八二六年到一八八〇年，經濟界受到的影響似乎不大（見《一八八〇年彙報》）；但是各種職業的統計數字是否非常精確呢
【11】只有作家才達到這個數字。
【12】見本書第二二三—二二五頁。
【13】見本書第二三〇頁。

【14】我們採用這個遙遠時代的數字是因為那時不存在離婚。而且，一八八四年恢復離婚的法律似乎至今還沒有對男性已婚者的自殺人數產生明顯的影響；他們的免疫力係數在一八八八—一八九二年期間沒有明顯的變化；一種制度不會在如此短的時間裡產生結果。

【15】就薩克森而言，我們只有上述引自厄廷根的比例數；這些數字對我們的目的來說已經足夠了。我們在勒古瓦的著作中（第一七一頁）還可以找到其他資料，證明在薩克森已婚者的自殺率高於單身者。事實上，勒古瓦本人對此也感到吃驚。

【16】我們之所以只比較這幾個國家，是因為其他國家把男性已婚者的自殺人數和女性已婚者的自殺人數混在一起。我們在下文將會看到為什麼必須把這兩個數字分開。

但是不應該根據這張表得出結論說，在普魯士、巴登和薩克森，男性已婚者的自殺人數確實多於男性未婚者的自殺人數。應該看到，這些係數並不取決於年齡和年齡對自殺的影響。然而，由於四十至四十五歲（已婚男子的平均年齡）男子的自殺人數大約兩倍於二十至二十五歲（未婚男子的平均年齡）男子的自殺人數，所以前者的免疫力和離婚較多的國家相同，但是比其他國家小。為了能夠說那裡的免疫力等於零，已婚者——不考慮年齡——的自殺率就應該比單身者的自殺率高兩倍，但事實並非如此。況且，不考慮年齡絲毫不影響我們得出的結論。因為各國已婚男子的平均年齡差不多，只相差二、三歲；另一方面，年齡影響自殺的規律到處都是一樣的。因此，不考慮這個因素的作用，我們便大大地降低了免疫力係數的絕對值。但是，由於我們是按比例降低的，所以我們沒有改變這些係數的相對值，而對我們來說，相對值才是重要的。因為我們並不力求按絕對值來評價每個國家已婚男子的免疫力，而是力求按免疫力的大小來區分這些國家。至於我們如此簡化的理由，首先是為了避免不必要地使問題複雜化，同時也因為我們並不是在所有的情況下都有必要的資料來準確地計算年齡的作用。

【17】本表時間與表二十七相同。

【18】我們不得不根據已登記的離婚數將這些省分類，因為找不到每年的離婚數。

【19】勒瓦瑟：《法國的人口》，第二卷，第九二頁。參見貝蒂榮：《國際人口年鑑》，一八八〇年，第四六〇頁。在薩克森，丈夫提出要求和妻子提出要求，幾乎同樣多。

【20】貝蒂榮：《國際人口年鑑》，一八八二年，第二七五頁以下。

【21】見《羅拉》以及《納穆納》中唐璜的形象。

【22】見歌德著作中浮士德的獨白。

【23】但是有人會說，在離婚並不使結婚減少的地方，嚴格的一夫一妻制義務難道不可能引起厭倦？是的，如果人們不再理會這種義務的道義性，這種結果是必然會產生的。事實上，重要的不僅在於規章制度的存在，而且在於這種規章制度被良心所接受。否則，如果規章制度不再具有道義上的權威，而只是由於慣性的力量而保持下來，那就再也不能起有益的作用，就會使人感到不便而無多大幫助。

【24】有人也許要問，既然在已婚男子的免疫力較弱的地方已婚婦女的免疫力較強，那麼為什麼男子的免疫力得不到抵銷呢？這是因為在自殺的總人數中已婚婦女所占的比例很小，所以女性自殺人數的減少總體說來並不明顯，不能抵銷男性自殺人數的增加。因此離婚歸根究柢伴隨著自殺總人數的增加。

【25】勒古瓦的著作，第一七一頁。

【26】見本書第二二二頁。

【27】甚至很可能在年齡較大時，亦即到三十歲以後，婚姻本身才開始起預防自殺的作用。事實上，從絕對數來看，無子女已婚男子每年自殺的人數和有子女已婚男子的自殺人數差不多，亦即從二十歲到二十五歲，兩類已婚男子的自殺率都是六點六，從二十五歲到三十歲，前者的自殺率為三十三，後者為三十四。然而，顯而易見的是，在這個年齡階段，多子女的家庭要比無子女的家庭多得多。因此，後者的自殺傾向必然比有子女已婚男子的自殺傾向大好幾倍，其強度十分接近單身者的自殺傾向。遺憾的是，我們在這一點上只能做出某些假設，因為人口調查中沒有每個年齡段無子女已婚男子的人口數，以區別於有子女的已婚男子，所以我們不能分別計算兩者的自殺率。我們只能提供從司法部得到的

一八八九—一八九一年期間的絕對數。我們把這些數字重新製成一張特殊的表附在本書的最後。人口統計中的這個空白是非常令人遺憾的。

【28】見本書第二一五頁和第二三二頁。

【29】從上面的論述可以看出，還有一種和異常的自殺截然不同的自殺，就像利己主義式自殺和利他主義式自殺截然不同一樣。這種自殺產生於過分的限制；這種自殺者的前途被無情地斷送，他們的情欲受到壓制性戒律的粗暴抑制。這就是過於年輕的丈夫和沒有孩子的妻子的自殺的原因。為了全面起見，我們應該說這是第四種自殺。但是，這種自殺今天並不重要，而且除了我們提到過的那些情況外，很難找到例子，所以看來沒有必要多費筆墨。不過，這種自殺可能有某種歷史意義。奴隸的自殺不就是這種自殺嗎？有人說，在某些條件下，奴隸經常自殺（見科爾：《克雷奧爾地方的罪行》第四八頁）。總之，所有可以歸因於肉體上或精神上的虐待的自殺都是這類自殺。為了突出人們對之無能為力的規則的不可抗拒性和不可改變性，為了區別於我們使用過的脫序這種表達法，可以把這種自殺稱之為**宿命式的自殺**。

第六章　不同類型自殺的各種形式

到現在為止，我們的探討得出了一個結論：自殺不是只有一種類型，而是有幾種類型。當然，自殺總是一個人寧可死而不願活的行為。但是，引起這種行為的原因的性質並不總是相同的，有時甚至是相反的。然而原因的不同不可能不表現在結果中。因此可以肯定，有幾種性質截然不同的自殺。但是僅僅證明這些區別必然存在是不夠的；我們希望能夠直接透過觀察來瞭解這些區別，並且知道這些區別包括什麼內容。我們希望看到各種自殺的特點歸入不同的類別，與前面所區別的類型相一致。這樣，我們便可以追溯各種自殺的潮流，從它們的根源到它們的各種表現形式。

這種形態學的分類在剛開始這項研究時幾乎是不可能做到的事，現在則可以試一試了，因為有病因學的分類作為基礎。事實上，我們只有把我們確定的引起自殺的三種因素作為基準點，探討自殺所具有並表現在個人身上的特徵是否產生於這些因素以及是以何種方式產生的。當然，我們不可能這樣來推斷自殺可能表現出來的所有特點，因為有些特點必然取決於個人固有的性格。每一個自殺者都給他的行為打上個人的印記，這種個人印記表示他的性格和他所處的特定環境，因此不能用這種現象的一般社會原因來解釋。但是這些社會原因也必然給它們所引起的自殺打上一種特殊的印記，一種表示這些原因的特殊標誌。我們所要找的正是這種共同的標誌。

此外，這種尋找當然只能大體上準確。我們不能系統地描述每天發生的或歷史上發生的所有自殺。我們只能選擇最一般和最明顯的特點，我們甚至沒有進行這種選擇的客觀標準。而且，為了把這些自殺和似乎引起這些自殺的各種原因關聯起來，我們甚至只能推斷。我們所能做到的一切就是證明這些自殺和這些原因在邏輯上有關，但這種推理永遠不可能得到實驗的證實。我們並不諱言，推斷總是靠不住的——如果沒有任何實驗來檢驗的話。然而，即使有這些保留，這種研究也決不是沒有用處的。即使只把推斷看成是一種透過某些例子來說明上述結論的方法，推斷也有助於使這些結論具有比較具體的特點，並把這些結論與不可忽視的觀察資料及日常經驗的細節聯繫起來。此外，推斷還使我們能夠初步識別這一堆通常被混為一談、似乎只是程度不同而實際上有著明顯區別的事實。自殺就好比精神錯亂。對於一般人來說，精神錯亂是一種永遠相同的獨特狀態，只不過根據情況可能在外表上有些變化。相反的，對於精神病醫生來說，精神錯亂這個詞卻代表許多種疾病分類學的類型。同樣的，人們通常把任何自殺者都想像成憂鬱症患者，生命對他來說是一種負擔。實際上，一個人放棄生命的行為可以分成不同的種類，其道德意義和社會意義也不盡相同。

一

有一種基本的自殺形式肯定古已有之，但是今天格外多：拉馬丁筆下的拉斐爾給我們提供了理想的典型。這種自殺的特點是某種長期的憂鬱狀態觸發了行動。事業、公職、有益的勞動甚至家務只能引起自殺者的冷漠與厭惡。他不願意擺脫個人的圈子。相反的，思考和內心生活成了他的全部活動。由於避開了周圍的一切，所以他只意識到他自身，把自身當作他固有的和唯一的思考對象，把自我觀察和自我分析當作他的主要任務。但是這種專注擴大了他和外界之間的鴻溝。一個人一旦自愛到這種程度，他就只能進一步脫離不屬於他的一切，並且進一步把他的孤獨視為神聖不可侵犯。只關心自己就找不到理由去關心自身以外的一切。從某種意義上來說，任何活動都是利他主義的，因為它是離心的，並且擴散到自身以外。相反的，思考是某種個人的、利己主義的東西，因為一個人只有在脫離客觀世界重新回到主觀世界時才能思考，而且越是完全回到主觀世界，思想就越是集中。同社會混在一起是不能進行思考的，要思考就必須停止和社會混在一起，以便能從外部來觀察社會，自我反省就更需如此。因此，全部活動都轉向內心思考的人對他周圍的一切變得無動於衷。他之所以戀愛，並不是為了獻身給另一個人，也不是為了和另一個人一起生兒育女，而是為了對他的愛進行思考。他的情欲只是表面上的，因為這種情欲不會開花結果。他的情欲消失在形象的徒勞結合中，不會產生出自身以外的任何結果。

但是從另一方面來看，任何內心生活都從外部汲取它的養分。我們只能思考某些客觀事物或我們思考這些事物的方式。我們不能在一種完全不確定的狀態下思考我們的意識——在這種形式下，意識是不可思考的。意識只有在受到自身以外的事物影響時才能確定。因此，如果意識在一定範圍之外個性化，如果它過於徹底地脫離人或事物等其他存在，它就不再與它在正常情況下獲得養分的來源有關聯，也就不再有用武之地了。由於在它的周圍形成空白，所以它也使自己成為空白，除了它自身的不幸，再也沒有什麼可思考的了。除了自身的空虛和由此而引起的悲哀，它再也沒有思考的對象。它以一種病態的喜悅滿足於這種空虛，沉湎於這種空虛之中。拉馬丁瞭解這種空虛，並透過他筆下人物之口出色地描述了這種空虛：「我周圍一切事物的萎靡不振和我自身的萎靡不振非常符合。一切事物的萎靡不振誘使我更加萎靡不振。我陷入了憂傷的深淵。但這種憂傷是活生生的，充滿了思想、印象、與無限的交往和我靈魂深處的半明半暗，使我不希望從中擺脫出來。這是人的病態，但對這種病態的感覺是一種誘惑，而不是一種痛苦。在這種病態中，死亡就像令人愉快地消失在無限之中。我決心從此完全投身於其中，決心擺脫任何能把我從中脫身出來的社會，決心在我遇到的芸芸眾生中用沈默、孤獨和冷漠把自己包裹起來；我在精神上的孤獨是一層遮蓋物，通過這層遮蓋物，我不再願意看到人類，而只願意看到自然和上帝。」[1]

但是人們不能這樣停留在空虛面前沉思而不被逐漸吸引。人們徒然給空虛加上「無限」這個美名，它不會因此而改變性質。當一個人感到不存在是多麼快樂時，他就只有完全放棄存在才能完全滿足他的愛好。這正是哈特曼認為觀察到的意識的發展與生存意志的衰退成正比的真實情況。因為思想和運動實際上是兩種對立的力量，這兩種力量向彼此相反的方向發展，運動就是生命。有人說，思考就是放棄行動，也就是放棄生命。因此思想的絕對優勢是不能建立的，尤其不能保持下去，因為思想的絕對優勢就是死亡。但這並不是說，像哈特曼所認為的那樣，現實本身是難以令人容忍的，除非蒙上一層幻想的薄紗。憂傷不是事物所固有的，它不是來自社會，我們也不是只透過憂傷來思考社會。憂傷是我們自己思想的產物。憂傷完全是我們自己造成的；但是要憂傷，我們的思想就必須不正常。即使意識有時使人不幸，也只是在意識達到某種病態發展的時候，這時的意識違背自己的本性，自以為是某種絕對的存在，需要有自己的目的。這不是什麼最新的發現，也不是科學的最終成果，我們完全可以從斯多葛派的精神狀態中看到我們的描述的主要成分。斯多葛主義也教導人們擺脫一切身外之物，獨自生活。不過，由於這時生命已沒有存在的理由，所以這種學說的結論是自殺。

這些特點同樣再現於作為這種精神狀態邏輯結果的最終行動中。這種解脫既不用絲毫暴力，也不匆忙。自殺者選擇他的時間，事先長期地醞釀他的計畫。一種平靜的、有時並非不愉快的憂鬱標誌著他的最後時刻。他自我分析直到最後。這就是法爾雷所談到的那位商人的情況，[2]他隱居在一座人跡罕至的森林裡讓自己餓死。在持續將近三個星期的臨終過程中，他堅持每天記下他的印象，這本日記保存了下來。另一位用嘴去吹必然使他致死的木炭使自己窒息，並隨時記下他的想法，他寫道：「我並不打算讓人看到更多的勇氣或更多的怯懦；我只是想利用剩下不多的時間描述一下一個人在窒息時的感受和這種痛苦持續的時間。」[3]還有一位在讓自己進入他所說的「前景令人陶醉的安息」之前，製造了一種複雜的儀器，用來結束自己的生命而不使鮮血流到地板上。[4]

我們很容易看出這些不同的特點如何與利己主義式自殺關聯在一起。毫無疑問的，這些特點是利己主義式自殺的結果和個人的表現形式。這種行動的遲緩，這種憂鬱的淡漠，產生於這種誇大了的個性，我們就是根據這種個性給這種自殺下的定義。個人之所以孤獨，是因為把他和其他人聯繫在一起的紐帶鬆掉或切斷了，是因為他和社會的接觸點不是非常融合。這種使各種意識分開和彼此疏遠的空虛正是產生於社會組織的鬆弛。最後，如果記得利己主義式自殺必然伴隨著科學和反思能力的巨大發展，解釋這種自殺的智力和思考特點就不難了。事實上，在意識通常必須擴大其行動範圍的社會裡，意識顯然也比較容易越出它不毀滅自身就不能越出的正常範圍。一種懷疑一切的思想如果不是相當堅定地承擔其無知的重擔，就有可能懷疑自己並陷入懷疑的深淵。因為，如果思想不能發現它所考慮的事物存在的權利——如果它找到能如此迅速地看出這麼多奧祕的方法，這倒是一個奇蹟——那麼它就會否定這些事物的一切現實性，甚至僅僅提出問題這個事實也已經意味著它傾向於做出消極的解答。但是它同時也變得沒有任何積極的內容，而且由於再也看不到有任何東西阻擋它，它也就只能消失在內心夢幻的空虛中。

但是，這種高雅的形式並不是利己主義式自殺的唯一形式，還有一種比較庸俗的形式。自殺者不是憂鬱地考慮他的處境，而是愉快地做出自殺的決定。他意識到自己的利己主義和由此而產生的合乎邏輯的結局，但是他事先就接受這種結局，並且試圖像小孩或動物那樣生活，唯一的區別是他知道自己的所作所為。因此他把滿足個人的欲望當作唯一的任務，甚至把欲望簡單化，以便更有把握地得到滿足。由於知道不能有別的希望，所以他也不提出更多的要求——如果達不到這個唯一的目的，他今後就沒有理由活下去，所以隨時準備了結這一生。這是伊比鳩魯式的自殺。伊比鳩魯並不要求他的弟子提前去死，相反的，他勸他們活下去，只要他們覺得活下去還有點意思。不過，他清楚地意識到，一個人如果沒有其他目的，就隨時可能不再有任何目的，而感性的歡樂是把人和生命聯繫在一起的一條十分脆弱的紐帶，所以他勸他們隨時準備擺脫它，只要環境稍有這種要求。在這裡，達觀的、愛幻想的憂鬱被多疑的、不抱幻想的冷靜所取代，這一點在最後時刻特別明顯。自殺者在自殺時沒有怨恨，沒有憤怒，但也沒有知識份子自殺時所品嘗到的那種病態的滿足。他比知識份子更缺少激情。他對他所達到的結局並不感到意外，這是他預料遲早會發生的事件。他也不需要做長期的準備——按照他以前的生活，他只需要設法減少痛苦。那些生活放蕩的人尤其是這樣，當他們再也不能繼續尋歡作樂的時刻不可避免地到來時，他們便以一種嘲弄人的平靜直截了當地結束自己的生命。[5]

我們在探討利他主義式自殺時，為了不需要詳細描述這種自殺的心理特徵，已經反覆舉出一些例子。利他主義式自殺的心理特徵和利己主義式自殺的心理特徵相反，就像利他主義本身和利己主義相反一樣。利己主義式自殺的心理特徵是一般的消沉，表現為傷感的憂鬱或伊比鳩魯式的冷漠。相反的，利他主義式自殺的根源是一種強烈的感情，所以不能不表現出某種力量。在義務性自殺的情況下，這種力量是為理智和意志服務的。利他主義者自殺是因為他的意識要他這樣做，他服從某種迫切的需要。因此，他的行動把責任感所產生的這種泰然自若的堅定作為主調；加圖*和博勒佩爾船長之死是這種自殺在歷史上的典型。此外，當利他主義處於強烈的狀態時，自殺就更是從激情出發而不假思索的行動，促使人去死的是一種信仰和熱情的衝動。這種熱情本身有時是快樂的，有時則是可悲的，這要取決於把死看作與心愛的崇拜對象相結合的手段，還是看作為了平息某種可怕的、敵對的力量而做出的贖罪的犧牲。把投身於其偶像的車下被壓死當作有福氣的盲信者的宗教熱忱，不同於厭世的和尚的宗教熱忱，也不同於為了贖罪而自盡的罪犯的悔恨。但是，儘管有這些細微的差別，這種現象的基本特點還是相同的。這是一種主動的自殺，因此和上面討論過的那種消沉的自殺形成對照。

原始人或士兵比較簡單的自殺甚至也有這種特點，他們自殺或者是因為某種輕微的冒犯損害了他們的榮譽，或者是為了證明他們的勇氣。不應該把他們輕易的自殺與伊比鳩魯派不抱幻想的冷漠混為一談。犧牲自己的生命可以說是一種主動的傾向，這種傾向根深柢固，輕易而且自發地變成行動。勒魯瓦所報告的一個實例可以被看作這種自殺的模式。這個例子涉及到一位軍官，他在第一次試圖自縊失敗後又準備重新開始，但事先想到記下他的印象，他寫道：「我的命運真奇怪！我剛才上吊了，我已經失去了知覺，可是繩子斷了，我左臂著地摔了下來。……我又重新做好了準備，馬上就要重新開始，但是我還要抽最後一袋煙，我希望這是最後一袋煙。第一次我沒有遇到什麼困難，一切順利，我希望第二次也同樣順利。我就像早晨起來喝一杯水那樣平靜。我承認這相當奇怪，但事實就是如此。一切都是真的。我就要第二次心安理得地去死了。」【6】在這種平靜下，既沒有嘲弄，也沒有懷疑，更沒有生活放蕩的自殺者不能成功地完全掩飾的那種不由自主的畏縮。這種平靜是無懈可擊的，沒有任何做作的痕跡，這種行動是自然而然產生的，因為自殺者的所有主動傾向都為他鋪平了道路。

最後還有第三種自殺者，這種自殺者與第一種自殺者不同是因為他們的行動基本上是出於激情，與第二種自殺者不同是因為鼓舞他們和對這最後一幕起決定作用的完全是另一種性質的激情。這不是熱情，不是宗教、道德或政治信仰，也不是軍人的某種美德，而是憤怒，是通常伴隨著失望而來的一切情緒。布里埃爾．德布瓦蒙分析了一千五百零七名自殺者留下的遺書，發現大多數自殺者首先表露出一種激怒和厭倦的心情。有時是一些褻瀆神明的話，通常是強烈地詛咒生命，有時是威脅和埋怨某一個特定的人，自殺者把他的不幸歸咎於這個人。那些先殺人後自殺的人顯然也屬於這一類：他們在殺掉被他們指責為毒害了他們的生命的人之後自殺。沒有比自殺者的憤怒更明顯的了，因為這種憤怒不僅用語言而且用行動表現出來。利己主義的自殺者決不會表現得如此強烈。當然，他也可能抱怨生活，但是以一種悲痛的方式來抱怨。生活使他感到抑鬱，但是並不用嚴重的傷害來激怒他。他發現生活空虛而不是痛苦。生活使他不感興趣，而不是使他受到實在的痛苦。他的抑鬱狀態不允許他激動。至於利他主義的自殺者，他們的感覺就完全不同了。從定義上來看，可以說利他主義者是犧牲自己而不是犧牲和他同類的

* 古羅馬政治家。——譯者註

人。因此我們所看到的是一種與前兩種截然不同的心理狀態。

然而，這種心理狀態完全包含在異常自殺的性質中。事實上，某些不受限制的情緒既不能互相適應，又不能適應它們應該對之做出反應的環境，因此它們痛苦地彼此發生衝突。異常狀態不管是進步的還是倒退的，在使欲望超過適當限度的同時都為幻想打開大門，然後為失望打開大門。一個人突然被降低到他所習慣的地位之下，他就不能不為離開他自以為可以自己作主的位置而感到憤怒，而且他的憤怒必然會轉而針對產生這種情況的原因，不管這種原因是真實的還是想像的，他都把他的沒落歸咎於它。如果他承認自己要對這種災難負責，他就會要自己的命，否則就要別人的命。在前一種情況下就只有自殺；在後一種情況下，在自殺之前可能先殺人或採取別的什麼暴力的行為。但是在這兩種情況下，感情是相同的，只是表現這種感情的方式不同。一個人在發怒的時候總是攻擊自己，不管他是不是先攻擊過他的某一個同伴。習慣完全被打亂使他過分激動，而這種過分激動必然傾向於透過某些毀滅性的行動來緩解。發洩由此而引起的激情的對象是次要的。決定激情發洩方向的是環境的偶然性。

每當一個人的地位非但沒有下降，反而不斷上升時，情況也是如此。有時一個人沒有他自以為能夠達到而實際上是他力所不能及的目標，他的自殺就是未被理解者的自殺，這種自殺在不再有公認的等級時很常見。有時一個人在一段時間裡成功地滿足了自己的欲望和對變化的愛好，後來突然遇到了他不能克服的障礙，他便迫不急待地擺脫他覺得今後再也無法忍受的生活。少年維特就是這種情況，他自稱有一顆不平靜的心，充滿無限的愛，最後因為失戀而自殺；某些藝術家也是如此，他們在取得了極大的成功以後，因為聽到一些閒言閒語、稍微嚴厲一點的批評或者不再受到歡迎而自殺。【7】

還有另外一些人，他們對別人和環境沒有什麼抱怨，但是對可能不會有結果的追求終於感到厭倦，或者欲望更加強烈而不是平息下來。於是他們籠統地責怪生活，指責生活欺騙了他們。不過，他們這種徒然的激動留下了某種形式的疲憊，使得落空的激情不能像從前那樣強烈地表現出來。久而久之，激情好像疲乏了，從而變得更加不能有力地做出反應。因此，自殺者陷入了某種形式的憂鬱，這種憂鬱在某些方面使人想起精神上的利己主義者的憂鬱，但沒有那種傷感的魅力，主要是生活引起的某種程度的厭倦。塞內克早已在他的同時代人中觀察到這種心情和由此而引起的自殺。他寫道：「折磨我們的痛苦不在我們所處的環境中，而在我們的心中。我們沒有力量承受一切，不能忍受痛苦，不能享受歡樂，對一切都感到不耐煩。有多少人在嘗試過各種變化以後，發現自己又恢復了同樣的感情，絲毫不能體驗到新的感情而尋死。」[8]在當代，夏多布里昂筆下的勒內也許是最能體現這種精神狀態的典型之一。拉斐爾是一位陷入自己內心的沉思者，而勒內則是欲望沒有得到滿足。他痛苦地大聲喊道：「人們指責我沒有專一的愛好，不能長期具有同樣的幻想，是某種想像的犧牲品，這種想像很快就達到我的歡樂的頂點，好像被歡樂的時限所壓倒；人們指責我總是超越我所能達到的目標。唉！我只是尋找本能驅使我去尋找的一種未知的幸福。**如果我到處碰壁，如果過去的一切對我毫無價值，這難道是我的過錯嗎？**」[9]

這段描述證明了我們的分析已經使我們看到利己主義式自殺和異常自殺之間的關係和區別。[10]這兩種類型的自殺者都患了人們所說的無限症。但是這種病在兩種情況下的表現形式不同。在前一種情況下是思考的智力受到了損傷和過度發展；在後一種情況下是感情過分激動和失去節制。前者是由於思想內向而不再有目標；後者是由於激情不再受限制而不再有目標。前者陷入了無限的夢想；後者陷入了無限的欲望。

由此可見，甚至自殺者的心理狀態也不像人們通常所認為的那樣簡單。當人們談到他對生活感到厭倦和厭惡時，並沒有給這種狀態下定義。事實上，有幾類很不相同的自殺者，而這些不同之處明顯地表現在完成自殺的方式上。因此，我們可以把行為和原因分成若干類別，這些類別的基本特徵與我們在前面根據其社會原因的性質所確定的自殺類型是一致的，好像是這些社會原因在個人內心的延伸。

不過還應該補充一點，這些類型在實際生活中並不總是以孤立和純粹的狀態表現出來，而是往往互相結合，從而產生一些複合的類型，屬於幾種類型的特點同時出現在同一起自殺中。這是因為自殺的不同社會原因可以同時作用於一個人，它們的影響在他身上混合起來。因此，某些病人被某些不同性質的狂熱所折磨，這些狂熱互相交織在一起，儘管起源不同，但都彙集在同一個方向上，所以趨向於引起同一種行為。這些狂熱互相強化。同樣的，我們也看到過幾種完全不同的熱病同時存在於一個人身上，每一種熱病都以自己的方式使病人的體溫升高。

尤其是利己主義和異常這兩種自殺因素有著特殊的關係。我們知道，實際上這兩種因素一般說來只是同一種社會狀態的兩個不同的方面，因此它們在同一個人身上相遇並不奇怪。利己主義者有某種失常的傾向幾乎是不可避免的，因為當他脫離了社會，社會就沒有辦法來制約他。然而，他的欲望之所以不像往常那樣越來越強烈，就是因為他身上的激情逐漸消失，因為他完全轉向自己，外部世界不再吸引他。但是他可能既不變成一個完全的利己主義者，也不變成一個純粹的煩躁症患者。於是人們看到他扮演兩種角色。為了填補內心的空虛，他力圖獲得新的感覺，實際上他不像嚴格意義上的狂熱者那樣投入那麼多熱情，而且很快就厭倦了，這種厭倦使他重新回到自我，並且強化他最初的憂鬱。反之，失常不會沒有利己主義的苗頭，因為如果他非常社會化，他就不會抗拒任何社會約束。不過，在脫序行為佔優勢的時候，利己主義的苗頭不可能得到發展，因為脫序行為使人性格外向，阻止他離群索居。但是，如果脫序不那麼強烈，就可能使利己主義產生某些影響。例如，欲望得不到滿足可能使人內向，到內心生活中去發洩受到挫折的激情。但是當他在內心生活中找不到任何寄託時，由此而引起的憂傷只能使他重新自我逃避，增加他的焦慮和不滿。於是便產生沮喪與激動、夢幻與行動、強烈的欲望與沉思的憂鬱相交替的混合型自殺。

社會脫序也可能與利他主義相結合。一次危機可以打亂一個人的生活，破壞他與環境之間的平衡，同時使他的利他主義傾向處於一種促使他自殺的狀態。這尤其是我們稱之為被圍困自殺的情況。例如，猶太人之所以在耶路撒冷被佔領時大批自殺，既因為羅馬人的勝利使他們成為羅馬的臣民和附庸，使他們受到改變生活習慣的威脅，也因為他們過於熱愛他們的城市和宗教信仰，所以不能在二者都有可能被毀滅的時候繼續活下去。同樣的，一個破了產的人自殺，既因為他不願過苦日子，也是為了使他的名聲和他的家庭免受失敗的恥辱。軍官和士官之所以在他們不得不退役時輕易自殺，也是因為他們的生活方式將突然改變，同時因為他們普遍具有視死如歸的稟性。這兩種原因在同一個方向上起作用導致自殺。由此而引起的自殺把利他主義式自殺的興奮激情或堅定勇氣與脫序引起的失控憤怒結合在一起。

最後，利己主義和利他主義這兩個對立面本身也可以統一行動。在某些時代，四分五裂的社會再也不能作為個人活動的目標，於是個人或群體便會在普遍存在的利己主義的影響下嚮往其他目標。但是，由於清楚地意識到，不斷地從某些利己主義的歡樂轉向另一些利己主義的歡樂並不是自我逃避的上策，短暫的歡樂即使不斷更新也決不可能平息他們的焦慮，所以他們要尋找一個可以堅定不移地追求和賦予生活以意義的目標。不過，由於沒有可以一心一意追求的真正目標，所以他們只能滿足於拼湊某種能夠起這種作用的理想的現實。因此，他們透過思考創造出一種幻象，他們就成為這種幻象的奴僕——他們越是固執地貶低其他人，甚至貶低自己，他們就越是獻身於這種幻象。他們把自身存在的一切理由都賦予這種幻象，因為在他們看來其餘的一切都毫無價值。於是他們過著雙重的、矛盾的生活：對現實世界來說，他們是個人主義者；對這種理想的目標來說，他們又是極端的利他主義者。然而這兩種傾向都導致自殺。

這就是斯多葛式自殺的根源和性質。我們在上文說明了這種自殺如何再現利己主義自殺的某些基本特徵，但是可以從另一方面來考慮這種自殺。儘管斯多葛派主張對個性以外的一切採取絕對冷漠的態度，儘管他們勸告個人自我滿足，但是他們同時使個人處於嚴格依賴普遍理性的狀態，甚至使個人成為實現這種理性的工具。因此，他們把最徹底的心理個人主義和極端的泛神論這兩種對立的觀念結合在一起。因此，他們的自殺既像利己主義者的自殺那樣缺乏感情色彩，又像利他主義者的自殺那樣被當作義務來完成。[11]人們在這種自殺中看到前者的憂鬱和後者的活力；利己主義和神祕主義在這種自殺中交織在一起。這種混雜還使衰落時代的神祕主義區別於正在形成的年輕民族的神祕主義；儘管表面上看來相同，但兩者的區別是很大的。後者產生於把個人的意志引向同一個方向的集體衝動，以及使公民忘我地為共同事業通力合作的自我犧牲精神；前者是一種只意識到自己和自己微不足道的利己主義，這種利己主義力求超越自身，但只能在表面上人為地做到這一點。

二

人們可能先驗地認為，在自殺的性質和自殺者所選擇的死亡方式之間有著某種聯繫。實際上，自殺者用來實現他的決心的方法取決於促使他這樣做的感情，因而也是表達這些感情，這看來是很自然的。人們因此可能試圖利用統計數字給我們提供這方面的資料，根據自殺的形式比較精確地說明不同種類自殺的特點。但是我們在這方面所做的研究只得出否定的結論。

然而，決定這些選擇的肯定是社會原因，因為在同一個社會裡，不同自殺方式的相對頻率在很長一段時間內沒有什麼變化，而在不同的社會裡，這種頻率的變化很明顯，正像表三十所表明的那樣：

由此可見，每個民族都有自己喜愛的死亡方式，而且這種喜愛的順序也很難改變，甚至比自殺的總數還要穩定；有時暫時改變後者的事件卻並不影響前者。此外，社會原因如此佔優勢，以致於自然因素似乎可以忽略不計。因此，與所有的推測相反，每個季節投河自殺的人數並不按照某種特殊的規律變化。下面是法國在一八七二－一八七八年期間每月投河自殺人數和一般自殺人數的比較：（見下頁下方表格）

在氣候宜人的季節裡，投河自殺的人數並沒有增加多少，差別微不足道。然而，夏季似乎應該更有利於這種自殺。確實有人說，投河自殺在北方比在南方少，而且把這個事實歸因於氣候。[12]但是，在哥

表三十　每千名自殺者中不同死亡方式的分配（男女合計）

國家和年代	自縊	投河	槍擊	跳樓	服毒	窒息
法　國 1872	426	269	103	28	20	69
法　國 1873	430	298	106	30	21	67
法　國 1874	440	269	122	28	23	72
法　國 1875	446	294	107	31	19	63
普魯士 1872	610	197	102	6.9	25	3
普魯士 1873	597	217	95	8.4	25	4.6
普魯士 1874	610	162	126	9.1	28	6.5
普魯士 1875	615	170	105	9.5	35	7.7
英　國 1872	374	221	38	30	91	—
英　國 1873	366	218	44	20	97	—
英　國 1874	374	176	58	20	94	—
英　國 1875	362	208	45	—	97	—
義大利 1874	174	305	236	106	60	13.7
義大利 1875	173	273	251	104	62	31.4
義大利 1876	125	246	285	113	69	29
義大利 1877	176	299	238	111	55	22

每年每千名自殺者中每月所占的比例

	一月	二月	三月	四月	五月	六月	七月	八月	九月	十月	十一月	十二月
各類自殺	75.8	66.5	84.8	97.3	103.1	109.9	103.5	86.3	74.3	74.1	65.2	39.2
投河	73.5	67.0	81.9	94.4	106.4	117.3	107.7	91.2	71.0	74.3	61.0	54.2

本哈根，一八四五—一八五六年期間這種方式的自殺並不比義大利少多少（千分之兩百八十一比千分之三百）。在聖彼德堡，一八七三—一八七四年期間這種方式的自殺也不少。因此，氣溫並不妨礙這種自殺。

不過，引起一般自殺的社會原因不同於決定自殺方式的原因，因為我們不能確定我們已經區別的自殺類型與最流行的自殺方式之間有任何關係。義大利是一個虔誠的天主教國家，到現在為止，科學文化還不太發達。因此，利他主義的自殺者很可能比法國和德國多，因為這種自殺有點和智力的發展成反比；我們在下文可以找到許多理由來證實這種假設。因此，由於用火器自殺在義大利要比在中歐各國多得多，所以我們可以認為這種自殺與利他主義不是毫無關係。為了證明這種假設，我們甚至可以指出，這也是士兵們所喜愛的自殺方式。遺憾的是，在法國，最常用這種方式自殺的卻是作家、藝術家和文職官員等最有知識的階級。[13]同樣的，自縊似乎是憂鬱性自殺合乎情理的表現方式。事實上，最常使用這種方式的是農村，而憂鬱卻是城市特有的一種精神狀態。

因此，促使一個人去自殺的原因並不是決定他用這種方式自殺而不用另一種方式的原因。確定其選擇的動機完全屬於另一種性質。首先是習慣和準備工作使他能夠拿到這一種而不是另一種死亡工具。由於順其自然，只要沒有相反的因素干擾，他總是傾向於使用就在手邊和日常用慣的毀滅性手段。例如在城市裡，跳樓自殺就比農村多，因為城市裡的房屋比較高。同樣的，隨著鐵路的鋪設，臥軌自殺的習慣也逐漸普遍起來。因此，說明各種不同自殺方式在全部自殺中所占比例的統計表也在某種程度上說明工業技術、最普遍的建築和科學知識等狀況。隨著電力的普遍使用，借助電流的自殺也必然會更多。

但是，最有影響的原因也許是每個民族和每個民族內部的每個社會群體對不同死亡方式的尊重程度。事實上，不同的死亡方式受到不同的對待。有的被認為比較高尚，另一些則被認為庸俗和可恥而遭到厭惡，輿論對自殺方式的分類因社區不同而有所變化。在軍隊裡，斬首被認為是一種有損名譽的死亡，在其他地方則是絞死。因此，自縊在農村比在城市流行得多，在小城市比在大城市流行得多。因為自縊多少有點粗暴，有損於城市風俗的文雅和有教養階級對人身的尊重。這種厭惡也許是因為這種死亡的方式在歷史上就被認為是不體面的，有教養的城裡人強烈地感覺到這一點，而頭腦比較簡單的鄉下人卻沒有這種感覺。

因此，自殺者所選擇的死亡是一種與自殺的性質完全不同的現象。儘管這同一個行動的兩種要素看上去關係非常密切，實際上卻是彼此獨立的。至少兩者之間只有外在的並列關係。因為儘管兩者都取決於社會原因，但它們所表現的社會狀態卻很不相同。前者根本不能說明後者，後者屬於完全不同的研究範疇。因此，儘管在論述自殺時習慣上要相當詳細地論述自殺者所選擇的死亡方式，但我們不再多談了。因為這不會給我們在前面所進行的研究和上表所歸納的結果增添什麼東西。

這些就是自殺的一般特點，也就是直接由社會原因產生的特點。這些特點在特定的情況下個性化時，根據自殺者的個性和他所處的特定環境而有各種複雜的變化。但是，在由此而產生的各種組合中，我們總是能夠重新發現這些基本的形式。

自殺的社會類型的病因學和形態學分類

特有的形式			
基本特點			續發性變化
基本類型	利己主義式自殺	冷　漠	消極的憂鬱和對憂鬱的自我欣賞。 多疑和不抱幻想的冷靜。
	利他主義式自殺	強烈的激情或 堅強的意志	具有冷靜的責任感。 具有神祕的熱情。 具有平靜的勇氣。
	脫序性自殺	惱　怒 厭　惡	強烈地指責一般的生活。 強烈地指責某一個人(殺人—自殺)。
混合類型	脫序—利己主義式自殺	激動與冷漠的混合。行動與夢幻的混合。	
	脫序—利他主義式自殺	過分的激動。	
	利己—利他主義式自殺	被某種堅強的精神所緩解的憂鬱。	

◆註釋◆

【1】《拉斐爾》，小斧出版社出版，第六頁。
【2】《憂鬱與自殺》，第三一六頁。
【3】布里埃爾．德布瓦蒙：《論自殺》，第一九八頁。
【4】同上書，第一九四頁。
【5】可以在布里埃爾．德布瓦蒙的著作第四九四頁和第五〇六頁中找到例子。
【6】勒魯瓦的著作，第二四一頁。
【7】實例見布里埃爾．德布瓦蒙的著作第一八七—一八九頁。
【8】《心情的平靜》，第二章末。參見《第二十四封信》。
【9】《勒內》，巴黎，維亞拉出版社，一八四九年，第一一二頁。
【10】見本書第三一六頁。
【11】塞內克讚揚加圖的自殺是人類的意志戰勝物質。
【12】莫塞利的著作，第四四五—四四六頁。
【13】見利爾的著作，第九四頁。

第三編　作為一般社會現象的自殺

第一章　自殺的社會因素

既然我們知道社會自殺率根據各種因素而變化，那麼我們就可以說明自殺率與之相適應和用數字來表示的現實的性質了。

一

人們可以先驗地假設，自殺所取決的個人條件有兩種。

首先是自殺者所處的外部環境。自殺的人有時是遭到家庭的不幸或自尊心受到傷害，有時是遭到貧困或疾病的折磨，有時是不得不因某種道德上的失誤而自責等等。但是我們已經看到，這些個人的特殊情況不能解釋社會自殺率，因為社會自殺率的變化相當大，而幾種情況的不同組合在作為個人自殺的直接原因時卻幾乎沒有什麼變化。因此，這些組合不是隨之而來的行動的決定性原因。這些組合有時在深思熟慮時起著重要的作用，但這種作用並不證明它們的有效性。事實上，人們都知道，人類的反思意識所達到的深思熟慮只不過是純粹的形式，而且除了證實出於意識所不知道的原因已經做出的某種決定外沒有其他目的。

此外，因為經常伴隨著自殺而被認為是引起自殺的情況幾乎數不勝數。有的人在富裕中自殺，有的人在貧困中自殺，有的人是由於家庭的不幸，有的人則剛剛透過離婚擺脫了使他不幸的婚姻。在這裡，一名士兵在無辜受到處罰後自盡；在那裡，一名罪犯自盡而他的罪行並沒有得到懲罰。生活中最不相同甚至最矛盾的事件同樣可以成為自殺的藉口。因此，任何事件都不是自殺的特定原因。我們能不能至少把這種因果關係歸因於各種自殺的共同特點呢？但這些共同的特點是什麼呢？我們至多只能說這些特點通常包括氣惱和憂傷，但不能確定痛苦達到什麼強度才會有這種悲慘的後果。我們看到有些人經得住極大的不幸，而另一些人則在遇到一點小麻煩就自殺。此外，我們已經證明，那些受苦最多的人中自殺的並不是最多，倒是過分的享受使人跟自己過不去。在生活不太艱苦的時代或階層中，人們最容易自尋短見。即使自殺者的個人情況確實是使他作出決定的實際原因，但這種情況確實十分少見，因此我們不能用這一點來解釋社會的自殺率。

因此，甚至那些認為個人影響最大的人也不去研究這種外部事件，而是去研究自殺者的內在氣質，即研究他的生物學結構和這種結構所從屬的肉體狀況。所以，自殺曾被說成某種氣質的產物，是受到同樣因素影響的神經衰弱的一個情節。但是我們沒有發現在神經衰弱和社會自殺率之間有任何直接和有規律的關係。有時這兩種情況彼此成反比，當一種情況最少發生的時候，另一種情況卻最多。我們更沒有發現，自殺的多少與被認為最影響神經系統的自然環境——例如種族、氣候、氣溫——之間有明確的關係。因為儘管神經病患者在某些條件下可以表現出自殺的傾向，但他並不是命中注定非自殺不可——自然因素在這一點上不足以決定他的本性的一般傾向。

當我們不考慮個人而到社會的性質中去尋找自殺傾向的原因時，我們所獲得的結果就完全不同了。自殺與生物學方面和肉體方面的情況的關係越是模稜兩可和不能肯定，與某些社會環境就越是有直接和恆定的關係。這一次，我們終於找到了真正的規律，這些規律使我們可以嘗試對自殺的類型進行系統的分類。由此確定的社會學原因給我們解釋了這些不同的偶合，人們往往把這些偶合歸因於物質原因的影響，而且願意看到這種影響的證據。女子的自殺之所以比男子少得多，是因為她們參與集體生活比男子少得多——因此她們不是強烈地感到集體生活的影響，不管是好是壞。老年人和兒童也是如此，儘管是出於別的原因。最後，自殺的人數之所以從一月到六月逐漸增加，然後逐漸減少，是因為社會活動也經歷同樣的季節變化。因此，社會活動所產生的後果自然服從同樣的節奏，上半年更明顯；自殺就是這些不同後果之一。

從所有這些事實可以知道，社會自殺率只能從社會學的角度來解釋。在任何時候，決定自殺人數多少的都是社會的道德規範。因此，每個民族都有一種具有一定能量的集體力量推動人們去自殺。乍看起來，自殺者所完成的動作似乎只表現他個人的性格，實際上是這些動作所表現出來的某種社會狀態的繼續和延伸。

這樣就解決了我們在本書開頭所提出的問題。我們談到每個人類社會都或多或少有一種自殺的傾向，這並不是比喻；這種說法是以事物的本性為依據的。每個社會群體確實有一種自殺的集體傾向，這種傾向是群體所固有的，個人的傾向由此而來，而不是集體傾向來自個人傾向。造成這種傾向的是利己主義、利他主義或反常等這樣一些影響社會的潮流，無精打采的憂鬱、積極的自我犧牲或者惱人的厭倦等傾向都是這些潮流引起的後果。正是這種集體的傾向侵入個人時才促使他們去自殺。至於通常被認為是自殺的直接原因的個人事件，它們只能起到受害者的精神狀態歸因於它們的這種作用，是社會精神狀態的反應。為了解釋他自絕於世，自殺者總是責怪他周圍的環境——因為他憂傷，所以覺得生活也是憂傷的。當然，在某種意義上，他的憂傷來自外部，不是來自他生涯中的某件事故，而是來自他所處的群體。所以，沒有什麼情況不能成為自殺的偶然原因。一切都取決於引起自殺的原因作用於個人的強度。

二

此外，社會自殺的穩定性本身就足以證明這個結論。儘管從方法上來說，我們認為應該把這個問題留到現在來解決，但事實上這個問題不容許有其他解決辦法。當凱特萊提請某些哲學家注意某些社會現象以令人驚奇的規律性、週期性地重複出現時，他認為可以用他的普通人的理論來說明，而且這種理論一直是對這種值得注意的特性唯一系統的解釋。[1]根據他的見解，每個社會都有一個明確的模式，大多數個人在不同程度上如實地再現這種模式，只有少數人在動亂的影響下傾向於背離這種模式。例如，大多數法國人身上都表現出某些共同的肉體和精神特徵，但是這些特徵並不以同樣的程度和同樣的方式表現在義大利人或德國人身上，反之亦然。由於這些特徵肯定是最普遍的，所以產生於這些特徵的行為也是最多的，這些行為構成了絕大多數。相反的，由不同的特徵決定的行為像這些特徵本身一樣是很少見的。另一方面，儘管這種一般人並非絕對一成不變，但比起個別人的變化來要慢得多，因為一個社會要比一個人或幾個人更難發生變化。這種穩定性自然會傳給來自這種人的特有屬性的行為；只要這些屬性不改變，這些行為的量和質也不會改變，而且，由於這些行為方式是最常用的，所以這種穩定性就必然成為統計資料所涉及的人類活動表現形式的普遍規律。實際上，統計學家是根據一定社會所發生的一切同類行為進行統計的。因此，既然只要這個社會的一般人不變，這些行為的大多數也不會改變；另一方面，因為社會的一般類型不容易發生變化，所以統計的結果在相當長的時間內也必然保持原樣。至於那些由特殊的性格或個別的偶然事故引起的行為，確實沒有同樣的規律性，因此，這種穩定性不是絕對的。但這些行為是例外，因此不變是規律，而變化則是例外。

凱特萊把這種一般人稱之為**普通人**，因為這種人差不多恰好是個別人的算術平均數。例如，如果在測得某一個社會所有人的身高後，把身高的總和除以被測的人數，所得到的結果以相當接近的程度說明最一般的身高。因為人們可以承認，高個子和矮個子的人數大體上相等，他們互相補償，彼此抵銷，所以不影響平均數。

理論似乎很簡單。但是，這種理論首先要能夠使人懂得普通人如何表現在個人的一般性中，才能被看作一種解釋。普通人要在個人發生變化時保持不變，從某種意義上來說應該不以個人為轉移，但是也應該有某種辦法影響個人。當然，如果承認普通人和種族類型是一回事，那麼這個問題也就不再是一個問題了。因為種族的構成要素有個人之外的起源，所以和個人的變化不一樣；然而，種族的構成要素體現在個人身上，而且只體現在個人身上。因此，我們完全可以設想，種族的構成要素影響個人的構成要素，甚至成為後者的基礎。不過，這種解釋要能適用於自殺，就必須是導致個人自殺的傾向完全取決於種族；然而我們都知道，事實與這種假設相反。那麼能不能說，社會環境的一般狀況因為對大多數個人來說是相同的，幾乎以同樣的方式影響個人，所以在某種程度上使個人具有同樣的外貌呢？但是，社會環境基本是由共同的思想、信仰、習慣和傾向構成的。這些思想、信仰、習慣和傾向要能影響個人，就必須以某種獨立於個人的方式存在；這就接近於我們曾經提出的解決辦法。因為人們默認有一種集體的自殺傾向，個人的傾向就起源於這種集體傾向，因此全部問題在於知道這種集體傾向由什麼組成和如何起作用。

但是，不管以何種方式解釋普通人的一般性，這種設想都不能說明使社會自殺率重複的規律性。事實上，從定義上來講，這種類型所能包含的獨有的特點是那些在大部分人口中所見到的特點。然而，自殺是少數人的行為。在自殺最多的國家裡，每百萬居民中至多也只有三百或四百例。普通人的自衛本能根本排除自殺；普通人並不自殺。但是，如果自殺的傾向是罕見的、反常的，那麼自殺就與普通人無關，因此，即使對後者有深刻的瞭解，也遠不能幫助我們理解一個社會的自殺人數怎麼穩定不變，甚至不能解釋為什麼有人自殺。凱特萊的理論歸根究柢是根據一種不確切的看法。他一直認為，肯定只有在人類活動最一般的表現形式中才有穩定性，然而，這種穩定性也以同樣的程度存在於發生在社會領域少數孤立地點的零星現象中。他由於使人們懂得怎樣才能嚴格地理解非例外情況的不變性，他就認為已經答覆了一切**要求**；但是例外本身有它的不變性，而且這種不變性不亞於任何其他不變性。人都是要死的——任何有生命的機體都是這樣構成的，所以不可能不毀滅。相反的，很少有人自殺；在絕大多數人中，沒有什麼東西使他們傾向於自殺。然而，自殺率卻比一般死亡率還要穩定。因此，在某種特點的擴散與持久之間，並沒有凱特萊所承認的那種嚴格的一致性。

而且，他自己的方法所導致的結果也證實了這個結論。根據他的原理，為了計算普通人的某種特點的強度，應該把在社會內部表現這種特點的行為總數除以能夠產生這種行為的個人數。因此，在像法國這樣一個國家裡，每百萬居民中的自殺人數長期不超過一百五十名，自殺傾向的平均強度為一五〇÷

一百萬＝〇・〇〇〇一五；在英國，每百萬居民中只有八十名自殺，比率只是〇・〇〇〇〇八。普通個人的自殺傾向就這麼大。但是這兩個數字幾乎等於零。這樣微弱的傾向不會引起這種行為，所以可以被認為並不存在。它也沒有足夠的力量單獨引起自殺。因此，可以使人理解，在這種或那種社會裡，為什麼每年有這麼多人自殺，不是這種傾向的一般性。

這種估計還是被無限地誇大了的。凱特萊只是武斷地認為普通人對自殺有一定的親近性才做出這種估計的，並且不是根據普通人的表現，而是根據例外的少數人的表現來估計的。這是用反常來確定正常。凱特萊確實以為，只要指出反常的情況有時發生在這一方面，有時發生在相反的方面，互相抵銷，就可以避免這種反對意見了。但是，只有人人都不同程度地具備某些特點才能互相抵銷，例如身高。事實上可以認為，特別高的人和特別矮的人在數量上幾乎相等。這些異常身高的平均數顯然應該等於最普通的身高；因此，最普通的身高是這樣計算出來的。但是，如果涉及一種從性質上來說是例外的情況，例如自殺的傾向，那就是另一回事了。在這種情況下，凱特萊的方法只能人為地把平均值以外的某種因素加入普通人中。當然，正像我們剛才所看到的，這種因素只存在於某種非常稀釋的狀態中，因為這種因素在其中分佈的個人數大大超過了它應該在其中分佈的個人數。儘管誤差實際上並不大，卻確實存在。

實際上，凱特萊推算出來的比例只是表示一個屬於某一社會群體的人在一年內自殺的可能性。如果在十萬人中一年有十五人自殺，那就可以推斷出，一個人在這段時間內自殺的可能性是十萬分之十五。但是這種可能性絲毫不能用來衡量自殺的平均傾向，也不能用來證明這種傾向的存在。一百個人裡有多

少人自殺，這個事實並不意味著其餘的人在某種程度上也可能自殺，而且絲毫不能說明引起自殺的原因的性質和強度。【2】

由此可見，關於普通人的理論並不解決問題。因此，讓我們再來好好看看這個問題。自殺者是分佈在世界各地的極少數人，每個人都單獨完成他的行動，不知道其他人也在採取同樣的行動；然而，只要社會沒有變化，自殺的人數也沒有變化。因此，所有這些個人的表現儘管彼此獨立地出現，但實際上必定是同一種原因或同一些原因的結果。因為，否則的話，怎麼解釋所有這些彼此互不瞭解的個人意願每年使同樣數量的人達到同樣的結果呢？這些個人意願至少在一般情況下彼此互不影響，彼此之間沒有任何協調，然而，所發生的一切就好像這些意願在執行同一道命令。因此，在它們所處的共同環境中，有某種力量使它們都傾向於同一個方向，這種力量的大小決定自殺人數的多少。然而，表現這種力量的種種結果並不隨著個體條件和自然環境的變化而變化，而僅僅隨著社會環境的變化而變化。因此這種力量是集體的。換句話說，每個民族都集體地有一種固有的自殺傾向，這種傾向決定他們自殺的多少。

從這種觀點出發，自殺率的不變性就再也沒有不可思議之處，它的特性也沒有什麼不可思議之處。因為由於每個社會都有它不會朝夕之間就改變的氣質，由於這種自殺傾向的根源在於各群體的精神氣質，所以自殺是不可避免的，而自殺的傾向則因群體不同而不同，但在每一個群體中，自殺的傾向卻明顯地多年保持不變。自殺傾向是社會存在感覺的基本要素之一；然而，在集體生活中和在個人身上一樣，存在感覺的狀態是最有個性和不易變化的，因為沒有比這種狀態更根本的東西了。但是由此而產生的結果必然有同樣的個性和穩定性。這些結果的穩定性自然超過一般死亡率的穩定性。因為氣溫、氣候和地理的影響，一句話，決定公眾健康的各種條件，比起民族的氣質來更容易發生變化。

不過，有一種假設表面上看來不同於前面的假設，這種假設可能吸引某些人。為了解決這個難題，假定私人生活中那些尤其被看成是自殺的決定性原因的事件每年以同樣的比例規律地出現，這不就行了嗎？有人說，[3]每年幾乎有同樣多的不幸婚姻、破產、抱負落空和貧困等等。因此，同樣多的人處於同樣的情況下，自然也有同樣多的人決心擺脫他們的處境。沒有必要想像這些人屈從於某種支配他們的力量，只要假設他們面對同樣的情況時往往做出同樣的推理就行了。

但是我們都知道，儘管這些個人的事件通常發生在自殺之前，實際上並不是自殺的原因。再說一遍，生活中沒有必然引起自殺的不幸，如果不是以另一種方式傾向於自殺的話。因此，這些情況可能重複出現的規律性不能解釋自殺的規律性。而且，儘管這些情況有某種影響，這種解釋也只是迴避問題而不是解決問題。因為還需要說明，為什麼這些情況每年按照每個國家特有的規律同樣地重複。一個假定是穩定的社會怎麼總是有這麼多破裂的家庭、這麼多經濟破產等等呢？如果每一個社會沒有明確的趨勢以一定的力量引導人們去從事商業和工業冒險，去從事各種能夠使家庭不和的活動等等，就不能解釋同樣的事件在同一個民族中按固定不變的比例有規律地重複，而在不同的民族中這種比例卻大不相同。然而，這是以幾乎沒有什麼不同的形式回到我們以為已經排除的假設。[4]

三

但是我們要正確地理解上面使用過的這些術語的涵義。通常，在談到集體的傾向或激情時，我們只是把這些片語看作比喻或說話的方式，除了表示一定數量個別狀態之間的某種平均數，並沒有任何實際的意義。我們不把這種傾向或激情看成現實，或者看成支配那些特殊意識的特殊力量。然而，這就是這種傾向或激情的本質，這就是自殺的統計數字明確地表明的東西。[5]組成一個社會的個人年年在變化，然而自殺的人數卻不變——只要社會本身不變。巴黎的人口更新非常快，然而巴黎的自殺人數占整個法國自殺人數的比例卻明顯地保持不變。儘管軍隊的兵員只消幾年就完全變了，但一個國家軍隊的自殺率卻變化得極其緩慢。在所有的國家裡，集體生活在一年裡都按同樣的節奏變化，從一月到七月逐漸增加，然後逐漸減少。儘管歐洲不同社會的成員屬於彼此大不相同的普通人，但各地的自殺人數都按同樣的規律逐季甚至逐月變化。同樣的，在截然不同的社會群體中，不管個人的情緒如何不同，已婚者的自殺傾向和鰥夫寡婦的自殺傾向之間的關係完全相同，這是由於喪偶的精神狀態和婚姻所固有的精神狀態之間的關係到處都是一樣的。由此可見，決定一個社會或一部分社會自殺人數多少的原因必然與個人無關，因為不管對哪些個人起作用，這些原因都保持著同樣的強度。有人會說，同樣的生活總是產生同樣的結果。不錯，但是一種生活是一回事，它的穩定性卻需要解釋。即使這種生活可以保持不變，而過這種生活的人卻在不斷變化，那麼這種生活就不能依靠他們保持它的全部現實性。

有人曾經認為，只要指出這種連續性本身是個人的事，因而為了分析個人的事，沒有必要與個人生活相比，賦予社會現象某種超驗性，這就可以避免這種結果了。事實上有人說過：「任何一種社會事物、一種語言的某個詞、一種宗教的某種儀式、一種手藝的某種竅門、一種藝術的手法、一條法律或一種道德準則，都是由父母、老師、朋友、同志等個人傳給另一個個人的。」[6]

當然，如果問題只在於使人懂得，一種思想或一種感情是如何以普遍的方式從一代人傳給另一代人，是如何使它們的記憶不致消失，那麼這種解釋在迫不得已時可以被認為是充分的。[7]但是，像自殺和道德統計學向我們提供的各種比較普遍的行為一樣，行為的傳播有一種非常特殊的性質，我們花費這麼少的力氣是不能闡述清楚的。事實上，這種傳播不僅要大大影響某種行為方式，**而且要影響採取這種行為方式的人數**。不僅每年有人自殺，而且每年的自殺人數往往和上一年一樣多。引起自殺的精神狀態不是無條件地傳播的，而是傳播給同樣數量處於採取這種行動所必須的條件下的人，這一點非常值得注意。如果只涉及某些個人，這怎麼可能呢？多數人不可能是任何直接傳播的對象。今天的人沒有從昨天的人那裡得知有多少人自殺，然而，他們的自殺人數卻正好一樣——如果環境不變的話。

因此，是不是應該設想，每一個自殺者可以說都有一名上一年的自殺者作為啟蒙者和導師，而他則是後者的精神繼承者呢？只有在這種條件下才能設想，社會自殺率可以透過個人之間的傳統永遠保持不變。因為，如果總數不可能整體地傳下去，那麼必定是構成總數的單位一個一個地傳下去。因此，每一名自殺者必定從某一位先人那裡接受了自殺的傾向，每一次自殺都是前一次自殺的重複。但是，沒有一件事實使人承認，統計表所登記的這一年的每一件道德事件與上一年的某件事件之間有這種個人的前後關係。正像我們在上面已經證明的，一種行為引起同樣性質的行為完全是例外。而且，為什麼這種繼承現象年復一年有規律地發生呢？為什麼這種有繁殖力的行為要用一年時間產生出與它相似的行為呢？最後，為什麼這種行為只能產生一件複製品呢？因為每一種模式一般只應該重複一次，否則總數就不會保持不變。我們不必更詳盡地討論這種武斷得難以形容的假設。但是，如果撇開這種假設，如果每年自殺人數相等不是由於每一種個別情況後來引起與它相似的情況，那麼自殺人數相等就只能是由於某種非個人原因的持久影響超過了所有個別情況的影響。

因此，我們應該嚴格地使用這些術語。集體的傾向有它自身的存在，這是一種和自然力同樣實在的力量，儘管屬於另一種性質；它同樣從外部作用於個人，儘管透過另一些途徑。使我們能夠肯定前者的現實性不亞於後者的現實性的，是前者以同樣的方式，亦即以它的影響的穩定性，證明它自身的存在。當我們看到死亡的數量每年很少變化時，我們解釋這種規律性說，死亡率取決於氣候、氣溫和土壤的性質，總之，取決於一定數量的物質力量，這些物質力量因為與個人無關，所以當一代代人在變化時，它卻保持不變。因此，既然像自殺這樣的道德行為以不僅相同而且以更大的一致性重複，我們就應該承認這些行為取決於個人以外的力量。不過，由於這種力量只能是精神上的，而在個人以外，世界上除了社會沒有其他精神上的存在，所以這種力量必定是社會的力量。但是，不管叫什麼名字，重要的是承認它的現實性，把它看成是從外部決定我們的行為的全部能量，就像物理和化學能量影響我們一樣。這種力量完全是特殊的事物，而不是語言上的實體，所以可以衡量它，比較它的相對大小，就像測量電流或光線的強度一樣。因此，社會行為是客觀的這個基本命題，這個我們曾經有機會在另一部著作[8]中提出並認為是社會學方法的原則的命題，在道德統計學中，尤其是在自殺的統計中找到了新的、特別說明問題的證明。這個命題可能與常識有抵觸。但是，每當科學向人們揭示某種未知力量的存在時，它都遭到過懷疑。由於必須改變固有的思想體系，以便讓位給事物的新秩序並形成新的概念，所以人們在精神上並不竭力抵制。然而，應該理解，社會學之所以存在，只能是研究未知的世界，不同於其他科學所探索的東西。如果這個世界不是一系列的現實事物，它就什麼也不是。

但是，正因為遇到了某些傳統的偏見，所以這種設想引起了一些我們應該予以回答的反對意見。首先，這種設想意味著，像集體思想這樣的傾向與個人的傾向和思想屬於不同的性質，前者具有後者所沒有的特點。然而，有人說，既然在社會中只有個人，這怎麼可能呢？但是，照這麼說，有生命的世界和無生命的物質就應該是一樣的，因為細胞也完全是由無生命的原子構成的。同樣的，社會除了個人的力量，確實沒有其他起作用的力量；只有個人聯合起來形成一種新的精神存在，因此這種精神存在有它自己的思維和感覺方式。產生社會行為的基本特性可能以萌芽的狀態被包含在個人的精神之中。但是，只有在這些基本特性聯繫在一起而轉化的時候，社會事實才會從中出現，因為只有在這個時候它才表現或顯現出來。聯合本身也是一種產生特殊影響的積極因素。然而，聯合本身又是一種新的東西。當某些意識不是彼此孤立，而是集合和結合在一起時，世界上就會有某種變化。因此，這種變化自然引起別的變化，這種新的情況自然產生其他新的情況，某些現象自然出現，這些現象的特性並不存在於構成這些現象的要素中。

否認這個命題的唯一辦法是，承認整體在質量上等於其各部分的總和，承認結果在質量上可以還原為產生這種結果的種種原因的總和；這就重新否認任何變化或使這種變化無法解釋。然而，有人甚至支持這種極端的論點，但是他只找到兩條實在離奇的理由來為這種論點辯護。他說，第一，「在社會學中，我們特別有幸對作為組成部分的個人意識以及作為複合體的全部意識有深刻的認識」；第二，透過這種雙重內省，「我們清楚地瞭解，如果個人被分開，社會就不存在」。[9]

第一種說法是大膽地否定整個當代心理學。今天，大家都一致承認，精神生活遠遠不能透過直接的觀察被認識。相反的，精神生活有一些深刻的內涵不能被直接的感覺識破，我們只能用類似科學用來瞭解外部世界的那種迂迴和複雜的方法逐步接近。因此，意識的性質今後還會有許多不解之謎。至於第二種主張，這純粹是武斷的看法。作者完全可以肯定，根據他個人的印象，社會上除了來自個人的東西，沒有任何真實的東西，但是為了證明這種論斷，卻沒有證據，因而也無法討論。用這種感覺來反對大多數人的感覺是很容易的，大多數人不是把社會想像成個人的本性在向外發展時自發地採取的形式，而是想像成一種限制他們和他們所竭力反對的敵對勢力！而且，能說我們透過這種直覺就可以直接地而不是間接地不僅瞭解組成部分，亦即個人，而且瞭解複合體，亦即社會嗎？說真的，如果真的只要睜開眼睛，就能立刻看出社會的規律，那麼社會學就沒有用了，至少是太簡單了。遺憾的是，事實只能證明，意識在這一方面是多麼無能。如果沒有來自外界的提示，意識本身絕不會想到這種年復一年以同樣的數量帶來這些人口現象的必然性。更何況，意識沒有能力單靠自身的力量發現這些現象的原因。

但是，我們這樣把社會生活和個人生活分開，決不是說根本沒有精神生活。相反的，生活顯然基本上是由各種表相構成的。不過，集體的表相和個人的表相屬於不同的性質。我們看不出說社會學是一種心理學有什麼不合適，只要想到補充說社會心理學有它自己的規律，這種規律不是個人心理學的規律。一個例子就可以說明我們的想法。通常，人們認為宗教的起源是神祕和可怕的生命給有意識的人所留下的令人害怕或敬畏的印象。從這個觀點來看，宗教是作為個人情緒和私人感情的簡單發展而出現的。但是，這種簡單化的解釋與事實毫無關係。只要指出在只有非常初步的社會生活的動物王國裡，是不知道有宗教制度的就足夠了。宗教從來只存在於有某種集體組織的地方，宗教隨著社會性質的變化而變化，人們就有理由得出結論說，只有成群的人才有宗教思想。如果個人只知道他自己和物質世界，他就決不會想到有如此無限地超越他和他周圍的一切的力量。甚至與他有關的那些巨大的自然力也不可能使他產生這種想法，因為原始的個人和今天的個人一樣，他根本不知道這些力量所控制的範圍；相反的，他以為在某種條件下能隨意支配這些力量。[10]科學使他懂得，他和這些力量相比何等渺小。這種使他尊敬和成為他崇拜的對象的力量就是社會，神不過是社會的實體形式。歸根究柢，宗教是信條的體系，社會透過這些信條意識到自身的存在；這就是集體存在所特有的思維方式。因此，如果個人的意識不聯合起來，就不會產生如此眾多的精神狀態，這些精神狀態產生於這種聯合，又和產生於個人本性的精神狀態相結合。人們盡可能詳盡地分析個人的本性，決不可能發現什麼東西來解釋這些從中產生圖騰崇拜的信仰和獨特的宗教儀式是如何形成和發展的，自然崇拜是如何產生的，自然崇拜本身是如何在這裡變成耶和華的抽象宗教，在那裡又變成希臘人和羅馬人的多神教的。不過，我們要說的是，我們之所以肯定社會和個人的異質性，是因為上述看法不僅適用於宗教，而且適用於法律、道德、習俗、政治機構和教育實踐等等，總之，適用於一切形式的集體生活。[11]

但是，另一種反對意見乍看起來可能更重要。我們不僅承認社會的精神狀態本質上不同於個人的精神狀態，而且承認社會的精神狀態從某種意義上說是在個人的精神狀態之外。我們甚至不怕比較這種外在性和物質力量的外在性。但是，有人說，既然在社會中除了個人什麼也沒有，那麼在個人之外怎麼可能有某種東西呢？

如果這種反對意見是有根據的，那麼我們就會面臨一種二律背反的情況。因為我們不應該忘記前面已經證明的東西。既然每年自殺的少數人並不形成一個自然群體，他們彼此之間互不來往，那麼自殺的人數不變就只能是由於支配個人和在他們自殺後繼續存在的同一原因。這種把分散在地球表面的許多個別情況聯繫在一起的力量，必然應該存在於每一種情況之外。因此，如果這種力量確實不可能存在於這些情況之外，那麼問題就難以解決了。但是，這種不可能性只是表面現象。

首先，社會並非真的只由個人構成，它還包含一些物質的東西，這些東西在共同的生活中起著重要的作用。社會行為有時具體化到成為外部世界的一個組成部分。例如，某種確定的建築類型是一種社會現象，然而這種類型體現在房屋和各種建築物上，房屋一旦建成，就成了獨立於個人的現實。通訊和交通運輸渠道、工業或私人生活中使用的工具和機器也是如此，表明歷史上每一時刻的技術狀況和書面語言的狀況等等。因此，在物質基礎上這樣具體化和固定化的社會生活是客觀存在，而且是從外部影響我們的。在我們之前建立的通訊渠道使我們的活動有一定的方向，這要看這些渠道使我們與哪些國家有聯繫。兒童的愛好是在接觸到前幾代人留下的具有民族風格的紀念物才形成的。有時候，這些紀念物甚至消失並被遺忘數百年，後來，在創造這些紀念物的民族也消失很久以後，這些紀念物又重見天日，並且在新的社會裡重新開始新的存在。這就是這種人們稱之為「復興」的非常特殊的現象的特點。復興就是社會生活的復興，社會生活好像沉澱在某些事物中並且潛伏很久以後又突然重新活躍起來，而且改變那些沒有參與形成這種社會生活的人的思想和道德傾向。當然，如果不存在某些活躍的意識接受它的影響，它也不可能重新活躍起來；但是，另一方面，如果不產生這種影響，這些意識就會有完全不同的思想和感覺。

同樣的看法也適用於那些凝聚著信條或戒律的明確公式，如果這些信條或戒律以某種約定俗成的形式外在地固定下來的話。當然，這些公式無論編得多麼好，如果沒有人想到並付諸實施，那它們依然是一紙空文。但是，這些公式雖然不能令人滿意，仍不失為社會活動的特殊因素。因為這些公式有自身特有的行為方式。各種法律關係並非都是相同的，這要看所根據的是成文法還是不成文法。在有成文法的地方，審判就比較正規，但不太靈活，法律比較統一，但也比較死板。法律不會完全適合各種不同的特殊情況，而且比較反對革新措施。因此，法律的具體形式不是無效的簡單的詞語結合，而是能起作用的真實事物，因為不存在這些起作用的真實事物，就不會產生結果。然而，不僅這些真實事物外在於個人的意識，而且這種外在性就是這些真實事物的特點。正因為這些真實事物不在個人所及的範圍之內，所以個人更難以使之適應環境，而且這種同樣的原因使之更不易改變。

儘管如此，無可爭辯的是，整個社會意識不會這樣外在化和具體化。任何民族的審美觀都不在這種審美觀所啟發的作品之中，任何道德都不表現為明確的規則。它絕大部分是分散的。有一種完全自由自在的集體生活；各種潮流四處來回流動，以無數不同的方式互相交叉和混合，而且正因為這些潮流處於永恆的運動狀態，所以不會以某種客觀的形式固定下來。今天，憂傷沮喪的情緒籠罩著社會，而明天，愉快的心情又可能使人振奮。在一段時間裡，整個群體都傾向於個人主義，而在另一個時期，博愛的社會願望卻占了優勢。昨天，人們都傾向於世界主義，今天，愛國主義又占了上風。所有這些思潮、所有這些高漲和低落都時常發生，並不受由於其刻板形式而不變的或稍有變化的法律和道德規則的支配。況且，這些規則本身只是表現一種它們是其組成部分的隱蔽生活；它們產生於這種生活，但並不取消這種生活。這些規則都有這些公式所歸納的實際而生動的感覺作為基礎，但這些公式只不過是這些感覺的外衣。這些公式不會引起任何共鳴，如果它們不符合分散在社會中的具體感覺和印象的話。因此，儘管我們把這些公式歸因於某種現實，但我們不想把它們看成是道德現實的全部。這是把標記當作被標出的事物。一種標記當然是某種事物，而不是某種多餘的附帶現象；人們今天知道標記在智力發展中所起的作用，但說到底它只是一種標記。[12]

但是，因為這種生活沒有充分達到固定不變的程度，所以不可能與我們上面所說的這些規則具有相同的特點。**這種生活外在於每個單獨的普通個人**。例如，國難當頭引起愛國情緒的高漲。由此而產生一種集體的衝動，整個社會由於這種衝動而提出一條公理：個人利益，甚至是平時最受尊重的個人利益，必須服從公共利益。這條原則不僅被宣佈為一種**願望**，而且在必要時要不折不扣地付諸實施。在這種時刻，你觀察一下普通的個人吧！你就可以在其中的許多人身上發現類似這種精神狀態的但大大縮小了的東西。甚至在戰爭期間，準備這樣自發地完全犧牲自己的人也很少。**因此，在構成民族大群體的所有個人的意識中，對於任何個人的意識來說，集體意識幾乎都是外在的，因為每個個人的意識都只包含其中的一小部分**。

甚至在最穩定最基本的精神感情中，也可以看到同樣的情況。例如，任何社會一般都尊重人的生命，尊重的程度是有一定限度的，並且可以根據殺人犯所受到的懲罰的相對嚴重程度來衡量。[13]另一方面，普通人不是沒有這種感情，只是強烈的程度要比社會差得多，表現的方式也不同。為了瞭解這種差距，只要比較一下我們個人在看到殺人犯或兇殺時所產生的感情和一群人在同樣情況下所產生的感情就行了。我們都知道他們會被引向什麼極端，如果沒有任何阻攔的話。因為在這種情況下，憤怒是集體的。然而，在社會感受這些兇殺的方式和這些兇殺影響個人的方式之間，任何時候都有這種差別；因此，這些兇殺傷害個人感情的方式和傷害社會感情的方式也有這種差別。社會的憤怒是這樣一種能量，往往只有採取極端措施才能得到發洩。對我們來說，如果被害者是一位陌生人或者是一位與己無關的人，如果罪犯並不生活在我們周圍，因此對我們個人沒有威脅，那麼儘管這種行為應該受到懲罰，但我們不會感到真正有必要進行報復。我們不會採取任何步驟去發現罪犯，我們甚至對告發罪犯有反感。只有在輿論像人們所說的那樣對這種事情感到震驚時，情況才有所變化。於是我們便變得比較嚴格、比較積極。但輿論是通過我們的嘴說出來的，我們是在集體的壓力下而不是作為個人採取行動的。

社會狀態和個人反應之間的差距往往更大。在上述實例中，集體的感情在變成個人的感情時，至少在大多數人身上保持著相當強的力量來反對那些傷害它的行為；對人血的恐懼今天深深地紮根於大多數人的意識中，這就防止了殺人念頭的產生。但是，簡單的侵吞挪用和悄悄的、不用暴力的欺詐根本不會引起我們同樣的反感。充分尊重他人的權利並把想發不義之財的欲望消滅在萌芽狀態的人不是很多。這倒不是因為教育沒有培養某種對不公正行為的反感。但是，這種含糊、不堅定和總是準備妥協的感情與社會打擊各種形式的搶劫時那種明確、毫無保留和毫不遲疑的譴責是多麼不同啊！而對其他許多更沒有在普通人心目中扎下根來的義務，例如我們有義務對公共開發作出我們應有的貢獻、不偷稅漏稅、不設法逃避兵役、忠實地履行我們的契約等等，我們又能說什麼呢？在所有這些方面，如果道德觀念只得到一般意識中所包含的動搖不定的感情的保證，那麼它就特別不穩定。

因此，像多次發生的那樣，把一個集體類型的社會與構成社會的一般類型的個人混為一談，這是一種根本性的錯誤。一般人的道德觀念是很淡薄的。只有那些最基本的準則才以某種力量銘刻在他們的心目中，而且這些準則也遠不像在集體類型（亦即整個社會中）那麼明確和有權威性。這種混為一談正是凱特萊所犯的錯誤，使道德的產生成為一個無法理解的問題。因為既然個人的道德觀念一般說來如此淡薄，如果道德只是表現個人的一般氣質，那麼怎麼可能形成一種超過這種程度的道德呢？沒有奇蹟，偉大是不可能產生於渺小的。如果共同的意識只不過是最一般的意識，那麼它就不可能超過一般的水平。那社會力求灌輸給它的成員並要求他們尊重的這些崇高而顯然是強制性的規則又從何而來呢？各種宗教和後來的許多哲學認為，道德只能從上帝那裡獲得它的全部實在性，這不是沒有道理的。因為個人意識所包含的那種不明顯和很不完整的道德雛形不可能被看作道德的原型。更恰當地說，這種道德雛形是一種不精確和粗糙的複製品，它的原型必定存在於個人以外的什麼地方。因此，人們的想像往往過於簡單化地認為原型在上帝那裡。科學當然不會停留在這種設想上，甚至不應該有這種設想。[14]不過，如果撇開這種設想，那麼除了讓道德成為得不到解釋的無稽之談，或者使它成為一系列社會狀態，就再也沒有別的辦法了。道德不是來自經驗世界中的什麼東西，就是來自社會。它只能存在於某種意識中——如果不是存在於個人的意識中，就是存在於群體的意識中。但是應該承認，群體的意識遠遠不會和一般的意識相混淆，而且從各方面超出一般的意識。

因此，觀察證實了假設。一方面，統計資料的規律性意味著有一些外在於個人的集體傾向；另一方面，在許多重要的實例中，我們可以直接觀察到這種外在性。而且，對於任何承認個人狀態和社會狀態異質性的人來說，這種外在性一點也不奇怪。事實上，按照定義，社會狀態只能從外部影響我們每一個人，因為社會狀態不是來自我們個人的素質——社會狀態是由外在於我們的因素構成的，[15]所以表現為與我們本身不同的另一種事物。當然，只要我們成為群體的一分子，和群體生活在一起，我們就會受到群體的影響；相反的，由於我們有截然不同於群體的個性，所以我們不服從群體的制約，並且設法避開群體。但是由於沒有人不同時過著這種雙重生活，所以我們每一個人都同時受到一種雙重運動的推動。我們被引向社會方向，同時我們又按照我們的本性行事。因此，社會中的其他人影響我們，遏制我們的離心傾向，而我們則竭力影響其他人，以便抵銷他們的影響。我們自己受到我們對其他人所施加的壓力。有兩種力量相對峙：一種力量來自集體，力求征服個人；另一種力量來自個人，並且排斥前一種力量。第一種力量確實要比第二種力量強大得多，因為第一種力量是所有個人力量的聯合；但是，由於這種力量也像個人的力量一樣遭到抵制，所以有一部分消耗在形形式式的鬥爭中，對我們的影響就變形和消弱了。當這種力量十分強大時，當這種力量產生影響的環境經常出現時，這種力量還可以給個人的素質打上很深的烙印，產生某種相當活躍的心理狀態，這種心理狀態一旦形成，便會和本能的自發性一道起作用，這便是最基本的道德觀念的情況。但是，大多數社會思潮不是太弱就是過分間歇地與我們有關聯，所以不能在我們的心中扎下根來。它們的影響是膚淺的，因此它們幾乎完全停留在外部。由此可見，估量任何一種集體類型因素的方法，不是衡量它在個人意識中的大小並計算其平均值，而是應該計算其總值。這種估量方法所得出的結果還可能大大低於實際情況，因為這樣只能得到減去它在個體化時全部損耗的社會感情。

因此，認為我們的設想是繁瑣哲學，指責這種設想把某種說不清的新的重要原則當作社會現象的基礎，未免有點輕率。我們之所以拒絕承認社會現象的基礎不是個人的意識，是因為社會現象的基礎是所有個人意識聯合起來形成的。這種基礎既不是實體的也不是本體的，因為它只是由部分構成的整體。但是它仍像構成它的成分一樣真實，因為這些成分不是以另一種方式構成的，它們也是複合的。事實上，今天人們都知道，我是由許多沒有我的意識結合而成的，而每一種基本意識又是無意識的生命單位的產物，就像每一個生命單位本身是由無生命的粒子組合而成一樣。因此，如果心理學家和生物學家有理由認為他們所研究的現象是有充分根據的，只因為這些現象與低一級的因素聯合在一起有關，那麼在社會學中為什麼會是另一種情況呢？只有那些沒有放棄生命力和靈魂的假設的人才會認為這種根據是不充分的。因此，毫不奇怪，人們曾經認為應該對這種命題感到氣憤：[16]一種信仰或一種社會實踐可以獨立於個人的表現而存在。在那裡，我們當然不是想說社會可以沒有個人而存在，人們可能不會懷疑我們會相信這種明顯的無稽之談。但是我們認為：1.由個人聯合起來形成的群體是不同於單獨的個人實體；2.集體的心理狀態產生於群體的本性並存在於群體之中，然後影響個人本身並在個人身上以一種新的形式形成一種完全內在的存在。

此外，這種理解個人與社會關係的方式使人想起，當代動物學家傾向於認為個人與人種或種族也有類似的關係。理論很簡單，按照這種理論，人種只不過是在時間中永遠存在和在空間中普遍存在的個人。這種理論現在越來越被拋棄。實際上，這種理論與這樣的事實相抵觸：一個孤立的主體所發生的變異只有在非常罕見的、也許是不能肯定的情況下才變成特殊的變異。[17]種族的特點只有在整個種族中發生變化時才會在個人身上發生變化。因此，種族有某種現實性，由此產生出它在個人身上所表現出來的不同形式，絕不是個人表現形式的普遍化。當然，我們不能認為這些學說已經最終得到證明。但是我們只需要使人明白，我們的社會學設想不是從另一個研究範疇中借來的，而且與那些最實證的科學也不是沒有相似之處。

四

現在我們把這些觀點用在自殺問題上，我們在本章開頭做出的解答就會更加明確。

典型的道德無不是利己主義、利他主義和一定程度的反常在不同的社會中按不同比例的組合。因為社會生活既意味著個人有一定的個性，又意味著個人準備放棄這種個性，如果社會有此要求的話，還意味著個人在某種程度上接受進步的思想。因此，沒有一個民族不同時存在著這三種思潮，這些思潮把人引向不同的甚至相反的方向。當這三種思潮互相克制時，道德因素處於一種使人不受自殺念頭侵襲的均衡狀態。但當其中之一的強度超過其餘兩種一定程度時，由於那些已經說過的原因，它便在個體化時成為自殺的誘因。

當然，這種思潮越強，就有更多的受它影響相當深的人去自殺，反之亦然。但是這種強度本身只能取決於以下三種原因：1. 組成社會的個人的本性；2. 個人聯合的方式，即社會組織的性質；3. 打亂集體生活的運轉而沒有改變它的基本結構的暫時性事件，例如民族危機和經濟危機等等。至於個性，只有那些人人都有的個性才能起作用。因為那些純屬個人的或只有少數人才有的個性都淹沒在大量的其他個性中；而且由於這些個性彼此不同，所以在形成集體現象的過程中互相中和、互相抵銷。因此，只有人類的普遍特點才能產生某種影響。然而，這些特點幾乎是不變的，即使能變，至少一個民族可能延續的幾百年時間是不夠的。因此，只有社會環境才能決定自殺人數的變化，因為只有社會環境才是可變的。這就是為什麼只要社會不變，自殺的人數也保持不變的原因。這種穩定性並非由於引起自殺的精神狀態不知為什麼存在於一定數量的個人身上，而這些個人又不知什麼原因把這種精神狀態傳給同樣數量的模仿者。而是因為產生並保持這種穩定性的非個人原因是相同的。因為沒有什麼東西來改變社會單位聚集在一起的方式和它們的**一致**性。這些社會單位的作用和反作用是相同的，因此，表現出來的思想和感情也不會變化。

不過，這些思潮中的一種能夠在整個社會中占如此大的優勢，即使不是不可能，也是十分罕見的。這種思潮總是在有限的範圍內找到有利於它發展的特殊條件，達到這樣的強度。特別能刺激這種思潮的是某種社會條件、某種職業、某種宗教信仰。這就說明了自殺的兩重性。當人們從自殺的外在表現來考慮時，往往只看到一系列獨立的事件，因為自殺是在不同地點發生的，彼此沒有明顯的關係。然而，所有特殊情況的總和有它的統一性和它的特殊性，因為社會自殺率是每一種集體個性的特殊標誌。這就是說，儘管容易發生自殺的特殊環境各不相同，以各種方式分散在整個國土上，然而，它們彼此有著密切的關聯，因為它們是同一個整體的組成部分，就像同一個有機體的各種器官一樣。因此，每一種特殊環境中的狀態取決於整個社會的狀態；某種傾向達到的致病程度與這種傾向在整個社會機體中的強度有密切的關係。利他主義在軍隊中是強是弱要看它在平民百姓中的情況；[18]在新教地區，理性的個人主義更加發達，自殺的人更多，因為這種情況在全國其餘地方已經比較突出；如此等等。一切都是互相聯繫的。

但是，除了精神病之外，儘管沒有什麼個人狀態可以被看成是自殺的決定性因素，然而，看來某種集體感情也不能影響個人，如果他們堅決抵制的話。因此，只要我們沒有說明，在自殺的趨勢發展的時候和地方，為什麼有這麼多人容易受到這種趨勢的影響，人們就可以認為上述解釋不完整。

但是，假定這種巧合確實始終是必然的，一種集體傾向不能不顧任何先有的天賦以大力強加於個人，那麼這種協調一致就是自行實現的，因為引起社會潮流的種種原因同時也影響個人，使他們的情緒適合於服從集體行動。這兩類因素之間有一種天然的親緣關係，它們甚至取決於同一個原因並表現這種原因，這就是為什麼它們互相結合和互相適應的緣故。產生反常傾向和利己主義傾向的超級文明也有使神經系統變得過分脆弱的作用，因此神經系統甚至不能堅定地致力於一個明確的目標，更不能忍受任何紀律，更容易受暴怒和過分抑鬱的影響。相反的，原始人的過分利他主義所包含的低級文明卻發展了一種有利於克己的冷漠性格。總之，由於社會在很大程度上塑造個人，所以它在同樣的程度上按照它的形象來塑造他們。因此，它所需要的材料是不會缺少的，因為可以說它親手準備了這種材料。

現在我們可以更精確地想像個人因素在自殺的發生中起什麼作用了。在同樣的精神環境中，例如在同一種信仰中，或者在同一個部隊中，或者在同一種職業中，某些個人受到影響而另一些則沒有，一般來說，這無疑是因為大自然和各種事件所造成的前者的心理素質對自殺的趨勢缺乏抵抗力。但是，這些條件之所以能促使這些人體現這種趨勢，並不是因為這種趨勢的特點和強度取決於這些條件，也不是因為在每年有這麼多自殺者的群體中有這麼多神經病患者。神經病只不過使後者更擋不住前者的誘惑。這就是臨床醫生和社會學家的觀點大不相同的原由。前者歷來只面對一些個別的、彼此孤立的情況。他往往認為，自殺者不是神經病患者就是酗酒者，而且以這兩種精神變態之一來解釋自殺。從某種意義上說他是有道理的，因為一個人之所以自殺而不是他的鄰居自殺，經常是出於這種原因。但是，一般來說，有一些人的自殺並非出於這種原因，**尤其是每個社會在一定的時間裡有一定數量的人自殺**，更不是出於這種原因。只觀察個人的人必然看不到產生這種現象的原因，因為這種原因存在於個人之外。要發現這種原因，就必須超越個別的自殺者，看是什麼東西使他們統一行動的。有人會反對說，如果沒有足夠多的神經衰弱者，社會原因就不可能產生它們的全部影響。但是，沒有一個社會沒有不同形式的神經衰弱者給自殺提供超出它所需要的候補者。只有某些人受到影響，如果可以這樣說的話。這就是那些由於某些情況更接近悲觀的潮流、因而更完全地受到這種潮流影響的人。

但是，還有最後一個問題需要解決。既然每年都有同樣數量的自殺者，這就是說這種趨勢並不是一下子影響所有它能夠和應該影響的人。它在第二年要影響的人從現在起就已經存在；也是從現在起，他們大部分都已參與集體生活，因此已經處於它的影響下。那麼它為什麼暫時不影響他們呢？我們知道，這種趨勢發揮它的全部影響大概需要一年時間，因為正像各個季節裡社會活動的條件不相同，所以它在一年的不同時間裡也在改變強度和方向。只有在一年的週期完成時，使它發生變化的各種環境才完全組合起來。但是，既然根據假設下一年只是重複上一年的情況，引起同樣的組合，那麼為什麼第一年不能全部完成呢？用句俗話來說，為什麼社會對它的債務只能採取分期支付的辦法呢？

我們認為，說明這種延遲性的是時間影響自殺傾向的方式。時間是一個輔助性的因素，但又是一個重要的因素。我們知道，從青年到壯年，自殺的傾向其實是不間斷的，[19]而且在生命終結時往往比在生命開始強十倍。因此，促使一個人去自殺的集體力量只是一點一點地影響他。在一切條件都相同的情況下，他隨著年齡的增長而變得更容易受集體力量的影響，這大概是因為需要多次重複的經驗才能使他感到利己主義的生活或無止境的名利欲的空虛。這就是自殺者只能一批接一批地相繼結束他們的生命的緣故。[20]

◆註釋◆

【1】尤其是在他的這兩部著作中：《論人及其官能的發展或社會物理學論文集》，共二卷，巴黎，一八三五年；《論社會制度及其規律》，巴黎，一八四八年。儘管凱特萊是第一個試圖科學地解釋這種規律性的人，但他並不是第一個觀察到這種規律性的人。道德統計學的真正奠基人是敘斯米爾希牧師，見他的著作：《從人的生、死和繁衍角度證明人類性別變化中神的安排》，共三卷，一七四二年。

關於這個問題，還可以參見華格納：《人類表面上的隨意行為的規律性》第一部分；德羅比施：《道德統計學和人類的意志自由》，萊比錫，一八六七年（尤其是第一—五八頁）；邁爾：《社會生活中的規律性》，慕尼黑，一八七七年；厄廷根：《道德統計學》，第九〇頁以下。

【2】這些理由再一次證明，種族不能說明社會自殺率。實際上，種族類型也是一種屬的類型，只包括大多數個人的共同特點。相反的，自殺是一種例外的行為。因此，種族沒有任何東西能引起自殺；否則，自殺就會有一種實際上並沒有的普遍性。我們是不是可以說，儘管構成種族的任何因素實際上不可能被看成是自殺的充分原因，然而，種族按其性質來說可以使人們或多或少容易受自殺原因的影響呢？但是，儘管事實證實了這種假設，實際情況卻並非如此，至少應該承認，種族類型是一種作用很小的因素，因為它的假設的影響不能表現在全部情況中，只是在非常特殊的情況下才明顯地表現出來。總之，種族不能說明為什麼在同一種族的一百萬人中，每年至多有一百至兩百人自殺。

【3】這其實是德羅比施在他的著作中所闡述的見解。

【4】這種論點不僅適用於自殺，儘管在這種情況下比在其他情況下更加明顯。這種論點以不同的形式同樣適用於犯罪。實際上，罪犯和自殺者一樣是一種特殊的人，因此，不是普通人的本性能夠解釋犯罪活動的。但是這和婚姻沒有什麼不同，儘管締結婚姻的傾向要比殺人或自殺的傾向更普遍。在生命的每一個時期，結婚的人和同年齡的獨身者相比只是少數。在法國，從二十五歲到三十歲，亦即在結婚率最高的

時期，每一千名男子和一千名女子中每年只有一百七十六名男子和一百三十五名女子結婚（一八七七－一八八一年期間）。因此，如果結婚的傾向——不要和喜歡搞不正當男女關係混為一談——只是在一小部分人中才有足夠的力量得到滿足，那麼就不是這種傾向在普通人中的強度能解釋某一特定時刻的結婚率。實際情況是，就像在涉及自殺一樣，統計數字所表示的不是個人情緒的強度，而是導致婚姻的集體力量的強度。

【5】況且自殺的統計數字也不是唯一的；正像上面的註釋所說明的，道德統計學的所有事實都意味著這個結論。

【6】塔爾德：《社會學基礎》，載於《國際社會學研究所年鑑》，第二一三頁。

【7】我們說在迫不得已時是因為，問題的主要方面不能這樣來解決。事實上，如果要解釋這種連續性，重要的不僅是使人看到一個時期的習慣後來何以不被忘記，而且要使人看到這些習慣何以保留著它們的權威性，並且繼續起作用。新的一代可能單純透過個人之間的傳授知道他們先輩的所作所為，他們並不因此也要這樣做。那麼是誰來強迫他們這樣做的呢？是對習俗和祖先的權威的尊重嗎？但是，這種連續性的原因不再是作為思想或行為載體的個人，而是這種完美的集體精神狀態，這種集體精神狀態在這樣的民族中使祖先成為特別受尊重的對象。而且這種精神狀態使個人敬服。就像自殺的傾向一樣，對於一個社會來說，按照個人服從傳統的不同程度，這種精神狀態也有一定的強度。

【8】見《社會學方法的規則》第二章。

【9】塔爾德：《社會學基礎》，載於《國際社會學研究所年鑑》，第二一二頁。

【10】見弗雷澤：《金枝》，第九頁以下。

【11】為了避免任何不確切的解釋，我們還要補充一點。我們並不因此而認為個人與社會之間有一條界線。聯合並不是一下子就建立起來，也不是一下子就產生影響的；它需要有時間做到這一點，因此，有些時候現實是不確定的。由此可見，我們是不間斷地從一類行為過渡到另一類行為的，但是這不是對這些行為

不加區別的理由。否則，世界上就沒有什麼不同的東西，至少人們會以為沒有不同的類別，進化是連續不斷的。

【12】我們認為，在這樣解釋以後，人們就再也不能指責我們想在社會學中用外部代替內部了。我們從外表出發，因為它是唯一可以直接看到的，但這是為了達到內部。這種過程當然是複雜的，但沒有別的辦法，如果我們不願讓研究不是針對我們想要研究的那類行為，而是針對個人感覺的話。

【13】要知道在一種社會裡這種尊重的感情是否比在另一種社會裡更強烈，不應該僅僅考慮鎮壓措施的內在暴力，而且應該考慮這種懲罰在刑罰中所占的位置。今天和前幾個世紀一樣，謀殺罪只被判處死刑。但是今天，單純的死刑相對來說比較嚴重，因為它是極刑，而在從前，死刑可能是加重的懲罰。既然這種加重的懲罰不適用於普通的謀殺罪，所以普通的謀殺罪是較輕的懲罰的對象。

【14】物理學不必討論對物質世界的創造者上帝的信仰，同樣，道德學也不必討論把上帝看作道德的創造者的教義。這個問題與我們無關；我們不必贊同任何解答。我們要關心的只是那些間接的原因。

【15】見本書第三七六頁。

【16】見塔爾德的著作第二一二頁。

【17】見德拉熱：《原生質的結構》；魏斯曼：《遺傳》和所有與魏斯曼的理論近似的理論。

【18】見本書第二八三—二八七頁。

【19】不過，我們要指出，只有利他主義式自殺十分罕見的歐洲社會才是這樣不間斷地存在。也許利他主義的自殺不是不間斷地存在，而是可能在一個人最熱心地參與社會生活的壯年期達到頂點。這種自殺與殺人的關係證明了這種假設，這一點我們將在下一章談到。

【20】由於不想提出一個我們不必探討的形而上學問題，所以我們必須指出，這種統計學理論沒有義務否認人有各種各樣的自由。相反的，這種理論比把個人看成社會現象的根源更不能解決自由意志的問題。實際上，不管集體表現的規律性出於什麼原因，這些原因不可能不產生影響，因為，否則的話，這些不變的

影響就會任意變化。如果這些原因是個人所固有的，那麼它們就不可能不影響這些個人。因此，在這種假設中，看不到擺脫最嚴格的決定論的辦法。但是，如果人口統計資料的這種穩定性產生於某種外在於個人的力量，那麼情況就不同了，因為這種力量可能不影響這些人而影響另一些人。這種力量要求一定數量的行為，而不是要求這些行為來自這些人或那些人。我們可以承認，這種力量遭到某些人的抵制而只能在另一些人身上得到滿足。歸根究柢，我們的設想只是在物理的、化學的、生物的和心理的力量之外，再加上在外部像這些力量一樣影響人的社會力量。因此，如果社會力量並不排斥人類的自由，那就沒有理由認為前幾種力量排斥人類的自由。兩者所引起的問題是相同的。當一種流行病爆發時，它的強度預先就決定了由此而導致的死亡率的大小，但是並不由此而決定哪些人必定得病身亡。自殺的情況和引起自殺的趨勢也是這種關係

第二章　自殺和其他社會現象的關係

既然從其基本要素來看自殺是一種社會現象，那就應該探討它在其他社會現象中佔有什麼位置。涉及這個方面的第一個和最重要的問題是要知道，自殺應該被列入道德所允許的行為中，還是應該被列入道德所禁止的行為中？是不是應該在某種程度上把自殺看成一種犯罪行為？我們都知道這個問題歷來有多少爭論。為了解決這個問題，人們通常從提出某種理想的道德觀念著手，然後再思考自殺在邏輯上是否與這種道德觀念相悖。由於我們曾經在別處闡述過的原因，[1]這種方向不可能成為我們的方法。一種沒有約束的推斷總是靠不住的，而且這種推斷的出發點純粹是一種關於個人感覺的假設，因為每個人都以他自己的方式設想這種理想的道德作為公認的原則。我們不是這樣做，而是首先到歷史中去探索人們實際上是如何從道義上評價自殺的，然後盡力確定這種評價的理由是什麼。我們只需要弄明白，這些理由是否和在什麼程度上存在於我們當前社會的性質中。[2]

一

基督教社會剛一形成，自殺就被正式禁止。西元四五二年，阿萊斯宗教會議*宣佈，自殺是一種罪過，而且只能是一種惡魔般的瘋狂的結果。但是，直到一個世紀以後，亦即在西元五六三年的布拉格宗教會議上，這項禁令才得到刑法的承認。會議決定，自殺者「在彌撒聖祭時不能得到被追念的榮幸，他們的屍體在落葬時不能唱聖歌」。民法受教會法的啟發，在宗教懲罰之外又加上世俗的懲罰。聖路易法的一章特別規定：自殺者的屍體要由處理殺人的權力機構處理，死者的財產不歸通常的繼承者而要交給貴族。許多習慣法不滿足於沒收財產，而且還規定不同的肉體懲罰。「在波爾多，屍體被倒掛起來；在阿布維爾，屍體被放在柳條筐裡遊街示眾；在里爾，如果自殺者是男人，屍體就被拖到岔路口吊起來；如果是女人，屍體就被燒掉。」[3]甚至精神病也不能作為免除懲罰的理由。這些習慣做法沒有經過重大的修改就被編入路易十四於一六七〇年頒佈的刑法中。一種常見的懲罰被宣佈為 ad perpetuam rei memoriam（對事件的永遠紀念）；屍體臉朝下放在柳條筐裡被拖著遊街示眾，然後被吊起來或扔在垃圾場上。財產被沒收。貴族則被貶為平民，他們的樹林被砍伐，他們的城堡被拆毀，他們的紋章被打碎。我們現在還有巴黎最高法院根據這項立法於一七四九年一月三十一日做出的一項判決。

出於一種粗暴的反應，一七八九年的革命廢除了所有這些做法，從犯罪名單上劃掉了自殺。但是，法國人所信奉的各種宗教繼續禁止並懲罰自殺，公共道德也譴責自殺。自殺還在公眾的意識中引起反感，這種反感擴大到對發生自殺的場所和所有與自殺者有親屬關係的人。自殺成了一種道德上的污點，儘管輿論在這一點上有變得比過去寬容的傾向。此外，自殺在某種程度上保留了原有的犯罪學特點。根據最普遍的法律原則，自殺的同謀者被當作殺人犯起訴。如果自殺被看成是道德上的冷漠，情況就不會是這樣。

我們在所有信奉基督教的民族中都看到同樣的法律，這種法律差不多都比法國嚴厲。十世紀，英國國王愛德華在他頒佈的一部法典中把自殺者比作盜賊、殺人犯和其他各種罪犯。直到一八二三年，習慣

*羅馬皇帝君士坦丁為了處理多那圖斯教派問題而召開的一次會議。——譯者註

的做法還是把自殺者的屍體用木棍抬著遊街，然後埋在大路旁，沒有任何儀式。今天，自殺者還是被單獨埋葬的。自殺者被宣佈為不忠（felo de se），他的財產交給國王。直到一八七〇年，這條規定才和因不忠而沒收財產的做法同時被廢除。實際上，這種懲罰因為過於嚴厲早已不實行了——陪審團往往繞過法律，宣佈自殺者是在精神錯亂時自殺的，因此沒有責任。但是這種行為仍被看作犯罪，一旦發生，便成為起訴和審判的對象，而且從原則上講，未遂行為也要受到懲罰。根據費里的資料，[4]一八八九年，僅在英國就對這種違法行為起訴一百零六次，判刑八十四次。對同謀行動更是如此。

米什萊說，在蘇黎世，自殺者的屍體過去一直受到駭人聽聞的對待。如果這個人是自刎的，人們就在靠近他頭部的地方釘進一塊木頭，把刀子插在木頭裡；如果他是投河的，人們就把他埋在水下五尺深的沙土裡。[5]在普魯士，直到一八七一年的刑法典頒佈之前，自殺者必須在沒有任何排場和宗教儀式的情況下埋葬。新的德國刑法典仍然判處同謀行為三年監禁（第兩百一十六條）。在奧地利，舊的宗教法規幾乎原封不動地被保留下來。

俄國的法規更加嚴厲。如果自殺者不像是受到慢性的或暫時的精神混亂的影響。那麼他的遺囑和因為要死而可能做出的一切安排都被認為是無效的，而且不能舉行基督教葬禮。自殺未遂要被處以罰款，數額由教會負責確定。最後，任何人慫恿或以某種方式幫助他人自殺，例如提供必要的工具，要被當作共同預謀殺人處理。[6]西班牙的法典在宗教和道義懲罰之外規定沒收財產並懲罰任何同謀行為。[7]

最後，紐約州的刑法典雖然是最近（一八八一年）頒佈的，但也把自殺定為犯罪。實際上，儘管這樣定性，人們出於某些實際原因不再打算懲罰自殺者，因為懲罰不能有效地傷害罪人。但是自殺未遂可能導致被判處兩年以下監禁或兩百美元以下罰款，或者二者並處。僅僅給自殺者出謀劃策或幫助他自殺也被看作共謀殺人。[8]

伊斯蘭教社會同樣堅決禁止自殺。穆罕默德說：「人只能按真主的意旨根據生死簿上規定的壽限去死。」[9]「當壽限到來時，他們既不能推遲片刻，也不能提前片刻。」[10]「我們已經確定，死亡將依次襲擊你們，誰也不能比我們先走一走。」[11]事實上，再沒有比自殺更違背伊斯蘭教文明的一般精神了，因為高於一切的美德是絕對服從神的意旨和「使人耐心地忍受一切」的順從。[12]自殺是不順從和反抗的行為，因此只能被看作嚴重地缺乏基本的責任感。

如果我們從現代社會轉向史前社會，亦即轉向希臘城邦，我們同樣發現那裡有關於自殺的立法，但是這種立法完全不是以同樣的原則為基礎。只有未經國家批准，自殺才被視為非法。因此，在雅典，自殺的人因為對城邦做了一件不公正的事而受到「淩辱」[13]：他不能享受正常的榮譽和葬禮，而且屍體的一雙手還要被砍下來另埋他處。[14]除了在細節上有所不同，第比斯和賽普勒斯的情況也是如此。[15]在斯巴達，規定如此明確，以致阿里斯托德姆力求在普拉蒂亞戰役中戰死的做法也受到指責。但是這些懲罰只有在個人自殺事先沒有請求主管機關批准的情況下才適用。在雅典，如果在自殺之前說明生活難以忍受的理由，請求元老院批准，如果請求正式得到同意，那麼自殺就被認為是合法的行為。關於這個問題，巴尼奧斯[16]告訴我們某些誡條，他沒有告訴我們這些誡條的時代，但這些誡條確實在雅典流行過；而且他特別讚揚這些法律，肯定這些法律產生過最令人滿意的效果。這些法律在以下條款中說：「不願再活下去的人應該向元老院說明理由，並在得到許可後去死。如果生活使你不愉快，你可以死；如果你運氣不好，你可以喝毒芹汁自盡。如果你被痛苦壓倒，你可以棄世而去。不幸的人應該說出他的不幸，法官應該向他提供補救的辦法，他的不幸就可以結束。」在塞奧斯也有同樣的法律。[17]這種法律被建立馬賽城的希臘移民帶到該地。法官備有毒藥，為那些向六百人院說明他們必須自殺的理由後得到批准的人提供必要數量的毒藥。[18]

關於古羅馬法的規定我們知之甚少，因為我們所得到的十二表法的殘存部分沒有談到自殺。然而，由於這部法典在很大程度上受到希臘立法的啟發，所以很可能包含類似的規定。無論如何，塞爾維烏斯在關於《埃涅斯記》的評論中告訴我們，任何自縊的人都不能舉行葬禮。[19]拉努維奧一個宗教團體的章程也規定同樣的懲罰制度。[20]據塞爾維烏斯引述的編年史作者卡修斯．赫爾米納的記載，高傲者塔奎尼烏斯為了制止自殺的風習，曾下令將自殺者的屍體釘在十字架上，任憑鳥獸啄食。[21]看來至少在原則上一直保持不為自殺者舉行葬禮的做法，因為我們在《古羅馬判例彙編》中看到：Non solent autem lugeri suspendiosi nec qui manus sibi intulerunt, non tædio vitæ ,sed mala conscientia。（人們通常不哀悼、祭祀不是因為厭惡生活，而是因為心地不良而自殺的人。）[22]

但是，根據昆提利安的一篇著作，[23]在羅馬，直到相當晚的時期，還有一種類似我們在希臘看到的制度，目的在於減輕上述規定的嚴酷性：想要自殺的公民應該向元老院說明他的理由，元老院決定這些理由是否可以接受，甚至決定自殺的方式。可以使人相信，在羅馬確實有過這種做法，甚至在皇帝的統治下，軍隊裡還繼續存在某些做法。為了逃避兵役而試圖自殺的士兵要被判處死刑，但是，如果他能證明他是出於某種可以原諒的動機，那麼他就僅僅被開除軍籍。[24]如果他的行為是出於對違反軍規感到內疚，那麼他的遺囑就被宣佈無效，財產充公。[25]毫無疑問的，在羅馬，在道義上或法律上評價自殺時，關於自殺動機的考慮始終起著決定性的作用。因此有這樣的誡條：Et merito, si sine causa sibi manus intulit, puniendus est: qui enim sibi non pepercit, multo minus aliis parcet。（如果一個人無緣無故地自殺，那麼他理應受到懲罰：因為一個不愛惜自己的人更不會愛惜他人。）[26]公眾的意識通常譴責自殺，同時保留在某些情況下批准自殺的權利。這種原則與昆提利安所說的那種制度的基礎的原則十分接近；在關於自殺的羅馬立法中，這種原則如此重要，以致於一直保留到帝國時代。不過，隨著時間的推移，合法的藉口越來越多，最後只剩下了一條不正當理由：為了逃避刑事判決的後果。後來有一陣子，不寬容這類自殺的法律似乎也沒有執行。[27]

如果我們從城邦追溯到盛行利他主義式自殺的原始民族，很難明確地斷言他們可能有過通行的立法。然而，他們以自殺為榮，這一點可以使人相信，自殺並不正式被禁止，儘管可能並不是在所有的情況下都得到絕對的寬容。但是無論如何，所有已經超越這個低級階段的社會都不是毫無保留地賦予個人以自殺的權利的。在希臘和義大利，確實有過這樣一個時期，那些關於自殺的舊規定幾乎全部失效。但這只是在城邦制度本身開始衰亡的時期發生的。因此，這種寬容不能被當作模仿的榜樣，因為這種寬容顯然與這些社會當時所遭受的嚴重動亂有關。這是一種病態的症狀。

如果撇開這些倒退的情況，那麼這種對自殺的普遍譴責本身已經是一個有教育意義的事實，應該足以使那些過分傾向於寬容的道德學家猶豫不決。一位作家應該對自己的邏輯有特殊的信心，敢於以某種制度的名義反抗人類的道德意識；如果他認為這種禁令是過去形成的，現在要求廢除這種禁令，那麼他應該事先證明，集體生活的基本條件從現在起發生了某種深刻的變化。

但是，從這種描述得出一個更能說明問題的結論，這個結論幾乎不容人們相信這種證明是可能的。如果不考慮不同民族所採取的制止自殺的手段在細節上有所不同，那就可以認為關於自殺的立法經過兩個主要階段。在第一個階段，禁止個人擅自自殺，但國家可以批准他自殺。這種行為只有在完全是個人的所作所為，而集體生活的各種機構沒有參與進去的時候，才是不道德的。在某些特定的情況下，社會可以說毫無辦法，只好原諒它在原則上要譴責的行為。在第二個階段，對自殺的譴責是絕對的，沒有任何例外。除了在死亡是對某種罪行的懲罰時，[28]不僅有關的人，就連社會也沒有處置一條人命的權力。這是一種集體和個人從此都不能任意支配的權利。不管是什麼人參與，自殺本身都被看成是不道德的行為。由此可見，隨著歷史的進步，對自殺的禁令只會變得更加徹底，而不是放鬆。因此，如果說今天公眾的意識在這方面看上去不太堅決，這種動搖可能是出於某些偶然的和暫時的原因，因為道德在同一個方向上進化了幾百年之後，不可能在這一點上倒退。

實際上，使道德向著這個方向進化的思想始終存在。人們有時說，自殺之所以受到禁止和應該受到禁止，是因為有人用自殺來逃避他對社會的義務。但是，如果我們只是出於這種考慮，那麼我們就應該像在希臘那樣聽任社會隨意取消為自身利益規定的某種禁令。我們之所以不允許社會有這種權力，是因為我們不是簡單地把自殺者看成不道德的債務人，而社會是他的債權人。因為債權人無論如何可以免除這筆對他有利的債務。而且，如果對自殺的譴責沒有別的原因，那麼，個人越是嚴格地服從國家，這種譴責就應該越是嚴厲，因此，這種譴責應該在未開化社會達到頂峰。然而，實際情況恰恰相反，這種譴責隨著個人的權利逐漸超過國家的權利而變得更加嚴厲。因此，這種譴責在基督教社會裡之所以變得如此正式和嚴厲，其原因可能不在於這些民族的國家觀念，而在於他們對人生有了新的看法。在他們眼裡，人生成了神聖的、甚至最神聖的東西，任何人都不得侵犯。在城邦制度下，個人的生命可能已經不再像在原始部落中那樣不值錢。從那時起，人們承認個人的生命具有某種社會價值，但是人們認為這種價值完全屬於國家。因此，城邦可以任意處置個人，而個人對自己卻沒有同樣的權利。但是如今個人獲得了某種使他凌駕於他自身和社會之上的尊嚴。只要他沒有因為自己的行為而失去做人的資格，那麼在我們看來就可以說具有任何宗教賦予諸神並使他們永垂不朽的那種特殊本性。他便帶上了宗教色彩，人便成了人類的神。因此，對人的任何傷害對我們來說都好像是褻瀆聖物。自殺就是這種傷害之一。不管這種傷害來自何人，都使我們產生反感，因為這種傷害破壞了我們的這種神聖性，而這種神聖性無論是我們的還是別人的都應該受到尊重。

因此，自殺受到譴責，因為它違背對我們的全部道德所寄託的人生的崇拜。證明這種解釋的是，我們對自殺的看法完全不同於古代各民族。從前，人們只是簡單地把自殺看成是公民對國家所犯的錯誤——宗教對此不大感興趣。[29]相反的，自殺現在成了一種基本上與宗教有關的行為。禁止自殺的是教規，而世俗政權在懲罰自殺時只是追隨和模仿教會。因為我們具有作為神性組成部分的不朽的靈魂，所以我們應該認為自己是神聖不可侵犯的。因為我們和上帝有某種關係，所以我們不完全屬於任何世俗的人。

但是，如果這就是把自殺列入非法行為的理由，那麼是否應該斷定這種指責從今以後毫無根據呢？事實上，科學的考證看來不會認為這些想法有任何價值，也不會承認人身上有什麼超人的東西。費里在他的《殺人與自殺》一書中正是這樣推論的，所以才認為可以把對自殺的一切禁令都看成是過去遺留下來的，注定要消失。他從唯理論的觀點出發，認為個人可能有某種與自身無關的目的是荒唐的說法，由此推斷出，我們永遠有犧牲生命來放棄共同生活的好處的自由。在他看來，生的權利從邏輯上講包含著死的權利。

但是，這種論點過早地從形式到內容、從我們藉以表達我們的感情的語言到這種感情本身得出結論。不錯，宗教信條——我們透過這些信條來理解我們對人生的尊重——無論就其本身還是抽象地來看都不完全和現實相一致，而且很容易證明這一點；但是並不因此而得出這種尊重本身是沒有理由的結論。相反的，這種尊重在我們的權利和倫理中起著佔優勢的作用，這個事實告誡我們不要作出相似的解釋。因此，我們不是從字面上理解這種概念，而是研究這種概念本身，探討這種概念是如何形成的，我們便會看到，即使這種概念的流行公式不盡完善，但也不是沒有某種客觀的價值。

實際上，我們歸於人身的這種超驗性並不是它所獨有的特點，在別處也可以看到。它只是一切有某種強度的集體感情給有關對象留下的印記。正因為這些感情來源於集體，所以只能使我們的活動轉向集體的目標。然而社會有它的需要，這些需要並不是我們的。因此，這些需要所引起的我們的行為不是根據我們個人的愛好，其目的不是我們自身的利益，而是在於犧牲和吃苦。當我守齋時，當我為了取悅上帝而禁欲修行時，當我出於尊重某種我不知其意義的傳統而自找苦吃時，當我交納捐稅時，當我為國家出力或獻出生命時，我犧牲了某種屬於我自己的東西；而我們的利己主義卻反對這種犧牲，我們很容易看出這種犧牲是我們所服從的某種權力要求我們做出的。甚至在我們愉快地尊重它的命令時，我們也意識到，我們的所作所為是由一種尊重某種比我們強大的力量的感情所決定的。儘管我們在某種程度上自發地服從要我們做出這種犧牲的呼聲，但是我們清楚地感覺到，這種呼聲的口氣是命令式的，而不是出於本能的。因此，儘管這種呼聲在我們的內心深處得到反應，但是我們不可能毫無牴觸地把它看成是我們自己的呼聲。我們就像克制我們的感情那樣抵制這種呼聲；我們把它拒之門外，我們把它和我們設想的作為外在的並優於我們的某種存在聯繫起來，因為這種存在支配著我們，而我們則服從它的命令。當然，在我們看來產生於同一來源的一切都具有相同的性質。因此，我們不得不想像一個在這個世界之上並充滿另一種性質的現實的世界。

這就是所有這些作為宗教和道德的基礎的超驗觀念的來源，因為道德義務是不可能有其他解釋的。當然，我們賦予這些觀念的具體形式在科學上是沒有價值的。無論我們是把具有某種特殊性質的個人存在作為這些觀念的基礎，還是把我們含糊地以道德理想的名義假設的某種抽象力量作為這些觀念的基礎，這些觀念總是一些比喻的說法，不能充分地說明事實。但是這些觀念所代表的**過程**卻不是不真實的。同樣真實的是，在所有這些情況下，我們都是在高於我們的權威即社會的要求下採取行動的，而社會賦予我們的目的在道義上是至高無上的。如果是這樣的話，那麼可能對人們試圖用來想像這種至高無上的這些一般概念提出的所有反對意見就不會減少這種至高無上的現實性。這種批評是膚淺的，沒有觸及事物的本質。因此，如果能證實使人生更加完美是現代社會所追求和應該追求的目標之一，那麼產生於這種原則的一切道德規範都將因此被證明是合理的，不管人們通常是用什麼方式方法來證明。儘管民眾感到滿意的理由是可以批評的，但是只要把這些理由換成另一種說法就可以說明這些理由的全部意義。

事實上，這個目標不僅是現代社會所追求的目標之一，而且是一條歷史規律：人們傾向於越來越放棄其他任何目標。起初，社會就是一切，個人什麼也不是。因此，最強烈的社會感情是使個人依戀集體的感情：社會本身就是自己的目標。人不過被看作它手中的工具——人的一切權利似乎都是來自社會，他沒有反對社會的特權，因為沒有任何高於社會的東西了。但是，各種事物漸漸地發生了變化。隨著社會變得更加龐大，人口更加稠密，社會就變得更加複雜，勞動有了分工，個人的差別擴大，[30]而且逐漸接近這樣的時刻：同一個人類群體的所有成員再也沒有任何共同之處，除了他們都是人。在這種情況下，不可避免的是，集體的感情用它的全部力量依附於它所剩下的這個唯一的對象，並且由此賦予這個對象一種無與倫比的價值。既然人生是唯一同時觸動每一顆心的東西，既然它的美好是唯一可以集體追求的目標，那麼它在所有人的心目中就不能不具有某種特殊的重要性。於是它便升高到人類的所有目標之上，並且具有了某種宗教性質。

因此，這種對人的崇拜和前面說過的導致自殺的利己主義的個人主義完全是兩回事。這種崇拜絕對不讓個人脫離社會，脫離任何高於他們的目標，而是讓他們統一思想，讓他們為同一項使命出力。因為，受到集體愛戴和尊敬的人，不是我們當中任何一個易動感情和全憑經驗的個人，而是整個人類，是每一個民族在每一個歷史時刻所設想的理想的人類。不過，我們誰也不能完全代表它，儘管我們誰也不是完全與它無關。因此，問題不在於讓每個人只考慮他自己和他自身的利益，而在於讓他服從人類整體的利益。這樣一個目標使他擺脫自身；這個目標是非個人的和無私的，所以超過了所有個人的人格；像任何理想一樣，這個目標只能被認為是超越現實和支配現實的。這個目標甚至支配著各種社會，因為它是一切社會活動所要達到的目標。這就是為什麼這個目標不再由社會來決定的原因。儘管我們承認社會也有它存在的理由，但是它已經處於受這個目標支配的狀態，而且已經沒有權利違背這個目標，更沒有權利准許個人違背這個目標。因此，我們作為道德存在的尊嚴已不再是任城邦擺佈的東西，但也沒有因此而變成我們的東西，我們也沒有獲得利用這種尊嚴為所欲為的權利。事實上，既然作為高於我們的存在的社會本身也沒有這種權利，我們的這種權利又從何而來呢？

在這種情況下，自殺必須被列為不道德的行為，因為自殺從基本原則上否定人類一心追求的這個目標。有人說，自殺的人只是傷害他自己，而社會根據 Volenti non fit injuria（願望不構成損害）這條古老的準則並沒有介入。這是錯誤的。社會受到了損害，因為今天作為最受尊重的道德準則的基礎、幾乎是聯繫社會成員唯一紐帶的感情受到了傷害，而且如果可以隨意造成這種傷害的話，這種感情就會變得軟弱無力。如果道德意識在這種感情遭到破壞時不提出抗議，那麼這種感情怎麼能保持最低限度的權威呢？自從人身被看成而且應該被看成一種神聖的東西、個人和群體都不能任意處置之時起，任何對人身的傷害都應該被禁止。哪怕傷害者和受害者是同一個人，僅僅從採取這種行為的人本身受到這種行為的損害來說，這種行為給社會造成的損害也不會消失。如果以暴力毀滅一個人的生命這個事實本身一般說來使我們像對褻瀆聖物那樣產生反感，那麼我們在任何情況下都不會容忍這種事。在這一點上做出讓步的集體感情很快就會變得軟弱無力。

不過，這並不是說，應該恢復過去幾百年裡對自殺實行的嚴厲懲罰。這些懲罰是在整個刑罰制度受一時的形勢影響而大大強化的時期形成的。但是應該堅持自殺必須受到譴責的原則。有待探討的是，這種譴責應該用什麼外部標誌表現出來。道義上的制裁夠不夠？或者應不應該給予法律上的制裁和用哪些法律呢？這是下一章要討論的問題。

二

從前，為了進一步確定自殺的不道德程度，我們總是研究自殺和其他不道德行為、尤其是和犯罪及違法有什麼關係。

根據拉卡薩涅的看法，自殺的衝動和涉及財產的犯罪（有加重情節的盜竊、縱火和詐騙性破產等等）通常成反比。他的一位學生肖西南博士在他的《犯罪統計學研究》一書中以他的名義支持這個論點。[31]但是用來說明這個論點的證據都是錯誤的。根據這位作者的意見，只要比較兩條統計曲線就可以看到，這兩條曲線以彼此相反的方向變化。實際上，不可能看出這兩條曲線之間有任何直接的或相反的關係。不錯，從一八五四年起，與財產有關的犯罪有所減少，而自殺有所增加。但是這種減少在某種程度上是虛假的。這僅僅是因為從這時起，法院已經習慣於將某些犯罪行為作輕罪處理，以便使這些犯罪行為不受重罪法庭的審判，為的是把這些本來可以由重罪法庭審判的犯罪行為交給輕罪法庭。因此，從這時起，一定數量的罪行便從犯罪行為統計欄裡消失，而重新出現在違法行為的統計欄裡；而最得益於這種今天已被認可的法律原則的是與財產有關的犯罪行為。因此，統計表上這種犯罪行為之所以比較少，恐怕完全是由於在計算時做了手腳。

但是，即使這種減少是真實的，也不能由此得出結論。因為，儘管從一八五四年開始這兩條曲線向相反的方向延伸，但是從一八二六年到一八五四年，與財產有關的犯罪行為的曲線或者和自殺的曲線同時上升——儘管稍慢一點——或者保持穩定。從一八三一年到一八三五年，平均每年有五千零九十五人被起訴，這個數字在下一個五年裡增加到五千七百三十二人，在一八四一—一八四五年期間為四千九百一十八人，從一八四六年到一八五〇年為四千九百九十二人，只比一八三〇年減少百分之二。而且，這兩條曲線的整個外形排除了任何關於接近的想法。與財產有關的犯罪行為的曲線起伏多變，前後兩年大起大落，這種表面上看來反覆無常的變化顯然取決於許多偶然的情況。相反的，自殺的曲線以一種均勻的起伏有規則地上升，除了極少數例外，沒有突然的上升，也沒有突然的下降。上升是不斷的和逐步的。在其發展如此不可比較的兩種現象之間，不可能存在任何聯繫。

此外，拉卡薩涅的意見看來一直沒有得到別人的支持。但是他的另一種理論則不同，根據這種理論，與自殺有關聯的是傷害人身的犯罪行為，尤其是殺人。這種理論有許多為之辯護的人，值得認真研究。[32]

從一八三三年起，蓋里就一直提醒人們注意，南方諸省傷害人身的犯罪行為是北方諸省的兩倍，而自殺的情況正好相反。後來，據德斯皮納計算，在流血的犯罪行為比較頻繁的十四個省裡，每百萬居民中只有三十人自殺，而在這種犯罪行為少得多的另外十四個省裡，每百萬居民中卻有八十二人自殺。他還指出，在塞納省，每百例起訴案中只有十七例是傷害人身的犯罪行為，而平均每百萬居民中有四百二十七人自殺；但是在科西嘉，前者為每百例中有八十三例，後者為每百萬居民中只有十八人。

然而，這些意見一直沒有受到重視，直到被義大利的犯罪學家們所接受，尤其是費里和莫塞利，他們把這些意見當作整個理論的基礎。

根據他們的看法，自殺和殺人的對立是絕對的一般規律。不論是地理上的分佈還是隨著時間的演變，兩者在任何地方都是朝相反的方向發展的。但是這種對立一旦得到承認，便可以用兩種方式來解釋。或者說殺人和自殺是兩種對立的趨勢，只有此消才能彼漲；或者說這是兩條來自同一源頭的河流，因此不可能同時為它們提供同樣多的水。在這兩種解釋中，義大利的犯罪學家接受了第二種解釋。他們把自殺和殺人看作同一種情況的兩種表現形式，同一個原因的兩種結果，有時表現為這一種形式，有時表現為另一種形式，不可能同時表現為兩種形式。

決定他們選擇這種解釋的是，根據他們的看法，從某些方面來說，這兩種現象在某些方面表現出反方向的發展並不排除平行發展。雖然有一些條件讓這兩種現象反方向發展，但是還有另外一些條件在以同樣的方式影響著它們。因此，莫塞利說，氣溫對這兩種現象起著同樣的作用，它們在每年的同一時刻，亦即炎熱季節來臨的時候，發展到頂點；兩者的出現在男子中都比在女子中更頻繁。最後，根據費里的看法，這兩種現象都隨著年齡的增長而增加。由此可見，這兩種現象雖然在某些方面是截然不同的，但是有一部分具有相同的性質。不過，讓這兩種現象平行發展的因素都是個人的，因為這些因素或者直接由某些生理狀態（年齡、性別）構成，或者屬於只能透過個人肉體影響個人精神的自然環境。於是，自殺和殺人便由於它們的個人條件而被混為一談。使某人傾向於自殺或殺人的心理狀態是一樣的，這兩種傾向實際上是一種傾向。在隆布羅索之後，費里和莫塞利也曾試圖給這種氣質下定義。這種氣質的特點是個體的衰退，使人在堅持鬥爭時處於不利的條件下。殺人者和自殺者都是身心衰退者和軟弱無能者。他們同樣不能對社會起某種有用的作用，因此注定要失敗。

不過，這種獨特的氣質本身並不特別傾向於哪一種方式，而是根據社會環境的性質選擇殺人或自殺，從而產生這兩種儘管明顯地對立但隱藏著某種同一性的現象。在民風敦厚、人們厭惡流血的地方，失敗者只好聽天由命，承認自己無能，而且，由於預料到自然選擇的結果，所以他只好透過放棄生命來放棄鬥爭。相反的，在民風比較粗獷、不太尊重人的生命的地方，他便會起來反抗，向社會宣戰，去殺人而不是自殺。總之，自殺和殺人是兩種暴力行為。但是，有時產生這些行為的暴力在社會環境中沒有遭到抵制而傳播開來，於是它便變成殺人；有時這種暴力受到公眾意識的壓力而不能發洩出來，只能回到它的發源地，於是使用暴力的人便成了暴力的犧牲品。

因此，自殺是變相和弱化的殺人。這樣看來，自殺似乎是一件好事，即使不是好事，至少是不太壞的事，因為它使我們避免了一件更壞的事。看來，我們不應該力求用某些禁止手段來限制自殺的發展，因為這樣一來會使殺人不受限制。這是一個有必要讓它打開的安全閥門。歸根究柢，自殺有這樣一個極大的好處：使我們可以在不用社會干預的情況下以最簡單、最經濟的辦法擺脫一定數量無用或有害的人。讓他們自行消滅，難道不是比迫使社會用暴力把他們清除出去更好嗎？

這種有創造性的論點是不是有充分的理由？這個問題有兩個方面，應該分開來討論。犯罪的心理條件和自殺的心理條件是不是一樣？它們所取決的社會條件之間有沒有對抗性？

三

有三個事實可以提出來證實這兩種現象在心理上的一致性。

首先，性別對自殺和殺人起著類似的影響。確切地說，性別的影響與其說是生理原因的結果，不如說是社會原因的結果。婦女自殺的少，殺人的也少，這不是因為她們在生理上不同於男人，而是因為她們不像男人那樣參與集體生活。但是，婦女並不是同樣遠離這兩種形式的不道德行為。實際上，人們忘記了有一些殺人行為是她們的專利，這就是殺害嬰兒、墮胎和放毒。只要殺人在她們力所能及的範圍內，她們也會像男人那樣地去幹，甚至更加經常地幹。根據厄廷根的看法，[33]家庭謀殺案有一半要歸咎於她們。因此，按照她們的天性，沒有什麼根據說她們更尊重他人的生命，她們只是缺少機會，因為她們捲入生活的漩渦不太深。導致流血罪行的原因對她們比對男人的影響小，因為她們處在這些原因的影響範圍之外。由於同樣的原因，她們也較少遭到意外死亡的危險；在一百例意外死亡中，只有二十例是女性。

此外，如果我們把所有故意殺人、無預謀殺人、預謀殺人、殺害父母、殺害嬰兒和放毒等都算作一類，那麼婦女所占的比例還要大。在法國，每一百例這些罪行中有三十八例或三十九例是婦女犯下的，如果把墮胎也算上，甚至達到四十二例。在德國，這個比例為百分之五十一，在奧地利為百分之五十二。不錯，我們沒有把過失殺人包括在內，但是，只有故意殺人才是真正的殺人。另一方面，婦女所特有的無預謀殺人、殺害嬰兒、墮胎和家庭謀殺，從性質上來說是很難發現的。這類殺人有許多逃脫了司法機關的追究，因此也沒有被統計在內。如果我們想到，婦女在判決時必定利用了她們在預審時已經利用過的寬容，她們比男人更經常地被宣告無罪，那麼我們就會看到，男女的自殺傾向沒有很大的區別。相反的，我們知道婦女對自殺的免疫力有多大。

年齡對這兩種現象的影響區別不大。按照費里的看法，殺人和自殺一樣隨著人的年齡增長而更加頻繁。而莫塞利的看法則恰恰相反。[34]實際情況是兩者既不成反比也不成正比。自殺有規律地逐步增加，直至老年，無預謀殺人和預謀殺人在壯年亦即三十歲或三十五歲時達到高峰，然後逐步減少。這就是表三十一所表明的情況。在表中不可能發現絲毫證據說明自殺和殺人在性質上是一致的或對立的。

剩下的還有氣溫的影響。如果我們把所有侵犯人身的罪行都加在一起，那麼我們所得到的曲線似乎證實了義大利學派的理論。這條曲線逐步上升，直到六月，然後逐步下降，直到十二月，就像自殺的曲線一樣。但是，這種結果僅僅是因為在侵犯人身罪行這個共同表現形式下，除了殺人之外，我們把猥褻和強姦也計算在內了。因為這些罪行在六月份達到最高峰，而且數量比傷害生命罪多得多，所以形成這條曲線的正是這些罪行。但是這些罪行與殺人沒有任何直接的關係，因此，如果我們要知道後者如何在一年的不同時刻發生變化，只需將它與其他罪行區別開來就行了。不過，如果我們這樣做，尤其是如果我們細心地把不同形式的殺人罪都區別開來，那麼我們就再也不能發現前面所說的那種平行發展的任何

表三十一　法國無預謀殺人、預謀殺人和自殺在不同年齡的比較（1887 年）

	每個年齡組每十萬人中		每個年齡組每種性別每十萬人中的自殺	
	無預謀殺人	預謀殺人	男	女
16-21 歲[35]	6.2	8	14	9
21-25 歲	9.7	14.9	23	9
25-30 歲	15.4	15.4	20	9
30-40 歲	11	15.9	33	9
40-50 歲	6.9	11	50	12
50-60 歲	2	6.5	69	17
60 歲以上	2.3	2.5	91	20

痕跡了（見表三十二）。

實際上，當自殺從一月到六月繼續而有規律地增加，而在下半年繼續而有規律地減少時，無預謀殺人、預謀殺人和殺害嬰兒卻逐月在變化無常地波動。不僅總體發展趨勢不同，而且**高峰**和**低谷**也不一致。無預謀殺人有兩次**高峰**，一次在二月，另一次在八月；預謀殺人也有兩次高峰，但時間不同，一次在二月，另一次在十一月。至於殺害嬰兒，高峰是在五月，而致命性打擊則是在八月和九月。如果我們不是按月而是按季計算各種變化，這些差別同樣明顯。秋季的無預謀殺人幾乎和夏季一樣多（秋季為一千九百六十八例，夏季為一千九百七十四例，）而冬季則比春季多。預謀殺人冬季最多（兩千六百二十一例），秋季次之（兩千五百九十六例），再其次是夏季（兩千四百七十八例），最少是春季（兩千兩百八十七例）。至於殺害嬰兒，春季超過其他季節（兩千一百十一例），其次是冬季（一千九百三十九例）。致命的打擊和傷害在夏季和在秋季幾乎一般多（兩千八百五十四例和

表三十二 不同形式殺人罪每月的變化[36]（1827-1870）

	無預謀殺人	預謀殺人	殺害嬰兒	致命打擊和傷害
一月	560	829	647	830
二月	664	926	750	937
三月	600	766	783	840
四月	574	712	662	867
五月	587	809	666	983
六月	644	853	552	938
七月	614	776	491	919
八月	716	849	501	997
九月	665	839	495	993
十月	653	815	478	892
十一月	650	942	497	960
十二月	591	866	542	886

兩千八百四十五例），其次是春季（兩千六百九十例），冬季也差不多（兩千六百五十三例）。我們已經看到，自殺的分佈完全不同。

此外，如果自殺的傾向只是一種受抑制的殺人傾向，那我們就會看到，無預謀殺人者和預謀殺人者一旦被逮捕，他們的狂暴本性就再也不能表現出來，他們自己就會成為這種本性的犧牲品。因此，在監禁的作用下，殺人的傾向必然變成自殺的傾向。然而，許多觀察家都證明，罪大惡極的刑事犯反而很少自殺。卡佐維埃伊從我們不同的苦役犯監獄的醫生那裡收集了關於苦役犯自殺的情況。[37]在羅什福爾，三十年裡只見過一例；在土倫，那裡通常有三、四千犯人（一八一八—一八三四年），但沒有一例自殺。在布列斯特，情況有所不同，在平均三千名犯人中，十七年裡只有十三名自殺，年平均自殺率為十萬分之二十一；儘管這個比例高於上述兩個地方，但這個數字一點也不算過大，因為它是與主要是男性的和成年人的群體有關。據利爾醫師說：「從一八一六年到一八三七年，包括一八三七年在內，在死於苦役犯監獄的九千三百二十人中，只有六人是自殺的。」[38]根據費律醫師的調查，在平均有一萬五千一百十一名囚犯的各地中心監獄中，七年內只有三十人自殺。但是在苦役犯監獄中，這個比例還要小，從一八三八年到一八四五年，平均七千零四十一名犯人中只有五名自殺。[39]布里埃爾．德布瓦蒙進一步肯定了後一個事實，他說：「比起那些罪行不太嚴重的犯人來，罪大惡極的職業殺人犯更少使用這種暴力手段來逃避刑罰。」[40]勒魯瓦醫師也指出，「作為苦役犯監獄常客的屢教不改的流氓」很少企圖自殺。[41]

雖然，有兩個統計資料——一個是莫塞利引用的，[42]另一個是隆布羅索引用的[43]——有助於證實犯人一般特別傾向於自殺。但是，因為這些資料沒有把無預謀殺人者和預謀殺人者同其他刑事犯區別開來，所以根本不能得出與我們所關心的問題有關的結論。甚至不如說，這些資料似乎肯定前面的那些看法。實際上，這些資料證明，監禁本身引起了十分強烈的自殺傾向。即使不考慮那些被捕後尚未判刑就自殺的人，還有相當多人的自殺只能歸因於監獄生活的影響。[44]但是另一方面，被監禁的無預謀殺人者必然特別強烈地傾向於自殺，如果這種產生於監禁的自殺傾向又被天生的特質所強化的話。如此看來，這種傾向不是低於一般人而是大於一般人，因此這個事實不利於這樣的假設；他們僅僅由於自身的性格而與自殺有某種天生的親合力，一旦條件有利就準備表現出來。此外，我們的意思並不是肯定他們有真正的免疫力，我們所掌握的有關材料不足以解決這個問題。在某些條件下，罪大惡極的刑事犯可能輕易了結自己的生命而不感到太大的痛苦。但是這種情況至少沒有義大利學者的論點必然包含的普遍性和必然性。這一點是我們完全能夠肯定的。[45]

四

但是義大利學者的第二種主張還有待討論。由於殺人和自殺不是同一種心理狀態引起的，所以我們應該研究它們所取決的社會條件是否真正截然不同。

這個問題要比這些義大利學者和他們的反對者所認為的更複雜。當然，在許多情況下，反比的規律沒有得到證實。這兩種現象不是互相排斥和互不相容，而是經常平行發展。因此，在法國，從一八七〇年戰爭以後，無預謀殺人表現出一種增加的趨勢。在一八六一—一八六五年期間，無預謀殺人平均每年只有一百零五起，從一八七一到一八七六年平均每年增加到一百六十三起，而預謀殺人在同期從一百七十五起增加到兩百零一起。然而，在此期間，自殺大大地增加。同樣的現象在一八四〇—一八五〇年期間也發生過。在普魯士，從一八六五年到一八七〇年，自殺沒有超過三千六百五十八起，一八七六年達到了四千四百五十九起，一八七八年達到五千零四十二起，增加了百分之三十六。無預謀殺人和預謀殺人也同樣增加，一八六九年為一百五十一起，一八七四年增加到一百六十六起，一八七五年增加到兩百二十一起，一八七八年增加到兩百五十三起，增加了百分之六十七。[46]在薩克森也有同樣的現象。在一八七〇年以前，自殺的人數在六百人到七百人之間；只是在一八六八年達到八百人。從一八七六年起，自殺的人數增加到九百八十一人，然後增加到一千一百一十四人和一千一百二十六人，最後在一八八〇年增加到一千一百七十一人。[47]同樣的，傷害他人生命罪從一八七三年的六百三十七起增加到一八七八年的兩千兩百三十二起。[48]在愛爾蘭，從一八六五年到一八八〇年，自殺增加了百分之二十九，殺人也以幾乎同樣的程度增加（百分之二十三）。[49]在比利時，從一八四一年到一八八五年，殺人從四十七起增加到一百三十九起，自殺從兩百四十起增加到六百七十起；前者增加百分之一百九十五，後者增加百分之一百七十八。這些數字如此不符合規律，以致費里懷疑比利時統計資料的準確性。但是，即使根據最近幾年最可靠的資料，也可以得出同樣的結果。從一八七四年到一八八五年，殺人增加了百分之五十一（從九十二起增加到一百三十九起），自殺增加了百分之七十九（從三百七十四起增加到六百七十起）。

這兩種現象的地理分佈引起類似的看法。法國自殺最多的省是：塞納省、塞納－馬恩省、塞納－瓦茲省和馬恩省。不過，就殺人而言，這些省雖然不是名列前茅，但名次也相當靠前。塞納省的無預謀殺人居第二十六位，預謀殺人居第十七位，塞納－馬恩省居第三十三位和第十四位，塞納－瓦茲省居第十五位和第二十四位，馬恩省居第二十七位和第二十一位。瓦爾省的自殺居第十位，無預謀殺人居第五位，預謀殺人居第六位。在羅納河口省，自殺很多，殺人也很多：預謀殺人居第五位，無預謀殺人居第六位。[50]在自殺的分佈圖上和在殺人的分佈圖上一樣，塞納河中下游地區都是深色的，地中海沿岸諸省也是如此。唯一的區別是，前一個地區在殺人分佈圖上的顏色比在自殺分佈圖上的顏色略淺，而後一個地區則相反。同樣的，在義大利，羅馬是自殺居第三位的行政區，情節嚴重的殺人居第四位。最後，我們已經看到，在生命不太受到重視的下層社會裡，自殺往往特別多。

儘管這些事實確鑿無疑，而且不容忽視，但是相反的事實同樣是確實的，而且甚至更多。儘管這兩種現象在某些情況下是一致的，至少是平行不悖的，但在另一些情況下卻是明顯地對立的：

1. 儘管在本世紀的某些時候，這兩種現象朝著同一個方向發展，但是從整體來看，這兩條曲線至少在一段相當長的時間內十分明顯地背道而馳。在法國，從一八二六年到一八八〇年，自殺有規律地增加，就像我們已經看到的那樣；相反的，殺人卻逐步減少，儘管減少的速度不太快。在一八二六—一八三〇年期間，平均每年有兩百七十九人被控無預謀殺人，而在一八七六—一八八〇年期間則只有一百六十人；在這兩個時期之間，被控無預謀殺人的人數甚至減少到一八六一—一八六五年的一百二十一人和一八五六—一八六〇年的一百一十九人。在一八四五年以前和一八七〇年戰爭以後的兩段時期裡，有重新增加的趨勢，但是如果撇開這些不大的波動，減少的總趨勢是顯而易見的。減少的比例為百分之四十三，因為同期人口增加了百分之十六，所以更加不可忽視。

預謀殺人的減少不太明顯。一八二六—一八三〇年期間平均每年有兩百五十八人被控預謀殺人，一八七六—一八八〇年期間還有兩百三十九人。但是如果把人口的增加考慮在內，那麼這種減少也就不可忽視了。預謀殺人的這種不同變化趨勢沒有什麼值得奇怪的。實際上，這是一種混合型的犯罪行為，與無預謀殺人既有共同的特點，也有不同的特點。有時候，這是一種比較考慮周到和有意識的預謀殺人，有時候，這只是在搶劫財產時發生的預謀殺人。作為後一種預謀殺人，它的起因不是殺人。引起這種預謀殺人的不是各種導致流血的傾向，而是各種導致搶劫的動機。在這兩種犯罪行為逐月逐季的變化表上可以明顯地看出它們的二重性。預謀殺人在冬季達到最高峰，尤其是在十一月份，和搶劫完全一樣。因此，我們無須透過預謀殺人的各種變化便能清楚地看到這種殺人趨勢的發展——無預謀殺人的曲線清楚地說明了它的發展的大方向。

在普魯士也可以看到同樣的現象。一八三四年有三百六十八人因無預謀殺人或給人致命打擊而受審，亦即每兩萬九千名居民中有一人；一八五一年就只有兩百五十七人，亦即每五萬三千名居民中有一人。此後，這種減少的趨勢一直繼續下去，儘管比較緩慢。一八五二年，每七萬六千名居民中還有一人受審，到一八七三年，每十萬九千名居民中才有一人受審。[51]在義大利，從一八七五年到一八九〇年，一般的殺人和性質嚴重的殺人減少了百分之十八（從三千兩百八十起減少到兩千六百六十起），而自殺卻增加了百分之八十。[52]在殺人沒有減少的地方，至少也沒有增加。在英國，從一八六〇年到一八六五年，平均每年有三百五十九起，一八八一—一八八五年期間平均每年只有三百二十九起；在奧地利，一八六六—一八七〇年期間有五百二十八起，一八八一—一八八五年期間只有五百一十起。[53]在這些不同的國家裡，如果把預謀殺人同其他殺人區別開來，這種減少的趨勢可能更加明顯。與此同時，所有這些國家的自殺卻都在增加。

然而，塔爾德先生卻試圖證明，在法國，殺人的減少只是表面上的。[54]這種減少僅僅是因為沒有把重罪法庭審理的案子和檢察機關沒有起訴或法官裁定不予起訴的案子加在一起。根據這位作者的意見，沒有起訴、因而法院沒有統計在總數內的無預謀殺人案數量在不斷增加；如果把這些無預謀殺人案和同類犯罪行為加在一起，殺人案就不斷增加而不是減少。可惜他用來證明這種論斷的辦法是過分巧妙地安排這些數字。他滿足於比較一八六一—一八六五年期間以及一八七六—一八八〇年期間和一八八〇—一八八五年期間重罪法庭沒有起訴的無預謀殺人和預謀殺人數，證明第二個五年、尤其是第三個五年超過第一個五年。但是，一八六一—一八六五年碰巧是這個世紀裡未經法庭審判的殺人案最少的時期；殺人案的數量格外少，我們不知道是什麼原因。因此這是一種最不恰當的比較。而且，我們不能從兩三組數字的比較中歸納出某種規律來。如果塔爾德先生不是這樣來選擇他的基準點，而是比較長期地觀察這些案件數量的變化，那麼他就可能得出完全不同的結論。上表就是長期觀察的結果：

沒有起訴的案件數[55]

	1835-1838	1839-1840	1846-1850	1861-1865	1876-1880	1880-1885
無預謀殺人	442	503	408	223	322	322
預謀殺人	313	320	333	217	231	252

這些數字的變化不是非常有規律的；但是，從一八三五年到一八八五年，這些數字明顯地減少了，儘管到一八七六年有所增加。無預謀殺人減少了百分之三十七，預謀殺人減少了百分之二十四。因此，沒有任何根據可以斷定相應的犯罪行為在增加。[56]

2. 儘管有些國家把自殺和殺人合併統計，但二者所占的比例總是不同的；這兩種現象的嚴重程度從來不會同時達到最高峰。**在殺人非常多的地方有一種對自殺的免疫力**，這甚至是一條普遍的規律。

西班牙、愛爾蘭和義大利是自殺最少的三個歐洲國家：西班牙每百萬居民中為十七起，愛爾蘭為二十一起，義大利為三十七起。相反的，殺人卻不是同樣最少。**只有這三個國家的殺人數超過了自殺數**：西班牙的殺人數為自殺數的三倍（在一八八五—一八八九年期間，平均每年有一千四百八十四起殺人案，但只有五百一十四起自殺），愛爾蘭為兩倍（前者為兩百二十五起，後者為一百一十六起），義大利為一點五倍（分別為兩千三百二十二起和一千四百三十七起）。相反的，法國和普魯士的自殺很多（分別為每百萬居民中一百六十起和兩百六十起），而殺人卻只有自殺的十分之一：在一八八二—一八八八年期間，法國平均每年為七百三十四起，普魯士為四百五十九起。

在每個國家內部也可以看到同樣的比例。在義大利的自殺分佈圖上，整個北方都是深顏色的，整個南方則完全是白色的；而殺人的分佈圖卻正好相反。另外，如果按自殺率把義大利各省分成兩類，再找出每一類的平均殺人率，兩者的差別就特別明顯：

第一類：每百萬居民中有四・一－三〇起自殺，有二七一・九起殺人。

第二類：每百萬居民中有三〇－八八起自殺，有九五・二起殺人。

殺人最多的省是卡拉布里亞，每百萬居民中有六十九起情節嚴重的殺人案，自殺也不少。

在法國，殺人最多的省是科西嘉、東庇里牛斯、洛澤爾和阿爾代什。不過，與自殺相較，科西嘉從第一位降到了第八十五位，東庇里牛斯降到了第六十三位，洛澤爾降到了第八十三位，阿爾代什降到了第六十八位。【57】

在奧地利，自殺最多的是下奧地利、波希米亞和摩拉維亞，較少的是卡尼奧爾和達爾馬提亞。相反的，達爾馬提亞每百萬居民中有七十九起殺人案，卡尼奧爾有五十七點四起，而下奧地利只有十四起，波希米亞只有十一起，摩拉維亞只有十五起。

3. 我們已經證實，戰爭對自殺的發展有一種抑制的作用，對搶劫和詐騙等也有同樣的作用。但是有一種犯罪行為是例外，這就是殺人。在法國，無預謀殺人在一八六六—一八六九年期間平均每年從一百一十九起增加到一八七〇年的一百三十三起，後來又增加到一八七一年的兩百二十四起，增加了百分之八十八，[58]一八七二年又減少到一百六十二起。如果考慮到殺人最多的年齡是三十歲左右，而當時所有的年輕人都在服兵役，那麼這種增加看上去就會更加嚴重。年輕人在和平時期所犯的罪行不統計在內。而且，司法行政部門的混亂必然更妨礙犯罪行為的偵破，或者更加妨礙預審得到起訴，這是毫無疑問的。如果說，儘管有這兩種減少的原因，但殺人的數量還是增加了，那就可想而知實際的增加有多麼大啊！

同樣的，普魯士在一八六一年爆發對丹麥的戰爭時，殺人案從一百三十七起增加到一百六十九起，這是自一八五四年以來達到的最高水準；到一八六五年，殺人案減少到一百五十三起，但在一八六六年又有所增加（一百五十九起），儘管普魯士軍隊已經被調動。一八七〇年比一八六九年又有所減少（從一百八十五起減少到一百五十一起），到一八七一年又減少到一百三十六起，但是其他犯罪行為減少得更多！在這個時期，情節嚴重的搶劫案減少了一半，從一八六九年的八千六百七十六起減少到一八七〇年的四千五百九十九起。而且，在這些數字中，無預謀殺人和預謀殺人是混在一起的，但是這兩種犯罪行為的數量並不一樣多，我們知道在法國也是只有前一種犯罪行為在戰時有所增加。因此，如果各種殺人的總數沒有較大的減少，那就可以相信，一旦把預謀殺人除外，無預謀殺人就會表現出極大的增加。另外，如果可以把上面所說的兩種原因除外的所有殺人案都加在一起，那麼這種表面上的減少本身是微不足道的。最後，特別值得注意的是，當時非故意的殺人大大地增加了，從一八六九年的兩百六十八起增加到一八七〇年的三百零三起和一八七一年的三百一十起。[59]這難道不能證明戰時的命案少於平時嗎？

政治危機也有同樣的作用。在法國，從一八四〇年到一八四六年，無預謀殺人的曲線一直是不變的，而在一八四八年卻突然上升，一八四九年達到最高峰，共有兩百四十起。[60]在路易．菲利浦統治的最初幾年已經出現過同樣的現象。政黨的競爭特別激烈。這時無預謀殺人也達到了這個世紀的最高峰，從一八三〇年的兩百零四起增加到一八三一年的兩百六十四起，這個數字從來沒有被超過。到一八三二年，無預謀殺人還有兩百五十三起，一八三三年為兩百五十七起，一八三四年突然減少，而且越來越少，到一八三八年就只有一百四十五起，亦即減少了百分之四十四。在此期間，自殺卻朝相反的方向發展。一八三三年的自殺人數和一八二九年處於同一個水平（分別為一千九百七十三人和一千九百零四人）；後來在一八三四年，上升的趨勢開始了，而且非常迅速，到一八三八年增加了百分之三十。

4. 自殺在城市比在農村多得多，而殺人則相反。一八八七年，把無預謀殺人、殺害父母和殺害嬰兒加在一起，農村為十一點一起，城市只有八點六起。一八八〇年的數字幾乎相同，分別為十一起和九點三起。

5. 我們已經看到，天主教減少自殺的傾向，而新教卻增加了這種傾向。相反的，天主教國家的殺人要比新教國家多得多。（見下頁表A）

至於殺人，這兩類國家之間的對比尤其明顯。

在德國內部也可以看到同樣的對比。超過平均數最多的地區都是天主教地區：波森每百萬居民中有十八點二起無預謀殺人和預謀殺人，多瑙有十六點七起，布倫堡有十四點八起，上巴伐利亞和下巴伐利

A

天主教國家	每百萬居民中的殺人數	每百萬居民中的預謀殺人數	新教國家	每百萬居民中的殺人數	每百萬居民中的預謀殺人數
義大利	70	23.1	德國	3.4	3.3
西班牙	64.9	8.2	英格蘭	3.9	1.7
匈牙利	56.2	11.9	丹麥	4.6	3.7
奧地利	10.2	8.7	荷蘭	3.1	2.5
愛爾蘭	8.1	2.3	蘇格蘭	4.4	0.70
比利時	8.5	4.2			
法國	6.4	5.6			
平均	32.1	9.1	平均	3.8	2.3

B

天主教徒占少數的省	每百萬居民中無預謀殺人和預謀殺人數	天主教徒占多數的省	每百萬居民中無預謀殺人和預謀殺人數	天主教徒占90%以上的省	每百萬居民中無預謀殺人和預謀殺人數
萊茵河	2.8	下佛蘭克	9	上巴列丁領地	4.3
巴拉丁領地					
中佛蘭克	6.9	施瓦本	9.2	上巴伐利亞	13.0
上佛蘭克	6.9			下巴伐利亞	13.0
平均	5.5	平均	9.1	平均	10.1

亞有十三起。同樣的，在巴伐利亞內部，新教徒越少的省殺人越多：（見上頁表B）

只有上巴列丁領地是例外。而且，只要比較上表與第一八一頁上的表就可以明顯地看出自殺的分佈與殺人的分佈成反比。

6. 最後，家庭生活對自殺具有一種緩和的作用，但能引起殺人。在一八八四—一八八七年期間，每百萬已婚男子中平均每年有五點零七起無預謀殺人案，每百萬十五歲以上未婚男子中有十二點七起。與後者相比，前者的免疫力係數似乎是二點三。不過，應該考慮到這樣的事實：這兩種人年齡不同，而殺人傾向的強度隨著年齡的不同而變化。未婚男子的平均年齡為二十五到三十歲，已婚男子的平均年齡為四十五歲左右。然而，無預謀殺人傾向**最強烈**的年齡是二十五到三十歲之間，每百萬這種年齡的人中每年有十五點四起無預謀殺人案，而在四十五歲的人中不超過六點九起。這兩個數字之比為二・二比一。由此可見，已婚者的無預謀殺人數只有未婚者的二分之一，這僅僅是因為他們的年齡較大。因此，他們這種表面上的特殊情況不是由於他們已經結婚，而是由於他們年齡較大。家庭生活並沒有賦予他們任何免疫力。

家庭生活不僅不能防止殺人，反而可能引起殺人。因為，從原則上講，已婚者的品德要比未婚者更高尚。我們認為，品德的高尚不是由於婚姻的選擇，而是由於家庭對每個成員的影響，當然，前者的影響也是不可忽視的。毫無疑問的，一個人如果離群索居和自暴自棄，那麼他在道德上的磨練就不如不斷得到家庭環境的良好訓練的時候。因此，就殺人來說，已婚者之所以並不比未婚者的情況好，是因為他們所受到的、應該使他們避免各種犯罪行為的道德影響部分地被促使他們去殺人的惡劣影響所抵銷，而

這種惡劣影響必然與家庭生活有關。【61】

總之，自殺和殺人有時同時存在，有時互相排斥，有時在相同條件的影響下以同樣的方式發生，有時以相反的方式發生，而相反的情況最多。如何解釋這些表面上矛盾的事實呢？

調和這些事實的唯一辦法是承認有不同種類的自殺，有些自殺與殺人有某種親緣關係，而另一些自殺則排斥殺人。因為同一種現象在同樣的條件下不可能以不同的方式表現出來。像殺人一樣變化的自殺和朝相反方向變化的自殺，性質不會相同。

事實上我們已經指出有不同類型的自殺，它們的特點根本不同。上一編的結論已經證實了這一點，這個結論也可以用來解釋上面所說的事實。僅僅從這些事實就足以推測出自殺的內在區別；但是這種假設不再是一種假設，接近於前面得出的結論，而且這些結論得到這種接近作出的補充證明。同樣的，既然我們知道有哪些不同種類的自殺，我們就可以很容易看出有哪些種類的自殺與殺人不相容，有哪些種類的自殺與殺人在某種程度上取決於同樣的原因，而這種不相容為什麼是最普遍的事實。

實際上，最普遍、最使每年總數增加的自殺類型是利己主義的自殺。這種自殺的特點是產生於一種誇大了的個性的抑鬱和冷漠狀態。一個人不想活下去，因為他不再依戀唯一使他和現實聯繫在一起的中介，我所說的中介就是社會。由於對自己和自身的價值有著強烈的感情，所以他願意成為自身的目的，而由於這種目的不能使他得到滿足，所以他就無精打采和煩惱地過著一種對他來說毫無意義的生活。殺人取決於相反的條件。這是一種不能沒有激情的暴力行為。然而，在由個性不太突出的人組成社會的地方，集體狀態的強度就提高激情的總水平；甚至再也沒有比這更有利於發揚激情、特別是殺人激情的地方了。在家庭精神保持它原有力量的地方，對家庭的冒犯被認為是褻瀆行為，無論怎樣對它報復也不算過分殘酷，而且這種報復不能留給第三者來進行。這就是使我們的科西嘉和某些南方國家還在流血的「族間仇殺」的來源。在宗教信仰十分強烈的地方，族間仇殺往往引起無預謀殺人，政治信仰也是如此。

而且，一般說來，公眾的意識越是不加以限制，也就是說，對謀害生命罪的判決越是寬容，殺人的趨勢就越是洶湧；因為越是不重視殺人罪，公共道德就越是不重視個人和個人的利益，所以軟弱的個性或者用我們的話來說過分的利他主義狀態便促使人們去殺人。這就是殺人在下層社會既多又不受制止的緣故。下層社會的這種經常殺人和比較受到寬容，來自唯一的和同一個原因。不尊重個人的人格使個人容易受到暴力的攻擊，同時使暴力看上去不那麼有罪。利己主義的自殺和殺人出於相反的原因，因此不可能同時發展。在社會激情高漲的地方，個人是不大傾向於毫無結果的空想或伊比鳩魯式的冷靜思考的。當他習慣於把各種特殊遭遇看得無所謂的時候，他是不會認真考慮自己的命運的。當他不把人類的痛苦放在心上時，個人的痛苦也就減輕了。

相反的，由於同樣的原因，利他主義式自殺和殺人完全可能同時發展，因為兩者都決定於同樣的條件，只是程度不同。當一個人變得不重視自己的生命時，他是不可能重視別人的生命的。因此，殺人和自殺同樣流行於某些民族中。但是不能把我們在文明國家裡看到的兩者同時發展的情況歸因於相同的原因。在最有教養的環境下，我們有時看到的和無預謀殺人同時存在的許多自殺，不是某種過分的利他主義狀態。因為要引起自殺，利他主義必須非常強烈，甚至比引起殺人還要強烈。實際上，不管我通常多麼不重視個人的生命，我個人的生命在我眼裡總是勝過別人的生命。同樣的，一般的人重視自己的生命甚於重視其他人的生命，因此，為了消除這種重視生命的感情，在前一種情況下需要有比在後一種情況下更強烈的動機。不過，今天除了軍隊這樣少有的特殊環境，對非個性和克己的愛好太不明顯，相反的感情太普遍了，所以不會這樣輕易地犧牲自己。因此應該有另一種比較現代化的、同樣容易和殺人相結合的自殺。

這就是反常的自殺。反常實際上產生一種激怒和厭煩的狀態，這種狀態根據不同的情況可以轉而針對自己或針對他人：在前一種情況下會引起自殺，在後一種情況下會引起殺人。至於決定這種受到過分刺激的力量發展方向的因素，可能與個人的道德素質有關，根據這種素質的強弱朝一個方向或朝另一個方向發展。一個道德觀念較差的人寧願殺人而不願自殺。我們甚至看到，有時候，這兩種表現形式相繼發生，只是同一種行為的兩個方面；這就證明兩者之間有著密切的親緣關係。這時個人處於如此激化的狀態，所以為了緩解這種狀態，他需要兩個犧牲者。

這就是為什麼今天在大城市和有高度文明的地區殺人和自殺在某種程度上平行發展的原因。因為在這些地方，反常達到了尖銳的狀態。同樣的原因妨礙殺人迅速減少，就像自殺增多那樣。實際上，儘管個人主義的發展使殺人的源泉之一枯竭，但是隨著經濟發展而來的反常卻打開了另一個源泉。我們可以認為，在法國，尤其是在普魯士，自殺和殺人之所以在戰爭開始以後同時增加，原因就在於道德的不穩定性，這種不穩定性由於不同的原因在這兩個國家變得比較嚴重。最後，由此可以解釋，儘管有這些部分一致的地方，為什麼對立仍是最普遍的事實。因為反常的自殺只有在某些特殊的時刻才大量發生，亦即在工業和商業活動處於最高潮的時候。看來利己主義式的自殺最普遍，但是這種自殺排斥流血的犯罪行為。

因此，我們將得出下述結論。自殺和殺人之所以經常朝彼此相反的方向變化，不是因為兩者是同一種現象的兩個方面，而是因為兩者在某些方面構成對立的社會潮流。兩者就像白天與黑夜、旱與澇那樣互相排斥。然而，這種總體的對立之所以並不完全妨礙協調，是因為某些類型的自殺不是取決於與殺人的原因相對立的原因，而是表現出同樣的社會狀態並在同樣的道德環境中發展。此外，可以預料，與反常的自殺同時並存的殺人和與利他主義的自殺相一致的殺人不一定是同樣的性質，因此，殺人完全像自殺那樣，不是一個不可分割的犯罪學實體，而應該包含許多彼此很不相同的種類。但這裡不是詳細討論這個重要的犯罪學命題的場合。

由此可見，說自殺具有有益的反作用，能夠減少其不道德性，因此不妨礙其發展才有利，這是不準確的。自殺不是從殺人派生出來的。當然，決定利己主義自殺的道德素質和使最文明的民族減少殺人的道德素質是互相關聯的。但是這種範疇的自殺者絕對不是失敗了的殺人者，沒有一點殺人者的特徵。自殺者是憂鬱的人，消沉的人。因此，人們可以譴責他的行為，而不會把那些和他走上同一條道路的人變成殺人犯。譴責自殺是否意味著同時譴責並削弱引起自殺的精神狀態，亦即這種與個人有關的一切感覺過敏呢？並因此而冒強化無個性的愛好和由此而產生的殺人危險呢？但是，為了能夠遏制殺人的傾向，個人主義不需要達到成為自殺根源的這種極端強烈的程度。為了使個人厭惡讓同類流血，不需要使他只關心自己。只需要使他普遍地熱愛和尊重人的生命就行了。因此，個性化的傾向可以限制在合理的限度內，而殺人的傾向不會因此而加強。

至於反常狀態，由於它既能引起殺人也能引起自殺，所以能夠制止反常狀態，也就能夠制止殺人和自殺。甚至不用擔心被制止的反常狀態一旦不能在自殺的形式下表現出來便會引起更多的殺人，因為容易受道德紀律約束的人由於尊重公眾的意識及其禁律而放棄自殺，所以更不會去殺人，殺人是要受到更嚴厲的譴斥和制止的。此外，我們已經知道，在這種情況下自殺的人是最好的人，所以沒有任何理由促使他們做出相反的選擇。

本章可以有助於澄清一個經常爭論的問題。

我們對同類的感情只是利己主義感情的延伸還是彼此無關的感情，我們知道這個問題引起了多少爭論。然而我們已經看到，這兩種假設都是沒有根據的。當然，對別人的憐憫和對自己的憐憫並非彼此毫不相干，因為兩者同時發展或消退。兩者之間之所以有某種親緣關係，是因為兩者都產生於同一種集體意識狀態，它們只是這種狀態的不同方面。兩者所表現的都是輿論評價個人一般道德價值的方式。每當個人受到公眾的尊重時，我們就把這種社會評價應用於他人，同時也應用於我們自己；他們的生命像我們的生命一樣，在我們的眼裡就比較有價值，而且我們變得比較容易感覺到分別涉及他們每個人的一切，就像比較容易感覺到涉及我們的一切一樣。他們的痛苦就像我們的痛苦，我們比較容易感到難以忍受。因此，我們對他們的同情並非我們對自己的同情的簡單延長；但兩者都是同一個原因的結果，都是同一種精神狀態所構成的。這種精神狀態當然是根據適用於我們自己還是適用於他人而變化；我們的利己主義本能在前一種情況下使這種精神狀態強化，在後一種情況下則使之削弱，但是在這兩種情況下都存在並起作用。甚至看上去與個人氣質最有關的感情也取決於個人以外的原因，這是千真萬確的！我們的利己主義本身在很大程度上是社會的產物。

◆註釋◆

【1】見《社會的勞動分工》導言。

【2】關於這個問題的參考書：阿皮亞諾．博納費德：《自殺的批判和哲學史》，一七六二年，譯成法文，巴黎，一八四二年。布爾格洛：《關於法律對自殺的看法的研究》，《巴黎文獻學院叢書》，一八四二年和一八四三年。格恩齊：《自殺，刑法的歷史》，紐約，一八八三年。加里森：《羅馬法規和法國法規中的自殺》，圖盧茲，一八八三年。溫．韋斯科特：《自殺》，倫敦，一八八五年，第四三—五八頁。蓋格：《古代的自殺》，奧格斯堡，一八八八年。

【3】加里森的著作，第七七頁。

【4】《殺人和自殺》，第六一—六二頁。

【5】《法國法規的起源》，第三七一頁。

【6】費里的著作，第六二頁。

【7】加里森的著作，第一四四、一四五頁。

【8】費里的著作，第六三、六四頁。

【9】《可蘭經》，第三章第一百三十九節。

【10】同上，第十六章第六十三節。

【11】同上，第五十六章第三十三節。

【12】《可蘭經》，第三十三章第三十三節。

【13】亞里斯多德：《尼各馬科倫理學》，第五章第十一、三節。

【14】C．埃斯基涅斯：《泰西封》，第二四四頁。柏拉圖：《法律篇》，第九章第十二節，第八七三頁。

【15】狄奧．克里索斯托姆：《講演稿》四、十四（特布納編輯，第二卷，第二〇七頁）。

【16】《梅萊特》，阿爾騰堡，賴斯克出版社，一七九七年，第一九八頁以下。

【17】瓦勒爾—馬克沁：《善言懿行錄九卷》，二，六，八。

【18】同上，二，六，七。

【19】十二表法，第六百零三條。

【20】見拉佐爾克斯：《關於努馬國王的書》，載於《古代研究》。我們轉引自蓋格的著作，第六三頁。

【21】在塞爾維烏斯上述引文中。

【22】第三卷第二編第二章第三節。

【23】《雄辯家的培訓》，VII，四，三九《雄辯術》，三三七。

【24】《古羅馬判例彙編》，第四十九卷第十六編第六條第七節。

【25】同上，第二十八卷第三編第六條第七節。

【26】《古羅馬判例彙編》，第四十八卷第二十一編第三條第六節。

【27】共和國末期和帝國初期。見蓋格的著作第六九頁。

【28】甚至在這種情況下，社會也開始被否認有這種權利。

【29】見蓋格的著作，第五八—五九頁。

【30】見我們的《社會的勞動分工論》第二卷。

【31】里昂，一八八一年。一八八七年在羅馬舉行的犯罪學大會上，拉卡薩涅申明這個理論是他提出來的。

【32】參考書目：蓋里：《論法國的道德統計學》。——卡佐維埃伊：《論自殺、精神錯亂和傷害人身的犯罪行為及其相互關係的比較》，共二卷，一八四〇年。——德斯皮納：《自然心理學》，第一一一頁。——莫里：《論社會的道德演變》，載於《兩個世界評論》雜誌，一八六〇年。——莫塞利：《自殺論》，第二四三頁以下。——《第一屆犯罪人類學國際大會會刊》，都靈，一八八六—一八八七年，第二〇二頁以下。——塔爾德：《犯罪行為比較》，第一五二頁以下。——費里：《殺人和自殺》，第四版，都靈，

一八九五年，第二五三頁以下。

【33】《道德統計學》，第五二六頁。

【34】莫塞利的著作第三三三頁。在《羅馬大會會刊》第二〇五頁上，這位作者對這種對立的現實性提出了疑問。

【35】就殺人而言，與前兩個年齡組有關的數字嚴格地說來是不確切的，因為犯罪統計的第一個年齡組是十五至二十一歲，而人口調查所提供的是十五至二十歲的人口總數。但是這種稍微的不確切絲毫不改變本表所表示的一般結果。至於殺害嬰兒，將近二十五歲就達到了最大限度，而且減少得很快，原因很容易理解。

【36】根據肖西南的資料。

【37】卡佐維埃伊的著作，第三一〇頁以下。

【38】利爾的著作，第六七頁。

【39】《囚犯、監禁和監獄》，巴黎，一八五〇年，第一三三頁。

【40】布里埃爾．德布瓦蒙的著作，第九五頁。

【41】《塞納—馬恩省的自殺》。

【42】莫塞利的著作，第三七七頁。

【43】《刑事犯》，法文版，第三三八頁。

【44】這種影響是什麼呢？一部分似乎應該歸因於隔離監禁制。但是我們對監獄的一般生活能夠產生同樣的效果不會感到奇怪。大家都知道，壞人和犯人的關係是緊密結合的；那裡的人完全沒有個性，監獄的紀律也在這方面起作用。因此，那裡所發生的某些情況似乎和我們在軍隊中所看到的情況一樣。證實這種假設的是，自殺在監獄裡和在軍營裡一樣經常流行。

【45】費里所引證的一份統計資料（《殺人和自殺》第三七三頁）並不是更令人信服的。從一八六六年到

一八七六年，在義大利的苦役犯監獄裡，因傷害人身罪被判刑的苦役犯自殺的有十七名，而因侵犯財產罪被判刑的苦役犯自殺的只有五名。但是，在苦役犯監獄裡，前一種犯人比後一種犯人多得多。因此，這些數字不是結論性的。另外，我們不知道這份統計資料的作者從何處得到他所利用的材料。

【46】根據厄廷根的《道德統計學》附表六十一。

【47】根據厄廷根的《道德統計學》附表一九。

【48】同上書，表六十五。

【49】根據費里所列的表。

【50】各省的分類引自布林內：《法國和義大利的犯罪行為》，巴黎，一八八四年，第四十一頁和五十一頁。

【51】斯塔克：《普魯士的犯罪和罪犯》，柏林，一八八四年，第一四四頁以下。

【52】根據費里的統計表。

【53】見博斯科：《某些歐洲國家的殺人》，羅馬，一八八九年。

【54】《刑罰的哲學》，第三四七—三四八頁。

【55】某些案件沒有起訴是因為這些案件既不構成犯罪行為，也不構成不法行為。因此有理由把它們減去。然而我們沒有這樣做，以便和作者保持一致；而且我們可以肯定，減去以後也絲毫不會改變從上述數字得出的結果。

【56】作者提出支持他的論點的第二種考慮並不更有說服力。根據他的意見，還應該考慮被誤認為是殺人的自殺或意外死亡。因為兩者的數量從本世紀初起都有所增加，所以他由此得出結論，列入這兩類之一的殺人數也必然增加。因此他還說，如果我們要準確地判斷殺人的發展的話，這是應該考慮的一種有重大意義的增加。但是這種推理是以一種混亂的思想為基礎的。意外死亡和自殺人數的增加，不等於被誤列入這類死亡的殺人數量也增加。自殺和意外死亡越多，也不等於被誤認為是自殺和意外死亡的人數越多。為了使這樣的假設具有某種真實性，就必須證明對這些可疑情況進行的行政或司法調查做得比從前更

糟；我們看不出這種假設有任何根據。雖然，塔爾德先生對今天淹死的人比以前多感到吃驚，促使他認為這種增加掩蓋了殺人的增加。但是，遭雷擊而死的人也增加了，而且增加了一倍，這卻和犯罪意圖沒有任何關係。實際情況首先是因為統計更加精確了，而淹死的人增加，是因為海濱浴場更熱鬧、港口更繁忙、內河船隻更多招致更多的意外死亡。

【57】就預謀殺人來說，這種反比關係不那麼明顯，這就證實了上面所說的這種犯罪行為的混合性質。

【58】相反的，謀殺在一八六八年為兩百一十五起，一八六九年為兩百起，一八七〇年減少到一百六十二起。可以看出這兩種犯罪行為竟然如此不同。

【59】根據斯塔克的著作第一三三頁。

【60】謀殺的曲線幾乎一直是不變的。

【61】然而，這些說法與其說是為了解決問題，不如說是為了提出問題。只有像我們對自殺那樣，將年齡的影響和婚姻狀況的影響分開，問題才得到解決。

第三章　實際的結論

既然我們知道自殺是怎麼回事、自殺的種類和主要規律，就應該探討現實社會對自殺應該採取什麼態度。

但是這個問題本身又意味著另一個問題。應該把文明民族的自殺現狀看成是正常的還是不正常的？實際上，根據人們所能贊同的解決辦法，可以認為，為了限制自殺，某些改革是必要的和可能的；或者相反的，最好接受自殺的事實，同時譴責自殺。

一

人們也許會對可能提出這個問題感到奇怪。

實際上，我們習慣於把一切不道德的事都看成是不正常的。因此，如果自殺像我們已經證實的那樣傷害道德意識，那麼看來就不可能不把自殺看成是社會病理學的一種現象。但是我們在其他場合已經說明，[1]甚至最明顯的不道德行為——犯罪——也不一定非得被列為病態的表現。這種論斷當然使某些人感到困惑，而且從表面上看似乎動搖了道德的基礎。然而，這種論斷沒有絲毫破壞性。為了使自己信服這種論斷，只要參照這種論斷所依據的理由就行了，這種理由可以歸納如下。

「弊病」這個詞或者毫無意義，或者是指某種可以避免的東西。毫無疑問的，一切可以避免的東西並非都是病態的，但一切病態的東西都是可以避免的，至少大多數人可以避免。如果不願意拒絕承認觀念和措詞中的一切差別，那就不可能把某一類人不能沒有、必然包含在他們的素質中的某種狀態或特點說成是病態的。另一方面，我們只有一種客觀的、可以根據經驗來確定並容易被他人檢驗的特徵，我們可以從這種特徵看出這種必要性的存在；這就是普遍性。在任何時候和任何場合，如果兩種行為同時發生而毫無例外，那就與任何假定這兩種行為可以分開的方法相反。一種行為並非總是另一種行為的原因。兩者之間的關聯可能是間接的，[2]但是這種關聯還是存在的，而且是必然的。

然而，沒有任何已知的社會沒有不同形式、不同程度的犯罪行為。沒有任何民族的道德不每天受到破壞。因此我們應該說，犯罪是必然的，不可能不存在，社會組織已知的基本條件必然導致犯罪。所以，犯罪是正常的。在這裡，以人性不可避免的不完善為理由，堅持認為弊病始終是弊病，不可能加以制止，這是徒勞的——這是說教者的語言，不是學者的語言。必然的不完善不是弊病，否則就應該到處都是弊病，因為到處都是不完善。我們不可能想像有完善的機體功能和解剖形式。有人說過，光學儀器製造者會對造出像人的眼睛一樣粗劣的視覺工具感到慚愧。但是他沒有也不能由此得出結論說這種器官是不正常的。而且，用我們的反對者多少有點神學味道的話來說，必然的東西本身不可能沒有某種完善之處。**作為生命不可缺少的條件的東西不可能是沒有用的，除非生命是沒有用的**。我們堅持這種看法。實際上我們已經證明犯罪為什麼可能有用。不過犯罪只是在受到譴責和鎮壓時才有用。有人錯誤地認為，把犯罪列入正常的社會學現象，這個事實本身就意味著寬恕犯罪行為。但是，如果有些犯罪行為是正常的，那麼這些犯罪行為受到懲罰也是正常的。懲罰和犯罪是不可分割的一對，缺一不可。鎮壓制度的任何不正常放鬆，其結果是鼓勵犯罪行為，使犯罪行為達到某種不正常的強度。

我們現在來把這些觀點應用於自殺。

我們確實沒有充分的資料可以用來肯定沒有不存在自殺的社會。只有少數幾個國家的統計數字告訴我們這一點。至於其他國家，只有在立法上留下的痕跡可以證明自殺的存在。不過我們並不肯定知道自殺在任何地方都是法律條例的對象，但是可以肯定這是最普遍的情況。自殺有時遭到禁止，有時遭到譴責；對自殺的禁止有時是正式的，有時則容許有保留和例外。但是所有類似的情況都使人相信，自殺決不可能與法律和道德無關。這就是說，自殺總是有足夠的重要性，可以引起公眾意識的注意。不管怎樣，可以肯定的是，歐洲各國任何時候都有自殺的傾向，只是不同的時期強度不同而已；從上個世紀起，統計數字就給我們提供了這方面的證據，而法律檔案證明在更早的時代就有自殺。因此，自殺是這些時代正常結構的組成部分，甚至很可能是任何社會結構的組成部分。

此外，看出自殺與社會結構如何關聯在一起也不是不可能的。利他主義的自殺與未開化社會有關尤其明顯。正因為個人嚴格服從群體是這些社會的基本原則，所以可以說，利他主義式自殺是未開化社會集體紀律不可缺少的一種手段。如果一個人為了一點小事就不重視自己的生命，那麼他就不是一個體面的人，而且，既然他不重視生命，那麼一切都不可避免地成為他擺脫生命的藉口。因此，這種自殺和這些社會的道德結構之間有著某種密切的關聯。今天，在自我犧牲和無個性盛行的地方，情況也是如此。而且，尚武精神只有在個人超脫自己的時候才可能是強烈的，而這種超脫必然導致自殺。

由於某些相反的原因，在個人的尊嚴是行為的最終目標、人是人類的上帝的社會和環境中，個人很容易傾向於把自己當作上帝，把自己當作崇拜的對象。當道德首先致力於讓個人十分看重自己的時候，只要有某些情況綜合在一起就足以使個人根本看不到有誰高於他自己。當然，個人主義不一定是利己主義，但接近利己主義，不可能激發個人主義而不進一步加強利己主義。利己主義自殺便由此而發生。最後，在進步快和應該快的民族那裡，限制個人的規則必然是相當靈活和可變的；如果這些規則像在原始社會那樣嚴格和不可變，那麼受到阻礙的進化就不可能相當迅速地恢復。但是，沒有受到堅決限制的欲望和野心在某些時候難免大大地膨脹起來。既然我們向所有的人灌輸進步是他們的責任這種教導，要使他們做出某些讓步就比較難了；於是，不滿和不安便不可能不增加。因此，整個道德的進步和完善在某種程度上是和反常分不開的。由此可見，一定的道德素質和一定類型的自殺是互相對應和互相關聯的，兩者不可或缺，因為自殺只是每一種道德素質在某些特殊條件下必然要採取的形式，而這些特殊條件不可能不產生。

但是有人會說，這些不同的傾向只是在增強的時候才引起自殺，因此這些傾向難道不可能在所有的地方都是中等強度的嗎？——這就要求所有地方的生活條件都是相同的，這既不可能也不受歡迎。任何社會都有某些特殊的環境，在這些環境中，各種集體的狀態只有在變化的時候才深入人心，根據不同情況或是加強或是削弱。一種傾向要在全國具有某種強度，就必須在某些地方超過這種強度或達不到這種強度。

但是這些超過的部分不論是多是少，不僅是必要的，而且是有用的。因為，如果最一般的狀態也是最適合社會生活最一般情況的狀態，那麼這種狀態就不可能與其他情況有關；不過社會應該能夠適應任何情況。一個對活動的愛好從來不會超出一般水平的人，不可能在要求做出額外努力的情況下堅持下去。同樣的，一個思想上的個人主義不可能擴大的社會，不可能擺脫傳統的束縛並更新它的信仰，即使這是必要的。相反的，在這種同樣的精神狀態不能在有機會的時候減少到足以允許相反的傾向得以發展的地方，人們在戰時，亦即被動的服從是首要義務的時候會怎麼樣呢？這些活動形式要能夠在有用的時候產生，社會就不應該完全忘記這些活動形式。因此，這些活動形式必須在共同的生活方式中有一席之地；例如有一些領域保持著一種毫不動搖的批評與自由討論風氣，而另一些領域如軍隊則幾乎原封不動地保持著對權威的古老信仰。在平時，這些領域的行為當然不應該擴大到某種限度之外，因為在其中產生的感情符合某些特殊情況，所以這些感情基本上不會擴散。但是這些感情如果必須保持局部化，那麼繼續存在也是必要的。如果考慮到社會在同一個時期裡不僅必須面對各種不同的情況，而且不可能保持一成不變，那麼這種必要性就更加明顯了。在一個世紀裡，與現代人相稱的個人主義和利他主義的正常比例不是一成不變的。如果現在沒有未來的萌芽，那就不可能有未來。一種集體傾向要在發展時削弱或增強，也不應該固定為一種後來再也不能擺脫的形式；集體傾向如果在空間不表現出任何變化，那麼在時間中也不會變化。【3】

產生於這三種精神狀態的不同的集體憂鬱傾向本身只要不過分，就不是沒有存在的理由。事實上，認為純粹的歡樂是正常的感覺狀態，這是一種錯誤。人如果完全不受憂鬱的影響，就不可能活下去。有許多多疑的人，你只有在愛他們時才能適應他們，而你在其中得到的樂趣必然有某種令人感到憂鬱的東西。因此，憂鬱只有在生活中佔有過多的位置時才是病態的——但是完全被排除在生活之外同樣是病態的。喜愛表露歡樂的感覺應該被相反的愛好遏制，只有在這種條件下，這種愛好才能保持一定的分寸，並和各種事物相一致。社會和個人都是如此。過分的歡樂就是放蕩，只適合於那些墮落的人，而且只能在這些人那裡看到。生活往往是艱難的，往往是令人失望或空虛的。集體的感覺必然反映生活的這個方面。因此，除了促使人們信心十足地去面對世界的樂觀主義傾向之外，必然有一種相反的傾向，這種傾向當然沒有前一種傾向那樣強烈和普遍，但還是能夠部分地遏制前一種傾向——因為一種傾向本身並不自我限制，從來只能受另一種傾向的限制。根據某些跡象來看，甚至某種憂鬱的傾向也是隨著社會類型向高級發展而發展的。正像我們已經在另一部著作中說過的，[4]最文明民族的偉大宗教比古代社會最簡單的信仰更充滿了憂傷，這至少是顯而易見的事實。當然這不是說，悲觀的傾向最終必然淹沒其他傾向，而是證明悲觀傾向沒有失去地盤，而且看來並非注定要消失。不過，悲觀的傾向要能存在和保持下去，必須在社會上有一種特殊的機制作為其基礎，必須有一些個人群體特別代表這種集體情緒。但是扮演這種角色的那部分人口必然是很容易產生自殺念頭的。

但是，必須把具有某種強度的自殺傾向看成是正常的社會學現象，並不因此而說明任何同類傾向必然具有同樣的性質。如果克己的精神、熱愛進步和崇尚個性在任何社會裡都有它們的位置，如果它們不在某些時候變成自殺的起因，那麼它們一定只是在某種程度上具有這種屬性，而且因民族而異。這種屬性只有在不超過某種界限時才是合理的。同樣的，集體的憂傷傾向只有在不佔優勢的條件下才是合理的。因此，現在文明國家的自殺現象是否正常的問題並沒有因此得到徹底的解決，還需要研究一個世紀以來自殺大大增加是不是沒有病理學根據。

有人說過，這種增加是文明的代價。的確，自殺在歐洲是普遍現象，在文化水平越高的歐洲國家更明顯。事實上，普魯士的自殺從一八二六年到一八九〇年增加了百分之四百一十一，法國從一八二六年到一八八八年增加了百分之三百八十五，德意志奧地利從一八四一—一八四五年到一八七七年增加了百分之三百一十八，薩克森從一八四一年到一八七五年增加了百分之兩百三十八，比利時從一八四一年到一八八九年增加了百分之兩百一十二，瑞典從一八四一年到一八七四—一八七五年只增加了百分之七十二，丹麥在同期增加了百分之三十五。義大利自一八七〇年以來，亦即自從成為歐洲文明的代表之一以來，自殺的人數從七百八十八名增加到了一千六百五十三名，亦即二十年內增加了百分之一百零九。此外，自殺最普遍的是那些最文明的地區。因此我們可以認為，智慧的進步與自殺的增加之間有某種關聯，彼此不能分開；[5]這種論點類似那位義大利犯罪學家的論點，根據他的論點，犯罪增加的原因和補償是各種經濟交易同時增加。[6]如果這種論點得到承認，那就應該得出這樣的結論：文明社會特有的結構對自殺有特殊的刺激作用，因此，現有的這種極端暴力行為是正常的，因為是必然的。所以，沒有必要採取特殊措施來反對，除非同時反對文明。[7]

但是，一個最早的事實必然使我們對這種推理保持警惕。在羅馬，當帝國達到全盛期時，同樣發生了大規模的自殺。因此我們可以肯定，像現在一樣，這是人類發展智力所付出的代價，是有教養的民族給自殺提供更多犧牲品的規律。但是，後來的歷史證明這種歸納法多麼沒有根據，因為自殺的流行只延續一時，而羅馬的文化卻繼續保存下來。不僅基督教社會吸收了這種文化最好的成果，而且自十六世紀以來，在印刷術發明以後，在文藝復興和宗教改革運動之後，基督教社會已經大大地超過了古代社會所達到的最高水準。然而，直到十八世紀，自殺還只是略有發展。因此，進步不是必然要流這麼多血，因為這些成果可以保留下來甚至超過，而不會繼續產生同樣的殺人效應。但是，今天難道不可能是同樣的情況，我們的文明發展和自殺的發展沒有邏輯上的關係，因此可以制止自殺的發展而不同時停止文明的發展嗎？此外，我們已經看到，自殺在進化的最初階段就出現了，而且有時極端嚴重。因此，既然自殺存在於最粗野的部落中，那就沒有任何理由認為自殺必然與非常文雅的習俗有關。當然，古代的自殺類型有一部分已經消失，正是這種消失應該使我們每年的自殺人數有所減少，但是今天自殺卻變得更加嚴重，這就更加令人感到奇怪了。

因此我們有理由相信，自殺的增加不是由於進步的固有性質，而是由於今天發生自殺的特殊條件，但是沒有任何理由使我們相信這些條件是正常的。因為我們不應該被科學、藝術和工業引人注目的發展所迷惑；這種發展肯定是在一種病態的興奮中完成的，我們每個人都感到它令人痛苦的反作用。因此，自殺增加的根源很可能是現在伴隨著文明的進步而來的一種病理狀態，但不是必要條件。

自殺人數增加的速度甚至不允許有其他假設。事實上，在不到五十年的時間裡，不同國家的自殺人數增加了兩倍、三倍，甚至四倍。另一方面，我們知道，自殺與社會結構最根深柢固的東西有關，因為自殺表現了社會的情緒，而民族的情緒像個人的情緒一樣，反映了機體最根本的狀態。因此，我們的社會組織必定在這個世紀裡發生了深刻的變化，所以才引起自殺率如此升高。然而，既嚴重又迅速的變化不可能不是病態的，因為一個社會不可能如此突然地改變結構。只是由於一系列緩慢和幾乎難以覺察的變化，社會才終於具有另一些特點。而且這些可能發生的變化是有限的。一旦一種社會類型確定下來，就不再是無限可塑的；一個很快達到的限度不會被超越。因此，當代自殺統計所假設的各種變化不可能是正常的。不確切知道這些變化包括什麼，人們就可以預先肯定，這些變化不是產生於有規律的進化，而是產生於一種病態的動盪，這種動盪完全可能徹底推翻過去的一切法規，但不可能建立任何新的法規，因為幾百年的業績不可能在幾年內重新完成。但是，如果原因是不正常的，那麼結果也不可能是正常的。因此，說明自殺傾向高漲的不是我們的文明日益光輝燦爛，而是一種危機和動盪的狀態，這種狀態的延長不可能沒有危險。

在這些不同的理由之外，還可以加上最後一條。儘管集體的憂傷在正常情況下確實要在社會生活中起某種作用，但是並不普遍和強烈到滲入社會機體的高級中樞。這種憂傷始終是一種暗流，集體只隱約地感覺到，並不能受到明顯的影響。如果這些隱約的意向真的對公眾意識產生影響，那也只是透過一些暫時、間歇的衝動。一般來說，這些衝動通常只表現為零碎的判斷、孤立的格言，這些格言儘管看上去完美無缺，但彼此互不相關，只傳達了部分的事實，而且還要藉由某些相反的格言來糾正和補充。這些針對生活的令人傷感的格言和諺語式的俏皮話正是由此而產生的，這些格言和俏皮話有時是民族的智慧所熱衷的，但並不比那些相反的格言數量更多。這些格言和俏皮話顯然說明那些只是透過意識而沒有完全佔據意識的一時印象。這些感覺只有在獲得一種異乎尋常的力量時，才吸引公眾的注意而可能被當作整體來意識到，並且被協調和系統化，於是便變成完整的生活理論的基礎。事實上，在羅馬和在希臘，伊比鳩魯和芝諾令人沮喪的理論正是出現在社會受到嚴重打擊的時候。因此，這些偉大理論體系的形成是由於社會機體的紊亂使悲觀的傾向達到某種不正常強度的標誌。不過我們知道這類理論體系今天是如何多起來的。要對這類理論的數量和重要性有一個正確的概念，光想到那些正式具有這種性質的哲學

（例如叔本華和哈特曼等人的哲學）是不夠的，還應該考慮到所有在不同的名義下產生於同樣精神的哲學。無政府主義者、唯美主義者、神祕主義者和革命的社會主義者，即使他們不對未來感到灰心，至少和悲觀主義一樣痛恨或厭惡現狀，同樣需要摧毀或逃避現實。集體的憂鬱如果沒有得到病態的發展，就不會如此侵入人們的意識，因此，由此而引起的自殺的發展也屬於同樣的性質。[8]

因此，所有的證據加在一起，使我們把一個世紀以來自殺的人數大大增加看成是一種越來越可怕的反常現象。用什麼辦法來消除這種現象呢？

二

有些作者曾經極力主張恢復從前使用過的恫嚇性懲罰。[9]我們願意相信，當前我們對自殺的寬容實際上是過分了。既然自殺違背道德，就應該受到比較嚴厲和明確的譴責，而這種譴責應該以外部的和明確的跡象表現出來，亦即表現為懲罰。我們的懲罰制度在這方面的放鬆，本身就是一種不正常的現象。不過，稍微嚴厲一點的懲罰也行不通，不會被公眾的意識所容忍。因為正像我們已經看到的，自殺是真正的美德的近親，只是過分了。因此輿論對自殺的評價容易產生分歧。因為自殺在一定程度上是由輿論所尊重的感情引起的，所以輿論在譴責自殺時不能沒有保留和毫不猶豫。理論家們在自殺是否違背道德的問題上曠日持久的爭論就是由此而來的。因為自殺透過一系列逐步發生的中介行為與道德所贊許或容忍的某些行為聯繫在一起，所以人們有時認為自殺與這些行為屬於同樣的性質，願意使自殺得到同樣的容忍，這就不奇怪了。對殺人和搶劫就很少提出這樣的疑問，因為這裡的界線比較明確。[10]此外，不管怎樣，自殺者把自己處死這個事實也會引起太多的同情，以致譴責不可能是毫不容情的。

由於這些原因，人們因此只能規定某些道義上的懲罰。可能做到的一切就是，拒絕給予自殺者正式落葬的榮譽，剝奪自殺者的某些公民權利、政治權利或家庭裡的權利，例如做父親的某些權力和擔任公職的資格。我們相信，輿論會毫無困難地承認，任何試圖逃避基本義務的人，他的相應權利也要被剝奪。但是不管這些措施多麼合理合法，也永遠只能產生非常次要的影響——以為這些措施足以制止這種暴力行為的傾向，這是幼稚的想法。

此外，僅僅靠這些措施不可能從根本上消除這種罪惡。實際上，我們之所以不打算在法律上禁止自殺，是因為我們沒有強烈地感到自殺的不道德性。我們聽任自殺自由發展，因為自殺不再像從前那樣使我們反感。但是能夠喚起我們的道德感的決不是法律條文。一種行為在我們看來是否在道義上令人憎惡並不取決於法律。如果法律制止公眾的感情認為是無害的行為，那麼使我們感到氣憤的是法律，而不是法律所懲罰的行為。我們過分容忍自殺是因為產生自殺的精神狀態是普遍存在的，我們不能譴責自殺而不譴責我們自己——這種精神狀態在我們身上太根深柢固了，所以不能部分地加以原諒。唯一能使我們比較嚴厲的辦法是對悲觀主義傾向直接採取行動，使這種傾向恢復正常並加以限制，使大多數人的意識不受其影響並更加堅定。一旦大多數人的意識恢復了正常，就會以適當的方式抵制一切有害的傾向。再也不需要一種完全是想像出來的懲罰制度；在需要的壓力下，這種制度會自行形成。迄今為止，這種制度都是人為的，因此沒有多大用處。

教育難道不是獲得這種結果最可靠的手段嗎？既然教育可以影響各種性格，那麼培養各種性格，使之比較堅強，從而不寬容那些自暴自棄的願望，這不就行了嗎？這正是莫塞利所想到的。他認為，預防自殺的辦法完全包含在下述格言中：「培養人們協調思想和感情的能力，使他們能夠在一生中追求一個明確的目標；總之，給道德性格以力量和能量。」【11】一個完全不同學派的思想家得出了同樣的結論：「弗朗克先生說，如何消除自殺的原因呢？只要改進教育大業，努力培養智慧，而且培養性格，不僅培養觀念，而且培養信念。」【12】

但這是賦予教育一種它所沒有的能力。教育只是社會的映象和反映。教育模擬社會並以縮小的形式複製社會，而不是創造社會。當民族本身是健康的，教育就健康；但是教育和民族一起變質，它自身是不會自行改變的。如果道德環境是污濁的，由於老師們自己生活在其中，所以他們不可能不被感染，那麼他們如何使他們所培養的學生接受不同於他們已經接受的指導呢？每一代新人都是他們的前輩培養起來的，因此，後者為了改良他們的後代，他們就應該改良他們自己。我們是在一個圈子裡循環。完全可能發生這樣的情況，相隔很久可能出現一個思想和願望超過他的同輩的偉大；但人們不是用某些孤立的個性來徹底改變民族的道德素質的。當然，我們很願意相信，一種有說服力的呼聲能夠像魔法似的改變社會的本質；但是，在這裡和在其他地方一樣，無中不能生有。最堅強的意志也不能從虛無中汲取並不存在的力量，而失敗的經驗總是來驅散這些隨意的幻想。況且，不管怎樣，由於某種不可理解的奇蹟，教育制度可能和社會制度對立起來，而且由於這種對立，教育制度可能變得毫無效果。如果要使產生人們要與之作鬥爭的道德狀態的集體組織維持下去，那麼小孩從開始和這種組織接觸之時起，就不可能不受到它的影響。學校的人為環境只能保護他一時，而且這種保護很不得力。隨著現實生活對他的進一步侵蝕，這種組織就會破壞教師的工作。因此，只有在社會本身得到改造的時候，教育才能得到改造。為此，必須消除社會產生弊端的原因。

不過，這些原因我們現在已經知道了。我們在說明各種主要自殺傾向的根源時，已經明白了這些原因。然而，其中有一種傾向肯定與當前自殺的發展毫無關係，這就是利他主義的傾向。實際上，這種傾向已經大大失去了它所贏得的地盤——它只是在未開化社會裡占上風。儘管它在軍隊中被保留下來，但看來也沒有達到不正常的強度，因為它在某種程度上是保持尚武精神所必須的。而且，這種傾向甚至在軍隊中也越來越衰退。因此，只有利己主義式自殺和脫序性自殺的發展可以被看成是病態的，只有這兩種自殺是我們必須關心的。

利己主義式自殺的根源，是社會在各方面都沒有足夠的整合作用使它的所有成員從屬於它。因此，這種自殺之所以過分地增加，是因為它所依賴的這種狀態本身在蔓延，是因為混亂而虛弱的社會聽任它的許多成員完全擺脫它的影響。因此，糾正這種弊病的唯一辦法，是使各種社會群體具有足夠的穩定性，以便這些群體更加牢靠地留住個人，個人更加依戀群體。應該使個人更加感到和在時間上先於他而存在、比他存在的時間長而且在各方面都超過他的集體利害一致。在這種情況下，他就不再在自己身上尋找自己行為的唯一目標，而且，由於懂得他是達到超越他的目標的手段，所以他就會意識到他對某件事有用。生活在他的眼裡就重新有了某種意義，因為生活重新找到了目標和正常的方向。但是什麼團體最適合於不斷地使人們恢復這種有益的團結一致的感情呢？

不是政治團體。尤其是今天，在我們這些現代大國中，政治團體離個人太遠，不能有效不斷影響個人。不管在我們的日常生活和整個政治生活之間有什麼聯繫，這種聯繫終究太間接，不能使我們對這種聯繫有某種強烈和不間斷的感情。只有在關係到重大的利益時，我們才強烈地感覺到我們對政治團體的依賴狀態。當然，在那些構成道德菁英的人那裡，完全沒有國家觀念的情況是很少見的；但是在平時，這種觀念是模糊的，隱隱約約地表現出來，有時甚至完全被掩蓋起來。需要有一些特殊的情況，例如民族或政治大危機，國家觀念才會被置於首要地位，滲入人們的意識，成為行為的指導動機。然而，能夠經常抑制自殺傾向的不是一種如此間歇的影響。個人必須在一生中不是相隔很久而是每時每刻都能意識到，他的所作所為是有某種目的的。但是，只有在一種比較單純和範圍較小的社會環境更加緊密地包圍著他，並且提供某種比較接近他的活動的條件，才可能做到這一點。

宗教團體同樣不適合起這種作用。當然，這並不是因為宗教團體在一些特定的條件下不能施加某種有益的影響，而是因為施加這種影響的必要條件現在不再存在。實際上，宗教團體只有在強大到足以約束個人的時候才能防止自殺。正因為天主教強迫它的信徒接受大量教條和教規，甚至影響他們世俗生活的所有細節，所以它比新教更能使他們遵守教條和教規。天主教徒不大可能看不到把他和他是其中一分子的宗教團體聯繫在一起的紐帶，因為這個團體時時刻刻以適用於不同生活環境的戒律形式提醒他。他不需要惶惶不安地尋思他的所作所為有什麼目的，他把這些所作所為全部向天主彙報，因為這些所作所為大部分是由天主安排的，也就是說，是由代表天主的教會安排的。而且，因為這些戒律被認為來源於某種超人的權威，所以人類沒有權利去思考這些戒律。把這些戒律歸於這種起源，而又允許自由地批評這些戒律，這將是真正的自相矛盾。因此，宗教只有在不允許人們自由思考的情況下才能減少自殺的傾向。不過，從現在起就很難控制個人的才智了，而且會變得越來越難。這種控制傷害我們最珍貴的感情。我們越來越拒絕承認有人可以限制理性，並且對他說：你別走得太遠了。這種變化並非始於昨天；人類的思想史就是自由思考的進步史。因此，要想制止一種充分證明是不可抗拒的潮流，這就太幼稚了。除非現在的大社會無可挽回地分解，我們又回到從前那種小社會集團，[13]這就是說，除非人類回到它的起點，否則宗教就再也不能對意識產生非常深遠的影響。這並不是說不會建立新的宗教。但是，唯一能存在的將是比新教最自由的教派還要重視研究權和個人首創精神的宗教。因此，這些宗教不會對它們的成員採取為制止自殺所必不可少的行動。

相當多的作者之所以把宗教看成是這種弊病的唯一補救辦法，是因為他們誤解了宗教權力的起源。他們幾乎把宗教完全歸結為許多崇高的思想和莊嚴的格言，他們認為，這些思想和格言的理性主義歸根究柢能夠紮根在人們的心靈之中，足以防止各種弊病。但這是對宗教的本質、尤其是把宗教有時使人們有自殺免疫力的原因搞錯了。實際上，這種特權並不是來自它對人們所保持的一種多少有點神祕的說不清楚的模糊感覺，而是來自它使人們的行為和思想服從的強有力的和詳細的紀律。當宗教只不過是一種象徵性的理想主義、一種可以討論和與我們的日常工作沒有多大關係的傳統哲學時，它就很難對我們產生許多影響了。被國王逐出世界的世俗生活的上帝不可能作為我們世俗活動的目標，因此我們的世俗活動也就沒有了目標。從此以後，與上帝無關的東西太多了，以致於他不能使生活具有某種意義。上帝把對他沒有價值的世界留給了我們，同時也把與世俗生活有關的一切留給了我們。能夠阻止人們拋棄生命的不是對我們周圍的神祕事物的思考，甚至不是對萬能的上帝的信仰。上帝無限地遠離我們，而我們只能在不確定的未來想到他。總之，我們只有在被社會化的情況下才能預防利己主義的自殺，但是宗教只有在剝奪了我們的自由研究權的情況下才能使我們社會化。不過，宗教現在再也沒有足以使我們做出這種犧牲的權威，而且很可能再也不會有了。因此，我們不能指望宗教來制止自殺。況且，如果那些認為復興宗教是拯救我們的唯一辦法的人本身的意見是一致的，那麼他們應該復興的也是最古老的宗教。因為猶太教比天主教更能預防自殺，天主教又比新教更能預防自殺。然而，最脫離世俗行為、因而是最理想主義的卻是新教。相反的，猶太教儘管在歷史上起過重要作用，但在許多方面依然保留著最原始的宗教形式。它根本不可能用教條道德和智慧上的優勢來影響自殺，這是千真萬確的。

還有家庭的預防作用也是肯定的。但是，認為只要減少獨身者的數量，就足以制止自殺的發展，這卻是一種幻想。因為儘管已婚者的自殺傾向比較小，但這種傾向正在和獨身者的自殺傾向以相同的規律性和比例擴大著。從一八八〇年到一八八七年，已婚者的自殺增加了百分之三十五（從兩千七百三十五起增加到三千七百零六起）；獨身者的自殺只增加百分之十三（從兩千五百五十四起增加到兩千八百九十四起）。根據貝蒂榮的計算，在一八六三－一八六八年期間，前者的自殺率為百萬分之一百五十四，一八八七年為百萬分之兩百四十二，增加了百分之五十七。同期，獨身者的自殺率並沒有增加很多：只是從一百七十三增加到兩百八十九，增加了百分之六十七。**因此，本世紀自殺的大量增**

加與婚姻狀況無關。

實際上，家庭結構的變化使家庭不再具有從前那種預防的作用。從前，家庭把它的成員從出生到死亡一直留在它的活動範圍之內，形成一個具有某種永久性的不可分割的嚴密整體，而今天，這種家庭的存在是很短暫的。家庭剛剛建立就分散了。孩子們一旦長大，他們往往離開家庭去求學；尤其是一旦成年，他們就遠離父母去成家立業，家庭便人去樓空，這幾乎成了規律。因此可以說，在大部分時間裡，家庭只有夫婦二人，而我們知道，這對自殺的影響是微乎其微的。因此，家庭在生活中的地位降低，也就不能作為生活的目標了。這當然不是說我們不愛我們的孩子，而是他們以不很密切和不很經常的方式參與我們的生活，所以我們的生活需要有其他的存在理由。因為在沒有他們時我們也必須活下去，所以我們必須使我們的思想和行動依附於其他目標。

這種週期性分散使作為集體存在的家庭化為烏有。從前，家庭社會不僅是一個個人集合體，用相互之間的感情紐帶聯繫在一起，而且在它的抽象的和客觀的統一體中，它本身也是一個群體。它使人想到世代相傳的姓氏和一切有紀念意義的東西：家裡的房子、祖先的田地、傳統的地位和聲譽等等。這一切都趨於消失。一個隨時可能解體的社會只能在全新的條件下用其他成分重建，所以它沒有足夠的連續性來形成自己的面貌和能夠使它的成員依戀的歷史。因此，如果人們不更換這種正在背離他們的舊的活動目標，那麼生活就不可能不出現極大的空虛。

這種原因不僅使已婚者的自殺增加，而且也使獨身者的自殺增加。因為這種家庭狀況迫使年輕人在能夠成家立業之前就離開自己出生的家庭；正是部分的由於這種原因，單身家庭變得越來越多，而且我們已經看到，這種分離強化了自殺的傾向。然而，什麼都不能制止這種變動。從前，當每一個局部環境由於習慣、傳統和缺少通訊手段而不同程度的與其他局部環境隔絕時，每一代人都不得不留在他們的出生地，或者至少不能離得太遠。但是，隨著這些障礙的減少，這些特殊環境的差別消除了，而且彼此混合起來，個人也就不可避免地按照自己的抱負和興趣分散到向他們敞開的更廣闊的空間。因此，任何人為的方法都不能阻礙這種必然的分散，把成為家庭力量的不可分割性歸還家庭。

三

那麼這種弊病是不是不可救藥呢？乍一看來，可以認為是不可救藥的，因為在我們前面談到的起有利影響的所有團體中，看來沒有哪一個能夠真正消除這種弊病。但是我們已經證明，宗教、家庭和祖國之所以能夠預防利己主義的自殺，原因不應該到它們所利用的特殊感情中去找。這些團體的這種能力都應歸功於這樣的事實：它們都是團體，而且只有在它們是非常完整的團體，亦即在任何方面都有節制的情況下，才有這種能力。因此，一個完全不同的團體也可以起同樣的作用，只要它具有同樣的凝聚力。除了宗教團體、家庭和政治團體以外，還有另一種還沒有討論過的團體，這就是同類勞動者、履行同樣職責的合作者聯合起來形成的職業團體或行會。

這種團體的定義就說明它有能力起這種作用。因為它是由從事同類工作的個人組成的，他們的興趣是一致的，所以再沒有比它更適合於形成社會思想和社會感情的場所了。出身、文化和職業的相同使職業活動成為共同生活最豐富的內容。此外，行會在過去就已經顯示，它可以成為一種集體人格，甚至過分珍惜它的獨立自主和它對其成員的權威；因此它無疑能成為他們的道德環境。在勞動者看來，行會的利益沒有理由不獲得這種可尊敬的性質，而在一個組織嚴密的團體裡，社會利益總是高於個人利益的。另一方面，職業團體有三個方面對所有其他團體佔優勢：它在任何時候、任何地方都存在，而且它的影響涉及到大部分人。它不像政治團體那樣間歇地影響個人，而是始終和他們保持接觸，只有這樣，團體才能始終行使作為工具的職能，個人才能始終進行合作。職業團體能隨著勞動者到他們所去的任何地方，而家庭則不能。不管他們在什麼地方，他們都發現職業團體就在周圍，使他們想到自己的責任，有機會時還支持他們。最後，因為職業生活幾乎就是全部生活，所以我們生活的一切細節都感受到行會的影響，從而具有一種集體意識。因此，行會具有為圍繞個人、使他脫離精神上的孤立狀態所必須的一切。而且，由於現在其他團體不多，所以只有行會才能完成這種必不可少的任務。

但是，為了能產生這種影響，行會應該是在完全不同於今天的基礎上組織起來的。首先，它必須不再是一個法律允許而國家不重視的私人團體，而應該成為我們社會生活中的一個確定的而且得到承認的機構。我們的意思並不是說必須使它具有強制性，但重要的是，它的組成是為了能夠扮演一個社會角色，而不僅是各種特殊利益的結合。這還不是全部。為了不讓這種組織形同虛設，就必須容納所有能夠在其中發展的生活萌芽。為了不讓這種組織只是一塊招牌，就必須使它具有某些明確的職責，而它比任何其他組織都能更好地履行這些職責。

現在，歐洲社會處於這兩種選擇中：或者讓職業生活無人管理，或者透過國家來管理它，因為沒有其他法定的機構能夠扮演管理者的角色。但是國家離這些複雜的現象太遠，找不到適合於每一種現象的特殊形式。國家是一台笨重的機器，只能做一般的和簡單的活。它的動作總是千篇一律，不能夠靈活並適應無數不同的特殊情況。由此可見，它必然是強制性的和一成不變的。但是，另一方面，我們清楚地意識到，不可能讓無拘無束的生活處於無組織的狀態。於是我們便在一種獨裁的管理和一種一貫的放任之間無休止地來回擺動；前者由於過分刻板而變得不起作用，後者則因為引起混亂而不能持久。只要涉及工作時間的長短、健康、工資或者互相幫助等事項，一切善良的願望都會到處遇到同樣的困難。有人剛剛盡力制定某些規則，這些規則就在實踐中被證明是不適用的，因為這些規則缺少靈活性，或者至少不能適用於為之制定這些規則的方向，除非使用暴力。

解決這種矛盾的唯一辦法是建立國家之外的集體力量，這種力量儘管要受國家的影響，但能更多樣化地發揮它的調節作用。不僅重新組建的行會能滿足這個條件，而且看不到有什麼其他團體能滿足這個條件。因為行會相當接近現實，與現實的關聯相當直接和經常，所以能感覺到現實的一切細微變化，而且相當獨立，能夠尊重現實的多樣性。因此，它適於管理保險基金、互助基金和退休基金，許多好心人感到需要有這些基金，但把它交到國家這隻如此強大和如此不靈活的手裡，就不無理由地猶豫不決；行會也適宜於解決同一行業不同部門間不斷發生的衝突，根據不同的企業以不同的方式確定公正的契約必須遵守的條件，以共同利益的名義防止強者過分剝削弱者等等。隨著勞動的分工，法律和道德在行使每一種特殊的職能時採取不同的形式，但在任何地方都以同樣的普遍原則為基礎。除了所有人共有的權利和責任之外，還有一些根據每種職業規定的權利和責任，其數量和重要性隨著職業活動的日益發展和多樣化而增加。每一種特殊的紀律都需要有一個同樣特殊的機構來實施和保持。如果不是同一種職業的勞動者，誰能組成這種機構呢？

這裡扼要地說明一下行會應該是什麼樣子，以便能夠起到人們有權期望它所起的作用。當然，如果考慮到行會的實際狀況，就有點難以想像它能被提高到道德權威的地位。實際上，它是由個人組成的，但是沒有什麼東西把他們彼此聯繫在一起，他們之間只有表面的和斷斷續續的關係，甚至隨時準備把對方當作競爭者和仇敵來對待，而不是當作合作者來對待。但是，有朝一日他們有了許多共同的事情，他們和他們所屬的群體之間的關係就會在這一點上密切起來和持續下去，一些幾乎還不知道的利害一致的感情便會油然而生，職業界那種如今還使它的成員感到如此冷淡和如此格格不入的道德氣氛便必然會熱烈起來。而且正像前面那些例子所能證明的，這些變化將不僅發生在經濟生活的代理人身上。在社會上，沒有不需要這種組織和不能接受這種組織的行業。如此一來鬆馳的社會組織網絡也將全面地收緊和加強。

遺憾的是，古代行會在歷史上留下的壞名聲卻不利於這種普遍感到有此必要的復興。然而，為了證明行會是必不可少的，行會不僅從中世紀而且從古希臘羅馬時期就已經存在這個事實難道不是更有說服力嗎？[14]而現在廢除行會並不能證明行會無用。如果說，除了一個世紀以外，任何地方的職業活動取得某些進展，都是由行會組織的，那麼這種組織難道不是真的有必要嗎？如果說這種組織有一百年沒有充分發揮它的作用，補救的辦法是糾正它的錯誤並加以改進，而不是徹底消滅它。誠然，這種組織終於成了最刻不容緩的進步的障礙。在一個精神上和政治上統一的國家裡，完全是地方性的、不受任何外部影響的舊行會成了毫無意義的東西：它所享有並使它成為國中之國的過分獨立自主不可能保持下去，因為向四面八方伸出它的觸角的國家機構越來越使社會上一切次要的機構都從屬於它。因此，我們應該擴大這個機構的基礎，並使它和整個國民生活聯繫起來。但是，如果不同地方的同類行會不是保持孤立，而是互相聯繫起來形成一個系統，如果所有這些系統都受到國家的普遍影響，從而抱有一種團結一致的感情，那麼官僚的專制和職業的利己主義就會被限制在合理的範圍內。事實上，在一個分佈於遼闊的土地上的龐大的聯合體中，傳統不可能像在一個不超過一個城市範圍的小集體裡那樣容易毫無變化地保持下去；[15]同時，每一個特殊的群體一旦與公共生活的指導中心有了經常的聯繫，它就不那麼傾向於只看到和只追求自身的利益。只有在這種條件下，關於共同事業的思想才會在個人的意識中以充分的連續性保持著清醒的狀態。因為，就像每一個特殊機構和負責代表各種普遍利益的權力機構之間的聯繫不會中斷一樣，社會也不會以斷斷續續或含糊的方式僅僅提醒個人想起它，我們將會在日常生活的整個過程中感覺到它的存在。但是，由於推翻現有的一切而沒有任何東西取而代之，所以只能用更加墮落的個人利己主義取代行會的利己主義。因此，在這個時期所完成的全部破壞中，只有這一點是應該感到遺憾的。由於解散了那些唯一能夠聯合各種個人意願的團體，我們就親手摧毀了用來重建我們的道德的工具。

但是，這樣受到限制的不僅是利己主義的自殺。與利己主義自殺有同源關係的脫序性自殺也可以受到同樣的對待。事實上，在社會的某些方面，脫序是由於沒有集體的力量，也就是說，是由於沒有能夠管理社會生活而組成的團體。因此，脫序與利己潮流一樣，部分是來自於社會的解組。但是，相同的原因卻產生不同的結果，主要得看它的影響範圍，與它的影響是否積極、實際的起作用，以及那些代表性的作用。它刺激並加強前一類職能，迷惑並打亂後一類職能。因此，在這兩種情況下，補救的辦法是相同的。事實上已經可以看到，行會的主要作用在將來和在過去一樣，都是調節社會職能，尤其是經濟職能，從而使這些職能擺脫現在所處的無組織狀態。每當受到刺激的貪婪傾向於不再承認任何限度時，就要由行會來確定每一類合作者應該公平地享有的比例。行會高於它的成員，具有全部必要的權威來要求他們作出犧牲和必要的讓步，並迫使他們接受某種規則。行會強迫強者有分寸地使用他們的力量，防止弱者無休止地提出他們的要求，提醒雙方想到彼此的責任和普遍的利益，在某些情況下安排好生產，以免生產轉化成一種病態的狂熱；與此同時，行會用一種激情來緩和另一種激情，並為這些激情規定限度，使這些激情有可能平息下來。這樣，一種新的道德紀律便可以建立起來，沒有這種道德紀律，所有的科學發現和經濟進步就只能引起不滿。

我們不知道這種迫切需要的公平分配法則可以在什麼別的環境下制定出來？也不知道這種法律可以由什麼別的機構來實施？從前，宗教部分地起過這種作用，但是現在就不適合於起這種作用了。因為它能使經濟生活服從的唯一必要管理原則是鄙視財富。宗教之所以勸告它的信徒滿足於他們的命運，就是根據這樣的思想：我們在塵世的條件與我們的靈魂得救毫無關係。宗教之所以教導說我們的責任是馴服地接受環境為我們安排的命運，這是為了使我們完全專心於更值得我們努力去達到的目的；一般說來，宗教推崇禁欲也是出於同樣的原因。但是，這種被動的順從與世俗利益已經在集體生活中取得的地位是不相稱的。世俗利益所需要的紀律，其目的不應該是使世俗利益降到次要的地位，而應該是使世俗利益有一個與其重要性相適應的組織。問題已經變得更加複雜，如果放縱欲望不是一種補救辦法，那麼為限制欲望而限制欲望也是不行的。如果舊經濟理論的辯護者們不承認今天和從前一樣需要一種規則是錯誤的，那麼宗教機構的辯護者們認為從前的規則今天同樣有效也是錯誤的。正是這種規則現在同樣無效是弊病的原因。

這些簡單的解決辦法不適用於這種情況的難點。當然，只有一種道德力量能夠使人們遵守法律，但是這種力量也必須介入這個世界上的各種事件，才能估計這些事件的真正價值。職業團體就表現出這種兩重性。因為它是一個團體，所以它相當公開地控制著個人，以便限制他們的貪婪；但是它過於靠他們的生存來維持自己的生存，所以不會同情他們的需要。此外，國家本身當然有一些重要的任務要完成。只有國家才能用普遍的功利感和有機平衡的必要性來對抗每個行會的本位主義。但是我們知道，國家的行動只有在有一系列從屬機構使這種行動多樣化時才行之有效。因此，首先應該建立這些從屬機構。

但是有一種自殺不會被這種辦法制止，那就是婚姻的脫序所引起的自殺。在這裡，我們似乎遇到了一個無法解決的矛盾。

我們已經說過，這種自殺的原因在於產生離婚，以及讓這個制度更加鞏固的一些想法與習俗。那麼是不是應該廢除離婚呢？這個問題太複雜了，我們無法在這裡探討，只有在研究了婚姻及其演變之後，才能有效地討論這個問題。現在，我們只能暫時探討一下離婚和自殺的關係。從這個觀點出發，我們可以說：要減少婚姻脫序所引起的自殺，唯一的辦法是讓婚姻關係牢不可破。

但是，使這個問題特別令人不安並幾乎帶有某種悲劇色彩的是，人們不能由此減少丈夫的自殺而不增加妻子的自殺。是不是必定要犧牲夫妻中的一方，從而使這種解決辦法將導致兩害相權取其輕呢？只要夫妻雙方在婚姻中的利益明顯有矛盾，我們看不出還可能有別的什麼辦法。只要一方需要自由，而另一方需要受束縛，那麼婚姻制度就不可能對雙方同樣有利。但是這種使現在的解決辦法毫無結果的對立並非無法補救，而是可以指望它必定會消失。

實際上，這種對立是由於夫妻雙方並不同樣參加社會生活。丈夫積極參加而妻子只是遠遠地作壁上觀。因此，他的社會化程度要比她高得多。他的愛好、願望和心情多半產生於集體，而他的伴侶的愛好、願望和心情卻更直接地受個體的影響。他有著與她完全不同的需要，因此，調節共同生活的制度不可能是公平的，也不可能同時滿足如此對立的需要。這種制度不可能同時適合於兩個人，其中的一個幾乎完全是社會的產物，而另一個則在更大的程度上是自然的產物。但是沒有證據顯示這種對立必然會保持下去。當然，從某種意義上說，這種對立原來不像今天這樣明顯；但是不能由此得出結論說，這種對立必定會無休止地發展下去。因為最原始的社會狀態常常在進化的最高級階段再現，不過是以不同的、幾乎與原來相反的形式再現。當然，我們沒有理由假設，妻子和丈夫在社會上能夠起同樣的作用——但是妻子可以在社會上起一種完全屬於她的、比今天更積極更重要的作用。女性不會再變得像男性一樣；相反的，可以預料的是，男女之間的區別將更加明顯。不過，對社會來說，這種區別將比過去更有用。例如，隨著男子越來越被實用的職能所吸引而不得不放棄審美的職能，為什麼審美的職能就不能重新歸屬於婦女呢？這樣，男女會變得更近似，但又有所區別。他們可以同樣社會化，不過是以不同的方式。[16]看來進化正是在這種意義上發生的。在城市裡，男女之間的區別要比農村大得多；不過，城市婦女的智力和道德素質受社會生活的影響最大。

不管怎樣，這是緩和當前分隔男女的可悲的道德衝突的唯一辦法，關於自殺的統計已經向我們明確地證明了這一點。只有在夫妻之間差距不大時，結婚才不會必然有利於一方而不利於另一方。至於現在那些為男女權利平等吶喊的人，他們忘記了幾個世紀形成的傳統是不可能一下子被廢除——而且，只要心理上的不平等還是這樣明顯，法律上的平等就不可能是合情合理的。因此，我們應該努力減少心理上的不平等。男女要能同樣地受到婚姻制度的保護，他們首先應該是同樣性質的人。只有到那時，夫妻關係的不可分離性才可能不再被指責為只適用於對立雙方的一方。

四

總之，正如自殺不是由於男子在生活上可能遇到的困難，制止自殺發展的辦法也不是使鬥爭不再艱苦和生活更加安逸。自殺的人現在之所以比從前多，不是因為我們為了保存自己必須做出更痛苦的努力，也不是因為我們的合法需要沒有得到充分的滿足，而是因為我們不知道合法的需要何處是止境，我們看不到我們所做努力的意義。當然，競爭變得一天比一天激烈，因為更加便利的交通使越來越多的競爭者加入了競爭。但是，從另一方面來看，更加完善的勞動分工和隨之而來的更為複雜的協作無限地增加和改變著使一個人可以對別人有用的職業，從而增加了生存的手段，並使各色各樣的人都能掌握這些手段。甚至天賦最低下的人也能在其中找到一席之地。與此同時，這種更巧妙的協作所導致的更大量的生產增加了人類所掌握的財富，同時保證每個勞動者都得到豐厚的報酬，從而使精力的極大消耗和精力的恢復保持平衡。事實上可以肯定，在社會階級的每一個層次上，一般的生活福利都增加了，儘管這種增加也許並不總是按照最公平的比例。因此，我們的苦惱不是客觀原因增加了數量或強度所造成的；這種苦惱不是證明在經濟上更加貧困，而是證明令人不安的道德貧困。

不過，不應該誤解這個詞的意義。當我們談到一種完全是道德方面的個人或社會弊病時，通常是指這種弊病沒有任何有效的治療辦法，只有透過不斷的規勸和合理的指責才能治癒，簡言之，只有透過某種口頭上的影響才能治癒。有人在推理時，好像一系列思想與外部世界無關，因而為了打亂和徹底改變這一系列思想，似乎只需要以某種方式宣佈一些確定的程式就行了。他們沒有看到，這是把原始人用於物質世界的信仰和方法用於精神世界。就像原始人相信咒語能夠把一個人變成另一個人那樣，我們也默認用某些適當的話就可以改變一個人的理解力和性格，而沒有意識到這種想法的膚淺。就像野蠻人在堅決表示他願意看到某種自然現象的出現時，自以為透過交感巫術就可以引起這種現象那樣，我們以為，如果我們熱情地宣稱我們希望看到某種變化的完成，這種變化就會自動發生。但是，一個民族的精神體系實際上是確定的力量體系，不可能透過簡單的禁令來打亂和重新安排。實際上，這種精神體系取決於各種社會成分的組合和組織。既然是一個以一定數量的個人以一定的方式構成的民族，就會產生一系列集體的思想和習慣，只要決定這些思想和習慣的條件不變，這些思想和習慣就保持不變。事實上，集體存在的性質必然根據其組成部分的多少和按哪一方式組成而變化，它的思想和行為的方式也隨之而變化；但是我們只能改變集體存在本身才能改變其思想和行為的方式，我們不能改變集體存在而不改變其組織結構。因此，我們在把以自殺的不正常發展為其症狀的弊病稱之為道德上的弊病時，決不是想把這種弊病歸結為可以用一些好話來消除的某種表面上的疾病。恰恰相反，由此向我們暴露的道德氣質的變化證明我們的社會結構發生了深刻的變化。因此，要消除一種變化，就必須消除另一種變化。

我們已經說過，根據我們的看法，應該如何消除這種變化。但是最終證明其迫切性的不僅是自殺的現狀，而且是我們整個歷史的發展。

事實上，歷史發展的特點是相繼拋棄了一切舊的社會組織形式。這些組織形式不是一個接一個地被時間慢慢地消蝕，就是被巨大的動盪所摧毀，但不是沒有另一種形式來取而代之。起初，社會是在家庭的基礎上組織起來的，它是由許多較小的社會，亦即其成員是或被認為是有親屬關係的氏族組成的。這種組織看來並沒有以純粹的狀態持續太久。家庭很快就不再是一種政治上的劃分，而變成了私生活的核心。於是，地域集團便取代了原來的家庭集團。久而久之，同一地域裡的個人形成了不是取決於血緣關係的共同觀念和習俗，但這些觀念和習俗與較遠地域的觀念和習俗不盡相同。這樣便形成了一些小的集合體，這些集合體只有鄰居關係和由此而產生的種種關係，沒有其他物質基礎，但每個集合體都有自己與眾不同的面貌——這就是村落和更大的城市及其屬地。當然，最一般地說來，這些集合體不會保持一種原始的孤立狀態。它們互相結成聯盟，以各種形式組織起來，從而形成更加複雜的社會，但它們在進入社會時依然保持著自己的個性。它們始終是基本的組成部分，整個社會只是這些基本組成部分放大了的複製品。但是，隨著這些聯盟的關係變得更加密切，彼此的地域界線便逐漸變得模糊不清，並且失去它們原來的道德個性。從一個城市到另一個城市，從一個地區到另一個地區，各種差別越來越少。[17]法國大革命完成的偉大變革正是把各種差別減少到前所未有的程度。這次變革並不是法國大革命臨時完成的，而是舊制度逐步中央集權化長期準備的結果。但是，在法律上撤銷原有的省份，人為地建立名義上的新省份，使這次變革最終得到認可。從此以後，交通的發展在使人口混雜的同時，幾乎徹底清除了舊事物的痕跡。與此同時，就像職業組織被徹底摧毀一樣，社會生活的所有從屬機構也都被徹底消滅。

在這場風暴中唯一保存下來的集體力量就是國家。因此，由於事物的力量，國家傾向於擔任一切能夠表現某種社會特點的活動，在它的面前只有數量不定的無數個人。但是，國家由此甚至不得不過多地承擔不適合於它和它不能有效地完成的職責。國家既好管閒事又無能為力，這是一種經常聽到的評語。它做出一種不正常的努力，插手各種不該它管的事，或者成事不足敗事有餘。因此人們指責它白費力氣，實際上與獲得的結果毫無關係。另一方面，個人除了接受國家的影響，不再接受別的集體影響，因為它是唯一有組織的集體。只有透過國家，個人才感覺到社會的存在和他們對社會的依賴。但是，由於國家離他們很遠，所以只能隱隱約約和斷斷續續地影響他們，因此這種感覺對他們來說既不是連續的，也沒有足夠的力量。在他們一生的大部分時間裡，周圍沒有什麼東西使他們忘掉自己並把某種約束強加給他們。在這種情況下，他們不可避免地陷入利己主義或放縱自己。一個人不可能致力於達到他力所不能及的目標並服從某種規則，如果他看不到在他之外還有與他休戚相關的東西。使他擺脫一切社會壓力，就是任他為所欲為和道德敗壞。實際上，這就是我們的道德狀況的兩項特點。當國家為了能夠相當有力地約束個人而畸形發展，但沒有達到目的時，彼此之間沒有聯繫的個人就像許多液體分子那樣互相碰撞，不會遇到任何吸引、固定和組織他們的力量中心。

為了糾正這種弊病，人們有時建議在某種程度上恢復地方組織的自治權，這就是人們所說的地方分權。但是，唯一真正有效的地方分權是能夠同時使各種社會力量更加集中的地方分權。應該在不放鬆把社會每個部分與國家聯繫在一起的紐帶的情況下，形成對眾多個人有國家不可能有的某種影響的道德力量。不過，為了能夠施加這種影響，村社、地區和省現在對我們都沒有足夠的優勢；我們只看到一些傳統的、沒有任何意義的招牌。當然，在一切條件都相同的情況下，人們通常更喜歡生活在他們出生或成長的地方。但是再也沒有局部的祖國，也不可能再有。國家的一般生活是絕對統一的，不允許所有這一類的分散。人們可能對不再存在的東西感到惋惜，但這種惋惜是徒勞的。人為地恢復某種不再有基礎的特殊精神是不可能的。從此以後，人們完全可以借助於某種巧妙的組合，減少一點政府機構的作用，但是決不能因此而改變社會的道德狀況。人們可以用這種辦法成功地減輕政府各部門的負擔，但是不可能由此而使不同的地區具有不同的道德環境。因為，不僅靠行政手段不可能達到這個目的，而且這個目的本身也是既不可能達到又不受歡迎的。

唯一可以增加共同生活中心而不破壞國家統一的地方分權是**職業性分權**。因為，每一個中心只是某種特殊和有限的活動的中心，所以彼此不可分開，而且個人可以依附於這些中心而不會削弱與整體的聯繫。社會生活可以分成若干部分，同時繼續保持完整，只要每一個部分代表一種功能。越來越多的作家和政治家懂得了這一點，[18]他們願意把職業團體當成政治組織的基礎，也就是說，不是按地區而是按行業來劃分選舉委員團。不過，為了做到這一點，首先應該組織同業公會。同業公會應該不同於在選舉日匯集在一起而沒有任何共同之處的那些個人的集會。同業公會能夠起到人們給它規定的作用，只要它不再是一種約定俗成的存在，而是變成一個確定的組織，一種集體人格，有它的習俗和傳統，有它的權利和義務，有它的統一性。最大的困難不在於透過政令規定按職業任命代表和每一種職業有多少代表，而在於使每一個同業公會成為道德上的特徵。否則，人們只能從外部人為地限制那些現有的而人們希望更換的同業公會。

由此可見，一部關於自殺的專題論著所涉及的範圍超出了它專門討論的那些特殊性質的問題。自殺和當代社會普遍存在的弊病是相同的原因引起的。自殺人數異常增加表示文明社會正在經歷嚴重的動盪，自殺的人數說明動盪的嚴重性。甚至可以說，自殺的人數是衡量動盪嚴重性的尺度。如果這種動盪是一位理論家說的，那麼我們可以認為這種動盪被誇大和扭曲了。但是，在自殺的統計中，這種動盪本身是記錄在案的，沒有個人評價的餘地。因此，要防止這種集體的悲慘遭遇，至少要減輕集體的弊病，因為前者是後者的結果和徵候。我們已經證明，為了達到這個目的，沒有必要人為地恢復過時的、僅僅體現生活表面現象的社會形態，也沒有必要創造全新的、歷史上沒有過的社會形態。應該做的是在過去的形態中尋找新生活的萌芽並促使其開花結果。

至於更確切地確定這些萌芽將來以何種形式開花結果，亦即詳細說明我們所需要的職業組織應該是什麼，這是我們在本書中不可能做到的。只有在專門研究行會制度及其發展規律之後，才有可能進一步明確說明上述結論。也不應該過高估計政治哲學家們通常所熱衷的這些過分明確的計畫的好處。這些計畫都是想入非非，總是過分脫離複雜的事實，所以不可能對實踐有很大用處；社會的現實不是很簡單的，我們還不太瞭解它，所以不能預料到它的一切細節。只有和事物直接接觸，才能使科學的各種學說具有所缺少的確定性。一旦確定了弊病的存在、內容和原因，如果我們因此而知道了補救辦法的一般特點和應該何時使用這種補救辦法，那麼重要的不是先制定一個周密的計畫，而是果斷地行動起來。

◆註釋◆

【1】見《社會學方法的規則》，第三章。

【2】任何合乎邏輯的關聯難道不都是間接的嗎？兩種說法之間的關聯無論多麼密切，總還是有區別的，因此，兩者之間總是有合乎邏輯的距離。

【3】讓這個問題模糊的是，人們不注意健康和疾病這兩種觀念有多大關係。今天是正常的東西，明天就不再是正常的，反之亦然。原始人的腸子大，這對他們的環境來說是正常的，但今天就不再正常了。對個人來說是不健康的東西，對社會來說可能是正常的。從個人的生理來說，神經衰弱是一種疾病；一個沒有神經衰弱病人的社會會是什麼樣子呢？患神經衰弱的人實際上要扮演一種社會角色。當我們說一種狀態是正常的或是不正常的時候，還應該補充為什麼這麼說，否則人們就不理解。

【4】《社會的勞動分工論》，第二六六頁。

【5】厄廷根：《關於急性的和慢性的自殺》，第二八—三二頁；《道德統計學》，第七六一頁。

【6】這位義大利犯罪學家就是波萊蒂先生；我們只是透過塔爾德先生在《比較犯罪學》第七二頁的介紹才知道波萊蒂先生的理論的。

【7】為了避免這種結論，有人（厄廷根）說，自殺確實只是文明的醜惡一面（Schattenseite，短處、弱點），而且有可能減少這一面而不必反對文明。但這是玩弄文字。如果自殺和文化產生於同樣的原因，那就不可能減少自殺而不削弱文化，因為有效地減少自殺的唯一辦法是消除其原因。

【8】這種論點可能遭到反對。佛教和耆那教都是系統的生活悲觀論，那麼是否應把這些宗教看成是信奉者們的病態標誌呢？我們對這些宗教瞭解得太少，所以不能冒昧地問答這個問題。希望大家認為我們的推理只適用於歐洲各民族，甚至只適用於城市類型的社會。在這個範圍內，我們相信這種推論是不會引起爭議的。但是其他某些社會所特有的克己精神可能自成體系，這也沒有什麼不正常。

【9】其中有利爾，見他的著作第四三七頁以下。

【10】這並不是說，甚至在這些情況下，合乎道德的行為和不合乎道德的行為之間的區別也是絕對的。善與惡之間的對立並沒有一般意識所賦予它的那種徹底性。人們總是透過難以覺察的墮落從善過渡到惡，善與惡的界線往往是不明確的。不過，在涉及已被證實的犯罪行為時，和自殺的距離是很大的，這兩種極端行為之間的關係就不太明顯了。

【11】莫塞利的著作第四九九頁。

【12】《哲學詞典》「自殺」條。

【13】希望大家不要誤解我們的想法。當然，現在的社會有朝一日會消亡，分解成比較小的群體。不過，如果根據過去來推測將來，那麼這種情況只是暫時的。這些小群體將成為比今天的社會大得多的新社會的組成部分。而且可以預料，這些群體本身要比形成現在社會的群體大得多。

【14】第一批手工者的團體可以追溯到羅馬帝國。見馬爾克瓦特：《羅馬市民的私生活》第二卷，第四頁。

【15】理由見我們的《社會的勞動分工》第二卷第三章，尤其是第三三五頁以下。

【16】可以預料的是，這種區別很可能不再像今天這樣具有嚴格意義上的調節性質。婦女將不會被正式排除在某些職能之外而去承擔另外一些職能。她們可以比較自由地選擇，不過她們的選擇是由她們的天賦決定的，所以一般說來會集中在某一類職能的範圍內。選擇看來是一致的，但不是強制性的。

【17】當然，我們只能指出這種演變的主要階段。我們的意思並不是說現代社會緊接著城市而來；我們只是沒有提到中間的階段。

【18】關於這一點，見伯努瓦：《普選的組織》，載於《兩個世界評論》雜誌，一八八六年。

附錄

附錄一　自殺和酗酒

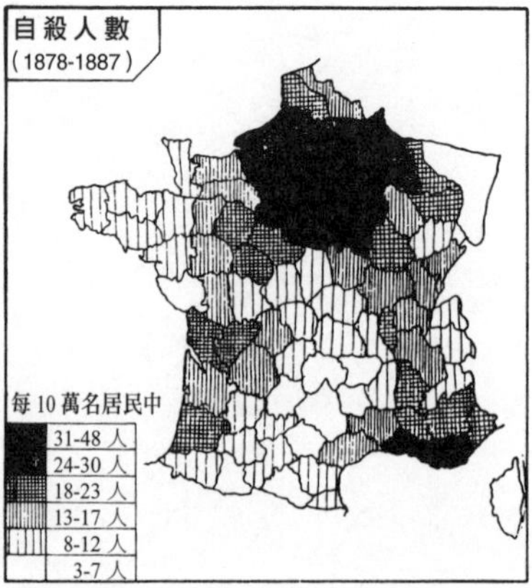
自殺人數
(1878-1887)
每10萬名居民中
31-48人
24-30人
18-23人
13-17人
8-12人
3-7人

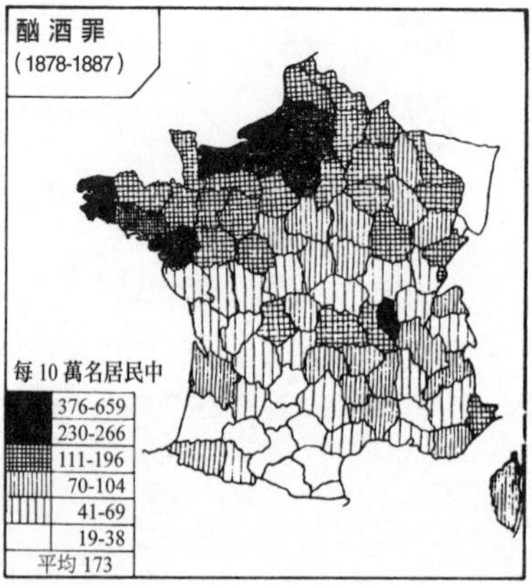
酗酒罪
(1878-1887)
每10萬名居民中
376-659
230-266
111-196
70-104
41-69
19-38
平均173

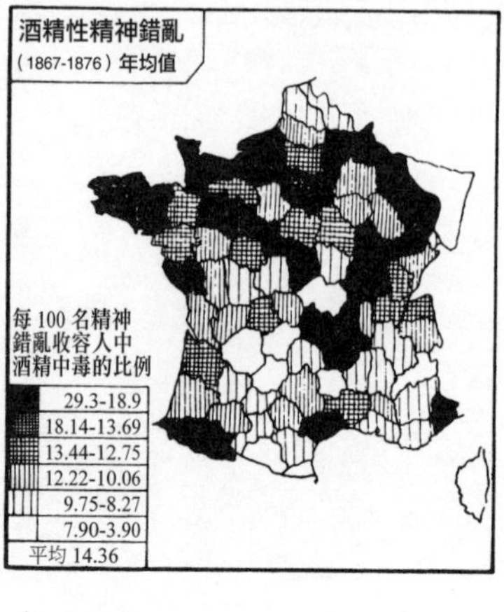
酒精性精神錯亂
(1867-1876) 年均值
每100名精神
錯亂收容人中
酒精中毒的比例
29.3-18.9
18.14-13.69
13.44-12.75
12.22-10.06
9.75-8.27
7.90-3.90
平均14.36

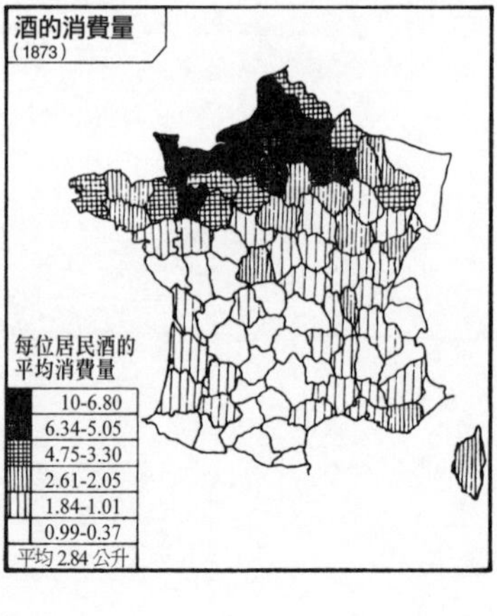
酒的消費量
(1873)
每位居民酒的
平均消費量
10-6.80
6.34-5.05
4.75-3.30
2.61-2.05
1.84-1.01
0.99-0.37
平均2.84公升

附錄二　法國各縣的自殺人數
（1887-1891）

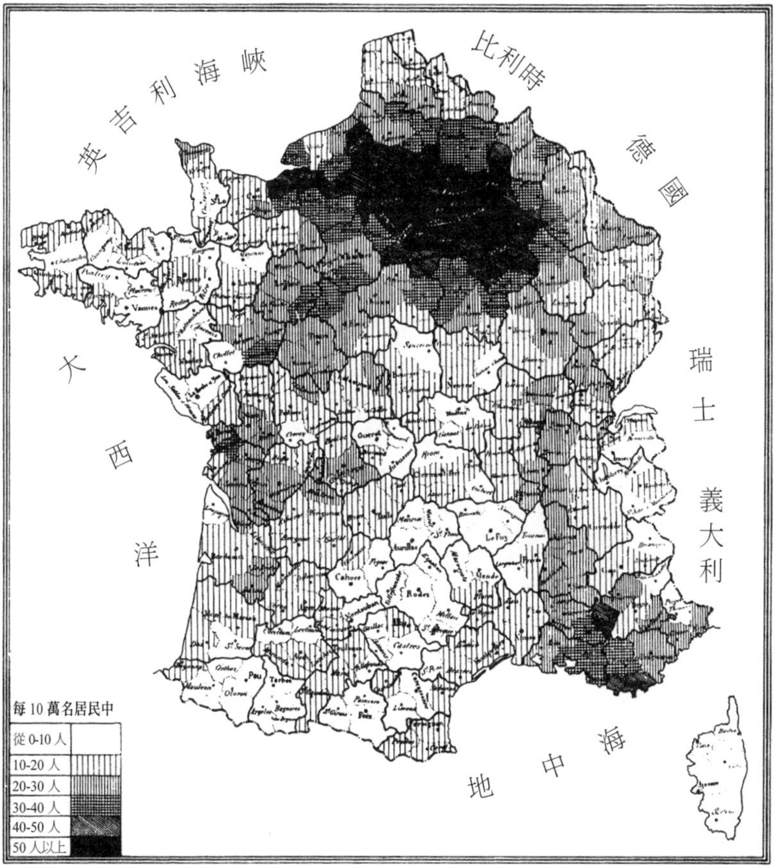

附錄三　中歐的自殺情況（根據莫塞利的資料）

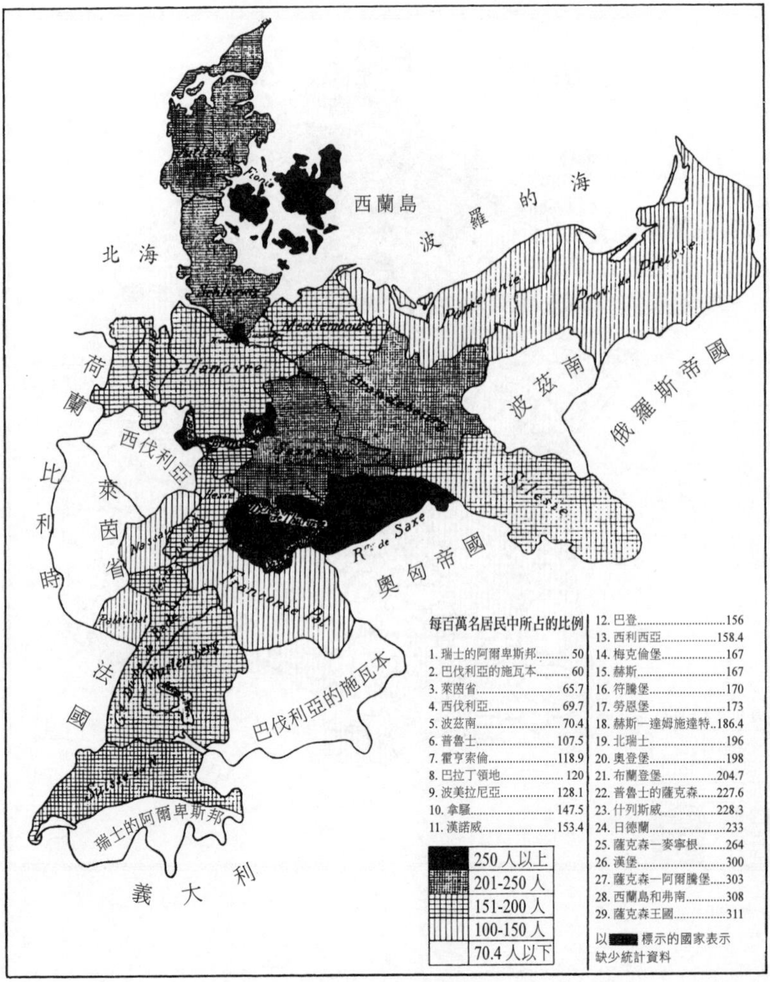
西蘭島
波羅的海
北海
Fionie
Schleswig
Mecklembourg
Pomeranie
Prov. de Prusse
Hanovre
Brandebourg
荷蘭
西伐利亞
波兹南
俄羅斯帝國
比利時
萊茵省
Silésie
Rme de Saxe
Nassau
奧匈帝國
Franconie Pal.
Palatinat
Wurtemberg
法國
巴伐利亞的施瓦本
瑞士的阿爾卑斯邦
義大利
每百萬名居民中所占的比例
1. 瑞士的阿爾卑斯邦.......... 50
2. 巴伐利亞的施瓦本.......... 60
3. 萊茵省.......................... 65.7
4. 西伐利亞...................... 69.7
5. 波茲南.......................... 70.4
6. 普魯士.......................... 107.5
7. 霍亨索倫......................118.9
8. 巴拉丁領地.................... 120
9. 波美拉尼亞.................. 128.1
10. 拿騷.......................... 147.5
11. 漢諾威........................ 153.4
12. 巴登..............................156
13. 西利西亞....................158.4
14. 梅克倫堡.......................167
15. 赫斯..............................167
16. 符騰堡...........................170
17. 勞恩堡...........................173
18. 赫斯－達姆施達特..186.4
19. 北瑞士...........................196
20. 奧登堡...........................198
21. 布蘭登堡....................204.7
22. 普魯士的薩克森......227.6
23. 什列斯威....................228.3
24. 日德蘭...........................233
25. 薩克森－麥寧根.........264
26. 漢堡..............................300
27. 薩克森－阿爾騰堡.....303
28. 西蘭島和弗南.............308
29. 薩克森王國.................311
250 人以上
201-250 人
151-200 人
100-150 人
70.4 人以下
以■標示的國家表示缺少統計資料

附錄四　自殺人數和家庭密度（人口數）

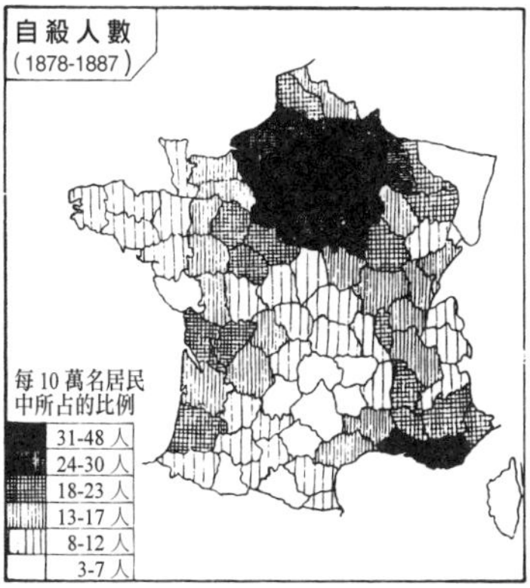
自殺人數
(1878-1887)
每10萬名居民
中所占的比例
31-48人
24-30人
18-23人
13-17人
8-12人
3-7人

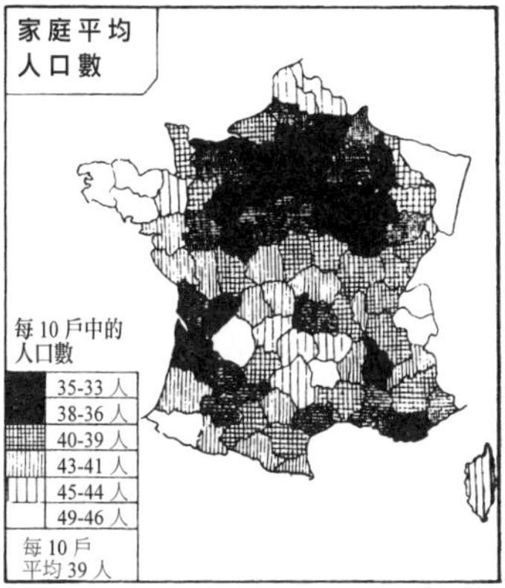
家庭平均
人口數
每10戶中的
人口數
35-33人
38-36人
40-39人
43-41人
45-44人
49-46人
每10戶
平均39人

附錄五　自殺和財富

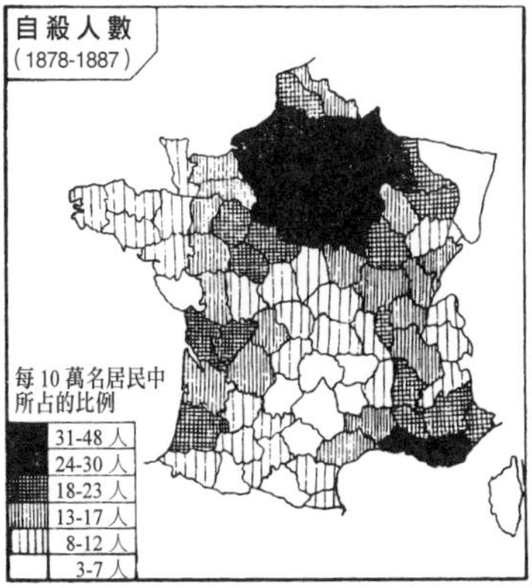
自殺人數
(1878-1887)
每10萬名居民中
所占的比例
31-48人
24-30人
18-23人
13-17人
8-12人
3-7人

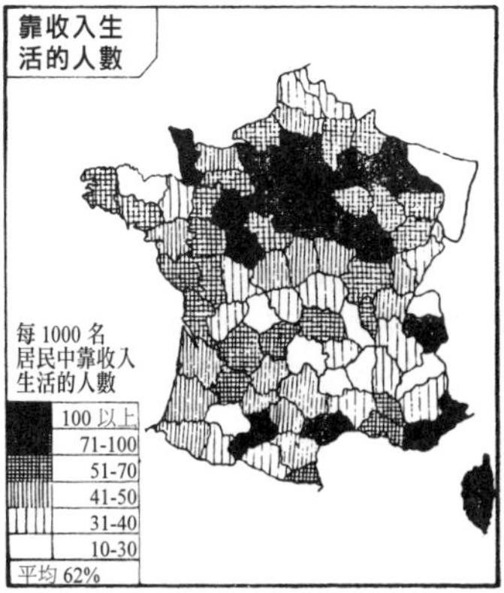
靠收入生
活的人數
每1000名
居民中靠收入
生活的人數
100以上
71-100
51-70
41-50
31-40
10-30
平均62%

附錄六 * 各年齡組有配偶者和喪偶者按有無子女分類的自殺人數

（除塞納省以外的法國各省）

絕對數（1889-1891 年）

男				
年　齡	有配偶無子女	有配偶有子女	喪偶無子女	喪偶有子女
0 - 1 5 歲	1.3	0.3	0.3	—
1 5 - 2 0 歲	0.3	0.6	—	—
2 0 - 2 5 歲	6.6	6.6	0.6	—
2 5 - 3 0 歲	33	34	2.6	3
3 0 - 4 0 歲	109	246	11.6	20.6
4 0 - 5 0 歲	137	367	28	48
5 0 - 6 0 歲	190	457	48	108
6 0 - 7 0 歲	164	385	90	173
7 0 - 8 0 歲	74	187	86	212
80 歲 以 上	9	36	25	17
女				
年　齡	有配偶無子女	有配偶有子女	喪偶無子女	喪偶有子女
0 - 1 5 歲	—	—	—	—
1 5 - 2 0 歲	2.3	0.3	0.3	—
2 0 - 2 5 歲	15	15	0.6	0.3
2 5 - 3 0 歲	23	31	2.6	2.3
3 0 - 4 0 歲	46	84	9	12.6
4 0 - 5 0 歲	55	98	17	19
5 0 - 6 0 歲	57	106	26	40
6 0 - 7 0 歲	35	67	47	65
7 0 - 8 0 歲	15	32	30	68
80 歲 以 上	1.3	2.6	12	19

* 本表是根據司法部未發表的檔案所編。我們無法進一步利用這些檔案，因為人口調查沒有公佈每個年齡組有多少無子女的有配偶者和喪偶者。然而我們公佈我們的研究結果，希望今後在人口調查的空白被填補時有用。

涂爾幹年表

年代	生平記事
一八五八	四月十五日，出生於法國洛林的埃皮納勒，一個傳統的猶太家庭中。
一八七〇	普法戰爭爆發，家鄉埃皮納勒被普魯士軍隊占領，開始認為宗教並非源自於神，而只是一種社會現象。
一八七七	十九歲時，父親病危，經濟與精神狀況皆造成其壓力，使他無法專心準備考試。
一八七九	經過兩次考試失利後，終於以優異的成績考進巴黎高等師範學校。
一八八二	·畢業於巴黎高等師範學校。 ·任教於省立中學，直至一八八七年。
一八八五	赴德國研讀教育學、哲學、倫理學一年。
一八八七	·受聘於波爾多大學（Université de Bordeaux），教授教育學以及當時尚未被承認的社會學，至一九〇二年為止。 ·與露易絲·德雷福斯結婚，育有一子一女。
一八九一	被任命為法國首位社會學教授。
一八九三	·出版《社會分工論》，是其哲學博士論文。 ·闡發關於人類社會的性質及發展規律的理論。
一八九四	投身社會運動，在德雷福斯事件中發揮積極作用，強化其社會活動家的地位。

一八九五	・出版《社會學方法的規則》。 ・定義了作為獨立學科的「社會學」，討論了社會學研究的對象和基本方法。
一八九六	創辦《社會學年刊》。
一八九七	出版《自殺論》，成為社會學案例研究的典範之作。
一九〇二	・成為巴黎大學教育部主席，執教於巴黎大學文理學院。 ・根據社會學研究的不同對象，把社會學分為一般社會學、宗教社會學、法律社會學、犯罪社會學、經濟社會學、道德社會學、社會形態學、美學社會學等。
一九一二	・被任命為巴黎大學教育部終身主席。他隨後將這個職位改名為「教育部和社會學部主席」。 ・出版最後一本重要著作《宗教生活的基本形式》。
一九一五	於第一次世界大戰中痛失其獨子。
一九一七	・突發中風。 ・休養幾個月後，自認康復，便重拾《道德》雜誌的工作。 ・十一月十五日逝世，安葬於巴黎蒙帕拿斯墓園，享年五十九歲。

經典名著文庫012

自殺論

Le suicide: etude de sociologie

作　　者── 涂爾幹(Émile Durkheim)
譯　　者── 馮韻文
發 行 人── 楊榮川
總 經 理── 楊士清
總 編 輯── 楊秀麗
文庫策劃── 楊榮川
本書主編── 蔡宗沂
責任編輯── 許馨尹
封面設計── 姚孝慈
出 版 者── 五南圖書出版公司
地　　址── 臺北市大安區106和平東路二段339號4樓
電　　話── 02-27055066(代表號)
傳　　真── 02-27066100
劃撥帳號── 01068953
戶　　名── 五南圖書出版股份有限公司
網　　址── https://www.wunan.com.tw
電子郵件── wunan@wunan.com.tw
法律顧問── 林勝安律師事務所 林勝安律師
出版日期── 2018年 3 月三版一刷
2022年10月三版三刷
定　　價── 430元

根據菲力克斯・阿爾康出版社（Librairie Félix Alcan），巴黎，1930年版譯出

國家圖書館出版品預行編目資料

自殺論 / 涂爾幹(Émile Durkheim)著 ; 馮韻文譯. -- 三版.
-- 臺北市 : 五南圖書出版股份有限公司,　2018.03
面 ;　公分
譯自 : Le suicide : etude de sociologie
ISBN 978-957-11-9474-5(平裝)

1. 自殺

548.85　106020366